Zu diesem Buch

1933 als kommunistischer Jugendführer von der Gestapo verhaftet und ins Zuchthaus Bautzen, später ins Konzentrationslager Sachsenburg eingeliefert, verliert Walter Janke 1935 die deutsche Staatsbürgerschaft und wird auf Lebenszeit aus Deutschland ausgewiesen. 1936 schließt er sich – gegen den Willen der Partei – als Soldat in den Internationalen Brigaden dem Kampf gegen Franco an und macht durch seine militärischen Erfolge Karriere.

Nach Francos Sieg im Februar 1939 kommt er mit seinen Soldaten ins französische Internierungslager bei St.-Cyprin. Vor dem Zugriff der Gestapo gelingt Janka mit Hilfe seiner späteren Frau Charlotte Ende 1941 die Flucht nach Mexiko.

In den folgenden Jahren wird aus dem leidenschaftlichen Widerstandskämpfer und Soldaten ein engagierter Mitarbeiter der «Bewegung Freies Deutschland». Gemeinsam mit Schriftstellern wie Heinrich Mann, Egon Erwin Kisch, Anna Seghers und André Simone baut er den antifaschistischen Verlag «El Libro Libre» auf. Anfang 1947 geht er nach Deutschland zurück und übernimmt 1951 die Leitung des Aufbau-Verlages, zu jener Zeit der größte literarische Verlag in Deutschland.

Als sich nach dem Ungarn-Aufstand 1956 auch in der DDR kritische Intellektuelle für Reformen einsetzen, wird Walter Janka der konterrevolutionären Verschwörung gegen die Regierung Ulbricht angeklagt und zu fünf Jahren Zuchthaus verurteilt. Zum zweitenmal in seinem Leben kommt er nach Bautzen. In der Kälte und Einsamkeit der Zelle, in der er Hunger und Krankheit, Zweifel und Demütigung ohne seine Frau und Freunde, die zu ihm hielten, nicht überlebt hätte, rechnet er ab mit den alten Dogmen, die er selbst mit Eifer vertreten hatte.

1960 wird er entlassen, 1989 erscheint sein Buch «Schwierigkeiten mit der Wahrheit». Das Buch macht Geschichte. In jenen Wochen, als das Volk der DDR das SED-Regime hinwegfegte, wurde das Schicksal Walter Jankas zum Beispiel – seine Unbeugsamkeit, sein Wille , sich nicht brechen zu lassen, zum Zeugnis gegen das Regime.

Walter Janka, geboren 1914 in Chemnitz. Leiter des kommunistischen Jugendverbandes, 1933 verhaftet und 1935 ausgebürgert. Walter Janka kämpfte im Spanischen Bürgerkrieg, floh 1941 aus dem Internierungslager nach Mexiko. 1947 Rückkehr nach Deutschland, Leiter des Aufbau-Verlages. 1956 in einem Schauprozeß zu fünf Jahren Zuchthaus verurteilt. Im Januar 1990 wurde Janka vom Obersten Gericht der DDR rehabilitiert.

Walter Janka
Spuren eines Lebens

Rowohlt

Veröffentlicht im Rowohlt Taschenbuch Verlag GmbH,
Reinbek bei Hamburg, Oktober 1992
Copyright © 1991 by Rowohlt · Berlin Verlag GmbH, Berlin
Umschlaggestaltung Walter Hellmann
(Foto: Roger Melis)
Gesamtherstellung Clausen & Bosse, Leck
Printed in Germany
1490-ISBN 3 499 19334 5

Für Charlotte

Inhalt

Wenn die Stunde zur Ewigkeit wird

Der arge Weg der Erkenntnis

Neunzehnhundertneunundachtzig

Der Bericht über mein Leben wurde vor fünfzehn Jahren geschrieben. An eine Veröffentlichung war nicht gedacht. Denn zur Destabilisierung der DDR wollte ich nicht beitragen. Meine Absicht war die Veränderung der Verhältnisse: Die DDR habe ich trotz meiner Kritik an diesem Staat und der Erfahrungen, die ich mit ihm gemacht hatte, als Alternative zur kapitalistischen Bundesrepublik für unverzichtbar gehalten. Ein DDR-Verlag hätte für ein solches Buch ohnehin keine Druckgenehmigung bekommen. Und wären meine Erinnerungen nur im Westen erschienen, hätte man mich als Dissidenten bezeichnet. Aber genau das wollte ich nicht sein. Zu keiner Zeit.

Ich mußte schließlich den Spuren meines Lebens nachgehen, um mich vor mir selbst zu rechtfertigen. Alle Versuche, eine öffentliche oder parteiinterne Rehabilitierung durchzusetzen, waren zurückgewiesen worden. Und schon deshalb wollte ich endlich aufschreiben, was vielleicht später zur Aufarbeitung unserer Geschichte einmal von Interesse sein könnte. Nach meinem Ableben sollte das Manuskript einem Archiv übergeben werden. Bei diesem Vorsatz wäre es geblieben, wenn nicht Vorkommnisse ein Umdenken erfordert hätten.

Ohne jede Rückfrage und ohne meine Zustimmung wurde mir nach dem 75. Geburtstag der «Vaterländische Verdienstorden in Gold» verliehen: «In Würdigung hervorragender Verdienste beim Aufbau und bei der Entwicklung der sozialistischen Gesellschaft in der Deutschen Demokratischen Republik.» Das rechtswidrige Urteil von fünf Jahren Zuchthaus, die Zerstörung meiner beruflichen Karriere und die fortdauernde Diskriminierung meiner Familie wurden weder erwähnt noch zurückgenommen. Offenbar glaubte die veränderungsunfähige

Parteiführung, mich mit diesem Orden zum Stillhalten verpflichten zu können. Und das war mir dann doch zuviel. Ich brach mein Schweigen, um mich nicht noch selbst der Heuchelei schuldig zu machen.

Im Frühjahr 1989, lange vor der Wende, bat ich Günter Kunert, den viele Leser der DDR in guter und zugleich schmerzlicher Erinnerung haben, eine Lesung des Kapitels «Schwierigkeiten mit der Wahrheit» im westdeutschen Rundfunk zu vermitteln. Anders hätte ich die Hörer in der DDR nicht erreichen können. Kunert war es auch, der Freimut Duve und Ingke Brodersen zur Veröffentlichung meines Manuskripts im Rowohlt Verlag gewinnen konnte. Um mich den westdeutschen Lesern vorzustellen, fügte der Literaturwissenschaftler Michael Rohrwasser noch eine biographische Notiz hinzu. Ihnen ist es zu danken, daß es überhaupt ein Buch mit dem Titel «Schwierigkeiten mit der Wahrheit» gibt. Mit diesem Buch erscheinen jetzt die weiteren Kapitel meiner Erinnerungen, bei deren Bearbeitung mir Ingke Brodersen und Michael Rohrwasser mit hilfreicher Kritik zur Seite standen.

Daß schon im Herbst desselben Jahres die von Honecker, Stoph, Mittag, Hager, Axen bis Mielke auf Lebzeiten gepachtete Macht zusammenbrechen und mit ihnen auch der real existierende Sozialismus gleich mit untergehen würde, ahnte im Sommer 1989 noch niemand. Im Gegenteil. Die Bundesregierung, Frankreich, Spanien und Belgien hatten Honecker noch aufwendige Staatsempfänge bereitet, und der Parteivorstand der SPD gefiel sich in Versöhnungsgesprächen mit den Mitgliedern des SED-Politbüros.

Wer mag sich da wundern, daß die selbstherrlich regierenden Politbüromitglieder glaubten, das Gemetzel auf dem Platz des Himmlischen Friedens in Peking gegen das eigene Volk ausbeuten zu können. Das von den DDR-Medien schamlos bejubelte chinesische Blutbad, die Bilder der zum Richtplatz geprügelten Studentenführer, der lächelnde Egon Krenz am Tisch der Pekinger Parteibonzen, die protzigen Honecker-Bankette zum 40. Jahrestag der DDR, die auf Demonstranten einschlagende Staatssicherheit, die Flüchtlingsströme aus der DDR über Prag und Budapest und die verlogenen Reden Hagers provozierten das eigene Volk, bis es im Oktober / November auf die Straßen ging und das SED-Regime hinwegfegte. Und wenn es dabei nicht zu Blutvergießen kam, war das wohl Gorbatschow zu danken, der die sowjetische Besatzungsmacht angewiesen hatte, jede gewaltsame Unterdrückung zu verhindern.

Am 28. Oktober las der Schauspieler Ulrich Mühe aus dem am 5. Oktober erschienenen Buch «Schwierigkeiten mit der Wahrheit» im Deutschen Theater zu Berlin. Der Dramatiker Heiner Müller und der Intendant des Theaters, Dieter Mann, hatten diese Veranstaltung initiiert. Zu Beginn wurde eine Erklärung von Christa Wolf verlesen. In ihr heißt es: «Heute abend findet in diesem Theater eine bedeutsame Premiere statt. Zum erstenmal wird öffentlich und so radikal wie möglich jenes Grundübel zur Sprache kommen, aus dem über Jahrzehnte hin fast alle anderen Übel des Staates DDR hervorgegangen sind: der Stalinismus. Vor mehr als dreißig Jahren wurde an Walter Janka ein Exempel statuiert, dessen Ziel es war, ihn zu brechen. Seine Unbeugsamkeit, sein Mut, seine Beharrlichkeit haben sein Schicksal zum Beispiel werden lassen. Es ist mehr als ein günstiger Zufall, daß wir seinen Bericht darüber in diesen Wochen, in denen alles davon abhängt, daß wir lernen, von Grund auf umzudenken, als Lehrbeispiel in den Händen haben... Er stellt uns vor einen bisher geleugneten, unterschlagenen, besonders düsteren Aspekt unserer Realität. Es gehört in das öffentliche Gespräch und ist, wie weniges sonst, geeignet, dieses Gespräch zu vertiefen und es von den Symptomen weg zu den Ursachen jener Deformationen zu führen, die jetzt auch ihre Verursacher und Nutznießer beklagen, unter denen auf einmal alle gelitten haben wollen, die aber keiner zu verantworten hat. So äußert sich die Fortdauer der Deformationen... Die Krise, die aufgebrochen ist, signalisiert auch einen geistig-moralischen Notstand unserer Gesellschaft, der nicht so schnell zu beseitigen sein wird wie ein Versorgungsnotstand oder ein Reisedefizit. Das Buch von Walter Janka kann uns helfen, ihn zunächst zu erkennen – überwinden können wir ihn nur in einem gemeinsamen langwierigen Lernprozeß. Wir müssen unsere eigenen ‹Schwierigkeiten mit der Wahrheit› untersuchen und werden finden, daß auch wir Anlaß haben zu Reue und Scham...»

Wegen des großen Ansturmes auf das Deutsche Theater wurde die Lesung am 5. November wiederholt und im Rundfunk und Fernsehen ausgestrahlt. Auch andere Theater der DDR veranstalteten Lesungen aus dem Rowohlt-Buch, das dann vom Aufbau-Verlag im Januar 1990 nachgedruckt und in kurzer Zeit vergriffen war. Viele Leser und Hörer fühlten sich verpflichtet, Erklärungen abzugeben, Briefe zu schreiben oder Besuche in Kleinmachnow abzustatten. Allen sei dafür aufrichtig gedankt.

Die auf den Straßen der DDR erzwungene Wende veranlaßte auch die Generalstaatsanwaltschaft der DDR zu handeln. Am 14. November 1989 beschloß sie, die Kassation des seit dem 26. Juli 1957 rechtskräftigen Urteils einzuleiten. In der Verhandlung des Obersten Gerichtes am 4. und 5. Januar 1990 erklärte Generalstaatsanwalt Dr. Harrland: «... Das Urteil vom 26. Juli 1957 beruht auf Verletzung des Gesetzes und ist daher aufzuheben...»

Rechtsanwalt Dr. Friedrich Wolff, der mich in dieser Kassationsverhandlung – wie schon 1957 – vertrat, sagte in seinem Plädoyer: «... Das heutige Urteil wird wieder ein Urteil in einem politischen Strafprozeß sein. Aber es muß ein rechtsstaatliches werden. Es wird das Ende einer Epoche deutscher Rechtsgeschichte markieren, deren Anfang noch zu suchen und zu finden ist, wenn wir gerecht urteilen wollen. Ich meine, diese Epoche beginnt nicht 1949 mit der Gründung der DDR, wohl auch nicht 1933. Politik geht in Deutschland schon immer vor Recht... Fallen wir dabei nicht in den Fehler der vergangenen Epoche zurück. Lassen wir den Richter Recht sprechen, unabhängig, objektiv, ohne Rücksicht auf der Parteien Gunst oder Haß. Möge Ihr Urteil dazu den Grundstein legen...»

Wenn sich diese Erwartungen erfüllen, wenn die im Herbst 1989 von den Intellektuellen im Zusammenwirken mit den Volksmassen erzwungene Wende unseren Menschen hilft, die Vereinigung der beiden deutschen Staaten der Demokratie und dem Frieden in der Welt dient, dann waren die Leiden und Opfer in den vier Jahrzehnten der Nachkriegsgeschichte nicht sinnlos. Ich jedenfalls darf in Anspruch nehmen, mein politisches Leben als Widerstand gegen Faschismus und Stalinismus genutzt zu haben. Und meine soziale Herkunft ist Verpflichtung, für die Interessen der Menschen einzustehen, die sich im täglichen Kampf von den Ideen sozialer Gerechtigkeit, Freiheit, Solidarität und Menschlichkeit bestimmen lassen.

Kleinmachnow im Dezember 1990

Den Spuren folgen

«Ich habe Marx aufmerksam gelesen. Und ich glaube, ihn
richtig verstanden zu haben. Außer Zweifel steht, daß seine
Theorien mein Leben beeinflußt und den Rhythmus meiner
Gedanken und Handlungen bestimmt, mein Wesen geformt
haben. Doch es war nicht allein das. Mein Leben war immer
auch die Suche nach Selbstverwirklichung. Inwieweit das
gelungen ist, werden diese Erinnerungen zeigen.»

«Sittliches Betragen»

> «...das Leben ist eine Reise auf ein hohes Ge-
> birge. Wir reisen in Gesellschaft dahin, und
> einem jeden ist eine gewisse Verrichtung aufge-
> tragen. Einige sind bestimmt, eine gewisse Last
> hinanzutragen, anderen ist ein Vorrat übergeben
> worden, die Lastenträger zu erquicken...»
> Christian Schubart
> Festung Hohenasperg

Es gibt jene, die Lasten tragen, und andere, die die Lastenträger erquik-
ken – so Christian Schubart, Zeitgenosse von Goethe und Schiller,
während zehnjähriger Haft im Kerker seines Herzogs Carl Eugen.

Keine Gesellschaft, wie immer ihre Attribute lauten, kann diese Teilung aufheben. Einzelne, die von da nach dort wechseln, mit oder ohne
Willen, setzen die Regel nicht außer Kraft. Jedenfalls habe ich den Sinn
des Lebens so verstanden. Als junger Mann unbewußt, später bewuß-
ter. Ein «Vorrat» allerdings, um andere «zu erquicken», ist mir nicht
mitgegeben worden.

Treffender ist, was Leonhard Frank, klein geboren, groß gestorben,
mit schöner Bescheidenheit berichtet: «Er war das Sorgen vermeh-
rende unerwünschte vierte Kind» einer Mutter, die Kinder liebte, aber
keine wünschen konnte, weil sie mit jedem Kind von mehr Not geplagt
wurde, dennoch aber ihren sechs Kindern alles gab, was menschliches
Leben sinnvoll macht.

Und hier beginnen, um noch einmal mit den Worten eines anderen
zu sprechen, der gleich groß geboren, in Größe sein Leben selbst und zu

früh beendet hat, «die Geschichten... die Quellen unseres individuellen Lebens... die versunkenen Abenteuer und Leidenschaften, die unser Wesen geformt haben... ohne Frage, wir sind tiefer verwurzelt, als unser Bewußtsein es wahrhaben will. Niemand, nichts ist zusammenhanglos. Ein umfassender Rhythmus bestimmt unsere Gedanken und Handlungen...» (Klaus Mann)

Nach Marx gibt es eine dritte Kategorie von Menschen, nämlich jene, die Macht in Anspruch nehmen, sich nicht in die eine oder andere Gruppe einreihen lassen.

Ich habe Marx aufmerksam gelesen. Und ich glaube, ihn richtig verstanden zu haben. Selbstverständlich halte ich ihn für den Größten. Außer Zweifel steht auch, daß seine Theorien mein Leben beeinflußt und, wie Klaus Mann sagte, «den Rhythmus» meiner Gedanken und Handlungen bestimmt, mein «Wesen» geformt haben. Doch es war nicht allein das. Mein Leben war immer auch das Suchen nach Selbstverwirklichung. Inwieweit das gelungen ist, werden diese Erinnerungen zeigen.

Zu meinem Leidwesen kann ich weder singen noch schöne Geschichten erzählen. Noch weniger vermag ich, mich in Erbauliches zu flüchten. Ich kann nur Episoden aus dem «Mosaik» berichten, welches «Jahrhunderte hindurch dieselben Figuren prägt und variiert...».

Wie alle Kinder mußte ich den Spuren folgen, die von meinen Eltern vorgegeben waren. Und da könnte ich endlos über meine Kindheit berichten. Sie prägte, trotz millionenfacher Gleichheit mit Kindern anderer Lastenträger, ziemlich früh eine «Figur», die, im Verhältnis zu Gleichgestellten, «Variation» erkennen läßt.

Wo und wann das begonnen hat, kann ich nicht mehr bestimmen. Ich erinnere mich aber noch ganz genau an zwanzig Stockschläge, die ich als Sechsjähriger in der katholischen Schule zu Chemnitz, 1920, auf die rechte Hand bekam. Nicht, weil ich ein schlechter Schüler oder ein ungehorsames Kind war. Ich bekam die Stockschläge, weil ich mit zehn Mitschülern während der Pause auf dem Schulhof durch eine Regenpfütze lief. Der gestrenge, aber fromme Lehrer hatte das durch ein Fenster beobachtet und als groben Verstoß gegen die Schulordnung abgestraft. Zehn Schläge also auf jede Hand. Da ich aber ein paar Wochen vor Schulantritt an der linken Hand eine schwere Verletzung erlitten hatte, der Zeigefinger steif und nicht ganz geheilt war, sagte ich dem Lehrer nach den zehn Schlägen auf die Rechte: «Meine Mutter hat gesagt, auf die linke Hand darf ich keine Schläge bekommen. Ich war sechs Wochen im Krankenhaus, und mein Finger ist noch nicht geheilt.» Der übelgelaunte Lehrer sah sich eine Sekunde lang die Hand an und schrie: «Dann her mit der Rechten! Es bleibt bei zwanzig Stockschlägen.» Und das war dann wirklich sehr schmerzhaft.

Um das Maß der Strafe vollzumachen, ließ der fromme Lehrer, der jede Schulstunde mit einem Gebet begann, sogleich «Schönschrift» üben. Da es aber gänzlich unmöglich war, mit der angeschwollenen Hand, die vor Schmerzen zitterte, die gewünschte «deutsche Schönschrift» mit Haar- und Feststrichen zu Papier zu bringen, folgten am Ende der Schulstunde weitere zehn Stockschläge wegen Schmiererei.

Als meine Mutter beim Löffeln der Mittagssuppe das Zittern der angeschwollenen Hand bemerkte, fragte sie: «Was ist mit deiner Hand?» Ich erzählte, was geschehen war. Schon am nächsten Tag kam es zu einem gehörigen Krach mit der Schulleitung. Da auch der Direktor das Prügeln rechtfertigte, beschimpfte ihn meine Mutter. Wahrscheinlich nicht auf feine Art. Ab sofort durfte ich nicht mehr in die katholische Schule gehen.

Die Humboldt-Schule in Chemnitz nahm mich ohne Wenn und Aber auf. Sie war die erste weltliche Schule in Sachsen, in der Prügelstrafe und Religionsunterricht abgeschafft waren. Als Hitler an die Macht kam, 1933, wurde die Schule von ihrem weltlichen Charakter «befreit». Die Hälfte der Lehrer, zumeist Sozialdemokraten, durften keine Lehrer mehr sein. Ein Teil von ihnen kam auf Jahre in Konzentrationslager.

Nicht als Kind, erst später wurde mir klar, wie vernünftig dieses Experiment in der Weimarer Zeit gewesen war. Im allgemeinen wurde sie nicht als «weltliche», sondern als «Freie Schule» verstanden. Sie war im besten Sinne des Wortes eine Schule mit den größten Freiräumen. Wäre es anders gewesen, hätte ich nicht meine ganze Zeit dort verbracht. Zu dieser Bereitschaft haben die Lehrer das meiste beigetragen. Viel auch das System der freiwilligen Betätigung, der

17

Zugang zur Weiterbildung, handwerklicher Beschäftigung und Unterhaltung.

Mit zehn Jahren fertigte ich Linolschnitte an, die in der Schulzeitung abgedruckt wurden. Mit zwölf Jahren bastelte ich aus Pappe, Silberpapier, Draht und Leim einen Zeppelin, der über einen Meter lang war. Alle Mitschüler bewunderten das zur Ausstellung gebrachte Werk. Anlaß war die aufgekommene Zeppelin-Euphorie in Deutschland.

Besessen war ich vom Mathematik- und Geometrieunterricht. Was an Lehrsätzen vermittelt wurde, setzte ich in Modelle um. Aufklappbare Würfel, Kegel, Pyramiden, Kugeln und vieles mehr in bunten Farben, die alle Formeln optisch anschaulich machten, ließen ein dickes Mathematikbuch entstehen.

Der 1927 aus Wien angereiste sozialdemokratische Oberbürgermeister, der neben anderen Einrichtungen auch die Humboldt-Schule besuchte, war darüber so erstaunt, daß er sich – neben anderen Leistungen guter Schüler – das mit solidem Einband versehene Mathematikbuch schenken ließ. Als Gegenleistung sprach er eine Einladung für zwanzig Schüler aus, natürlich auf Kosten der Stadt Wien. Ich zählte zu den Glücklichen, die über Nürnberg, Regensburg, Passau, Wien, den Semmering, Dachstein, Bad Ischl und Salzburg auf die Reise gehen durften. Nach der Rückkehr schrieb ich in drei Monaten einen hundert Seiten langen Aufsatz in schöner Druckschrift und ergänzte ihn mit Bildern, Fotos und Zeichnungen. Da ich auch das Buchbinden erlernt hatte, faßte ich meine Arbeit in einem Band zusammen. Als die Nazis an die Macht kamen und «Ordnung» schafften, wanderte dieses kindliche Buch mit anderen Büchern aus der Schulbibliothek auf den Scheiterhaufen, wo alles verbrannt wurde, was zum deutschen Ungeist erklärt worden war.

Die Reise durch Österreich hatte noch eine andere Arbeit zur Folge. Das alte Sensenwerk in Bad Ischl hinterließ einen so nachhaltigen Eindruck, daß ich den Versuch wagte, das Schmiedewerk in Sperrholz nachzubilden. Mit Hilfe eines Lehrers gelang das auch. Goß man Wasser über die Zuleitung auf das Mühlrad, begannen die durch eine Walze angetriebenen drei Hämmer den Takt zu schlagen. Das Hämmern im Modell begeisterte mich mehr als das Dröhnen der Riesenhämmer in Bad Ischl.

Großen Spaß machte die Besichtigung der Feuerwehrwache in Chemnitz. Der Brandmeister veranstaltete für die Humboldt-Schüler einen richtigen Alarm mit allem Drum und Dran. Zum Schluß fuhr ein Löschzug aus, um den vorbereiteten Brand zu löschen. Meine Mitschüler und ich durften zwischen den Feuerwehrleuten auf dem Löschzug sitzen und das Stadtzentrum durchfahren. Nie zuvor, auch niemals danach, hat es so etwas in meiner Vaterstadt gegeben.

Drei Monate nach dem Erlebnis mit der Feuerwehr lieferte ich wieder einen Aufsatz ab. Mit Fotos und Zeichnungen, Druckschrift und bunten Initialen. Der gute Brandmeister war so gerührt, daß er noch mehr Geheimnisse über die Feuerwehr erzählte. Ich kann mich nicht erinnern, jemals einem besseren Erzähler gelauscht zu haben. Nach dem 30. Januar 1933 wurde der sechzigjährige Brandmeister wegen sozialdemokratischer Gesinnung aus dem Amt gejagt und zur «Umerziehung» in ein Konzentrationslager geschickt.

Als ich elf Jahre alt war, kam der Lehrer Voigtländer zu meiner Mutter und bat um die Erlaubnis, mich zu seinen Eltern mitnehmen zu dürfen. In Langhennersdorf besaß seine Familie einen Bauernhof. Da er mit seiner Frau, ebenfalls Lehrerin an der Humboldt-Schule und Tochter eines wohlhabenden Kaufmanns in Leipzig, die Ferien im Riesengebirge verbrachte, stand mir für die Dauer der Ferien sein Zimmer im Elternhaus zur Verfügung. Die sechs Wochen waren so schön, wie ich mir den Aufenthalt im Paradies vorstellte. Der schon betagte Mittelbauer, stolz auf seinen gebildeten Sohn, besaß noch keine Enkelkinder. Vielleicht war das der Grund, warum er den fremden Jungen wie einen Enkel behandelte. Das erste, was er mir beibrachte, war, ein Pferd vor eine kleine Kutsche zu spannen. Natürlich teilte er mir auch Arbeiten zu. Nach dem Frühstück mußte ich die Hühner füttern, der Katze Milch und dem Hofhund das Futter geben. Das war so aufregend und neu für mich, daß ich zum glücklichsten Kind dieser Welt wurde. Freilich gab es auch Heimweh. Ich war ja nie zuvor in einer anderen Familie gewesen. Aber das verging schnell, spätestens als ich mit der Kutsche fahren durfte, um Kirschen zu pflücken, mit gefüllten Körben heimkam und dafür mit Lob und Dank bedacht wurde. Der Lehrer Voigtländer wurde 1933 aus dem Schuldienst verwiesen, obgleich er keiner Partei angehörte. Er weigerte sich nur, «Heil Hitler» zu sagen. Dennoch hat er die ersten Nazijahre gut durchgestanden. Der Leipziger Kaufmann nahm seinen Schwiegersohn ins Geschäft. Und so wurde aus dem begabten Lehrer ein erfolgreicher Kaufmann. Während des Zweiten Weltkrieges ist er gefallen.

Mit Beginn der achten Klasse begannen die Vorbereitungen auf die Jugendweihe. Mein letzter Lehrer, mit dem weitverbreiteten Namen Müller, unverheiratet, parteilos, unpolitisch, homosexuell – was uns Kindern verborgen blieb, weil wir nicht wußten, was das war –, war gegen die Jugendweihe. Sie würde die Kinder politisch beeinflussen. Womit er recht hatte.

Aber mein Elternhaus war ohnehin politisch. Seit Anfang der zwanziger Jahre waren mein Vater und meine Mutter Mitglieder der Kommunistischen Partei. Ich wurde zum Leiter der Gruppe ernannt, die sich auf die Jugendweihe vorbereiten sollte. Und das gefiel dem Lehrer überhaupt nicht. Er untersagte die Teilnahme. Von meinem ältesten Bruder Albert beeinflußt, der inzwischen Funktionär der KP war, wies ich ihn darauf hin, daß die Jugendweihe nicht in die Kompetenz der Lehrer falle. Da mir der Lehrer für meine schulischen Leistungen keine schlechten Zensuren im Abgangszeugnis geben konnte, rächte er sich für meinen Ungehorsam mit einer schlechten Zensur in «Sittlichem Verhalten». Heutzutage versteht man darunter «Betragen». Wer also nicht mindestens eine Eins bekam, galt als ganz und gar verdorben. Meine Eltern waren deshalb sehr böse auf den Lehrer. Trotzdem erhoben sie keinen Einspruch. Und ich machte mir nicht viel daraus. Die Schule, so glaubte ich, war damit abgeschlossen.

Aber ganz so einfach war das nicht. Zunächst fand ich keine Lehrstelle. 1928 zeigten sich die ersten Anzeichen der Weltwirtschaftskrise. Bis Anfang der dreißiger Jahre zählte man in Deutschland ein Arbeitslosenheer von sieben Millionen. Demzufolge wurde auch das Angebot von Lehrstellen auf ein Minimum reduziert. Wo ich mich mit meinem Zeugnis um eine Lehrstelle bewarb, wurde ich wegen der Zwei in «Sittlichem Verhalten» gleich abgewiesen. Da ich aber unbedingt einen Beruf erlernen sollte, wie alle meine Geschwister, kam meine Mutter auf die Idee, das Zeugnis zu Hause zu lassen und nur mit den schön gebundenen Aufsätzen über die «Reise nach Wien», die «Feuerwehr in

Chemnitz» und einer weiteren Arbeit über die «Zündholzfabrik in Riesa» beim Besitzer der «Buch- und Steindruckerei Bruno Schönherr» vorzusprechen.

Der beleibte Mann, dem die Aktivitäten des Vaters und ältesten Bruders unbekannt waren, sah sich die in Druckschrift geschriebenen und reich illustrierten Aufsätze lange an und fragte schließlich: «Hast du diese Bücher allein geschrieben?»

«Ja, Herr Schönherr. Ich habe sie auch selbst gebunden.»

«Wie alt bist du eigentlich?»

«In fünf Wochen, am 29. April, werde ich vierzehn.»

Ohne nach den Schulzeugnissen zu fragen, sagte er: «Du kannst am 1. April die Lehre antreten. Sie dauert vier Jahre. Im ersten Jahr bekommst du fünf Mark Wochenlohn. Die Arbeitszeit beginnt um sieben und endet um siebzehn Uhr.» An meine Mutter gewandt: «Den Lehrvertrag schicke ich per Post zu.» Damit war die erste Hürde der «Sittenzensur» genommen. Mutter freute sich, und Vater war auch zufrieden. Er meinte nur: «Das hast du deiner Mutter zu verdanken. Sie ist tüchtiger als wir alle zusammen.»

Die zweite Hürde war in der Berufsschule zu nehmen. Der erste Tag: Ein Lehrling, der in der ersten Reihe stand, wurde beim Eintreten des Lehrers angeherrscht: «Zeugnisse einsammeln und auf das Pult legen!» Der Lehrer, der sich aufführte wie ein Feldwebel und eine Umgangssprache wie auf dem Kasernenhof pflegte, ging indessen vor dem Pult auf und ab. Nach ein paar Minuten des Stillstehens befahl er mit kaum geöffneten Lippen: «Setzen!» Nachdem die Zeugnisse auf dem Pult abgelegt waren, nahm der blaß aussehende, knochige, igelgestutzte, halb uniformierte Lehrer Platz und begann, die Zeugnise durchzusehen. Inzwischen warteten die stillsitzenden Berufsschüler gespannt auf das, was folgen würde.

Zunächst geschah nichts. Ohne Eile blätterte der «Igelkopf» – so wurde er fortan von den Lehrlingen genannt – in den Zeugnissen. Eines davon legte er beim Durchsehen auf die Seite. Als er damit fertig war, nahm er das auf die Seite gelegte Zeugnis wieder in die Hand und sagte, den Blick ins Unendliche gerichtet: «In diesem Raum befindet sich ein Sittenstrolch. Er mag vortreten.»

Keiner erhob sich, und niemand trat vor.

«Ich habe gesagt: Vortreten!»

Da sich noch immer niemand regte, schrie der aufgesprungene Igelkopf: «Ist der Lehrling Janka schwerhörig? Sofort vortreten!»

Als ich vor dem Pult stand, stieg der in Ledergamaschen stiefelnde Lehrer von seinem Podest herunter, umkreiste mich zweimal, betrachtete mich von oben bis unten, bis es wie ein Gewitter losprasselte: «Wie kannst du es wagen, mit einer solchen Zensur die Lehre als Schriftsetzer anzutreten? Willst du die geachtete Schule in Verruf bringen? Erkläre laut und deutlich, worin deine sittliche Verkommenheit besteht.»

Auf eine solche Attacke war ich nicht gefaßt. Aber was ich zu hören bekam, war zuviel. Nachdem ich noch einmal angeschrien worden war, antwortete ich: «Wenn Sie mich noch einmal als sittlich verkommen beschimpfen, werden meine Eltern eine Beschwerde einreichen.»

Zu den Lehrlingen gewandt, unterbrach mich der Lehrer mit höhnischem Gelächter: «Habt ihr gehört, was der sich herausnimmt?» Dann wieder mich anschreiend: «Du wirst dich noch wundern, Früchtchen!»

«Lassen Sie mich doch aussprechen», fiel jetzt ich dem Lehrer ins Wort. «Sie können dann daraus folgern, was Sie für richtig halten. Ich habe die Zwei bekommen, weil mein Lehrer die Teilnahme an der Jugendweihe untersagt hatte. Ich habe aber trotzdem teilgenommen. Und damit Sie gleich informiert sind, seit dem 1. April bin ich Mitglied des Buchdruckerverbandes und der Kommunistischen Jugend. Im übrigen bitte ich Sie, einen Blick auf die Zensuren für meine schulischen Leistungen zu werfen.»

Dem Gamaschen-Menschen verschlug es die Sprache. Er setzte sich wieder auf seinen Stuhl und sagte: «So ist das also, einen Kommunisten haben wir jetzt. Einen Kommunisten», wiederholte er verzweifelt, nicht wissend, was er hinzufügen könnte.

Ohne seine Erlaubnis, mich wieder setzen zu dürfen, abzuwarten, drehte ich mich um und ging zu meiner Bank. Bevor ich Platz nahm, sagte ich laut: «Nein, Herr Lehrer. Nur einen, der es werden will.»

«Schweigen Sie! Ich will nichts mehr hören.» Danach sprang der

Igelkopf auf und verließ das Klassenzimmer. Bis er zurückkam – offenbar vom Direktor darauf aufmerksam gemacht, daß er sich mit dem «Kommunisten» abfinden müsse –, verging eine Weile.

Im zweiten Schuljahr organisierte ich, inzwischen Funktionär im Jugendverband, einen Schülerstreik. Er endete mit der Versetzung des «Igelkopfes». Auch die anderen Fachlehrer zeigten kein Verständnis für den Wüterich. Und der sozialdemokratische Direktor war nicht gewillt, dem Gamaschen-Helden Unterstützung zu geben. Im März 1933 kam der Davongejagte zurück an die Berufsschule. Nicht mehr als Lehrer, sondern als Direktor. Statt der billigen Gamaschen trug er Stiefel aus gutem Rindsleder und ein braunes Hemd. Die Lehrlinge mußten nach seiner Rückkehr den Unterricht mit «Heil Hitler» beginnen. Ich blieb davon verschont. Am 31. März 1932 hatte ich die Berufsschule und meine Lehre als Schriftsetzer abgeschlossen. Erwähnt sei noch, daß der vermeintliche «Sittenstrolch» Walter Janka die Berufsschule und Lehre mit guten Zeugnissen abschließen konnte. Die im «Handwerkerverein zu Chemnitz» organisierten Unternehmer mußten sogar den längst bekannten Jugendfunktionär, dessen Bruder inzwischen Reichstagsabgeordneter der Kommunistischen Partei war, nach den abgelegten Prüfungen auszeichnen. Er bekam eine zweibändige Ausgabe der Werke von Johann Wolfgang von Goethe.

Bei der Abgangsfeier sollte ein Lehrling nach den Ansprachen der Unternehmer und des Schuldirektors eine angemessene Rede halten. Sie sollte nicht länger als fünf Minuten dauern und mit Lob und Dank an die Unternehmer, Meister und Berufsschullehrer enden. Vorgesehen war der Sohn des größten Druckereibesitzers in Chemnitz. Der Junge, der in Lehre und Schule tüchtig war, hatte sich mit Hilfe des Klassenleiters lange auf die Rede vorbereitet. Nur hatten Vater und Lehrer nicht bedacht, daß der fleißige Sohn nie zuvor vor größerem Publikum gesprochen hatte. Schon im Unterricht gingen ihm die Worte, auch immer mit richtigen Ergebnissen, schwer von der Zunge. Dennoch wurde er dafür auserkoren. Bei dieser Gelegenheit wollte man eben dem anwesenden Druckereibesitzer gefällig sein. Aber das ging schief. Einen Tag vor dem 13. März 1932 – der Termin konnte nicht mehr verschoben werden – bekam der brave Sohn Lampenfieber. Alles Zureden half nichts. Und so mußte in letzter Minute ein anderer für die Danksagung gefunden werden. Zwei weitere Kandidaten lehnten ab. Sie trauten sich nicht, vor Unternehmern, Lehrern, Meistern, Eltern und ehemaligen Mitschülern – zweihundert an der Zahl – zu sprechen. Der Lehrer, der sich um die Organisation der Veranstaltung kümmern und den Redner aussuchen mußte, sprach unter vier Augen mit mir. Er begann mit den Worten: «Deine Gesinnung ist uns bekannt. Ich weiß auch, daß du nicht gern vor Arbeitgebern sprechen möchtest. Aber vielleicht kannst du dir einmal Gewalt antun und ein paar Worte des Dankes sagen. Sprichst oft genug in öffentlichen Versammlungen und hast keine Hemmungen. Um es dir leichtzumachen, schreibe ich auf, was du vorlesen kannst.»

Ich antwortete: «Herr Busch, Sie haben unrecht. Ich würde gern einmal vor Unternehmern sprechen. Bis jetzt konnte ich das nur vor jugendlichen Arbeitern. Wenn Sie möchten, rede ich. Aber aufschreiben lasse ich mir nichts. Wenn ich reden soll, dann sage ich, was ich zu sagen haben. Aber keine Angst: Über den Kommunismus werde ich bei dieser Gelegenheit nicht sprechen.»

Kurz bevor ich vortreten mußte, bat der Lehrer noch einmal: «Bitte keine Propagandarede.» Dann schob er mich ans Rednerpult.

Meine Worte dauerten länger als fünf Minuten. Und sie fanden aufmerksame Zuhörer. Nach dem Dank an die Meister und Lehrer forderte ich die Arbeitgeber auf, denen zu danken, die in den letzten zwei Jahren der Ausbildung nicht schlechter und nicht weniger produktiv gewesen waren als die älteren Arbeitnehmer. Den Hauptteil der Rede aber füllte ich mit Hinweisen auf unser Schicksal. 99 Prozent der Junggesellen würden ohne Arbeit sein und das Heer der sieben Millionen Arbeitslosen vermehren. Mit dem Appell, daß sich keiner wundern möge, wenn die Arbeitslosen für das Recht auf Arbeit kämpften, schloß ich meine kurze Rede. Um die eingetretene Stille zu beenden, gab der Lehrer das Zeichen, mit Beethoven einzusetzen.

Am Ausgang des Saales löste sich die gemischte Gesellschaft rasch auf. Der Lehrer trat noch einmal heran und sagte: «Du hast dich nicht an unsere Abmachung gehalten. Aber trotzdem. Du warst besser, als ich erwartet habe. Ich wünsche dir alles Gute für dein weiteres Leben.» Danach kam der Sohn des Unternehmers, der die Rede hätte halten sollen, gab mir die Hand und sagte: «Du hast uns allen aus dem Herzen gesprochen. Wahrscheinlich bin ich der einzige, der in Lohn und Arbeit bleibt. Und das nur, weil mein Alter Herr dafür sorgt. Hier, die drei Nelken gehören dir.»

«Gib sie meiner Mutter, die da vorn auf mich wartet. Sie, nicht ich, hat die Blumen verdient. Es ist allein ihr Verdienst, daß ich Schriftsetzer werden konnte.»

Als wir nach Hause gehen wollten, traten andere heran, um sich zu verabschieden. Einer blieb zurück und fragte: «Kann ich dich ein Stück begleiten?»

«Ja, natürlich. Aber ich bin in Eile und werde von meinen Freunden erwartet. Worum geht es denn?»

«Ich möchte dich bitten, daß ihr mich in euren Jugendverband aufnehmt. Trage mich schon lange mit diesem Gedanken. Wollte aber warten, bis die Lehre beendet ist. Außerdem geht es mir wie dir. Ab 1. April bin ich arbeitslos.»

«Dann komm mit. Ich bin auf dem Weg in unser Büro. Da kannst du den Aufnahmeschein ausfüllen, und ab morgen bist du Mitglied.»

Am 31. März 1932 bekam ich die Papiere. Der beleibte Herr Schönherr händigte sie selbst mit den Worten aus: «Tut mir leid, daß ich dich nicht mehr beschäftigen kann. Aber du wirst ja bemerkt haben, wie schlecht es um unsere Aufträge steht. Der Betrieb ist seit Monaten nur zur Hälfte ausgelastet. Bald werde ich gezwungen sein, weitere Schnellpressen stillzulegen...»

Bleibt nachzutragen, was der Meister zum Abschied sagte, der mir schon mit 16 Jahren das Rauchen in den Pausen erlaubte, was anderen Lehrlingen untersagt war: «Alter Junge, dich hätte ich gern behalten. Nicht nur, weil du ein brauchbarer Schriftsetzer bist. Mehr als das werde ich die Streitgespräche missen, die dein sozialdemokratischer Meister mit dir geführt hat. Aber was soll's? Du machst deinen Weg. Und wenn ich nicht irre, bist du am längsten Schriftsetzer gewesen. Wie dein Bruder Albert, der aufgehört hat, Schlosser zu sein...»

Nach dem 1. April 1932 habe ich nie wieder als Schriftsetzer gearbeitet. Über die Firma «Bruno Schönherr» ist zu berichten, daß sie nach 1933 noch einmal in Schwung gekommen war. Bei dem großen Bombenangriff im Februar 1945 ist sie bis auf die Grundmauern niedergebrannt und für immer zerstört worden.

Der Mord im Volkshaus
von Reichenbach

Das Jahr 1932 machte mich zu einem rastlosen Arbeiter. Geld war dabei nicht zu verdienen. Was ich gern gewollt hätte, aber nicht konnte. Dennoch stand ich früh auf, nahm mit dem Vater, seit 1930 ohne Arbeit, der Mutter, die mit Wäsche- und Seifenhandel zur Arbeitslosenunterstützung des Vaters ein paar Mark dazuverdiente, der schulpflichtigen Schwester Gertrud und dem Bruder Hans, der gerade seine Malerlehre begonnen hatte, das bescheidene Frühstück ein. Danach verließ ich die elterliche Wohnung und kehrte nur auf ein paar Nachtstunden zurück.

Die ältere Schwester Hilde hatte einen Kellner geheiratet, der seine Arbeitslosigkeit mit Geschwätz verdrängte. Als die beiden am anderen Ende der Stadt eine Wohnung beziehen konnten, ihr erstes Kind erwarteten, war das für alle eine Erleichterung. Volle zwei Jahre hatten sie die «gute Stube» in Anspruch genommen. Als sie auszogen, wurde die Wohnung nicht größer, aber ruhiger.

Mit dem Bruder Albert lief alles anders. Für mich war er so etwas wie ein Vorbild, dem man nacheiferte, ohne es einzuholen. Die Hauptstationen seines kurzen Lebens waren: katholische Schule bis zum vierzehnten Lebensjahr. Die Schulleitung, der man keine Wohltaten für Arbeiterkinder nachsagen konnte, wollte ausnahmsweise den Abgang verhindern. Er sollte sein malerisches Talent ausbilden. Dazu wäre das Abitur und danach die Kunsthochschule in Dresden vonnöten gewesen. Da aber die Eltern arm waren, den Jungen nicht weitere acht Jahre durchfüttern, sich auch nicht vorstellen konnten, wie man mit der Malerei seinen Lebensunterhalt verdienen können sollte, mußte er einen «richtigen Beruf» erlernen. Und so trat er trotz des in Aussicht gestellten Stipendiums als Schlosser in die Lehre ein. Sie ging zu Ende, als die Hindenburgs und Hugenbergs ihren Kaiser nicht mehr retten, den Ersten Weltkrieg zwar anzetteln, aber nicht gewinnen konnten, das liebe Vaterland in ein Chaos stürzten und 1918 die Novemberrevolution – natürlich «wider Willen» – auslösten.

Alberts Begabung schlug in ein neues Talent um. Die Erfahrungen im größten Rüstungsbetrieb der Stadt Chemnitz, die unsagbare Not nach dem verlorenen Krieg, das revolutionäre Aufbegehren der Volksmassen schwemmten ihn an die Spitze der Arbeiterjugend. Zunächst in der Metallarbeiter-Gewerkschaft. Gleichzeitig im Kommunistischen Jugendverband. Da er so gut reden wie malen konnte, den mit Bravour verdauten Religionsunterricht vergaß, dafür mit Leichtigkeit das marxistische Gedankengut annahm, es besser auszulegen wußte als das Neue Testament, wurde er mit achtzehn Jahren Berufspolitiker. Oder, wie man damals sagte, Berufsrevolutionär. Und Gott muß die Hand im Spiel gehabt haben. Was er einmal las, hörte oder lernte, ging in sein Hirn und Gedächtnis ein. Nicht schlechter als ein Priester die Bibel zitierte er Marx, Engels oder Lenin.

Wenn ich sage, daß er reden konnte, ist nicht gemeint, daß er sich in Geschwätz erging. Seine Reden waren faszinierend. Ob in Sälen mit tausend Zuhörern oder auf Plätzen mit zwanzigtausend Menschen, er fand in freier Rede Gehör und Beifall. Niemals las er Reden ab, wie das heutzutage die Redner tun, weil sie sonst den Faden ihrer Rede verlieren oder nicht finden.

Gott hatte ihn zudem mit allem ausgestattet, was einen schönen Mann ausmacht. Groß, blaue Augen, blondes Haar, breite Schultern, feste Muskeln, schmale Hüften. Ich habe braune Augen, schwarzes Haar, stark wie mein Bruder war ich auch nicht.

Albert klagte nie. Auch dann nicht, wenn er von der Polizei oder von SS-Banden zusammengeschlagen wurde. Ich erinnere mich, wie er wiederholt die Familie überraschte, wenn er mit verbundenem Arm oder Bein, einmal sogar mit einem dicken Brustverband, still ins Bett gegangen war, ohne den Schlaf der Mutter zu stören, die jedes Geräusch wahrnahm. Wenn man ihn fragte, wann und wie das geschehen sei, antwortete er einsilbig. Selbst dann, wenn nicht zu übersehen war, daß er an starken Schmerzen litt, kam nie ein Stöhnen oder Klagen über seine Lippen. Oft wußten wir nicht, ob wir ihn bewundern oder fürchten sollten.

Ich bewunderte ihn grenzenlos. Er machte eine schnelle und steile Karriere. Nach mehreren Funktionen im Jugendverband, in der Partei, delegierte ihn das ZK der KPD auf die Lenin-Schule nach Moskau. Als er zurückkam, brachte er die in Moskau gedruckte vollständige Lenin-Ausgabe in deutscher Sprache mit. Sonst nichts. Für materielle Dinge interessierte er sich nicht. Alles zu wissen, das war seine Leidenschaft. Nach Moskau war er Berufsrevolutionär.

Mit dreiundzwanzig Jahren wurde Albert Erster Sekretär der KPD im Bezirk Erzgebirge-Vogtland. 1932 kandidierte er als Abgeordneter für den Reichstag und gewann sein Mandat. Er war der jüngste Abgeordnete in diesem hohen Haus. Kaum verwunderlich, daß er bei so vielen Erfolgen nicht nur Freunde, sondern auch Neider und Feinde hatte.

1933 wurde Albert zu einem der am meisten gefolterten Opfer der Naziverbrecher. Wenige Tage vor seinem 26. Geburtstag erschlugen ihn SS-Mörder. Berauscht von ihrer Tat, hängten sie ihn bei einem Saufgelage am Kronleuchter im ehemaligen Volkshaus von Reichenbach auf. Um ihre Schandtat zu verschleiern, ließen sie in der Presse verkünden, daß er Selbstmord verübt habe. Diese schamlose Lüge ist um so niederträchtiger, weil jeder wußte, daß Albert nie aufgab.

1932 wurde auch ich für die Lenin-Schule nominiert. Ich sah darin eine große Chance, mein Wissen zu erweitern und vielleicht, wie mein Bruder, ein qualifizierter Politiker zu werden. Da die Abreise auf Ende des Jahres festgelegt war, arbeitete ich noch mehr als zuvor. Es gab keinen Tag, an dem ich nicht in einer Mitgliederversammlung der vielen Ortsgruppen, oder in einer öffentlichen Kundgebung als Referent bzw. Diskussionsredner in Versammlungen der sozialdemokratischen, christlichen oder auch nazistischen Jugendorganisationen auftrat. Und selbstverständlich nahm ich an der Organisierung von Streiks, Demonstrationen, Herstellung und Verbreitung von Zeitungen oder Flugblättern teil. Ebenso an den meisten Sitzungen der Chemnitzer

Parteileitung, der ich als Organisationssekretär des Jugendverbandes angehörte. Sie stand unter der Führung des populären Sekretärs der KPD Kurt Sindermann – Bruder von Horst Sindermann –, ebenfalls ein hervorragender Redner und Freund von Albert, der nach 1945 fälschlich als Verräter beschuldigt und im Zuchthaus Bautzen, wo er schon viele Jahre unter Hitler eingesessen hatte, hingerichtet wurde. Lange Zeit bewohnten sie gemeinsam eine Wohnung, und immer arbeiteten sie eng zusammen. Auch dann noch, als Albert Abgeordneter des Reichstags geworden war. Da Kurt und Albert zu den von den Nazibanden am meisten gehaßten Personen zählten, konnten sie keinen Schritt ohne Begleitschutz tun, was damals schwieriger war, als man sich das heute vorstellen kann. Waffen durften sie nicht besitzen. Hätten sie sich daran gehalten, würden beide schon das Jahr 1932 nicht überlebt haben.

Um wenigstens in ihrer Wohnung nicht überrascht zu werden, hielten sie sich einen scharf abgerichteten Schäferhund. Ein großartiges Tier. Wenn sich jemand an der Tür zu schaffen machte, knurrte er böse. Aber leider durften sie den braven Hund nicht lange behalten. Der Hausbesitzer erwirkte ein polizeiliches Verbot. Und obwohl sie das Verbot einige Zeit ignorierten, kam doch der Tag, an dem der Hund weggebracht werden mußte. Die Polizei hätte ihn sonst erschossen. Die Trennung fiel beiden schwer. Selbst wollten sie ihn nicht töten. Also verschenkten sie den Hund an einen Freund in Zwickau. Weit weg von Chemnitz, damit er nicht zurückkommt. Doch die Erwartung ging nicht auf. Drei oder vier Tage später jaulte der anhängliche Hund gegen Mitternacht auf der Straße, bettelte mit blutiggelaufenen Pfoten und völlig ausgehungert, daß man ihm die Tür zu seinem gewohnten Heim öffne. Die sonst so unsentimentalen «Herrchen» waren tief gerührt, holten ihn herein und päppelten ihn wieder hoch. Sie rätselten, wie der Hund, der im Auto nach Zwickau gebracht worden war, den weiten Weg zurückgefunden hatte. Ein paar Tage später – da es wieder Krach mit dem Hausbesitzer gab – haben sie ihn dann erschossen. Außerhalb der Stadt, im Zeisigwald, wo sie ihn auch begraben konnten.

Wer sich die Mühe macht, die Annalen von 1932 nachzuschlagen, wird entdecken, daß es in Chemnitz, wie in allen Industriestädten, ständig Morde und Erschießungen gab. Es läßt sich auch nachlesen, wie mächtig die Kundgebungen waren, wenn hingemordete Arbeiter zu Grabe getragen wurden. Die gemeinsamen Opfer von Kommunisten und Sozialdemokraten haben leider nicht dazu beigetragen, eine Verständigung der Linksparteien herbeizuführen. Eine damals noch denkbare Einheitsfront aller Hitlergegner hätte es vielleicht vermocht, dem Naziterror ein Ende zu bereiten und den Faschismus in Deutschland zu verhindern. Die Arbeiter jedenfalls waren dazu bereit. Im Wege standen die Parteiführer mit unversöhnlichen Theorien. Sie wurden selbst dann ihrer Verantwortung noch nicht gerecht, als schon ein Blinder erkennen mußte, daß es keinen anderen Weg gab, als dem Naziterror gemeinsam entgegenzutreten. Parteien und Gewerkschaften haben – ungewollt, aber nicht schuldlos – selbst zu ihrem Untergang beigetragen.

Nach einer Kundgebung im Sommer 1932, zu der ein führendes Mitglied des ZK aus Berlin angereist war, wurde ich zu einem Gespräch unter vier Augen gerufen. Es ging um die Reise nach Moskau.

Frohgemut schüttelte ich dem geschätzten Genossen aus Berlin die Hand und sagte: «Fritz, über meinen Nachfolger, der die Organisationsarbeit fortsetzen wird, haben wir uns schon entschieden. Der für Gewerkschaftsarbeit zuständige Max wird mich ablösen.»

Fritz nickte mit dem Kopf und stellte ein paar Fragen. Daß sie etwas mit der Reise zu tun hatten, ahnte ich nicht. Ich vermutete, daß sich der führende Mann informieren wollte. Also, was sollte es? Ich antwortete gefaßt und gewann den Eindruck, daß er zufrieden war. Es ging dabei um den Unterschied zwischen ökonomischen und politischen Massenstreiks. Da Fritz nicht mit «Richtig» oder «Falsch» reagierte, wieder nur nickte, ergänzte ich: «Weißt du, wir haben die Streiktheorien bis zur Endlosigkeit durchgekaut. Besondere Probleme gibt es bei uns nicht. Wichtiger ist, wie wir die Streikbewegung mit mehr Erfolg durchsetzen. Ob da ein Streik politische oder ökonomische Ursachen hat, ist unwichtig. Auch ein Streik gegen Lohnkürzungen gewinnt durch die Maßnahmen der Polizei sofort politischen Charakter. Im übrigen machen wir die Erfahrung, daß die Arbeiter mit abstrakten Theorien nichts im Sinn haben.» Jetzt nickte Fritz nicht mehr. Er sagte auch nicht, ob ich etwas Falsches gesagt hätte. Er unterbrach mich aber, als ich darüber klagte, daß die Losung: «Raus aus den Gewerkschaften!» die Verständigung mit den Arbeitern erschwerte: «Außer ein paar Kommunisten lassen sie sich nicht für die ‹Roten Gewerkschaften› gewinnen.»

«Das ist falsch», antwortete Fritz. «Die wichtigste Aufgabe ist, jetzt die Reformisten zu schlagen, die Massen dafür zu mobilisieren.»

Darauf hatte ich keine Antwort. Ich wußte auch nicht, ob Fritz recht hatte. Aber dann sagte ich doch: «Alle diese Versuche bleiben ohne Erfolg. Das müßt ihr da oben doch wissen.» Und ich fügte hinzu: «Der mit den Nazis propagierte Streik gegen die ‹Sozialfaschisten› hat dazu geführt, daß ein Zusammengehen mit den sozialdemokratischen Arbeitern unmöglich wurde.»

Fritz mißbilligte, daß ich keine Begeisterung für den Kampf gegen die «Sozialfaschisten» erkennen ließ. Und so stellte er gleich eine weitere Frage: «Wie ist deine Meinung zu Heinz Neumann?» (Damals Reichstagsabgeordneter, seit 1929 Mitglied des Politbüros der KPD, Chefredakteur der «Roten Fahne» und Mitglied der Komintern, der im April 1937 fälschlich als Trotzkist und imperialistischer Agent in Moskau beschuldigt, zum Tode verurteilt und hingerichtet wurde.)

«Meinst du die Losung ‹Schlagt die Faschisten, wo ihr sie trefft›?»

«Nicht nur die. Ich meine seine Polemik gegen das Thälmannsche Zentralkomitee.»

«Dazu kann ich nichts sagen. Wir erfahren über den Streit in der Parteiführung zuwenig. Was davon bis zu uns kommt, stiftet mehr Verwirrung als Klarheit. Wir verstehen auch nicht, warum wir heute so und morgen wieder anders orientiert werden. Die einen zitieren Lenin, der gesagt haben soll: Erst müssen wir mit den Sozialdemokraten abrechnen, bevor man die Kapitalisten schlagen kann. Daher wohl die Theorie über die ‹Sozialfaschisten›, die von den sozialdemokratischen Arbeitern als üble Beleidigung verstanden wird. Die anderen rufen auf, die Faschisten zu schlagen, wo wir sie treffen. Daß das die geeignete Politik ist, die zu den Nazis übergewechselten Arbeiter zurückzugewinnen, kann ich mir kaum vorstellen. Außerdem ist es zur Zeit so, daß wir die Prügel beziehen. Deshalb wäre es besser, solche

Überspitzungen zu unterlassen. Wichtiger ist, die Demontage der Demokratie zu verhindern. Und das ist nur möglich mit den Sozialdemokraten. Egal ob uns die reformistischen Führer der SPD gefallen oder nicht.»

Das reichte. Fritz beendete die Aussprache mit den Worten: «Genosse Janka, du bist noch nicht erfahren genug, um auf die Schule nach Moskau zu gehen. Wir haben uns für Fritz Rudolf entschieden. Dafür wirst du seine Funktion als Politleiter im Bezirk Chemnitz übernehmen, um dich in der praktischen Arbeit weiter zu qualifizieren.»

Die unerwartete Wendung machte mich traurig. Ich wäre gern auf die Reise gegangen. Die Misere meines materiellen Seins wäre damit vorerst gelöst gewesen. Ich bekam wöchentlich neun Mark Unterstützung vom Arbeitsamt. Zuwenig, um mich damit von meiner Mutter ernähren zu lassen.

Warum ich aber doch nicht böse wurde, weiß ich nicht. Vielleicht war es nur das Gefühl, das Leben geht auch ohne Moskau weiter. Später sollte sich erweisen, daß es ein Glück war, nicht nach Moskau gegangen zu sein.

Wie die Monate bis zum 30. Januar 1933 dahingingen, lohnt nicht, rekapituliert zu werden. Andere haben den Aufstieg der Nazis und die Ohnmacht der Arbeiterbewegung aus allen Perspektiven beschrieben. Ich erlebte diese Zeit wie alle politisch engagierten Jugendlichen. Wenn sie sich unterschieden haben sollte, dann durch etwas mehr Aktivität. Im nachhinein gestehe ich, daß mir die damit verbundenen Gefahren kaum bewußt wurden. Oder erst, als es zu spät war.

Immerhin, wir bereiteten uns in den Wochen vor Hitlers Machtantritt auf die Illegalität vor. Abziehapparate, Papier, Druckerschwärze und manches mehr wurden an geheime Orte geschafft. Die Arbeit sollte weitergehen können, wenn die legalen Einrichtungen verwüstet werden.

Auch Quartiere mußten beschafft werden. Das war besonders schwer. Niemand, ich schon gar nicht, verfügte über Geld. Das illegale Leben war nur möglich, wenn sich Freunde fanden, die ihre Wohnungen zur Verfügung stellten, das knappe Brot mit den Verfolgten teilten und das Risiko eingingen, selbst verfolgt zu werden, wenn sie Widerstandskämpfern Unterschlupf gewährten.

Arge Schwierigkeiten machte auch die Reorganisation der Ortsgruppen und Betriebszellen. Praktisch hörten sie nach dem 30. Januar 1933 auf zu existieren. Nur verläßliche Mitglieder wurden noch in kleinen Gruppen erfaßt. Aber auch diese funktionierten nicht richtig. Es gab zu viele Denunzianten und Spitzel. Und so mancher wechselte die Front, um sich zu retten. Hinzu kam, daß alle auf ein Wunder warteten. Nur konnte keiner sagen, woher ein Wunder kommen sollte.

Am 30. Januar versammelte ich noch einmal die Leitung des Chemnitzer Jugendverbandes im Parteihaus «Kämpfer». Wie sich herausstellen sollte, zum letztenmal. Die sonst mit Leben erfüllten Büros waren schon leer und still.

Nach einigem Hin und Her, ob die Sitzung abgebrochen werden sollte, wurde das Wichtigste besprochen. Bald nach Beginn der Aussprache ging die Tür auf, und die Landtagsabgeordnete Grete Groh, Mitglied des ZK der Kommunistischen Jugend, stürzte herein. Erregt schrie sie: «Die Polizei ist mir auf den Fersen. Vor dem ‹Kämpfer› fahren Lastautos mit SA und Polizei vor. Wir sind in der Falle!»

Meine erste Reaktion war: «Raus! Sie dürfen uns nicht in einem Raum erwischen. Verkrümelt euch!»

Als das Getrampel von Polizei und SA-Leuten auf der Treppe hörbar wurde und alle bis auf Grete aus dem Raum gestürzt waren, aber gleich auf der Treppe gefaßt wurden, zog Grete aus ihrer Handtasche eine Pistole und drückte sie mir in die Hand.

«Du mußt mir helfen. Mich dürfen sie nicht mit der Pistole erwischen.»

«Mich etwa?» Rasch drehte ich den Schlüssel im Türschloß herum, um Zeit zu gewinnen. Was sollte ich mit der verdammten Pistole anfangen? Ein Versteck gab es nicht. Und bevor mir noch etwas einfallen konnte, trommelte es an der Tür.

«Aufmachen! Aufmachen, sonst schießen wir!»

Wütend warf ich das Schießeisen aus dem Fenster. Der Hof lag im Schnee. Sagte dabei: «Du bist das größte Rindvieh. Zeig ihnen deinen Landtagsausweis. Vielleicht lassen sie dich laufen.» Und da krachte die

Tür schon aus den Fugen. Die ins Büro stürzenden Polizisten waren verblüfft. Einer brüllte: «Raus mit euch!» Ich bekam einen Tritt ins Hinterteil und fiel den SA-Leuten vor die Stiefel. Mit weiteren Fußtritten wurde ich dann die Treppe hinunterbefördert.

In der ersten Etage standen schon die anderen mit erhobenen Händen. Das Gesicht zur Wand. Grete hatte Glück. Ein älterer Polizist betrachtete den Ausweis und sagte: «Die hat Immunität. Laßt sie gehen.» Und so konnte sie sich wirklich aus dem Staube machen. Ohne Behinderung, ohne Schläge. Um so reichlicher wurden wir damit bedacht. Als mein Nebenmann plötzlich «Scheiße» sagte, einfach so, weil es ihm in den Sinn kam, bekamen wir noch ein paar zusätzliche Fußtritte.

Ich war überzeugt, daß es aus sei mit uns. Der nächste Weg mußte in die Hartmannstraße führen, wo sich das Polizeigefängnis befand. Oder in die Strafanstalt auf den Kaßberg. Dort hatte ich schon vor neun Monaten fünf Wochen wegen Widerstandes gegen die Staatsgewalt verbracht.

Aber es kam anders. Die Polizei vernahm jeden einzeln. Nach Ausfertigung kurzer Protokolle jagten sie uns auf die Straße. «Laßt euch hier nie wieder blicken, ihr Kommunistenschweine», schrie einer der SA-Männer.

Alles in allem ging dieser Tag also noch glimpflich ab. Nur der «Kämpfer» wurde für alle Zeiten geschlossen.

Was nun? Auf dem Weg nach Hause überlegte ich, ob ich sofort ein illegales Quartier aufsuchen oder noch warten sollte.

Die Entscheidung wurde mir auf der Straße vor der elterlichen Wohnung abgenommen. Eine Schießerei war im Gange. «Stehenbleiben, oder wir schießen!» Dabei schossen sie schon wie verrückt. Die SA war gerade dabei, meinen Bruder Otto abzuholen. In der Hoffnung, noch flüchten zu können, hatte er sich davonmachen wollen. Was mißlingen mußte. Mit erhobenen Händen ergab er sich den auf ihn einschlagenden SA-Leuten.

Ich beobachtete mit anderen Passanten das Schauspiel. Dann kehrte ich um. In der Wohnung einer Freundin, die verständnisvolle Eltern hatte, wurde ich für die nächsten Tage aufgenommen.

Um die überall wachsam gewordenen Nachbarn nicht auf meinen

Aufenthalt aufmerksam zu machen, wechselte ich häufig das Quartier. Und natürlich setzte ich die Herausgabe von Flugblättern, nächtliche Wandmalereien, heimliche Versammlungen und Treffs fort. Wenn ich von meinen Quartiergebern nichts zu essen bekam – weil sie selbst nichts hatten –, blieb ich tagelang ohne Nahrung. Wäre nicht die Freundin gewesen, die immer ein paar Brote mitbrachte, hätte ich verhungern können. Auf das Arbeitsamt konnte ich nicht mehr gehen, um die geringe Unterstützung abzuholen. Auf den Straßen mußte ich auf der Hut sein, um nicht erkannt zu werden. Angenehm war das Herumvagabundieren nicht. Daß es anderen ähnlich oder schlechter ging, war kein Trost. Auch der sich breitmachende Pessimismus unter den Freunden trug nicht dazu bei, die Stimmung zu verbessern. Zumal am politischen Horizont kein Silberstreifen erkennbar war. Es ging nur noch bergab. Ohne Hoffnung auf einen Ausweg. Es sei denn, sich der Polizei zu stellen, hinzunehmen, was jenen widerfuhr, die schon im Gefängnis oder Konzentrationslager waren. Aber genau das wollte ich freiwillig nicht tun.

Entsetzlich war die Meldung, Albert habe sich im Konzentrationslager Reichenbach erhängt. Noch in der Nacht vom 14. zum 15. April 1933 traf ich mich mit Kurt Sindermann, der seines Lebens sowenig sicher war wie Albert. Die Begegnung war niederschmetternd. Kurt war überzeugt, daß Albert ermordet worden war. Wir trennten uns mit der Vereinbarung, Flugblätter zu verbreiten, die den Mord an die Öffentlichkeit bringen sollten.

In der Nacht schrieb ich den Text für ein Flugblatt. Am nächsten Tag wurde es in der Wohnung einer älteren Genossin vervielfältigt. Ihre Tochter und andere beteiligten sich an der Verbreitung. Da es zu gefährlich war, die Flugblätter auf der Straße zu verteilen, wurden sie des Nachts an Wände geklebt oder in Briefkästen gesteckt. Der Erfolg war bemerkenswert.

In der zweiten Nacht nach dem Mord traf ich mich mit meinem Vater am Stadtrand von Chemnitz. Er war völlig demoralisiert. Nach seinen Worten ging es der Mutter noch schlimmer. Albert war der Sohn, auf den sie die größten Hoffnungen gesetzt hatten. Und jetzt war er tot. Ein größeres Unglück war nicht denkbar.

Bevor wir auseinandergingen, fragte mein Vater: «Was soll jetzt werden? Wir können Albert nicht sang- und klanglos verscharren. Außer uns traut sich niemand, an der Beerdigung teilzunehmen. Freidenker, die Grabreden halten, gibt es nicht mehr. Ich kann auch keine Rede halten. Mir würden die Worte im Halse steckenbleiben. Du bist der einzige von uns, der das könnte. Aber was wird passieren, wenn du am Grabe erscheinst? Es fällt mir schwer, dich darum zu bitten.»

«Ich werde ein paar Worte sagen. Komme, was wolle. Irgendwann passiert das Unvermeidliche sowieso. Tröste Mutter, so gut du kannst. Sag ihr, daß noch viele das Schicksal von Albert erleiden werden. Sag ihr auch, daß der Tag kommen wird, an dem die Mörder bezahlen werden. Und solange es möglich ist, werde ich alles dafür tun. Alles, das versprech ich dir, Vater.»

Die Beisetzung fand im Krematorium Reichenbach statt. Die Nacht zuvor verbrachten wir in der Wohnung von Alberts Frau in Plauen. Da außer den Ehebetten keine Schlafgelegenheiten vorhanden waren, schliefen wir auf dem Boden – soweit überhaupt von Schlaf die Rede sein konnte. Die Eltern teilten sich die Ehebetten mit der Schwiegertochter. Die Nacht war für alle miserabel. Am schlimmsten natürlich für die Eltern und die dreiundzwanzigjährige Witwe.

Sehr früh machte ich mich mit dem Vater auf den Weg nach Reichenbach. Wir wollten den erschlagenen Sohn und Bruder noch einmal sehen. Erfahren, was er hatte erleiden müssen. Der Friedhofsverwalter war ein alter Bekannter. Er würde uns schon hereinlassen. Da zu so früher Stunde noch niemand zu sehen war, ließ er uns die Leichenhalle betreten, meinte aber, daß wir uns beeilen müßten. Es sei damit zu rechnen, daß Polizei oder SS erscheinen würden.

«Danke, Hermann», sagte mein Vater. «Wir brauchen nur ein paar Minuten. Falls jemand kommt, sagst du, daß wir ohne Erlaubnis die Halle betreten haben.»

Der Frühling hatte schon Einzug gehalten. Außer unseren Schritten auf den Kieswegen war nur der Morgengesang der Vögel zu hören. Nachdem der Verwalter, ein alter Sozialdemokrat, die Tür zugezogen hatte, verharrten wir eine Minute am offenen Sarg. Dann nahm mein Vater den erstarrten Sohn, in dessen Antlitz die erkennbaren Verletzungen überpudert waren, in die Arme, zog das Leichenhemd zurück und legte ihn auf die Seite. Rund um den Hals waren Striemen erkennbar, die das Totenhemd verdeckt hatte. Das rückwärts offene, wie eine Schürze um den Körper gelegte Hemd fiel auseinander. Der Rücken war vom Nacken bis an die Oberschenkel zerschlagen, verkrustet, als hätte man die Haut abgezogen. Tiefe, eingebrannte Wunden. Ganze Stücke aus dem muskulösen Körper herausgerissen.

Die Hände meines Vaters wurden kraftlos. Tränen liefen über seine Wangen. Fast ohnmächtig hielt er den ermordeten Sohn in seinen Armen. Den Atem anhaltend, legte er ihn schließlich zurück und bettete ihn wieder sorgsam, so als fürchte er, dem Toten neue Schmerzen zuzufügen. Ich berührte ihn am Arm und flüsterte: «Laß uns gehen.»

Vor der Halle stand der Verwalter. Er wußte, in welchem Zustand der Tote eingeliefert worden war. Als er meinem Vater stumm die Hand drückte, weil er kein Wort hervorbringen konnte, sagte Vater: «Danke, Hermann. Ich weiß nicht, wann ich das letzte Mal geweint habe. Vielleicht heute. Und eins wissen wir jetzt endgültig. Wir haben es nicht mit politischen Gegnern zu tun. Nur mit Mördern.»

Der Alte nickte mit dem Kopf. Dann machte er eine Geste mit der Hand. Drei oder vier Schritte gingen wir gemeinsam. Bevor wir uns trennten, sagte er doch etwas. Es hörte sich wie eine Entschuldigung an: «Ich kann nichts dafür, daß sie mir solche Leichen einliefern.»

Der Vater erwiderte: «Das weiß ich. Ich bitte dich, laß den Sarg schließen. Meine Frau darf Albert nicht mehr sehen.»

Der Alte nickte und ging. Dann warteten wir schweigend vor dem Friedhof auf den Rest der Familie.

Es mag ein Zufall gewesen sein, vielleicht auch nicht. Als die Leichenträger den Sarg in die Halle trugen, zeigte sich noch immer niemand.

Dem Sarg folgten Mutter und Vater, die junge Frau des Toten, meine ältere Schwester, die ihre Schwägerin stützen mußte, weil sie nicht allein gehen konnte, meine zwei jüngeren Geschwister und ich.

Am Eingang zur Halle schlossen sich zwei Arbeiter an. Sie waren unbemerkt durch den hinteren Eingang gekommen. Wie sich herausstellte, waren es zwei Kampfgefährten von Albert, die es sich nicht nehmen lassen wollten, Abschied zu nehmen.

Nachdem der Sarg auf dem versenkbaren Podest abgesetzt, der vom Vater getragene Kranz mit roter Schleife niedergelegt worden war, nahm die kleine Gemeinde in der ersten Reihe Platz.

Von der Empore, im Rücken der Trauernden, schwang ein Satz aus der Johannespassion herab. Als die Orgel abbrach, erhob ich mich und trat ans Rednerpult. Nach einem Blick auf die in Tränen vor mir sitzenden Eltern und Geschwister erkannte ich – noch immer nach dem ersten Satz meiner Rede suchend – auf der Empore rosarote Gesichter unter schwarzen Schirmmützen. Wie lauernde Ratten schauten sie herab. Sie waren gekommen, um zu sehen, wie der von ihnen ermordete Arbeiterführer ohne Arbeiter auf seinem letzten Gang begleitet wurde.

Das Grinsen in ihren Gesichtern rief Übelkeit in meinem Magen hervor. Und Zorn in meinem Hirn. Eine Sekunde dachte ich daran, daß es kein Entkommen gäbe. Sie würden mich beim Verlassen der Halle verhaften. Dann faßte ich mich. Meine Stimme, herb und bitter, gewann Klang. Auf andere Art als die wundervolle Musik der Bachschen Passion, die in meinem Kopf mitschwang.

Meinen Eltern konnte ich keinen Trost zusprechen. Ich wollte es auch nicht. Die kurze Rede, einfach, schlicht vorgetragen, kann ich nicht mehr nachzeichnen. In Erinnerung ist nur geblieben, daß ich mit Mühe nach Worten suchte, die nicht mehr Tränen in den Augen der Mutter bewirkten. Zumal ich selbst die Tränen unterdrücken mußte. Aber das weiß ich noch genau: Ich endete mit dem Versprechen, daß der am meisten geliebte Sohn unvergessen bleiben und sein Tod die Hoffnung auf eine bessere Zeit nicht brechen werde. Daß der verlorene Sohn in Ewigkeit Mahnung für die Lebenden bliebe. Den Blick noch einmal nach oben gerichtet, den Rattengesichtern nicht mehr ausweichend, waren die letzten Worte: «Und nicht nur Mahnung, Albert. Das schwöre ich an deinem Sarg.»

Dann setzte die Orgel wieder ein. Als sich die Öffnung über dem niedergehenden Sarg schloß, wandte ich mich der Tür zu, die sich hinter dem Pult befand. Hermann hatte sie leise geöffnet und mit der

Hand ein Zeichen gegeben. Es war also nicht Gott, sondern dem alten Verwalter zu danken, daß mir die Flucht noch einmal gelang.

Acht Tage später wurde meine Schwester Hilde ins Konzentrationslager Hohenstein eingeliefert. Wenige Tage danach holten sie meinen Vater. Wegen «Vorbereitung zum Hochverrat» wurde er auf Jahre ins Zuchthaus Bautzen geschickt. Auch der jüngere Bruder Hans, vierzehn Jahre alt, kam ins Polizeigefängnis Chemnitz. Er wurde mißhandelt, kahlgeschoren, blutig geschlagen, weil er nicht sagen konnte, wo sich sein Bruder Walter befände. Selbst wenn er es gewollt hätte, hätte er es nicht gekonnt. Niemand wußte, wo ich untergetaucht war.

Die Zeit ist um

Nach der Beisetzung in Reichenbach fuhr ich nach Prag, um mit den verantwortlichen Genossen über mein weiteres Wirken zu sprechen. Ohne Paß, weil ich keinen besaß. Aber ich kannte mich bei Oberwiesenthal gut aus. Schon vor 1933 war ich dort wiederholt über die Grenze gegangen.

Die verantwortlichen Genossen schickten mich nach Chemnitz zurück. Ich müsse, so meinten sie, meine Arbeit fortsetzen. Der Widerstand dürfe nicht unterbrochen werden. Dieser Meinung war ich auch. Zweifel hatte ich allerdings an ihrer Auffassung, daß es keinen Grund gäbe, in die Emigration zu gehen. Einer von ihnen, wegen seiner überdimensionalen Nase nur «Nasenhermann» genannt, tat sich besonders hervor. Er meinte: «Wo kommen wir hin, wenn alle in die Emigration gehen.» Für sich ließ er das nicht gelten. Er war gleich zu Anfang ins Exil gegangen und kehrte erst nach Deutschland zurück, als alles vorbei war.

Wie dem auch war, ich kehrte mit Ratschlägen dahin zurück, wo ich nicht lange warten mußte, bis mich die Gestapo verhaftete.

Am frühen Morgen holten sie mich aus meinem Quartier. Sehr zum Leidwesen der alten Dame, die mir Nachtlager und Essen ohne Bezahlung gewährte. Tapfer hielt sie sich an die Vereinbarung: Sie wisse nichts davon, daß der Untermieter von der Polizei gesucht werde. Sonst hätte sie ihn niemals aufgenommen. Auch ich sagte bei den Vernehmungen nicht die Wahrheit über die Verabredung mit der Frau. Sonst hätte sie trotz ihres Alters mit Verhaftung rechnen müssen.

Auf der Fahrt ins Polizeigefängnis, von zwei Polizisten in Zivil in die Mitte genommen, dachte ich darüber nach, wer mich verraten haben

41

könnte. Daß es der Jugendfreund war, der mir das Zimmer vermittelt hatte, mochte ich nicht glauben. Und die alte Dame war viel zu anständig, um so etwas zu tun. Sonst aber gab es niemanden, der mein Versteck kannte.

Auf dem Hof in der Hartmannstraße stießen mich die Gestapoleute aus dem Auto. Ohne Umstände schubsten sie mich bis in das Zimmer des «Kriminalrates», der mich für die nächsten Tage in die Mangel nahm. Täglich von früh bis in die Abendstunden. Und zu seinem größten Ärger legte der «verdammte Kommunistenbengel» kein Geständnis ab. Bei der auf dem Schreibtisch liegenden Beweislast, so meinte jedenfalls der Herr Kriminalrat, sei das eine unverschämte Frechheit.

Es dauerte nicht lange, bis der erfahrene Kriminalist die Ruhe verlor, um den Schreibtisch herum kam, mir die Flugblätter um die Ohren schlug und mit voller Lautstärke schrie: «Ich habe Zeugen, die ausgesagt haben. Wir wissen, wer die Hetzschriften verfaßt und vervielfältigt hat. Dein Leugnen hilft nichts. Raus mit der Sprache. Wenn du nicht auspackst, übergebe ich dich der SA im Hansa-Haus. Dort bringen sie dich bestimmt zum Reden. Also, was ist?»

«Herr Kriminalrat, Sie wissen, und ich bestreite nicht, daß ich Vorsitzender der Kommunistischen Jugend war. Aber seitdem die Arbeiterparteien verboten sind, habe ich mich jeder Aktivität enthalten. Mehr kann ich nicht sagen.»

«Warum hast du dich dann versteckt? Was hast du in Prag zu suchen gehabt? Wer hat dich zurückgeschickt?»

«Ich war Untermieter bei der alten Dame. Sie hatte keine Ahnung, daß ich Kommunist bin. ‹Versteckt› ist auch nicht zutreffend. Ich hatte einfach keine Lust, mich wegen meiner Vergangenheit verhaften zu lassen. Das müssen Sie doch verstehen. Und in Prag bin ich zu keiner Zeit gewesen.»

«Du lügst», fiel mir der Kriminalrat ins Wort. Eine Tür des an der Wand stehenden Schrankes aufreißend, fuhr er fort: «Und diesen Druckapparat kennst du auch nicht?»

«Nein, Herr Kriminalrat.»

«Die Namen der Flugblattverteiler, die Wohnung, wo wir den Apparat beschlagnahmt haben, hast du auch vergessen?»

«Herr Kriminalrat, ich kenne die Namen der Flugblattverteiler nicht. Und eine Wohnung, wo sich dieser Apparat befunden hat, ist mir nicht bekannt.»

Nach Stunden der Vorhaltungen gab der ermüdete Kriminalrat auf: «Genug für heute. Überleg dir bis morgen, wie du dich besser herausschwindeln kannst. Abführen!» herrschte er den an der Tür sitzenden Polizisten an.

Die Nacht in der einsamen Zelle war schlaflos. Ich mußte dabei bleiben, alles zu leugnen. Wer A sagt, muß auch B sagen. Gäbe ich nur eine Sache zu, würden sie mich erst recht erpressen, weiteres zuzugeben. Und damit würde ich mich und meine Genossen nur belasten. Vor allem die, die noch nicht gefaßt waren und die Arbeit noch fortsetzen konnten. Nein, ich würde weder mich noch andere verraten. Mochten sie machen, was sie wollten. Selbst das Schwarze unter dem Fingernagel würde ich nicht preisgeben. Das durchzustehen würde schwer sein. Denn wie es im Hansa-Haus zuging, wußte ich durch die in Umlauf gekommenen Gerüchte.

Meine Mutter, die einmal mit Otto sprechen konnte, erzählte mir bei einem nächtlichen Spaziergang im Zeisigwald, was sich die SA für «Spielchen» ausdachte, schlimmere als die üblichen Quälereien, ohne die es im Hansa-Haus in keinem Falle abgeht.

Um sich von den Mißhandlungen «auszuruhen», oder aus Jux, mußten Häftlinge untereinander Boxkämpfe austragen. Der Sieger bekam zur Belohnung – je nach Laune – einen Schnaps oder eine zusätzliche Tracht Prügel. Letzteres immer dann, wenn der «Gegner» geschont wurde. Als sie meinen Bruder Otto aufforderten, gegen einen ihm bekannten Genossen anzutreten, weigerte er sich.

Die SA-Meute brach in Gelächter aus und beschimpfte ihn als Feigling. Einer der brutalsten SA-Schläger, der Otto aus den zurückliegenden Straßenkämpfen kannte, hielt ihm die Boxhandschuhe hin und sagte zynisch: «Dir ist wohl der Mut vergangen? Schlag dich mit deinem Genossen, oder ich schlage dir die Fresse ein.»

«Ich bin kein Feigling. Wenn ihr einen fairen Boxkampf wollt, bin ich bereit. Nur gegen einen Häftling trete ich nicht an. Schon gar nicht gegen einen, der mir unterlegen ist.»

«Ach, so ist das. Gegen einen Häftling willst du nicht kämpfen. Mit wem denn?» Otto zögerte einen Augenblick, bevor er antwortete. Da er genau wußte, wie die Dinge enden würden, sagte er: «Zum Beispiel gegen dich. Gegen jeden von euch.»

Das Gelächter der Meute brach schlagartig ab. Die Nächststehenden wollten sich sofort auf ihn stürzen. Aber da passierte, was nicht zu erwarten war. Der vor ihm stehende Mann hielt seine Schläger zurück, warf Koppel und Pistole auf den Tisch und zog Boxhandschuhe an. Das andere Paar warf er Otto zu: «Das kannst du haben, Großmaul! Und du sollst deine Freude daran haben.»

Die erste Runde endete mit harten Schlägen für Otto, der sich zurückhielt, nur daran dachte, was sie mit ihm machen würden, wenn er den SA-Helden zu Boden schlüge. Die zweite Runde trug ihm Platzwunden im Gesicht ein. «Einen Eimer Wasser», schrie der SA-Mann, «damit er zu sich kommt. Und wischt ihm das Blut aus den Augen, damit er mich besser sehen kann. Der Kampf endet erst, wenn er am Boden liegt und um Gnade bittet.»

Und genau das war für Otto mehr, als er hinnehmen konnte. Nein, das hätte der nicht sagen dürfen: Niemals wird er um Gnade bitten. In der dritten Runde schlug er zurück. Er schlug mit einer Härte wie nie zuvor. Dem wütenden SA-Mann stürzte Blut aus Mund und Nase. Noch ein Schlag in die Magengrube ließ den siegesbewußten Prügelhelden zusammenbrechen. Unfähig, sich zu erheben, gab er das Zeichen, über den Sieger herzufallen.

Es hat lange gedauert, bis Otto im Keller des Hansa-Hauses wieder das Bewußtsein erlangte. Als die Wunden verheilt waren, haben sie ihn in das Konzentrationslager Sachsenburg überstellt. Dort verbrachte er ein paar Monate, bis ihm die Flucht in die Tschechoslowakei gelang.

Der zweite Tag begann mit einer Überraschung. Als ich in das Zimmer des Kriminalrates geschoben wurde, saß vor dem Schreibtisch der Jugendfreund, der mir das Quartier besorgt hatte und an der Vervielfältigung von Flugschriften beteiligt gewesen war. Jetzt lagen die Flugblätter ausgebreitet auf dem großen Tisch.

Ich faßte mich und tat so, als wäre mir der junge Mann völlig unbekannt. Sagte nur: «Guten Morgen.»

Der Kriminalrat nahm von meinem Gruß keine Kenntnis. Schob die Blätter hin und her, bis er eines in die Hand nahm, den Text las und beiläufig knurrte: «Setz dich, und sieh dir diese Hetzschrift an. Hier, nimm sie in die Hand und sag mir, wer den Text verfaßt hat. Du oder ein anderer? Und wenn es ein anderer war, will ich den Namen wissen.»

Ich legte das Flugblatt zurück und sagte: «Eine interessante Schrift, Herr Kriminalrat. Leider weiß ich nicht, wer sie verfaßt hat.»

«Und wer sie gedruckt hat, willst du auch nicht wissen?»

«Nein, Herr Kriminalrat.»

«So», sich über den Tisch beugend, «du willst noch immer nichts zugeben, obwohl du jetzt neben deinem Genossen sitzt, der so vernünftig war, sich zu stellen, Auskunft zu geben, wo wir dich finden, was du mit ihm angestellt hast und wo ihr die Flugblätter abgezogen habt. Da, frag deinen Genossen, was er dir zu sagen hat. Los, frag schon!»

«Ich habe nichts zu fragen, Herr Kriminalrat. Es ist mir auch gleichgültig, was der sagt. Unser Jugendverband zählte über eintausendfünfhundert Mitglieder. Schon möglich, daß sich welche finden, die sagen, was Sie hören wollen.»

«Du bist unverschämt. Unverschämter, als ich gedacht habe.» Dabei sprang er um den Tisch herum und gab mir eine so kräftige Ohrfeige, daß ich vom Stuhl fiel und mir am Waschbecken den Kopf aufschlug. Halb benommen versuchte ich, mich zu erheben. Als ich mit Mühe den Stuhl erreicht hatte, schrie der Kriminalrat den eingeschüchterten Jugendfreund an: «Sag dem Lügner, was du uns erzählt hast. Vielleicht begreift er dann, daß ihm sein hartnäckiges Leugnen nichts hilft.»

Stockend, zunehmend mit leichterer Zunge packte der Angesprochene aus. Alles mit genauen Angaben von Zeit, Ort und Inhalt. Und das war zu meinem Leidwesen eine ganze Menge.

Ich mußte mich beherrschen, um nicht über den Verräter herzufallen. Nachdem ich eine Weile zugehört hatte, sagte ich: «Herr Kriminalrat, der kann sagen, was er will. Ich werde das nicht bestätigen. Er kann sich meinetwegen beschuldigen. Soweit es aber mich betrifft, weise ich alle Behauptungen zurück. Mehr habe ich nicht zu sagen.»

Danach, verächtlich auf den ehemaligen Jugendfreund blickend, fügte ich hinzu: «Du wirst deine Aussagen noch bereuen.»

Damit war die Geduld des Kriminalrates wieder am Ende. Der Polizist an der Tür bekam die Weisung, mich abzuführen. Für die nächsten Tage gab es nur Wasser und Brot. Die Matratze wurde entzogen. Ein paar Tage mußte ich auf der rohen Holzpritsche verbringen. Das war furchtbar. Aber ich blieb fest. Ich gab nichts zu. Wenn ich auch nur in einem Punkt nachgäbe, würden sie mich nur noch mehr in die Enge treiben.

Die vielen Flugblätter wurden ja nicht nur auf einer Maschine geschrieben und nicht nur auf dem Apparat abgezogen, den sie ausgehoben hatten. Der Jugendfreund war glücklicherweise nur über die eine Wohnung informiert. Von der Existenz weiterer Maschinen und Apparate wußte er nichts. Gäbe ich zu, daß die Aussagen des Zeugen der Wahrheit entsprächen, würden sie nicht eher Ruhe geben, bis ich auch die Wohnungen preisgäbe, wo die übrigen Schriften hergestellt wurden und die Arbeit nach meiner Verhaftung fortgesetzt worden war. Das aber wäre glatter Verrat. Ich war ohnehin verloren. Sie würden mich verurteilen, ob ich mich nun schuldig bekannte oder nicht. Wichtiger war, daß die Arbeit weitergehen konnte, tätige Genossen nicht der Gestapo ausgeliefert wurden.

Nach vierzehn Tagen in der Hartmannstraße wurde ich nach Freiberg abgeschoben, um dort weitere sechs Wochen auf den Prozeß vor dem «Sondergericht» zu warten. Warum der Kriminalrat mich nicht der SA zum «Weichprügeln» übergab, weiß ich nicht, vermute aber, daß ihm, der schon vor 1933 politische Häftlinge in die Mangel nehmen mußte, die Folterungen im Hansa-Haus gegen den Strich gingen. Möglich ist auch, daß meine Hartnäckigkeit den alten Profi beeindruckte, zumal er die Familie Janka gut kannte, besonders Albert, den die SS ermordet hatte. Und es ist denkbar, daß er politische Feiglinge, die mehr aussagen als gefordert wird, nicht schätzte. Nicht selten lieben Gegner den Verrat, verachten aber die Verräter.

Das sollte sich bei der Gegenüberstellung mit der Genossin bestätigen, in deren Wohnung die Schreibmaschine und der Druckapparat beschlagnahmt wurden. Die in Haft genommene Frau, samt ihrer siebzehnjährigen Tochter, die beide zugeben mußten, daß in ihrer Wohnung verbotene Flugblätter hergestellt worden waren, sagten nicht aus, daß ich beteiligt war. Obwohl sie mich gut kannten, gewähren ließen, an der Arbeit selbst teilnahmen, Kaffee oder Tee kochten und gelegentlich hausgemachten Kuchen angeboten hatten. Sie schützten mich mit der Behauptung, sie hätten die Wohnung immer verlassen, wenn Schriften hergestellt wurden. Deshalb wüßten sie nicht, wer außer dem «Zeugen» noch gekommen sei.

Für mich war das eine große Hilfe. Und der Kriminalrat wußte natürlich, daß die Frauen nur die halbe Wahrheit sagten. Trotzdem ging er schonend mit ihnen um. Haft und Verurteilung vor dem Sondergericht blieben allerdings auch den Frauen nicht erspart. Auf mich machten sie einen nachhaltigen Eindruck. Beide waren bescheidene, genauer gesagt, einfache und arme Frauen, die sich sehr tapfer verhielten.

In Freiberg teilte ich die Zelle mit drei politischen Häftlingen, die ebenfalls auf ihre Prozesse warteten. Sie waren älter als ich, großartige Männer. Keiner fürchtete sich vor dem, was sie zu erwarten hatten. Irgendwie wurde die aufgezwungene Notgemeinschaft im Gefängnis zu einem moralischen Halt für alle vier. Da unter ihnen ein belesener Historiker war, wurde die Zeit kurzweilig, beinahe zu einem Weiterbildungslehrgang. Und ich erfuhr, daß in diesem Gefängnis die letzte Hinrichtung einer Frau in Deutschland stattgefunden hatte. Auf dem Hof, wo wir täglich ein paar Rundgänge absolvieren durften, war sie enthauptet worden. Offenbar gehörten zur Geschichte der Stadt Freiberg Hinrichtungen genauso wie der Reichtum der schmalen Oberschicht. Auf dem Obermarkt bezeichnet noch immer ein in Stein gehauenes Kreuz die Stelle, wo 1455 der «Prinzenräuber» Kunz von Kaufungen öffentlich hingerichtet wurde. Und bis zum ausgehenden 19. Jahrhundert schürften 3200 schlechtbezahlte Bergarbeiter in 60 Gruben jährlich 800 Kilogramm Gold, 95 000 Kilogramm Silber und 110 000 Doppelzentner Nickel, Zink, Wismut, Arsen und Schwefel. Und natürlich jede Menge Blei. Wer hätte wohl gedacht, daß nach der letzten Hinrichtung einer Frau die strengen Gerichtsherren nach Freiberg zurückkehrten. Damit gab es wieder Hinrichtungen, die kein Ende nehmen sollten.

Mein Verhältnis zu den Mitgefangenen war gut. Allen war bekannt, aus welcher Familie ich kam, daß mein Bruder ermordet worden war und auch mein Vater in Freiberg auf die Aburteilung wartete.

Sechsundfünfzig Jahre später, am 16. 12. 1989 empfing ich den folgenden Brief: «Walter, ein herzlicher Händedruck und ein Gruß zur Erinnerung an die alte Zeit, die damals voller Hoffnung war. Zur Erinnerung: Sondergericht Freiberg, Zelle 3, im Sommer 1933. Zellengenossen Heinz Nehdes Riesa, Hans Porst und meine Wenigkeit. Unsere Wege trennten sich, aber ich wäre gern mit Dir gemeinsam Deinen weiteren Weg gegangen.

Ganz kurz: zweieinhalb Jahre Zuchthaus, später Sachsenburg, Buchenwald, 999, 1944 mit der Waffe in der Hand in die Berge gegangen, über Ägypten Heimkehr nach Deutschland. Ich bin viele Irrwege gegangen, aber wer tut das nicht, wenn er die Wahrheit sucht... Herzlichst Dein altgewordener Weggefährte K. B.»

Am 19. September 1933 wurden im großen Saal – ohne Publikum – die Urteile gefällt. Der aussagefreudige «Zeuge» bekam ein Jahr Gefängnis, obwohl ihm die Richter für Mithilfe bei der Aufdeckung staatsfeindlicher Aktivitäten Anerkennung, Lob und mildernde Umstände zusprachen. Die standhafte fünfundvierzigjährige Genossin ebenfalls ein Jahr. Ihre Tochter neun Monate. Weil ich meine «hochverräterischen Verbrechen» trotz Überführung durch den glaubwürdigen Zeugen in Abrede stellte, bekam ich ein Jahr und sechs Monate Zuchthaus. Der Zusatz zum Urteil lautete: «Nach Verbüßung der Strafhaft ist der Verurteilte in ein Konzentrationslager einzuweisen.» In der Urteilsbegründung hieß es: «Der Verurteilte Janka kann leider nicht höher bestraft werden, weil seine Straftaten vor Inkrafttreten des neuen Gesetzes zur Aburteilung von Staatsverbrechern begangen wurden.» Und das war für mich ein großes Glück. Wenige Monate später wurden Jugendliche, die weit weniger zu verantworten hatten, mit fünf, sechs oder zehn Jahren Zuchthaus bestraft. Oft sogar mit dem Tode.

Die fünfzehn Monate in Bautzen – drei Monate Untersuchungshaft wurden angerechnet – gingen mit Einzelhaft, miserabler Arbeit, einem Besuch der Mutter und einer Begegnung mit dem Vater, der auch nach

Bautzen abgeschoben wurde, dahin. Die strenge Isolierung im Trakt für «vorbestrafte Jungmänner» war eine schwere Belastung. Prügel, wie sie in den Konzentrationslagern üblich waren, mußte ich nicht erleiden. Hier sei vermerkt, daß in den ersten Jahren der Hitlerei – von ein paar «SA-Anwärtern» abgesehen – die Beamten des Strafvollzugs Altgediente aus der Weimarer Zeit waren. Darunter auch ehemalige Sozialdemokraten und Parteilose, die es irgendwie geschafft hatten, in den Beamtenstand übernommen zu werden. Das hat sich später geändert. Die Alten mußten gehen, um denen Platz zu machen, die sich um die Nazibewegung verdient gemacht hatten und zur Belohnung Beamte wurden. Ob das eine erstrebenswerte Karriere war, bleibt dahingestellt. Für viele, ehedem Arbeiter ohne Arbeit, vielleicht doch. Und für so manchen, der nun kommandieren, reglementieren, zuteilen oder strafen durfte, sicher eine Genugtuung.

Unvergeßlich, weil bei allem Ernst komisch, sind mir die Begegnungen mit dem Direktor für die Abteilung «Jungmänner» geblieben. Die erste fand am Tage nach der Einlieferung statt. Zugänge wurden immer dem Direktor vorgestellt. Nach Eintritt in das mit Teppich und Klubgarnitur ausgestattete Direktionszimmer war ich erstaunt, wer da hinter dem Schreibtisch saß. Ein Mann, dem ich schon oft begegnet war. Etwa zehn Jahre älter als ich. Ende der zwanziger Jahre hatte er den Doktortitel erworben. Bis 1932 war er Referent in Versammlungen der christlichen und sozialistischen Jugendverbände gewesen. Mit belehrenden Reden hatte er damals seine Zuhörer beeindruckt.

Ich hielt den Atem an. Wie oft hatte ich gegen diesen Mann als Diskussionsredner auftreten müssen. Immer hatte er mich geringschätzig als kommunistischen Propagandaredner abgetan. Jetzt bereute ich, nicht radikaler gegen diesen Karrieristen aufgetreten zu sein.

Der wie eh und je gutgekleidete, übergewichtige, verhältnismäßig junge Direktor lächelte mir zu, bevor er zu einer Rede ansetzte. Seine ersten Worte waren: «So sieht man sich wieder.» Nachdem er die vor ihm liegende Akte zugeklappt hatte, fuhr er fort: «Sie scheinen überrascht, mich hinter diesem Schreibtisch zu sehen?»

Was sollte ich auf eine so dumme Frage antworten? Natürlich nichts. Als der Direktor hinzufügte: «Ganz schön, was Sie sich für Ihr Alter eingefangen haben. Hoffentlich ist Ihnen das eine Lehre für die Zukunft. Setzen Sie sich!», da verlor ich die Sprachlosigkeit.

«Danke, Herr Direktor. Was Sie mir zu sagen haben, möchte ich im Stehen anhören. Zu einem Dialog wie ehedem ist das bestimmt nicht der richtige Ort, zumal Sie leicht erraten, was ich auf Ihre Ermahnungen antworten müßte.»

«Doch, doch, das kann ich mir schon denken. Nachdem ich Ihre Akte eingesehen habe, hege ich wenig Hoffnung, daß Sie zur Vernunft kommen. Eher stürzen Sie sich von einer Dummheit in die nächste.» Wieder mit einem Lächeln auf seinem gutrasierten Gesicht, fügte er hinzu: «Das hat euch Kommunisten schon immer ausgezeichnet.»

«Wenn Sie mit Dummheit Charakter meinen, würde ich Ihnen zustimmen. Aber das tut jetzt nichts zur Sache. Ich habe eine Bitte, wenn Sie erlauben?»

«Reden Sie. Was ich tun kann, soll geschehen.»

«Beenden Sie das Gespräch. Es macht mir nämlich Mühe, meine Gedanken für mich zu behalten.»

«Ihre Gedanken sind unschwer zu erraten. Aber denken Sie, was Sie wollen. Nur machen Sie nicht mich verantwortlich, daß Sie sich unglücklich gemacht haben.»

«Sie irren, Herr Direktor, ich bin nicht unglücklich. Meine Zelle ist mir zur Zeit lieber als...» Und da fiel er mir ins Wort: «Gehen Sie! Ich will nichts mehr hören.»

Ein paar Wochen später ließ einer der ständigen Wachtmeister vom Kalfaktor einen Tisch und einen gepolsterten Stuhl in meine Zelle bringen. Mit der Bemerkung: «Nicht für Sie. Räumen Sie die Lumpen auf die Seite.» Mit «Lumpen» waren wirkliche Lumpen für die Papiermühle gemeint, die ich durch «Fadenziehen» in ihre Bestandteile auflösen mußte, eine sehr unappetitliche Tätigkeit.

Der Wachtmeister schloß bald wieder die Tür auf, ließ sie weit geöffnet und blieb davor stehen. Gleich darauf trat der Direktor in Begleitung eines Beamten in Zivil in die Zelle. Der Unbekannte nahm grußlos auf dem Stuhl Platz und schlug eine Akte auf. Der Direktor sagte indessen: «Herr Dr. von Zimmermann hat Ihnen im Auftrag der Kreishauptmannschaft Chemnitz eine wichtige Entscheidung des Innenministeriums bekanntzugeben. Treten Sie an den Tisch.»

Kaum war ich herangetreten, da begann der Herr von Zimmermann, ohne einen Blick auf mich zu richten, nur die Brille zurechtrückend, mit gequetschter Stimme die vor ihm liegenden Dokumente zu verlesen: «... auf Grund des Gesetzes über die Aberkennung der deutschen Staatsangehörigkeit vom 14. Juli 1933, Reichsgesetzblatt Teil I, Seite 480, Paragraph 1, verlieren Sie mit Empfang dieser Verfügung die deutsche Staatsangehörigkeit. Diese Verfügung ist unanfechtbar... Nach verbüßter Haft kann der Innenminister die Ausweisung aus dem deutschen Reichsgebiet auf Lebzeiten verfügen...»

Die Akte zuklappend, die Brille von der Nase nehmend, keinen Blick auf mich werfend, sagte Herr von Zimmermann zum Direktor: «Lassen Sie die Dokumente zu den Effekten nehmen.» Gruβlos, wie gekommen, verlieβen die ehrenwerten Herren die Zelle. Der vor der Tür stehende Wachtmeister muβte die Akte holen, Tisch und Stuhl wieder entfernen.

Mir fiel auf, daβ die Tür behutsamer als sonst geschlossen wurde. Offenbar war der Vorgang für den Wachtmeister kein alltägliches Ereignis. Am Abend ordnete der Wachtmeister bei der «Ausspeisung» an, daβ ich die doppelte Portion bekam. Auch fernerhin veranlaβte er wiederholt, mich mit «Nachschlag» zu bedenken.

Die dritte und letzte Begegnung mit dem Direktor fand Ende Dezember 1934 statt. Meine Zeit war «abgesessen». Zwei ältere Polizisten muβten mich nach Chemnitz zurückbringen und in das Gefängnis auf dem Kaβberg einliefern. Als mir Handschellen angelegt werden sollten, sagte der Direktor: «Handschellen sind nicht nötig. Dieser Mann ist kein Ausreiβer.» Zu mir gewandt: «Mehr kann ich für Sie nicht tun.»

Die Fahrt mit der Eisenbahn war angenehm. Einer der Polizisten sagte beiläufig: «Ich kenne Ihren Vater. Der sitzt doch auch. Wir haben zusammen bei ‹Reineker› gearbeitet. Bis wir arbeitslos wurden.»

Es gab noch zwei Begegnungen in Bautzen. Sie waren anderer Art als die mit dem Direktor oder Dr. von Zimmermann.

Einmal kam meine Mutter zu Besuch. Sie brachte eine gebratene Taube mit, die ich mit Sondererlaubnis während der einstündigen Besuchsdauer essen durfte. Sonst war das nicht erlaubt. Lebensmittelpakete oder Lesestoff durfte ich nicht empfangen. Und wenn meine Mutter nicht nachdrücklich darauf bestanden hätte, wäre die Taube nicht ausgepackt worden. Da weder Teller noch Besteck zur Verfügung standen, mußte die Taube einfach so gegessen werden. Und natürlich lehnte die Mutter ab, mit mir zu teilen.

Dabei erzählte sie, wie es ihr, dem jüngsten Bruder Hans – der wieder zu Hause war – und der schulpflichtigen Tochter Gertrud ginge. Hätte ich ihr Glauben geschenkt, hätte ich folgern müssen, daß es allen gutginge. Das war natürlich nicht der Fall. Ich sollte nur mit den Sorgen der restlichen Familie nicht belastet werden. Unterstützung irgendwelcher Art bekam sie nicht. Sie lebte wie eh und je von Gelegenheitsarbeiten.

Sie berichtete auch, daß sie mit dem Vater gesprochen hätte, der die Hälfte der Taube bekommen sollte. Sein Direktor habe aber keine Erlaubnis gegeben. Dann sprach sie davon, daß alle die Staatsbürgerschaft verloren hätten. Vater mache sich deshalb große Sorgen. Wisse nicht, wie es weitergehen solle. Ihm sei gesagt worden, daß er mit der ganzen Familie ausgewiesen werden könnte. Er wolle aber darum bitten, die Abschiebung auszusetzen. Er wisse doch nicht, wohin er gehen solle, wie er die Familie im Ausland durchbringen könne. Inzwischen habe sie schon mit einem Anwalt gesprochen, der ihr Hoffnung gemacht habe, wenigstens eine zeitlich begrenzte Aufenthaltserlaubnis zu erwirken.

Als die Besuchserlaubnis abgelaufen war, brach sie in Tränen aus. Trost, den ich ihr zusprach, half nichts. So endete der Besuch in trauriger Benommenheit.

Zwei Monate später wurde ich von meinem Wachtmeister, der mich immer rücksichtsvoll behandelt hatte, geholt und in den riesigen Trakt für ältere Strafgefangene geführt. Irgendwo im Erdgeschoß übergab er mich einem anderen Wachtmeister. Der führte mich in eine ganz und gar ungewöhnliche Zelle. Sie war nicht größer als die anderen, aber durch zwei Käfige unterteilt. Dazwischen ein beachtlicher Abstand. In einem davon saß mein Vater. Der andere war mir vorbehalten. Der zwischen den Käfigen sitzende Wachtmeister sagte: «Sie haben dreißig Minuten, um Ihre Angelegenheiten zu besprechen. Nur Familiäres ist erlaubt. Ihr Vater hat die Begegnung beantragt.»

Nach Reichenbach war das die erste Begegnung mit meinem Vater. Die affenartige Einsperrung machte auf mich keinen Eindruck, ich nahm sie mit Gelassenheit hin. Anders der Vater. Er war leichenblaß, deprimiert, ein paar Minuten sprachlos. Ich sagte: «Mach dir nichts aus dieser Staffage. Wir stehen das schon durch. Hauptsache, du kommst gesund über die Runden. Was mich betrifft, hast du keinen Grund zur Sorge. Ich bin noch guten Mutes. Sag jetzt, wie du zurechtkommst?»

«Es geht», antwortete er, mit Mühe nach Worten suchend. «Der Rücken und die Beine wollen nicht mehr. Der Arzt hat aber gesagt, das würde sich geben.» Dann fragte er: «Haben sie dich ausgebürgert?»

«Ja, natürlich. Ich mache mir nichts draus.»

«Hast du mit Mutter gesprochen?»

«Ja, vor ein paar Wochen. Sie schlägt sich tapfer durch. Aber das weißt du ja.»

«Ich muß Tüten kleben», sagte er ohne Zusammenhang. Dann fügte er hinzu: «Ludwig Renn (seine Romane ‹Krieg›, 1928, und ‹Nachkrieg›, 1930, wurden zu Welterfolgen, W. J.) auch. Ich sehe ihn beim Rundgang auf dem Hof.»

«Über Mitgefangene darf nicht gesprochen werden», unterbrach der Wachtmeister.

«Bist du in Einzelhaft?»

«Ja», erwiderte ich. «Mir ist das recht so.»

«Mir auch», antwortete der Vater. «Aber die Zeit wird lang, und ich mache mir Sorgen, wie es weitergeht, wenn wir rauskommen.»

«Das solltest du nicht. Alle Sorgen ändern nichts am Lauf der Dinge. Steh die nächsten Jahre durch. Dann wird sich zeigen, wie es weitergeht.»

Nach dreißig Minuten sagte der Wachtmeister: «Die Zeit ist um.» Die schmale Gittertür, kaum einen Meter hoch, öffnend: «Kommen Sie.»

Meinem Vater konnte ich die Hand nicht geben. Der Abstand zwischen den Käfigen war zu groß. Aber ich sagte noch: «Auf Wiedersehen, Vater. Du mußt diese Jahre durchstehen.»

Vater wollte noch etwas antworten. Er konnte es nicht. Winkte nur mit der Hand. Mit der anderen hielt er sich am Gitter fest. Als wäre ihm schwindlig.

Wie mein Vater die Begegnung mit seinem Sohn in Bautzen verkraftet hat, sollte ich nie erfahren. Dreizehn Jahre vergingen bis zum Wiedersehen. Von Bautzen war dann nicht mehr die Rede. Zuviel anderes war inzwischen geschehen.

Im Konzentrationslager

Eine ganz andere Welt empfing mich im Konzentrationslager Sachsenburg. Der Sammeltransport mit zweihundert älteren Häftlingen auf Lastautos, in Begleitung von mindestens zweihundert SS-Leuten, war schon eine harte Tortur. Aber zur Einstimmung in die neue Situation noch erträglich. Richtig los ging es erst beim Abspringen von den Lastwagen, Antreten zum Appell, dreimaligem Abzählen, begleitet von Tritten und Schlägen der hin und her stoßenden SS-Männer.

Nachdem das große Tor unter der Überschrift «Arbeit macht frei» wieder geschlossen war, begann auf das Kommando eines wild schreienden SS-Scharführers das Kahlscheren der Köpfe. Egal ob alt oder jung, grauhaarig oder nicht – alle mußten den Kopf hinhalten, danach wieder ins «Glied» zurücktreten.

Als ich an die Reihe kam, blieb ich trotz eines heftigen Stoßes in den Rücken stehen und sagte zu dem vor mir wartenden SS-Mann: «Ich komme aus Bautzen und bin kein Neuling. Nachdem mir der Kopf oft genug geschoren wurde, laß ich mir die Haare nicht mehr schneiden. Sag das deinem Scharführer. Er kennt mich. Wir waren zusammen in der Schule.»

Der SS-Mann war sprachlos. Das hatte sich noch keiner erlaubt. Er rief den Scharführer und machte zackig Meldung.

Der Scharführer vergaß das Herumschreien, trat heran und sagte scharf: «Du bist dir wohl nicht im klaren, wer hier das Sagen hat?»

«Doch, Herr Scharführer. Das Kommando haben Sie. Deshalb sollten Sie den Befehl geben, den Häftling Janka dem Lagerkommandanten vorzuführen. Der weigert sich nämlich, die Haare zum viertenmal scheren zu lassen.»

«Das kannst du haben. Raustreten!» brüllte er um so lauter. «Dort, mit dem Gesicht zur Wand, bleibst du stehen.» Auf Schläge gefaßt, trat ich an die Wand. Zu meinem Erstaunen blieben sie aus.

Nachdem ich zwei Stunden die Wand angesehen hatte, die übrigen Häftlinge in ihre «Quartiere» gejagt worden waren, sprach mich ein Sturmführer an. Ohne zu schreien, fragte er nur: «Bist du einer von den Jankas aus Chemnitz?»

«Das bin ich, Herr Sturmführer.»

«Also ein Bruder von dem Reichstagsabgeordneten, an dessen Sarg du eine Rede gehalten hast?»

«So ist es, Herr Sturmführer. Wie haben Sie denn das in Erfahrung gebracht?»

«Ich habe zugehört. Und du hast uns oben gesehen. Dann bist du verschwunden. Hattest Glück. Sonst hätten wir dich schon damals ins Volkshaus gebracht, wo es mit deinem Bruder zu Ende ging. Komm mit.»

Nach ein paar Schritten sagte der Sturmführer: «Dein Bruder hätte sich lieber die Zunge ausreißen lassen, als auszusagen. Kein Stöhnen kam über seine Lippen. Das hat uns mehr in Rage gebracht als sein gottverdammter Kommunistenstolz.» Ich sah den Sturmführer von der Seite an und sagte: «Sie sind recht gut informiert, Herr Sturmführer. Waren Sie im Volkshaus dabei?»

«Was denn sonst. Damals war ich noch Scharführer.»

«Dann muß ich zu Ihrer Karriere gratulieren, Herr Sturmführer. Und mir sollten Sie dafür die Haare auf dem Kopf lassen. Ich laufe nicht gern mit Glatze herum.»

Vor einer Hundehütte, nahe am Eingang zum Häftlingstrakt stehenbleibend, sagte er: «Da sieh dir an, wie man einen stolzen Mann um den Verstand bringen kann. Benno!» schrie er zur Hütte hin. «Komm raus!» Auf allen vieren, wie ein abgerichteter Hund, kam ein jüdischer Häftling aus der Hütte gekrochen und bellte den Sturmführer an. «Brav so», sagte der Sturmführer. «Kannst wieder in deine Hütte zurück.»

Sich mir zuwendend, fuhr er fort: «Bei der Vernehmung deines Bruders haben wir einen Lehrfilm für die SS gedreht. Über den Umgang

56

mit hartgesottenen Kommunisten. Ich empfehle dir nicht, dem Ehrgeiz deines Bruders nachzueifern. Es nutzt nichts mehr. Ihr habt verloren. Das sollte endlich in eure Schädel eindringen.»

«Erwarten Sie eine Antwort, Herr Sturmführer?»

«Nein. Ich weiß, was du antworten würdest.»

«Trotzdem, Herr Sturmführer, danke für die Auskunft über meinen Bruder. Auch dafür, daß die Haare auf dem Kopf bleiben.»

«Spar deinen Dank. Der Obersturmführer hat dich in die Strafkompanie einreihen lassen. Das ist schlimmer, als ein paar Haare zu verlieren. Melde dich im dritten Stock beim Stubenältesten. Er wird dir bestimmt bekannt sein.»

In Chemnitz gab es keinen Arbeitslosen, der Kurt Fischer nicht bei Demonstrationen, Kundgebungen, Krawallen vor den Arbeitsämtern erlebt hatte. Er war für alle diese Aktionen verantwortlich. Die Nazis hatten ihn gleich in den ersten Tagen gefaßt, ein paarmal halb totgeschlagen. Wenn er nicht ein so trotziger Mann gewesen wäre, hätte er das nicht durchgestanden. Jetzt, nach zwei Jahren KZ, war er nur noch ein Schatten von dem, was er einst gewesen. Aber seinen Verstand hatten sie, trotz der vielen Schläge auf den Kopf, nicht kaputtmachen können. Da war er noch immer der alte.

Als ich ihm die Hand gab, sagte er: «Du sorgst schon für Aufregung, bevor du da bist. Aber mach weiter so. Mit Kriecherei bewirken wir nichts. Und was wir überhaupt noch ausrichten können, ist ohnehin nicht viel. Sobald es eine Chance gibt, holen wir dich aus der Strafkompanie raus. Lange kannst du das nicht mitmachen. Da haben selbst die Probleme, die auf dem Bau gearbeitet haben.»

Bei allem Unglück hatte ich auch immer ein wenig Glück. Sonst hätte ich die nächsten sechs Monate weit schlechter überdauert.

Die Arbeit im Steinbruch, unmittelbar am Ufer der Zschopau, war bei meiner körperlichen Verfassung nach der Gefängnishaft für mich viel zu hart. Mit einem Vorschlaghammer, im Dreiergespann, von sechs Uhr morgens bis sechs Uhr abends Sprenglöcher ausmeißeln, setzt Kräfte voraus, die einem Muskelprotz Ehre gemacht hätten. Und das war ich nicht. Ein Arbeitstag zählte immerhin siebenhundertzwanzig Minuten. Drei Schläge pro Minute. Das macht über zweitausend.

Wer eine solche Arbeit noch nicht verrichten mußte, ahnt nicht, was das heißt. Wassersuppen und Marmeladenbrote haben das ihre getan. Kein Wunder, daß ich am zweiten Tag schlappmachte, den Hammer fallen ließ, mich hinsetzte und ausruhen wollte.

Der nächststehende SS-Mann brüllte sofort: «Weitermachen! Sonst trete ich dir in den Arsch, faules Schwein!»

Ich blieb sitzen. Erschöpft antwortete ich: «Ich muß ein paar Minuten verschnaufen. Dann geht's weiter.»

«Einen Dreck wirst du. Los! Aufstehen!»

Ich schüttelte den Kopf. Bevor ich noch etwas sagen konnte, bekam ich einen Tritt in den Rücken und stürzte ins eiskalte Wasser.

Während ich nach einem festen Stand am Ufer suchte, richtete der wütende SS-Mann das Gewehr auf mich und schrie: «Komm raus, oder ich knall dich ab!» Andere SS-Leute, die unweit standen, brachen über mein hilfloses Planschen in Gelächter aus. Ich war einfach zu schwach, um mich selbst aus dem Wasser zu ziehen.

Ein Kumpel winkte dem SS-Mann zu und sagte: «Ich hol den Jungen raus. Regen Sie sich ab.» Ohne sich zu schonen, sprang er ins Wasser, hob mich mit einem Schwung auf die Felskante, schob mich bis zum Sprengloch und drückte mir wieder den Hammer in die Hand: «Du mußt weitermachen, sonst holst du dir in den nassen Klamotten den Tod. Wir haben alle so angefangen. Du wirst das auch durchstehen.»

Am Abend, nach Beginn der «Nachtruhe», kam Hugo Gräf an meinen Strohsack, ehemals Reichstagsabgeordneter der KPD und Vorsitzender des Verbandes der Kriegsversehrten. Zwei Häftlinge standen Wache, damit wir nicht von der SS überrascht werden konnten. Nachdem Gräf sich nach meinem Befinden erkundigt hatte, sagte er: «Deinen Bruder Albert habe ich gut gekannt. Aus der Zeit, als wir noch im Reichstag zusammensaßen. Er war kräftiger als du.» Während der ziemlich langen Unterhaltung erfuhr ich, daß Gräf noch immer Mitglied des Zentralkomitees war und jetzt die Parteiorganisation in Sachsenburg leitete. Das linke Bein hatte er im Ersten Weltkrieg verloren. Das Erstaunliche an ihm war, daß er sich auf seiner Holzprothese, nur leicht hinkend, standhaft bewegte. Die SS erlaubte ihm keinen Stock, der das Gehen oder Stehen erleichtert hätte. Auch sonstige Vergünstigungen blieben ihm versagt. Alle Appelle und Marschübungen mußte er mitmachen. Und die SS achtete genau darauf, ob er die Marschlieder mitsang.

Sechs Wochen später nutzte Gräf die Gelegenheit, um mich aus der Strafkompanie herauszuholen. Ein Zufall machte das möglich.

Gräf war Chef der Lager-Bibliothek und Buchbinderei, obwohl er vom Buchbinden keine Ahnung hatte. Ebensowenig beherrschten seine beiden Kollegen, Hermann, ehemaliger Landtagsabgeordneter in Sachsen, und Schneider, bis 1933 Stadtverordneter in Chemnitz, das Buchbinderhandwerk. Sie klebten halt zusammen, was aus dem Leim gegangen war. Und das ging so lange gut, bis Scharführer Weigel zweihundert Geländekarten auf den Tisch warf und verlangte, daß sie auf Leinen aufgezogen werden. So, daß man sie zusammenklappen und bei Feldübungen der SS verwenden kann.

Da weder Gräf noch seine Mitarbeiter wußten, wie man Karten auf Leinen aufzieht, sagte er dem Scharführer: «Dafür ist ein richtiger Buchbinder vonnöten. Sonst verderben wir die Karten. Wir können die Arbeit nur übernehmen, wenn Sie den Häftling Janka, der Buchbinder ist (was gelogen war), in unsere Abteilung versetzen.» Weigel fragte den dabeistehenden Unterscharführer König, der für den Arbeitseinsatz verantwortlich war: «Wo ist der Häftling Janka?»

«Im Steinbruch.»

«Dann hol ihn. Wir brauchen die Karten. In drei Tagen beginnen die Feldübungen.»

Eine halbe Stunde später saß ich in der gut geheizten und ruhigen, zumeist unkontrollierten Buchbinderei. Das war ein wahrer Segen. Das Aufkleben der Karten, verglichen mit der Arbeit im Steinbruch, war Spielerei. Sie blieb aber nicht ohne Folgen. Weigel erfand nach den tadellos aufgezogenen Karten neue Aufträge für den «Buchbinder». Zunächst eine maßgerechte Brieftasche aus Leder für seine zahlreichen Ausweise. Sie fiel so ansprechend aus, daß alle Nazigrößen in Sachsenburg solche Brieftaschen anforderten. König kam noch mit Extrawünschen. Ging von nun an in der Buchbinderei ein und aus. Und da König zu denjenigen gehörte, die an der Ermordung von Albert entweder direkt beteiligt waren, oder zumindest wußten, wie es in Reichenbach

59

zugegangen war, plauderte er aus, wie sie mit meinem Bruder umgegangen waren. War es Dummheit oder Absicht? Genau war das nicht auszumachen. Ich nutzte die Gespräche, um so viel wie möglich aus König herauszuholen.

Aufregung anderer Art kam in den Alltag, als eine Inspektion durch den Reichsführer der SS angekündigt wurde. Drei Tage und drei Nächte lang wurden alle Einrichtungen gefegt, geputzt, geordnet. Bis zum Umfallen wurden Gleichschritt und Appelle geprobt. Mit Stoppuhr, Flüchen und Schlägen, bis Rekordzeiten und totale Akkuratesse zur Zufriedenheit des Obersturmführers erreicht wurden. Himmler sollte ein großartiges Schauspiel über Zucht und Ordnung der Häftlinge wie auch der SS-Mannschaften erleben.

Die Häftlinge in der ersten Reihe bekamen – soweit ihre Kleidung nur noch aus Lumpen bestand – Hosen, Jacken und gefettetes Schuhwerk.

Ähnlich – oder noch mehr – wurde die SS, die an zweitausend Mann zählte, gestriezt. Himmlers Truppe sollte, und das geschah in der Tat, in Glanz und Gloria antreten.

Als dann im Februar 1935 die Autosuite ins Lager einfuhr, standen zweitausend Häftlinge schon seit Stunden auf dem Appellplatz. Alte und Junge, Schwache und Kräftige, Große und Kleine, zumeist kahlgeschoren, alle frierend, wie an einer Schnur ausgerichtet. In den hinteren Reihen mußte mancher Häftling, dem die Kräfte schwanden, von seinen Nachbarn gestützt werden. Zusammenbrechen durfte keiner.

Gegenüber, mit dreißig Meter Abstand, waren die SS-Kolonnen angetreten. Ihnen machte der eisige Wind, der über den Platz fegte, nichts aus. Die wohlgenährten Gesichter unter den grauen Stahlhelmen starrten erwartungsvoll geradeaus. Bis Kommandos Bewegung in die Reihen brachten. Alle waren gleich groß. Unter ein Meter achtzig keiner. Und sie waren makellos ausgerichtet.

«Stillgestanden», hallte es über den Appellplatz, als die großen Herren ihre Autos verließen und dem Mächtigsten unter ihnen die Meldung des Lagerkommandanten gemacht wurde.

Mit einer Geste, die alles oder nichts besagte, schritt Himmler, eskortiert vom Kommandanten, die Front der SS ab. Hier und dort blieb er stehen. Worte wurden gewechselt. Vor den Häftlingen beschleunigte sich der Gang. Da wurde nichts gesprochen. Himmler verschwendete keinen einzigen Blick auf die angetretenen Häftlinge.

Nach Abschreiten der Front schrie ein Sturmführer den Häftlingen zu: «Wegtreten.» In einer Minute war der Appellplatz leergefegt. Alles klappte, wie so oft geprobt, hervorragend. Und am Rande des Appellplatzes erklangen die Lieder der marschierenden Kolonnen.

Nur die SS mußte ausharren. Bis die Villa des Kommandanten Himmler und sein Gefolge aufnahm. Danach durfte auch sie in ihre Quartiere.

Nach dem Gelage in der Villa begab sich Himmler an verschiedene Arbeitsplätze. Er wollte sich überzeugen, wie «frei» Arbeit macht. Der Rundgang endete ohne Zwischenfall. Alles schien Routine, ohne sonderliches Interesse.

Daß es auch zu einer Visite in der Buchbinderei kam, hatten wir nicht erwartet. Für das Arbeitsleben im Lager war sie ohne Bedeutung. Offenbar ging es aber auch gar nicht um Arbeit, sondern um Personen. Bedeutsam war nämlich die Meldung, die der Obersturmführer vor der aufgerissenen Tür machte. Sie lautete: «Herr Reichsführer, hier befindet sich die kommunistische Lagerleitung. An der Spitze der ehemalige Reichstagsabgeordnete Gräf.»

Die in Gelächter ausgebrochene Begleitmannschaft verstummte, als Himmler seinen Stock wie einen Marschallstab hob und in die kleine Werkstatt trat. Den Stock, dreißig bis vierzig Zentimeter lang, trug er schon beim Abschreiten auf dem Appellplatz. Jetzt richtete er ihn auf Gräf, den ehemaligen Kollegen im Reichstag. Lächelnd, beinahe freundlich, fragte er: «Wie geht es denn, Häftling Gräf?» Die Antwort ließ nicht auf sich warten. Hugo zeigte sich gefaßt und erwiderte: «Ganz gut, Herr Reichsführer.» Nach kurzer Überlegung fügte er hinzu: «Ich mache halt auf einem Bein, was andere mit Mühe auf zwei Beinen schaffen.» Himmler senkte den Blick, sah auf die Prothese und antwortete: «Sie haben in Frankreich gekämpft, wenn man mich richtig informiert hat.» – «So ist es, Herr Reichsführer. Und da ist auch das linke Bein geblieben.» Himmler, etwas verlegen, erwiderte: «Das ehrt Sie.»

Zu Hermann sagte Himmler zunächst nichts. Er sah ihn nur eine Weile an. Bevor er sich von ihm abwandte, bemerkte er: «Der Sessel im sächsischen Landtag war wohl bequemer als der Holzschemel, den Sie jetzt drücken?» Hermann entgegnete nichts. Was hätte er auch sagen sollen. Erst als Himmler auf die grauen Haare anspielte, antwortete Hermann: «Die habe ich schon mitgebracht. Sie entsprechen meinem Alter.» – «Sie könnten hinzufügen, daß Sie Ihnen ein intellektuelles Aussehen verleihen. Dabei waren Sie doch Arbeiter, bis Sie...» Da brach Himmler ab.

Zu Schneider wußte er nichts zu sagen. Und das war ein großes Glück für den ehemaligen Stadtverordneten. Hätte Himmler gewußt, daß Schneider während des letzten Hitler-Auftritts in Chemnitz, 1932, als die SA das Büro der «Roten Hilfe» am Brühl stürmte, zurückgeschossen hatte, wäre er nicht stumm an ihm vorbeigegangen. Schneider hätte nicht einmal die ersten Tage der Haft überlebt.

Vor mir stehend, dem Jüngsten unter den Häftlingen, fragte Himmler: «Wie war das mit deinem Bruder? Hat ihn die SS aufgehängt, oder hat er sich selbst umgebracht?»

Ich war ratlos. Was sollte ich antworten? Die Wahrheit? Dann würden sie mich totschlagen. Was hätte ich davon, diesen Halunken die Wahrheit zu sagen? Nichts, gar nichts. Ich mußte warten, bis ich abrechnen konnte. Und abrechnen würde ich. Damit es sich lohnte, umgebracht zu werden. Nach nochmaliger Aufforderung sagte ich: «Ich war nicht dabei, Herr Reichsführer. Wenn Sie es wissen wollen, müssen Sie die SS befragen. Die war Zeuge.» Mit seinem Stock auf die Arbeitsplatte klopfend, fuhr Himmler fort: «Noch immer kommunistische Flausen im Kopf, junger Mann?» Jetzt durfte ich nicht ausweichen. Ich antwortete: «Noch habe ich keinen Grund, meine Gesinnung aufzugeben.»

«So, so. Du wirst lange hierbleiben.»

Mit dieser Bemerkung ging das Theater in der Buchbinderei zu Ende. Himmler muß Anweisung gegeben haben, die Unverbesserlichen in Ruhe zu lassen. Denn es gab keine Folgen. Keine Prügel und keine anderen Nachteile.

Dafür verkündete der Lagerkommandant nach Himmlers Inspektion die Todesstrafe durch Erhängen bei Flucht oder Ungehorsam gegenüber der SS. Ohne gerichtliches Verfahren könne er die Urteile sprechen und vollstrecken lassen. Was also vorher inoffiziell praktiziert wurde, war nun Lagergesetz. Und bald zeigte sich, wie vom Recht über Leben und Tod Gebrauch gemacht wurde. Der erste Todeskandidat war kein Kommunist. Es traf einen Deutschnationalen, der mit den neuen Machthabern in Konflikt geraten und besonders strengen Haftbedingungen ausgesetzt war. Überzeugt, daß sie ihn ohnehin umbringen würden, wagte er die Flucht.

Nahe der tschechischen Grenze wurde er gefaßt und halbtot ins Lager zurückgebracht. Noch am gleichen Tag hingen ihn zwei SS-Henker auf dem Appellplatz auf. Mit Trommelwirbel, klirrender Rede des Obersturmführers, die er zur Warnung den Häftlingen entgegenschrie. Der legalisierte Mord demoralisierte die Häftlinge mehr als die heimlichen Folterungen und Morde.

Während dieser Prozedur dachte ich an meinen Bruder. Immerzu sah ich den Kronleuchter im Volkshaus zu Reichenbach. Ein paar Tage später wurde ich Zeuge eines weiteren Mordes.

Der Häftling, den die SS an die Kette gelegt, mit Fußtritten traktierte, wie einen Hund aus einem Napf fressen ließ, reagierte nicht mehr auf Zurufe. Ein SS-Mann zog den Verschmutzten aus der Hütte. Noch nicht tot, aber ohne Bewußtsein.

Blut und Schmutz waren verkrustet. Zwei Häftlinge, die als Kriminelle ins Lager gekommen waren – von der SS immer besser behandelt als die Politischen –, schleppten ihn in den Waschraum, wo sich auch die Aborte befanden. Nachdem die Lumpen vom Leibe gerissen waren, warfen sie den nackten Körper in die Waschrinne.

Von diesem Vorgang hatte ich zunächst keine Ahnung. Ich wollte nur den Abort benutzen. Sechs Meter vor dem SS-Posten am Eingang zu den Waschräumen machte ich die vorschriftsmäßige Meldung: «Häftling Janka bittet, austreten zu dürfen.» Die Meldung mußte in militärischer Haltung, mit zusammengeschlagenen Hacken, geschrien werden. Wer laut genug schrie, durfte die Waschräume betreten. Für mich war das, im Unterschied zu manch anderem Häftling, besonders den älteren, kein Problem. Ich schrie die SS-Männer so laut an, daß sie zufrieden waren. Und es gefiel mir, bei solchen Gelegenheiten die SS anzuschreien. Standen ehemalige Schulkameraden Posten, vergaß ich die Bitte. Schrie einfach: «Janka muß sich wieder einmal ausscheißen.» Und das ging in der Regel gut ab. Bis auf den Tag, wo der bewußtlose Häftling in der Rinne lag.

Kaum in den Waschraum getreten, empfing mich der Sturmführer, der mir am Tage der Einlieferung den Häftling in der Hundehütte vorgeführt hatte, mit der Bemerkung: «Du kommst wie gerufen. Hier, nimm die Scheuerbürste und befreie den Juden von seinem Dreck.»

Erschrocken, ratlos betrachtete ich den leblosen Körper, auf den aus drei Hähnen kaltes Wasser strömte. Die Krusten wollten dem Wasser nicht weichen. Ginge man dem armen Menschen mit der Bürste zu Leibe, würden alle Wunden aufbrechen und er müßte verbluten. Ich gab dem Sturmführer die Bürste zurück und sagte: «Der arme Teufel gehört ins Lazarett. Wer mit der Bürste über ihn herfällt, bringt ihn um. Und dazu bin ich nicht bereit. Und jetzt muß ich auf die Toilette, sonst geht alles in die Hosen.»

Der Sturmführer und die bei ihm stehenden SS-Männer waren sprachlos. Was ich sagte, war Ungehorsam. Dafür konnte mich der Lagerkommandant hängen lassen. Ich dachte in diesem Augenblick nicht daran. Und auch wenn es mir bewußt geworden wäre, hätte ich mich nicht dafür hergegeben, einen Menschen zu Tode zu scheuern. Schon wollte ein SS-Mann über mich herfallen. Und ich glaubte zum erstenmal, daß es jetzt mit mir zu Ende geht. Aber ich hatte wieder einmal Glück. Warum? Ich weiß es nicht. «Laßt ihn in Ruhe», herrschte der Sturmführer die SS-Männer an. «Sonst scheißt er sich wirklich noch in die Hosen.» Danach gab er die Bürste einem der hinter ihm stehenden Häftlinge, die den Bewußtlosen heraufgeschleppt hatten. Eine Stunde später zerrten die Kriminellen den Mann aus der Rinne, schleiften ihn die Treppe hinunter und warfen ihn auf den Karren. Außerhalb des Lagers wurde der Leichnam verscharrt. Keine Tafel, kein Kreuz kennzeichnete die Stelle, wo der zu Tode gequälte Häftling seine letzte Ruhestätte fand.

Trotz des millionenfachen Mordes in den nationalsozialistischen Lagern war das Schicksal dieses Häftlings für mich einmalig. Zusehen müssen, wie ein Mensch ermordet wird, sich weigern mitzuwirken, ist etwas ganz anderes, als im nachhinein mit Redensarten darüber hinwegzugehen. Noch etwas: Alberts Tod hatte in mir das Bedürfnis nach Vergeltung geweckt. Die Entbürgerung, von der ich im Zuchthaus Kenntnis nehmen mußte, die Begegnung mit meinem Vater in den Affenkäfigen hatten mich nur noch entschlossener werden lassen. Die Fragen Himmlers, der mir mit randloser Brille und goldenen Bügeln gegenüberstand, provozierten grenzenlose Unversöhnlichkeit in mir. Aber der Mord an dem hilflosen Menschen – der nichts verbrochen hatte, als Jude zu sein – setzte, wenn es dessen noch bedurft hätte, den Schlußpunkt.

Der August 1935 wurde völlig unerwartet zur Wende in meinem Leben. Am frühen Nachmittag trat der Sturmführer in die Buchbinderei. Kurz angebunden sagte er: «Mitkommen!» Weder ich noch die anderen vermuteten etwas Besonderes. Auf dem Weg durch den Kellergang in die Kleiderkammer, wo meine Zivilsachen bereitlagen, erfuhr ich, worum es ging: «Zieh dich an und beeil dich! Am Lagerausgang wartet ein Auto. Du wirst Deutschland für immer verlassen.» Er sagte das so einfach dahin.

Danach ging alles sehr schnell. Ein SS-Scharführer, den ich bislang nie gesehen hatte, und zwei weitere SS-Leute, alle einen Kopf größer als ich, nahmen mich in die Mitte. Die Fahrt zum nächsten Grenzort begann. Bei schönem Wetter, im offenen Wagen.

In Chemnitz bat ich den Scharführer, bei meiner Mutter anzuhalten. Ich würde gern die Wäsche wechseln und Abschied nehmen. Er fragte mich: «Wie lange warst du in Haft?»

«Zwei Jahre.»

«Seitdem hast du deine Mutter nicht gesehen?»

«Nein. Nach Sachsenburg durfte sie nicht kommen.»

«Wie alt bist du eigentlich?»

«Einundzwanzig.»

«Na gut, halt in der Zeisigwaldstraße», sagte er zum Fahrer. Wieder zu mir: «Eine halbe Stunde und nicht länger.»

Meine Mutter war zu Hause. Auch meine Schwester Gertrud. Tränen und Freude. Mutter wußte schon, daß ich ausgewiesen werde. Sie selbst hatte das Innenministerium gebeten, ihren Sohn auszuweisen. Im Gesetz sei doch die Bestimmung enthalten, wer mit mehr als einem Jahr Gefängnis bestraft wird, könne bei Entbürgerung des Landes verwiesen werden. Und natürlich war sie der Meinung, daß das Ausland immer noch besser sei als das Konzentrationslager. Außerdem war sie überzeugt, daß ich mich bei Entlassung aus dem KZ neuen Gefahren aussetzen würde.

Zum Abschied sagte ich: «Macht euch keine Sorgen. Es gibt viele Emigranten. So schwer sie es auch haben, sie sind besser dran als die in den Konzentrationslagern. Deine Tochter Hilde und dein Sohn Otto leben schon seit einem Jahr in der Tschechoslowakei. Offenbar schlagen sie sich ganz gut durch. Warum sollte mir das nicht auch gelingen?»

«Solange die Nazis an der Macht sind, darfst du dich nicht verleiten lassen, nach Deutschland zurückzukommen», war Mutters letzter Rat.

Der Scharführer sah auf die Uhr. «Genau dreißig Minuten», sagte er. «Eine Minute länger, und ich hätte dich holen lassen. Steig ein!»

In Weipert führte die Grenze mitten durch die Stadt. Am Grenzübergang ließ der Scharführer anhalten. Sich aufrichtend, sagte er: «Aussteigen! Die Fahrt ist zu Ende.» Danach öffnete er die umhängende Ledertasche, zog einen Packen Papiere heraus, in denen er eine Weile blätterte, bis er nach Durchsicht eines Textes laut verkündete: «Der staatenlos erklärte ehemalige deutsche Staatsbürger Walter Janka wird auf Lebzeiten aus dem Deutschen Reich verwiesen. Sollte er jemals wieder deutsches Gebiet betreten, wird er mit sechs Jahren Zuchthaus bestraft...»

Straßenpassanten blieben stehen, beobachteten, was da vor sich ging. Allzuoft schienen sie solche Vorstellungen nicht zu erleben.

Der Scharführer drückte mir ein Bündel Papiere in die Hand. Dazu elf Mark. Den Grenzern rief er zu: «Öffnet den Schlagbaum!» Zu mir: «Verlassen Sie das Deutsche Reich! Heil Hitler!»

Der Schlagbaum ging hoch. Zehn Meter weiter hob sich der andere Schlagbaum. Tschechische Beamte, die den Vorgang beobachtet hatten, empfingen mich ohne Fragen.

Ich war benommen, ratlos, zwischen Freude und Trauer hin und her gerissen. Das Konzentrationslager lag hinter mir. Darüber war ich froh. Zurück blieben die Mutter, der Vater, Geschwister und Freunde. Bedrückend war der Gedanke, daß es kein Zurück gab. Jedenfalls so lange, wie die Nazis an der Macht waren.

Ein tschechischer Grenzbeamter nahm mich am Arm und sagte: «Komm rein!» Im Zollhaus fügte er hinzu: «Nimm Platz und laß sehen, was sie dir in die Hand gedrückt haben?» Ich setzte mich und legte das Bündel Papiere auf den Tisch. Es vergingen ein paar Minuten, bis der Alte die Papiere durchgesehen hatte. Dann schob er sie zurück und sagte: «Eine solche Sammlung von Dokumenten habe ich noch nicht zu sehen bekommen. Mit deutscher Gründlichkeit haben sie dir sogar schriftlich bestätigt, wie lange du im Gefängnis und Konzentrationslager zugebracht hast. Und dazu haben sie dir noch einen Paß für Staatenlose mitgegeben.» Danach erhob er sich, ging zu seinem Spind, holte eine Aktentasche, kam an den Tisch zurück und sagte: «Hier. Laß dir meine Brote schmecken und trink von dem Kaffee in der Thermosflasche.» Da ich zögerte, fügte er hinzu: «Mach schon. Ich will sehen, wie dir unser Brot schmeckt. Wir wissen doch, wie sie euch behandeln. Sei froh, daß es für dich vorbei ist. Du bist jetzt in einem freien Land. Also, zier dich nicht.» Er sagte das alles, als würde ein Vater zu seinem Sohn sprechen.

Eine Stunde später begleitete mich ein jüngerer Grenzer zum Bahnhof. Ausgestattet mit Ratschlägen, was ich in Prag unternehmen müsse, um als Emigrant anerkannt zu werden. Wenn mein Geld für die Fahrkarte nicht gereicht hätte, wären die Grenzer eingesprungen. Nie wieder habe ich bei späteren Grenzübergängen einen ähnlichen Empfang erlebt.

Exil in Prag

Die erste Nacht verbrachte ich auf einer Bank. Spät angekommen, keine Krone in der Tasche, der tschechischen Sprache nicht mächtig, mußte ich den kommenden Tag abwarten. Das Wetter war mild, die Bank hart. Die Polizei kümmerte sich nicht um Obdachlose. Traumlos schlief ich in den nächsten Tag. Um Gepäck mußte ich mich nicht sorgen. Ich hatte keines. Nur was ich auf dem Leibe trug. Und das war nicht von besonderer Qualität. Von Wert waren nur die Papiere.

Am frühen Morgen fragte ich mich zum Bruder Otto durch. Mit Frau und Kind lebte er seit einem Jahr in Prag. Er war nicht wenig überrascht, als ich ihn aus dem Schlaf trommelte. Immerhin, die Freude war groß. Es wurde gefrühstückt und das Weitere besprochen.

Die Anerkennung als Emigrant machte keine Schwierigkeiten. Dafür waren die mitgebrachten Papiere zu gut. Die Unterstützung vom Hilfskomitee allerdings minimal. Ich sollte im Emigrantenheim Strasnice Quartier nehmen. Da könne ich wohnen und essen. Als ich das Heim aufsuchte, verging mir die Lust dazu. Vier bis fünf primitive Betten in einem Zimmer. Nägel an der Wand zum Aufhängen der Sachen. Das war mir zuwenig. Noch deprimierender war, daß die meisten Emigranten nichts mit ihrer Zeit anzufangen wußten. Fast alle warteten auf ihre Abreise in die Sowjetunion. Als die Deutschen 1939 die Tschechoslowakei besetzten, mußten sie in andere Länder flüchten oder zurück in die Konzentrationslager. Und nicht wenige erlagen den Vernehmungen durch die Gestapo. Aber bis es dazu kam, vergingen noch ein paar Jahre.

Eine Aufenthaltsgenehmigung bekamen nur jene Emigranten, die Betreuung durch ein Hilfskomitee nachweisen konnten oder über eigene Mittel verfügten. Alle anderen wurden abgewiesen. Die Tschechoslowakei hatte selbst schon genügend Arbeitslose. Es muß aber gesagt werden, daß schonend mit den Emigranten umgegangen wurde. An die deutsche Grenze brachte man nur Spitzel oder Provokateure.

Ich hatte keinen Ärger mit der Polizei. Schon wenige Tage nach meiner Ankunft wurde ich aktiver Mitstreiter im tschechischen Jugendverband. Freundete mich mit einer Genossin an, die dazu beitrug, daß ich die tschechische Sprache erlernte. Und in den ersten Monaten bekam ich eine Zuwendung vom Buchdruckerverband. Sie reichte aus, um die Miete für eine Wohnung mit Bad und Küche bezahlen zu können.

Bis die Unterstützung auslief, schaffte ich es, für meinen Unterhalt selbst zu sorgen. Wieder spielte der Zufall eine Rolle. Dr. Adler aus Berlin, als «rassisch Verfolgter» in die ČSR geflüchtet, richtete in Prag eine Werbeagentur für amerikanische Filme ein. Ich begegnete ihm in der Wohnung des Pelzhändlers Dr. Feuermann, der jeden Freitag Emigranten zum Essen einlud. Adler war mein Tischnachbar. Beiläufig fragte er nach meinem Beruf.

«Schriftsetzer, Typograph.»

«Kannst du auch Plakate entwerfen?»

«Ja, natürlich. Als Lehrling hatte ich ein paar gute Erfolge.»

«Dann komm morgen in mein Büro am Wenzelsplatz. Meine Agentur beschäftigt zumeist tschechische Grafiker. Aber wenn du es schaffst, kann ich dir helfen.»

Als ich den ersten Text abholte, gab man mir eine Woche Zeit, ein Plakat zu entwerfen. Fiele der Entwurf zur Zufriedenheit aus, sollte ich ein Honorar von dreihundert Kronen erhalten. Das war mehr, als ein tschechischer Buchdrucker im Monat verdiente. Ich war sprachlos. Drei Tage arbeitete ich wie besessen. Dann war ich mit meinem Entwurf zufrieden. Ziemlich selbstsicher legte ich ihn auf Adlers Arbeitstisch. Er hängte ihn an die Staffelei in seinem Arbeitszimmer und sagte: «Gut. Du bekommst einen neuen Auftrag.»

In den ersten Wochen hatte ich weit schwerer arbeiten müssen, um zu Geld zu kommen. Jede Arbeit war mir recht gewesen. Parkettabziehen mit Stahlwolle, was meine Hände kaum weniger strapazierte als der Vorschlaghammer in Sachsenburg, Fensterputzen in den großen Wohnungen des Mittelstandes und manches mehr. Damit fing ich an. Ich wollte einfach arbeiten und Geld verdienen. Nicht vom Komitee abhängig sein. Als ich dem Sekretär erklärte: «Ab sofort verzichte ich auf Unterstützung», fragte er: «Bist du verrückt? Wenn du zusätzlich ein paar Kronen verdienst, ist das kein Grund, auf die fünfzig Kronen zu verzichten, die du von uns bekommst.» Ich antwortete: «Verrückt bin ich nicht. Trotzdem verzichte ich. Gebt das Geld einem anderen, der es nötiger hat. Solange ich arbeiten kann, will ich mein Geld selbst verdienen.»

Natürlich glaubte ich, daß mich die Genossen dafür loben würden. Weit gefehlt. Die Tatsache, daß ich nicht in Strasnice wohnen wollte, nahmen sie übel. Die Einzimmerwohnung in einem Neubau wurde als Hochstapelei ausgelegt. Neue Kleider, neue Schuhe, nicht zu glauben. Woher nimmt der das Geld? Vom Jugendverband als vollwertiges Mitglied akzeptiert, das brachte zusätzlichen Neid. Nach Auffassung der meisten Emigranten hätte ich mich gefälligst bescheidener zu verhalten. So dachte auch mein Bruder, von dem ich bald Abschied nehmen mußte. Er reiste in die Sowjetunion, wo er sich Sicherheit, Arbeit und Brot versprach. Seine einjährige Tochter hatten die Schwiegereltern schon mitgenommen. Nach Ankunft in Moskau – Herbst 1935 – wurde seine Euphorie bald gedämpft. Bis 1943 arbeitete er in Odessa als Dekorationsmaler und verdiente eine Menge Rubel. Nur gab es wenig zu kaufen. Schlimmer erging es den Schwiegereltern. Während der «Säuberungen» wurde der Schwiegervater namens Weitmüller verhaftet und als Spion, Verräter, Trotzkist erschossen, obwohl jeder den Schriftsetzer aus Chemnitz kannte und wußte, daß er zu den Begründern der Kommunistischen Partei zählte, niemals Verrat begehen würde. Bruder Otto glaubte jedoch, daß der Schwiegervater zu Recht umgebracht wurde. «Wenn die Partei sagt: Er ist schuldig, muß es so sein. Die Partei hat doch immer recht.» Die hilflose Schwiegermutter entging der Verbannung, weil sie zu ihren Kindern nach Odessa geflüchtet war und dort übersehen wurde. Da sie weder Wohnung noch Arbeit brauchte, sich von den Kindern ernähren ließ, blieb sie unbehelligt. Die meisten Frauen verhafteter Emigranten hatten weniger Glück.

70

1943 wurde auch Otto abgeholt. Nicht von der sowjetischen Polizei. Es war wieder die Gestapo, die ihn nach dem Einmarsch der Armee in Odessa «heimführte». Obwohl er, wie die Eltern und Geschwister, «entbürgert» worden war, verschleppten sie ihn nach Deutschland. Bis Kriegsende mußte er zahllose Gefängnisse und Konzentrationslager durchstehen. Er überlebte diese Jahre.

Von den Vorgängen in der Sowjetunion hatte ich noch keine richtigen Vorstellungen. In den Parteiversammlungen bekam ich zu hören, was zur Rechtfertigung des Terrors unter Stalin gesagt wurde. Natürlich glaubte ich, daß daran etwas Wahres sei. Und die Behauptungen über zahllose Agenten und Spione blieben nicht ohne Wirkung. Ich war noch zu unerfahren, mir eine eigene Meinung zu bilden. Mein Glaube an die Sowjetunion blieb ungetrübt. Nur eines unterschied mich von anderen Emigranten, die auf ihre Abreise warteten. Ich wollte nicht dorthin. Ich glaubte, der Widerstand gegen Hitler müsse aus den angrenzenden Ländern fortgesetzt werden. Und daran wollte ich teilnehmen.

In dieser Haltung wurde ich von meinem alten Freund Hugo Gräf unterstützt. Er kam drei Monate nach meiner Abschiebung aus Sachsenburg. Nutzte eine auf Bewährung angeordnete Entlassung aus dem KZ zur Flucht in die ČSR. Damals gab es noch solche vorübergehenden Entlassungen. Im Falle von Gräf hatte sie lange genug auf sich warten lassen.

Bald nach seiner Ankunft in Prag übernahm er mit Wilhelm Koenen, Mitglied des Zentralkomitees der KPD, die illegale Parteileitung für das Gebiet der Tschechoslowakei.

Von der Bekanntschaft mit Gräf profitierte ich. Die Sonntage verbrachte ich oft mit ihm und seiner Frau. Auch Wilhelm Koenen nahm an Wanderungen und Ausflügen teil. Die Ehefrauen mochten meine Freundin Slava.

Zu Intellektuellen in Prag hatte ich wenig Verbindung. Sie lebten nicht in Strasnice, sondern waren privat untergebracht. Was nicht heißen mußte, daß es ihnen materiell gutging. Soweit sie sich in Versammlungen bemerkbar machten, hörte ich aufmerksam zu. Ihre Bücher und Zeitungen las ich mit Interesse. Zustimmung fand, wer die

Einheits- und Volksfrontpolitik unterstützte. In Feindschaft wurde allen begegnet, die sich gegen die «Säuberungen» in Moskau aussprachen.

Mein politisches Verständnis ging damals nicht über die von der Partei abgesteckten Grenzen hinaus. Wie alle anderen Kommunisten machte ich den Sozialdemokraten die sattsam bekannten Vorwürfe. Zumal deren Führer, mit den Theorien vom «kleineren Übel» oder «Wählt Hindenburg statt Thälmann», die Arbeiterklasse zur Passivität verurteilten.

Wir beschimpften auch alle Sozialdemokraten, die sich unter Max Seydewitz links von der SPD in der Sozialistischen Arbeiterpartei gesammelt hatten. Sie wurden als Opportunisten abgetan, die nur das Ziel verfolgten, den Übertritt unzufriedener Sozialdemokraten zu den Kommunisten zu verhindern. Daß diese Bewegung ein Schritt hätte sein können, sich vielleicht den Kommunisten zu nähern, glaubten wir nicht.

Noch unversöhnlicher waren wir gegen Genossen, die unter Brandler, Thalheimer, Frölich, Walcher und Siewert die Kommunistische Partei-Opposition organisierten. Für uns waren sie «Trotzkisten» – es gab kein Schimpfwort, das nicht gegen die «Abweichler nach rechts» strapaziert wurde. Daß sie die Partei demokratisieren wollten, wurde als Verrat bezeichnet. Ich gestehe, solchen Behauptungen Glauben geschenkt zu haben.

Um gerecht zu bleiben: Es wurde nicht einseitig mit Dreck geworfen. Auch die «Abweichler» verstanden sich darauf. Und das mag ein Grund gewesen sein, daß sie sich – ob von rechts oder links oder umgekehrt – nicht gegen die etablierten Parteien durchsetzen konnten. Ausschlaggebend aber war, daß keine dieser Gruppen eine politische Alternative entwickeln konnte.

Das dritte Plakat war abgeliefert. Das muß im März 1936 gewesen sein. Mit meinem Honorar in der Tasche kam ich froh nach Hause. Im Briefkasten fand ich einen Zettel. Darauf stand: «Erwarte dich morgen im Café Moldau, 15 Uhr. Gruß Fritz Rudolf.» Ich war überrascht. Nach Rudolfs Abreise nach Moskau 1932 hatte ich nichts mehr von ihm gehört.

Jetzt war er für die illegale Arbeit im östlichen Teil Deutschlands zuständig, mit Sitz in Prag. Selbst ging er nicht in die Höhle des Löwen. Und weil viele Widerstandsgruppen aufflogen, zu manchen Bezirken die Verbindung ganz abriß, mußte er ständig neue Kandidaten für den Einsatz in Deutschland bestimmen.

Nach seinem selbstgefälligen Bericht über den guten Abgang von der Lenin-Schule, seiner Teilnahme am 7. Weltkongreß der Kommunistischen Internationale in Moskau (25. Juli bis 20. August 1935) und über den 13. Parteitag der KPD (3. bis 15. Oktober), fragte Rudolf: «Und wie steht es mit dir? Bist du bereit, wieder zur Arbeit nach Deutschland zu gehen?»

Ich überlegte nicht lange und fragte: «Ist dir bekannt, daß ich auf Lebzeiten ausgewiesen bin und allein für das Betreten deutschen Bodens mit sechs Jahren Zuchthaus bestraft werde?»

«Nein.» Dann fügte Rudolf hinzu: «Für die illegale Arbeit macht das keinen Unterschied. Oder hast du Angst?»

«Ich wollte dich nur auf die Begleitumstände aufmerksam machen. Wenn sie mich verhaften, bleibt es nicht bei sechs Jahren. Aber sag schon, was du erwartest?»

«Zunächst einen Abstecher nach Chemnitz. Die Verbindung zu meiner Freundin ist abgerissen. Ich möchte, daß du sie nach Prag holst.»

Ich schüttelte den Kopf und sagte: «Dafür gehe ich nicht nach Chemnitz, wo mich jeder kennt. Du solltest lieber auf die Freundin verzichten, bevor du mich oder andere einem so großen Risiko aussetzt.» Danach langes Schweigen. Rudolf war verärgert.

Dann brach ich das Schweigen: «Du hast dich in den Jahren verändert. Trägst einen Maßanzug aus feiner englischer Wolle. Putzt dir sogar die Zähne, woran du vor deiner Abreise nach Moskau nie gedacht hast.»

Rudolf erwiderte: «Zähneputzen war das erste, was mir auf der Lenin-Schule beigebracht wurde.»

«Wie verdienstvoll.»

«Laß das», fuhr mich Rudolf an. «Sag lieber, ob du wenigstens nach Königsberg gehen willst, wenn du schon keinen Mut hast, nach Chemnitz zu fahren?»

«Was soll ich da ausrichten?»

«Die Verbindung zu Ostpreußen ist abgerissen. Nach unserer Kenntnis muß aber der Bezirkssekretär noch irgendwo existieren. In Haft soll er nicht sein.»

«Und ich soll ihn ausfindig machen?»

«Ja, genau das. Und wenn du Erfolg hast, bringst du ihn nach Prag.»

«Gut, darüber läßt sich reden. Aber eine Anlaufstelle brauche ich natürlich.»

«Die Schwägerin unseres Sekretärs arbeitet im Rundfunkgeschäft auf dem Königsberger Marktplatz. Über sie läßt sich feststellen, wo sich ihr Schwager befindet.»

«Hat er Eltern oder Angehörige, wo ich nachforschen kann?»

«Das weiß ich nicht. In Königsberg wahrscheinlich nicht. Sonst wüßten wir es.»

«Wann soll ich fahren? Und hast du Papiere für mich? Falls ich angehalten werde. Zum Beispiel auf der Fahrt durch den Polnischen Korridor? Ich bin noch nie in Königsberg gewesen. Hab keine Ahnung, ob es da Kontrollen gibt.»

«Das weiß ich auch nicht. Papiere besorge ich. Du kannst in drei Tagen fahren. Morgen bekommst du Geld für die Fahrkarte. Unser Mann bei Weipert bringt dich über die Grenze. Er wird dir auch sagen, wo du zurückkommen kannst.»

Bevor ich mich auf die Reise machte, kam es noch einmal zu einem Wortwechsel. Rudolf brachte nur Geld für die Hin- und Rückfahrt. Und zwanzig Mark «Verpflegungsgeld». Das Ausweispapier bestand aus einem verschmutzten Berliner Einwohnermeldeschein. Er lautete auf den Namen eines Mannes, der zehn Jahre älter war als ich. Gebürtig in Berlin, Beruf: Elektroingenieur. Als ich den Schein gelesen hatte, sagte ich: «Das ist zum Lachen. Jeder Esel muß bemerken, daß ich mit meinem Dialekt kein Berliner sein kann. Auch nicht über dreißig Jahre alt bin. Habt ihr nichts Besseres?»

«Nein», lautete die Antwort. «Aber wenn du Angst hast, werde ich einen anderen schicken. Nur mußt du dir über die Folgen klar sein. Wer nicht zur illegalen Arbeit bereit ist...»

«Red keinen Unsinn», fiel ich ihm ins Wort. «Gib den Wisch her.

Von Angst ist keine Rede. Nur so leicht nehme ich die Dinge nicht. Sag mir noch, was mit der Reise des Sekretärs ist, falls ich ihn finde? Wovon soll ich die Fahrkarte bezahlen?»

«Darüber mach dir keine Sorgen. Er wird sich schon Geld beschaffen. Finde ihn, bevor du dir den Kopf darüber zerbrichst.»

Meiner Freundin sagte ich nicht, wohin ich führe und wann ich zurückkäme. Eben nur: «Slava, die nächsten Tage bin ich nicht in Prag. Sobald ich zurück bin, melde ich mich.» Mit Gräf konnte ich nicht mehr reden. Der nächste Treff ließ auf sich warten. Auch von Adler und Feuermann, wo ich jeden Freitag zum Essen erwartet wurde, verabschiedete ich mich nicht. Meine ältere Schwester, die auf ihre Abreise in die Sowjetunion wartete, erfuhr auch nichts. Ich verschwand einfach. Und von nun an fühlte ich mich wieder ganz auf mich allein gestellt. Da mit zwanzig Mark nichts anzufangen war, tauschte ich von meinem verdienten Geld ein paar Kronen in Reichsmark ein. Vorsorglich. Um über Reserven zu verfügen.

Am frühen Morgen traf ich in Weipert ein. Fragte mich zu der von Rudolf erhaltenen Adresse durch, wo der «Grenzmann» als Untermieter wohnte. Erstaunt, wie nahe der deutschen Grenze die Wohnung lag, holte ich den noch Schlafenden aus dem Bett.

Auf dem Hof des ärmlichen Hauses, das einem sudetendeutschen Schuster gehörte, fragte ich: «Wann und wo wirst du mich über die Grenze bringen?» Der Verschlafene hatte es mit der Antwort nicht eilig. Ungeduldig fragte ich: «Du bist doch über mein Kommen informiert?»

«Ja, gestern habe ich Nachricht erhalten. Aber in den nächsten Tagen wird daraus nichts. Ich brauche Zeit. Fahr zurück und warte, bis du einen Termin bekommst.» Verärgert antwortete ich: «Kommt nicht in Frage. Was heißt Zeit brauchen? Du bist doch hier, um den Grenzübergang zu organisieren. So wurde es mir gesagt.»

«Was die in Prag sagen, ist eine Sache. Was ich hier mache, wird von mir bestimmt. Also verschwinde! Dir wird nicht entgangen sein, daß dieses Haus beobachtet werden kann.»

«Allerdings. Eine Sauerei, den Grenzdienst so leichtfertig einzurichten.»

«Spar dir deine Kommentare.» Das waren die letzten Worte, die er mir nachrief.

Was nun? Irgendwo frühstücken. Wenigstens Kaffee trinken. Überlegen, wie ich mir selbst helfen könnte. Das waren die Gedanken, die mir durch den Kopf gingen. Nach Prag zurück, einfach aufgeben. Nein!

Aber die Lokale waren noch geschlossen. Also kein Frühstück. Dafür die Erinnerung an einen tschechischen Landarbeiter, der uns vor 1933 oft geholfen hatte, die Grenze bei Oberwiesenthal zu überschreiten.

Nach einem Fußmarsch fand ich das Haus zwischen Fichtelberg und Keilberg. Tschechengrund wurde die Gegend genannt. Und ich hatte Glück. Der etwa vierzigjährige Tscheche saß mit Frau und Kindern am Mittagstisch. Drei Jahre waren vergangen, und doch erkannte er mich auf den ersten Blick.

«Komm rein. Wir sind beim Essen. Du kannst mitessen.» So empfing er mich. Seiner Vermutung nach mußte ich gerade aus Deutschland gekommen sein.

Kartoffelbrei mit ausgelassenem Schmalz. Zu mehr reichte es nicht. Als die Kinder abgefüttert die Wohnküche verlassen hatten, stellte die Frau zwei Tassen und eine Kanne Gerstenkaffee auf den Tisch. Dann ging auch sie.

Nachdem der gute Mann Kaffee eingegossen hatte, bot ich ihm Zigaretten an und klärte das Mißverständnis auf: «Ich komme nicht aus Deutschland, aber ich muß dorthin. Und du mußt mich über die Grenze bringen. Vielleicht schaffe ich es, in einer Woche zurückzukommen.»

«Bevor ich antworte, will ich wissen, wo du herkommst, wie es dir in den Jahren ergangen ist und was du jetzt wieder in Deutschland verloren hast?»

Nach ein paar Minuten wurde ich unterbrochen. Der Tscheche sagte resolut: «Nein, ich kann dir nicht helfen. Ich will mich nicht mitschuldig machen, wenn ihr ins Unglück rennt. Jeder weiß doch, was die mit euch machen. Was du vorhast, ist Wahnsinn. Wofür willst du abermals dein Leben riskieren? Mit solchen Mätzchen richtet ihr nichts aus.»

«Vielleicht hast du recht. Vielleicht auch nicht. Uns bleibt keine

Wahl. Irgendwie müssen wir zurückgewinnen, was wir verloren haben. Und das geht nicht ohne Gefahren ab.»

Nach einer Stunde gab der Tscheche auf: «Zum letztenmal. Und nur unter der Bedingung, daß du zu mir zurückkommst. Sonst werde ich mir ewig Vorwürfe machen.» Er sagte das mehr traurig als zuversichtlich. «Ich bringe dich zum Bus in Oberwiesenthal, der nach Dresden fährt.»

Ich war tief gerührt. Der tschechische Freund, der mir zu nichts verpflichtet war, wartete auf dem Marktplatz, bis der Bus abfuhr. Als könne er noch helfen, falls in letzter Minute etwas schiefginge. Aber dank seiner Umsicht ging alles gut. Niemand erkannte den illegalen Einwanderer. Und da sich der tschechische Landarbeiter in nichts von den deutschen Einwohnern unterschied, erkannten auch sie ihn nicht.

In Dresden nahm ich den Schnellzug nach Berlin. Auch da ging alles ohne Schwierigkeiten. Die drei Stunden Wartezeit auf den Anschluß nach Königsberg nutzte ich, um mich im Zentrum umzusehen. Seit meinem letzten Aufenthalt in Berlin hatte sich manches verändert. Es wurde viel gebaut. Wo ich hinblickte, rote Fahnen, die durch ein Hakenkreuz im weißen Feld geschändet wurden. Noch aufdringlicher waren die braunen und schwarzen Uniformen, die beschlagenen Stiefelabsätze, die das Treiben auf den Straßen beherrschten.

Am späten Nachmittag, auf dem Stettiner Bahnhof, stieg ich in den Zug nach Königsberg. Wieder lief alles ohne Kontrolle ab. Unterwegs las ich die gekauften Zeitungen, darunter den «Völkischen Beobachter». Das taten auch Mitreisende. Auf der Fahrt durch den Polnischen Korridor passierte nichts. Meine Befürchtungen waren unbegründet. Als ich den Zug in Königsberg verließ, war es Nacht. Die Stadt war ruhig und die Straßen schwächer beleuchtet als in Prag. Ich wanderte durch die Straßen, bis ich den Seekanal erreichte, die Verbindung zur Ostsee. Außerhalb der Stadt verbrachte ich den Rest der Nacht in einem Heuschober. Ein Hotel konnte und wollte ich nicht aufsuchen.

Drei Tage lang versuchte ich hartnäckig, die benannte Frau aufzuspüren. Ohne Erfolg. Meinen Auftraggeber in Prag verfluchte ich. Denn: am Marktplatz gab es drei, nicht ein Rundfunkgeschäft. In keinem war eine Angestellte des von Rudolf genannten Namens bekannt.

Ich suchte weiter. Ohne Erfolg. Und da beging ich eine an Dummheit grenzende Leichtfertigkeit, nur weil ich nicht aufgeben wollte. Am zweiten Tag, nach einer noch schrecklicheren Nacht am Ufer des Seekanals, suchte ich das Einwohnermeldeamt auf. Wenn die Frau in Königsberg existierte, mußte hier ihre Adresse zu finden sein. Ich füllte das Formular aus und saß eine halbe Stunde wie auf glühenden Kohlen.

Was sollte ich sagen, falls Polizei erschiene? Mir fiel nichts ein. Nichts würde mir helfen können. Der verdammte Einwohnermeldeschein schon gar nicht.

Die innere Erregung verlor sich, als nichts passierte. Die Dame am Schalter winkte mich heran und beteuerte: «Die gewünschte Auskunft kann ich leider nicht geben. Eine Frau dieses Namens ist in unserer Registratur nicht zu finden.» Ich bedankte mich und ging.

Wieder auf dem Marktplatz kam mir der Gedanke, daß die Gesuchte vielleicht in einem Radiogeschäft außerhalb des Marktplatzes zu finden sei. Ich schrieb sie mir aus dem Branchenbuch ab. Wieder ohne jeden Erfolg.

Am dritten Tag setzte ich alles auf die letzte Karte. Ging abermals zum Meldeamt und bat um die Adresse meines «Schwagers». Sie mußte ja brandheiß sein. Und die Wartezeit war länger als am Vortag. Ich schwankte, ob ich nicht verschwinden sollte, bevor möglicherweise die Polizei erschiene. Nein, sagte ich mir, ich werde bleiben. Komme, was wolle. Die Frau am Schalter gab mir ein Zeichen und erklärte abermals, daß es keine Angaben über die gesuchte Person gäbe. Als ich gehen wollte, sagte sie: «Fragen Sie doch im Polizeipräsidium nach. Vielleicht weiß man da mehr über Ihre Kusine oder Ihren Schwager. Ihre Angehörigen könnten in einer Landgemeinde wohnen. Die werden von uns nicht erfaßt.» Ich antwortete: «Ja, ich gehe zur Polizei. Danke für Ihren Rat.» Nach diesem hoffnungslosen Versuch begab ich mich zum Bahnhof und trat die Rückreise an. Wählte wieder den Nachtzug, stieg in Berlin nach Dresden um und nahm den ersten Bus nach Oberwiesenthal. Und ich hatte wieder Glück, schaffte den Übergang genau dort, wo ich, von meinem tschechischen Freund begleitet, den Grenzbach überschritten hatte. Allerdings bekam ich diesmal nasse Füße.

Wie verabredet, suchte ich meinen alten Freund auf. Er war nicht zu Hause. Arbeitete auf dem Feld. Die Frau schickte die Kinder los, um den Vater zu holen. Wieder Gerstenkaffee, ein Stück Landbrot und ein Gespräch über meine Erlebnisse in Deutschland. Auf dem Weg nach Weipert begleitete er mich bis zum Bahnhof. Mit einem kräftigen Händedruck verabschiedeten wir uns. Dabei sagte er: «Ich freue mich, daß du es geschafft hast. Leb wohl.»

In Prag atmete ich auf. Wieder in Sicherheit, holte ich nach, worauf ich in den vergangenen Tagen verzichten mußte. Ein zweites Mal werde ich mich nicht auf solche Dinge einlassen, schwor ich mir. Und mit Rudolf wird Fraktur geredet. Ein paar Tage später in seinem Stammcafé war es so weit. Er hörte sich meinen Bericht ohne Unterbrechung an. Ließ keine Spur des Bedauerns erkennen. Fragte dann ganz plötzlich: «Warst du überhaupt in Königsberg? Oder erzählst du mir eine phantastische Geschichte? Unser Grenzmann hat dich – was du ja zugibst – gar nicht über die Grenze gebracht.»

«Wenn wir uns nicht in einem vornehmen Kaffeehaus befänden, würde ich dir jetzt ins Gesicht schlagen. Hier, sieh dir die Quittungen an und die Fahrkarten. Falls dich das noch immer nicht überzeugen sollte, dann such meinen Freund im Tschechengrund auf, damit er dir den Weg zeigt, wo er mich über die Grenze gebracht hat. Mehr ist nicht zu sagen.»

Als Rudolf die Belege einstecken wollte, riß ich sie ihm aus der Hand und sagte: «Her damit! Vielleicht brauche ich das noch. Dafür gebe ich dir den Meldeschein zurück. Den Wisch brauche ich nicht mehr. Und verschone mich in Zukunft mit solchen Aufträgen.»

Den von Rudolf bestellten Kuchen und Kaffee ließ ich stehen und ging grußlos davon. Rudolf bekam ich nie wieder zu sehen.

Ein paar Wochen danach erfuhr ich im Emigrantenheim, später auch von anderen Freunden, welches Schicksal er erleiden mußte. Auch wie der gesuchte Sekretär aus Königsberg nach Prag gekommen war. In einer Parteiversammlung setzte sich ein «Neuling» an meine Seite und sagte: «Ich habe gehört, daß du in Königsberg gewesen bist, um mich zu holen. Stimmt das?» – «Wenn du der Gesuchte bist, dann stimmt es. Und jetzt bin ich neugierig zu erfahren, wie das mit der Schwägerin gewesen ist. Über sie sollte ich dich finden. In einem Radiogeschäft am Marktplatz. Aber es gab keine Frau mit diesem Namen. Ich war sogar zweimal auf dem Einwohnermeldeamt, um ihre oder deine Adresse zu erfahren, was bestimmt eine Dummheit war. Ich wollte nicht aufgeben. Weißt du das auch?»

«Letzteres nicht. Es gibt keine Schwägerin», antwortete der «Neuling». «Außerdem war ich längst in Schweden. Zurückgelassen hatte ich meine Freundin. Sie lebt aber unter einem ganz anderen Namen, und mit Radiogeschäften hat sie nichts zu tun.»

«Wie erklärst du, daß mich Rudolf mit so falschen Angaben losgeschickt hat?»

«Das kann ich nicht. Irgend jemand muß ihm falsche Angaben zugespielt haben. Daß er alles erfunden hat, möchte ich nicht annehmen. Aber Rudolf hat wiederholt Leute nach Deutschland geschickt, die schon in Dresden auf dem Bahnhof von der Gestapo erwartet wurden. Bei einem von ihnen weiß man, daß er zehn Jahre Zuchthaus bekommen hat. Ein anderer ist spurlos verschwunden. Du hattest nur deshalb Glück, weil du auf eigene Faust über die Grenze gegangen bist. Der Grenzmann in Weipert ist inzwischen auch verschwunden. Niemand weiß, wo er sich aufhält.»

«Was ist mit Rudolf? Schickt er noch immer Leute nach Deutschland?»

«Das ist vorbei. So schnell wirst du ihn nicht wiedersehen. Die Freunde in Moskau haben ihn mit fünfundzwanzig Jahren nach Sibirien geschickt. Nicht, weil er in deinem Fall so leichtfertig gehandelt hat. Er muß noch andere Dinge verbrochen haben.»

«Woher weißt du das alles?»

«Darauf muß ich die Antwort schuldig bleiben. Dir sollte genügen, daß die von Rudolf gegen dich verbreiteten Verleumdungen aufgeklärt sind.»

«Was du sagst, stellt mich nicht zufrieden. Und daß Rudolf nach Sibirien gehen mußte, macht mich nachdenklich. Sag jetzt, wie du doch noch nach Prag gekommen bist?»

«Die schwedischen Genossen haben es nicht geschafft, mich zu legalisieren. Ich wurde ausgewiesen und sollte ausgeliefert werden.

Mit falschen Papieren ist dann die Flucht nach Polen und bis in die Tschechoslowakei gelungen. Seit vier Wochen sitze ich hier im Heim.»

Als ich Hugo Gräf über die Reise nach Königsberg informierte, wischte er die Affäre mit der Bemerkung weg: «Bevor du dich in ein neues Abenteuer stürzen läßt, sprichst du mit mir oder Wilhelm. Solche Dummheiten lassen wir nicht mehr durchgehen. Wegen Rudolf mach dir keine Sorgen. Er hat nichts Besseres verdient.»

Ganz so leicht wurde ich mit dem lebensgefährlichen Unternehmen nicht fertig. Aber niemand zeigte wirkliches Interesse. In meiner Naivität glaubte ich, es habe sich nur um ein Mißgeschick gehandelt. Erst später begriff ich, daß der deutsche Widerstand mit vielen derartigen Sinnlosigkeiten geführt wurde, die lebensgefährlich waren, oft tödlich oder ohne jeden Nutzen.

Jetzt gab es wieder Erfreuliches. Dr. Adler sorgte für Aufträge. An den Freitagen wurden bei Dr. Feuermann gute Speisen serviert. Aber wichtiger als gutes Essen waren die Gespräche mit den versammelten Intellektuellen. Ein tschechischer Justitiar, der für Feuermann arbeitete, erbot sich, für mich die Einbürgerung zu betreiben. Kostenlos. Dem Anwalt schien das problemlos. Zumal er schon anderen Emigranten geholfen hatte. Es mag im August gewesen sein, als er mir die Mitteilung machte, bei Karlsbad eine Heimatgemeinde ausgemacht zu haben. Für den Antrag auf Verleihung der Staatsbürgerschaft war das die wichtigste Voraussetzung.

Ich freute mich über die angebotene Hilfe. Hellauf begeistert war ich nicht. Als Slava davon hörte, sprach sie gleich vom Heiraten.

«Ja und nein» war meine Antwort. Viel mehr als Heirat und Staatsbürgerschaft interessierte mich der Krieg in Spanien. Viele Ausländer traten in die Milizen ein. Und genau das wollte ich auch.

Mit dem Aufruf zur Solidarität, den die Sowjetunion im August 1936 ausschickte, setzte eine weltweite Bewegung zur Unterstützung der spanischen Republik ein. Was aber am 18. Juli 1936 in Spanien wirklich in Gang gekommen war, wußte zunächst niemand so genau. Presse und Rundfunk von rechts sprachen von kommunistischer Revolution.

Linke Zeitungen brandmarkten die Generale, die sich – gestützt auf ausländische Hilfe – gegen die Regierung erhoben hatten.

Nach der Abdankung König Alfons' XIII. 1931 – und der vorausgegangenen Diktatur unter General Miguel Primo de Rivera – vermochte die «Zweite Republik» keines der längst fälligen sozialen und nationalen Probleme zu lösen. Das Land blieb im Besitz der Großgrundbesitzer. Fremdes Kapital kontrollierte die Industrialisierung und verschärfte die Verelendung der Arbeiter. Der alles beherrschende Einfluß des Klerus blieb unangetastet. Reformversuche des liberalen Bürgertums scheiterten.

Im Februar 1936 schlossen die Liberalen ein Bündnis mit den Sozialisten und Kommunisten, um die Mehrheitsverhältnisse im Parlament zu ändern. Von 11 Millionen Wahlberechtigten gingen 9,5 Millionen an die Urnen. Fünf Millionen stimmten für die Volksfront. Nach dem Wahlgesetz errangen die Volksfrontparteien 289 Sitze. Der Block der Rechten 134, die Parteien der Mitte 41. Dieser Wahlsieg wurde kurzerhand als kommunistische Revolution bezeichnet.

Dabei wurden alle Ministerien von bürgerlichen Parteien besetzt. Erst später, als diese Politiker dem Putsch der Generale ohnmächtig zusahen, setzten sich die Sozialisten unter Largo Caballero als Ministerpräsident, später unter Juan Negrín, durch. Die Kommunisten stellten für kurze Zeit zwei Minister, schließlich nur noch einen.

Als die neue bürgerliche Regierung 1936 nur zögernd – unter den Druck von rechts und links stehend – an die Verwirklichung der versprochenen Reformen ging, verlor sie die Kontrolle über die Entwicklung. Die Generale bereiteten ganz offen, im Bündnis mit Kirche, Falange und Royalisten, den Putsch vor. Mord und Totschlag waren an der Tagesordnung. Das spanische Volk setzte sich zur Wehr. Auf die Ohnmacht der Regierung antwortete es mit Eigeninitiativen, gründete kommunale und regionale Komitees, um den berechtigten Forderungen in Stadt und Land Nachdruck zu verleihen. Am 18. Juli erhob sich das Militär in Marokko und am 19. Juli in ganz Spanien.

Von alledem wußte ich in Prag, August 1936, noch wenig. Eigentlich nur, was ich mir wünschte, worauf ich ungeduldig wartete. Nach der

Niederlage in Deutschland hatte sich ein Volk erhoben, den Kampf zur Verteidigung demokratischer Rechte aufgenommen. Ob das nun in eine Revolution einmünden würde oder nicht, war ohne Bedeutung. Wichtig war, daß gekämpft wurde. Das allein schon machte Spanien zur Hoffnung für alle Antifaschisten.

Wahrscheinlich knüpfte ich, wie alle Gesinnungsgenossen, zu große Erwartungen an das Geschehen in Spanien. Aber wenn die Sowjetunion, die Kommunistische Internationale, zur Entsendung von Freiwilligen aufforderte, mußte sie doch gute Gründe dafür haben, und sei es nur, um die Ausbreitung faschistischer Regime aufzuhalten. Ich bat meine Freunde in Strasnice, mich nach Spanien zu delegieren, um in den Interbrigaden kämpfen zu können.

Mein Gespräch mit dem Verantwortlichen für die Auswahl der Spanienkämpfer war vernichtend. «Du kommst nicht in Betracht», antwortete er. Als ich widersprach, fragte Hermann: «Hast du denn eine militärische Ausbildung? Dafür bist du doch viel zu jung.»

«Nein, woher soll ich sie haben.»

«Dann hast du in Spanien nichts zu suchen. Wir schicken nur Weltkriegsteilnehmer oder Genossen mit militärischer Ausbildung.»

«Das ist gut so», unterbrach ich. «Aber ich will trotzdem nach Spanien. Ich werde nicht weniger leisten als deine Kriegsveteranen.»

«Schlag dir solche Illusionen aus dem Kopf. Spanien ist kein Spielplatz. Rotznasen schicken wir nicht.»

Das war zuviel. Erregt antwortete ich: «Rotznase will ich nicht noch einmal hören. Im Unterschied zu dir habe ich zwei Jahre Gefängnis und KZ absolviert. Und du weißt, vor ein paar Monaten war ich abermals in Deutschland. Ich werde Mittel und Wege finden, um nach Spanien zu gehen. Nimm das zur Kenntnis.»

Im November war es soweit. Der tschechische Jugendverband besorgte, was nötig war. Einen Paß auf den Namen Johann Krause, Geld und einen Pkw, mit dem ich gemeinsam mit drei tschechischen Freiwilligen die Reise nach Paris antreten konnte. Quer durch Deutschland. Legal, allerdings unter falschem Namen. Und ich ging keineswegs heimlich davon. Die Genossen des Prager Jugendverbandes bereiteten uns einen temperamentvollen Abschied. Auch mit den für die deutsche

Partei zuständigen Genossen, Hugo Gräf und Wilhelm Koenen, besprach ich mich. Sie billigten meinen Entschluß. Verabschiedeten mich sogar mit einem Essen in einem guten Restaurant auf dem Wenzelsplatz. Hugo und Slava begleiteten mich schließlich zum Auto, mit dem ich Prag verließ. Für immer. Sehr zum Leidwesen von Slava. Sie wäre gerne mitgefahren.

Sterben oder sterben lassen

«3. September: Nach Sonnenaufgang begann sich die Artillerie einzuschießen. In Minuten verwandelte sich mein Abschnitt in eine Hölle. Der Himmel war nicht mehr zu erkennen. Drei Stunden lang warfen Flugzeuge ihre Lasten ab und verwandelten alles in Brand, Pulver, Dreck und Blut. Als die italienischen Söldner zum Sturm ansetzten, war der größte Teil meiner Männer schon durch Artillerie und Bomben getötet. Wer noch lebte, wurde in den Boden gewalzt. Keinen der Verwundeten ließen sie überleben. Wo sich noch einer rührte, entluden die Italiener ihre Maschinenpistolen, und besessen stachen sie auf die Toten mit Bajonetten ein.»

Der Bürgerkrieg

Paris! Der Empfang war überwältigend. Die Stadt, von der ich mehr zu sehen bekam, als in drei Tagen zu verkraften ist, ging tief in die Erinnerung ein.

Bevor ich mit etwa tausend Freiwilligen: Franzosen, Holländern, Belgiern, Polen, Tschechen, Ungarn, Bulgaren, Jugoslawen und Deutschen, in einem Sonderzug – noch stand Léon Blum an der Spitze der Volksfrontregierung – die Reise nach Perpignan antrat, wurde ich von einem deutschen Genossen aufgefordert, alle Personalpapiere, vom Geburtsschein, Lehrbrief, Ausbürgerungsurkunde, Staatenlosenpaß, dem tschechischen Paß, eben alles, was ich an Papieren besaß, auszuhändigen. «Damit es», wie er sagte, «im Parteiarchiv aufbewahrt wird.» Auf die Frage: «Warum kann ich meine Dokumente nicht behalten?» antwortete er: «Beschluß der Partei. In Spanien braucht man keine Papiere.»

Vierzig Jahre später beschrieb Franz Dahlem in seinen Memoiren, was mit dem Parteiarchiv in Paris geschah. Die dafür Verantwortlichen verbrannten nach Einmarsch der deutschen Armee ganze Koffer voller Dokumente. Niemand wollte ihnen noch Zuflucht gewähren. Warum das Archiv nicht rechtzeitig in Sicherheit gebracht worden war, wußte Dahlem nicht zu beantworten. So erklärt sich, warum meine Papiere für immer verschwunden blieben. Wahrscheinlich glaubte man, wer nach Spanien ginge, würde wohl kaum überleben. Und außerdem ließen sich die Papiere auch für nützlichere Zwecke verwenden. Illegale, die keine Personaldokumente hatten, konnten damit ausgestattet werden. Dafür waren meine Papiere schon von Wert.

In Perpignan ging es turbulent zu. Spanische Milizionäre – Anarchisten in Monos (blaue Latzhosen) – teilten die Freiwilligen in nationale Gruppen ein, sorgten für Essen und Getränke. Rotwein floß in Mengen. Und jeder mußte das Hemd öffnen, damit Ärzte den Gesundheitszustand durch Abhören von Lunge und Herz prüfen konnten. Abgewiesen wurde keiner.

Als es dunkel geworden war, trafen Autobusse ein. Ohne Behinderung durch französische Gendarmerie konnte die Reise fortgesetzt werden. Kurzer Aufenthalt in der im 17. Jahrhundert erbauten großen Festung bei Figueras. Die weiträumige, massive, gut erhaltene Zitadelle wurde den Milizen kampflos übergeben. Und wie schon oft in ihrer Geschichte wurde sie wieder zu einem Zentrum der Armee.

Trotz Sprachengewirr gab es keine Schwierigkeiten. Die Selbstdisziplin war erstaunlich. Obgleich sich die meisten Ausländer nicht kannten, benahmen sie sich wie alte Kameraden. Trotz unterschiedlicher politischer Gesinnung und Parteizugehörigkeit standen sie fest zusammen. Daß es später zu Differenzen kommen sollte, die unter den Spaniern selbst auch schon eine Rolle spielten, ahnte von uns niemand. Wie sollten wir auch? Diejenigen, die wie ich nach Spanien gekommen waren, hatten nicht die Absicht, sich gegenseitig zu bekämpfen oder zu diffamieren. Für uns gab es nur einen Feind: Franco! Und natürlich die aus Deutschland und Italien abkommandierten Legionen.

Eindrucksvoll war der in Barcelona bereitete Empfang. Begleitet vom Jubel der Passanten marschierten wir durch das Zentrum der großen Hafenstadt. Begrüßungsreden auf der Plaza de Cataluña. Nach dem Mittagessen wurde die Fahrt per Eisenbahn fortgesetzt. Zunächst nach Valencia. Abermals großer Empfang. Wieder gutes Essen, Zuteilung von Zigaretten und Schokolade. Dann begann die Fahrt nach Albacete in Mittelspanien, wo sich im Oktober 1936 die Stäbe der Internationalen Brigaden angesiedelt hatten.

Hier war der Empfang anderer Art. Militärisch. Ohne Anteilnahme durch die Bevölkerung. Als wir den Fuß auf die Straßen setzten, gehorchten wir nur noch den Kommandos der Offiziere und Kommissare. In Monos ging niemand einher. Die nationalen Gruppen wurden voneinander getrennt und in die Ausbildungslager abkommandiert.

Nach einer Nacht unter freiem Himmel in der Arena – wo, wie in

ganz Spanien seit Beginn des Krieges, keine Stierkämpfe mehr ausgetragen wurden – ging es am nächsten Morgen zu Fuß in ein wenige
Kilometer entferntes Dorf.

Mit vier Jugendfreunden aus Chemnitz trat ich hier in die Reserve
des Thälmann-Bataillons ein. Noch am gleichen Tag bekamen wir Gewehre, Munition und eine graugrüne Uniform. Hosen, die mit einem
Gummizug über den Fußgelenken zusammengehalten wurden. Meine
Hose war zu groß, die Jacke zu klein. Auch die schwarzen Lederschuhe
waren mindestens eine Nummer zu groß. Aber was machte das schon?
Wählerisch durfte man nicht sein. Langes Probieren gab es nicht. Wir
nahmen, was uns zugeworfen wurde. Und alle mußten ihre Zivilkleider auf einem großen Haufen ablegen. Ich beobachtete, daß hier sogleich geplündert wurde. «Altgediente», die vorher gekommen waren,
in der «Etappe» Dienst machten, sammelten die besten Stücke ein, um
sie in ihre Privatquartiere zu bringen. Unter ihnen nicht wenige, die
mit «Kriegserfahrungen» gekommen waren.

Ich hätte keine Minute gezögert, meine Garderobe, auch die schönen
Schuhe, an arme Spanier abzutreten. An der Front sind strapazierfä-
hige Uniformen, mögen sie noch so unbequem sein, zweckmäßiger als
Maßanzüge. Auch die schönsten Halbschuhe taugen da nichts. Nur
mißfiel mir, daß die mitgebrachte Garderobe unkontrolliert in eigen-
nützige Hände fiel. Daher die Frage an meinen Unteroffizier: «Sag
mal, unsere Klamotten können wir wohl abschreiben? Warum werden
sie nicht in einer Kleiderkammer aufbewahrt oder an bedürftige Spanier abgegeben?»

«Hast du keine anderen Sorgen? In ein paar Tagen geht's an die
Front. Und nicht einmal der liebe Gott weiß, ob wir jemals wieder
Zivilkleidung brauchen. Tröste dich. Ich bin aus der Schweiz gekommen. Meine Kleidung war nicht schlechter als deine. Inzwischen hat
sie neue Liebhaber gefunden.»

Ich gab dem sympathischen Schweizer recht und vergaß, was ich als
schamlos empfand. Wichtigeres war zu tun. Ich wollte endlich am Gewehr ausgebildet werden, um so schnell wie möglich an die Front zu
gehen.

Mit dem Unteroffizier, der eine solide militärische Ausbildung mitbrachte und auch schon in der Schweiz den Rang eines Unteroffiziers bekleidet hatte, gab es gleich ein folgenschweres Gespräch. Als ich die Toilette aufsuchen wollte, schlug mir aus dem komfortablen Badezimmer, das dafür vorgesehen war, ein ekelhafter Gestank entgegen. Auf meine Frage, wo man mit Anstand seine Notdurft verrichten könne, bekam ich zur Antwort: «Im Park, wo denn sonst, du Rindvieh!» Und da sah es nicht besser aus. Balancierend mußte ich mir ein Örtchen suchen. Zurückgekehrt, sagte ich zu meinem Unteroffizier: «Diese Sauerei muß ein Ende haben. Man kann sich doch nicht einfach da hinsetzen, wo es einem gerade einfällt. Gib mir einige Männer, damit wir einen Graben ausheben, und verkünde, daß wir jeden mit der Schnauze in den Dreck drücken, wenn er nicht ab sofort die Latrinen benutzt.»

«Hol dir welche. Ich hab andere Sorgen.» Gegen Mitternacht waren die Latrinen ausgehoben. Zum Morgenappell lautete der erste Befehl: «Stillgestanden! Ab sofort wird jeder die Latrinen benutzen. Verstanden! Das Gewehr über! Rechts um! Im Gleichschritt marsch!»

Mir waren Befehle, Kommandos und Gleichschritt recht. Der energische Unteroffizier gefiel mir. Ohne Ordnung geht nichts. Schon gar nicht, wenn es ernst wird. Und daß es dazu kommen würde, stand außer Frage.

Vierzehn Tage dauerte die Ausbildung: marschieren, schießen, Scheinstellungen angreifen und verteidigen. Von Sonnenaufgang bis Sonnenuntergang. Dann, mitten in der Nacht, Aufbruch. Jeder glaubte, daß es an die Front ginge. An welche? Niemand wußte es. Außer denen, die das Sagen hatten. Und die sagten nichts. Zum Schluß kam alles anders als erwartet. Der Zug fuhr Richtung Südwest und endete in Murcia.

Murcia – von Orangen-, Olivenhainen, Feigen- und Dattelpalmen umgeben, unzerstört, eine Oase, in der das Leben noch pulsierte. Die Menschen auf den Straßen nahmen keinen Anstoß an den Ausländern. Vielleicht wußten sie, was von ihnen abhing. Allzu weit war die Front nicht entfernt.

Bei Málaga, so bekamen wir im Januar 1937 zu hören, braue sich etwas zusammen. Italienische Divisionen stünden zum Angriff bereit.

Die letzten Tage wurden genutzt, um die 11. Brigade aufzufüllen. Kommandostäbe wurden neu besetzt oder ergänzt. Die Moral jener, die den November vor Madrid überlebt hatten, war nicht gut. Die Verluste waren katastrophal. Aber Madrid wurde gehalten. Nur das zählte. Und auch der Gegner mußte bluten. Schlimm war, daß Toledo verlorenging. Franco hatte seine marokkanischen Legionen eingesetzt, die nach Einnahme der Stadt ein «Schlachtfest» wie schon zuvor in Badajoz veranstalteten.

Von Demoralisierung oder Panik war in Murcia jedenfalls noch nichts zu spüren. Im Gegenteil. Ein schwer zu erklärender Optimismus war vorherrschend! No pasarán! und Venceremos! Sie werden nicht durchkommen! Wir werden siegen! las man in den Schlagzeilen der Zeitungen oder auf Transparenten.

In neuen Lastwagen wurden sowjetische Waffen angeliefert, ausgepackt, verteilt: Gewehre mit spitzen Bajonetten, wassergekühlte Maschinengewehre, gewaltige Mengen Munition. Das stärkte die Moral. Auch schwere Waffen und Flugzeuge sorgten für Stimmung.

Von Murcia an war ich Soldat im Thälmann-Bataillon: erste Kompanie, erster Zug, erste Gruppe. Der Schweizer Unteroffizier blieb Chef meiner Gruppe. Ihr gehörten noch vier weitere Chemnitzer an: ehemalige Mitglieder des Kommunistischen Jugendverbandes. Den Rest der zwölf Mann starken Gruppe bildeten Berliner und junge Männer aus dem Ruhrgebiet. Die Kameradschaft war ausgezeichnet.

Zwei Tage nach Ankunft der sowjetischen Waffen wurde ich in den Stab der 11. Brigade gerufen, der sich am Rande der Stadt niedergelassen hatte. In einem gutausgestatteten Salon mußte ich Platz nehmen. Hinter dem gewaltigen Schreibtisch – die Wände waren mit Bücherregalen, der Boden mit Teppichen ausgestattet – erwartete mich ein etwa dreißigjähriger Mann in schön dekorierter Uniform. Sonst war niemand zugegen. Der schweigsame Mann stieß Rauchschwaden über den Tisch, schob ein paar Schriftstücke zur Seite und sagte eine Weile nichts. Er sah mich nur an. Dann, nachdem er seine Zigarette ausgedrückt hatte, fragte er: «Wer hat dich nach Spanien geschickt?»

«Was soll die Frage? Ich selbst. Um es genauer zu sagen: das ZK des tschechischen Jugendverbandes.»

«Was hattest du mit den Tschechen zu tun?»

«Ich war Ehrenmitglied. Deshalb hat mir auch der Prager Jugendverband geholfen.»

«Aha! Von unserer Partei hast du keinen Auftrag erhalten?»

«Nein. Die hat mich als ‹Rotznase› zurückgewiesen.»

«Und da hast du dich selbständig gemacht. Den Parteibeschluß ignoriert?»

«So ist es. Allerdings nur den Beschluß des Emigrantenvereins. Aber die Partei besteht nicht nur aus Nasenhermann. Es gibt in Prag Genossen, die mehr zu sagen haben. Sie haben meinen Entschluß gebilligt.»

«Wer ist damit gemeint?»

«Das ist unwichtig. Ich bin hier, und das genügt.»

«Was hast du hier vor?» Wieder eine Zigarette anzündend und sich dabei über den Tisch beugend.

«Die Frage ist einfach zu blöd. Darauf antworte ich nicht.»

«Du mußt, weil ich danach frage.»

Mir verschlug es die Sprache. Ich wurde wütend, stand auf und sagte: «Ich muß nur antworten, wenn ich es will. Und was ich hier will, kann jeder erraten. Ist das klar?»

«Nein! Ich schicke dich nach Valencia zurück. Dort wird sich das Weitere finden.»

An der Tür blieb ich stehen. Bevor ich sie zuschlug, antwortete ich: «An die Front gehe ich, nicht nach Valencia!»

Ein Jahr später erfuhr ich, daß in Valencia vom «Servicio de Investigación Militar» der Internationalen Brigaden ein Gefängnis für Spione, Agenten und Trotzkisten eingerichtet worden war. Es zählte zu den Haftanstalten, wo, mit oder ohne Prozeß, Verdächtige verschwanden. Und der Mann, der mich dort hatte hinschicken wollen, war für den SIM in der 11. Brigade zuständig. Er hieß: Erich Mielke.

Um mich zu beruhigen, vielleicht auch, um mich vom Dreck der vergangenen Wochen zu befreien, suchte ich eine Badeanstalt auf. Löste gleich die doppelte Zeit, um das heiße Wasser lange genug zu genießen. Und um den Ärger über das idiotische Gespräch zu vergessen. Danach ließ ich mir beim nächsten Friseur die Haare schneiden. Wieder auf der Straße, traf ich Kameraden. Wir tranken zusammen Wein, und ich vergaß den Mann, mit dem ich erst viel später wieder zusammentreffen sollte.

Durch Freunde erfuhr ich, daß Nasenhermann von Prag aus einen Bericht über meine angeblich «illegale Abreise» nach Spanien geschickt hatte. Natürlich an die «Sektion zur Bekämpfung verdächtiger Elemente», SIM genannt, die mit traurigem Ruhm in die Geschichte eingehen sollte. Erich Mielke war für solche «Dienste» in Moskau ausgebildet und mit entsprechenden Aufträgen nach Spanien abkommandiert worden. Die Auftraggeber müssen zufrieden gewesen sein mit ihm; denn rechtzeitig vor Ende des Krieges ging er in die Sowjetunion zurück. Setzte seine Karriere nahtlos fort. Zunächst in seinem Emigrationsland, später dann, als er nach dem Zweiten Weltkrieg nach Berlin zurückkehren konnte, in Deutschland.

Nicht sonderlich am tagespolitischen Geschehen interessiert, nicht ahnend, wie widerspruchsvoll die Entwicklung im republikanischen Hinterland verlief, widmete ich mich ganz der Ausbildung. Das Warten auf den ersten Einsatz bestimmte mein Denken und Handeln. Irgendwie hatte das Leben einen neuen, seltsam funktionierenden, einen geradezu sorglosen Sinn bekommen. Ums Essen mußte ich mich nicht mehr selbst kümmern. Die Mahlzeiten waren reglementiert, reichlich, gut. Auch das Denken und Entscheiden waren mir abgenommen. Alles lief nach Kommando, wie in allen Armeen. Und wer wird bestreiten, daß ein solches Leben lässig und bequem sein kann. Jedenfalls so lange, bis es lebensgefährlich und mörderisch wird. Aber darüber denken Soldaten erst dann nach, wenn sie von einer Ausweglosigkeit in die nächste geraten.

Bei Málaga gingen die Italiener in die Offensive. Am Jarama-Fluß, südlich von Madrid, brachen marokkanische Legionen durch. Die einzige Verbindung der zu zwei Dritteln eingekreisten Metropole, die bislang noch passierbare Straße Madrid–Valencia, wurde unterbrochen. Damit war die Versorgung der Millionenstadt gefährdet. Ein tödlicher Schlag. Und weil Madrid wichtiger war als Málaga, wurden alle Reserven am Jarama gegen die Marokkaner eingesetzt. Sie mußten zurückgeschlagen werden, koste es, was es wolle.

Vielleicht war es der drohenden Katastrophe zu verdanken, daß Mielke mich nicht nach Valencia hatte abschieben können. Alle Verbände der 11. Brigade wurden in Marsch gesetzt. In den frühen Morgenstunden des 9. Februar 1937 traten wir am Jarama zum Gegenangriff an.

Wollte ich mich über den langen Kampf an der Jarama-Front auslassen, so würde ich sicherlich ein wenig anders davon berichten, als andere es vor mir getan haben, die den Lauf der Dinge von oben, aus den Kommandostäben erlebt und heroisierend beschrieben haben. Ich war einfacher Soldat und müßte vom chaotischen Hin und Her des Schlachtfeldes, von Blut und Dreck, Schweiß und Furcht, Zorn und Verachtung erzählen. Wie ich ums Überleben kämpfte und dem Tod trotzte. Die Tage am Jarama fegten alles hinweg, was ich an Illusionen mitgebracht hatte. Nichts davon blieb. Es gab nur noch das Sterben oder Sterbenlassen. Das allein beherrschte mich.

Die Jarama-Front wurde für mich zu einer Wende, zu einem neuen Anfang. Nicht zu einem Ende, wie für meinen Unteroffizier, der am ersten Tag, beim ersten Sturm gegen die Marokkaner, sein Leben verlor. Ein Explosivgeschoß zertrümmerte seinen Kopf. Und sein Tod, den ich und alle Kameraden als schmerzlich empfanden, wurde für mich zu dem, was man unter Wende verstehen kann.

Sie begann beim Herantasten an die Marokkaner. Infanteriegeschosse prasselten durch den Olivenhain. Granaten wühlten die Erde auf, entwurzelten die alten Bäume. Pulvergeruch, Staubwolken, Stahlsplitter, Schneeregen, Schreie der Verwundeten oder tödlich Getroffenen machten es schwer, die Marokkaner zu erkennen, ihre wirkliche Stärke auszumachen. Und als es zu spät war, die Sicht für einen Augenblick wieder frei wurde, erkannte ich die ersten Panzer, die langsam auf uns zurollten.

«Mach deine Anti-Tank-Bombe scharf», schrie mir der Unteroffizier ins Ohr. Warf selbst eines der mit vier Dynamitpatronen gefüllten, zwanzig Zentimeter langen Stahlrohre. Die Explosion war so stark, daß der Führungspanzer stoppte. Ich tat es meinem Unteroffizier gleich und warf zwei Stahlrohre. «Gar nicht schlecht», bemerkte er. «Ohne die Bomben würden wir alt aussehen.» Dann schrie er mir wieder etwas ins Ohr, was wegen des Lärms nicht zu verstehen war. Er wiederholte: «Mach die Löffel auf! Wenn mir etwas zustoßen sollte, übernimmst du das Kommando. Verstanden?»

«Ja doch. Aber warum gerade ich?»

«Jetzt ist keine Zeit, Fragen zu stellen. Tu, was ich dir sage! Und laß mir keinen davonlaufen, falls sie sich in die Hosen scheißen.» Und dabei warf er die nächste Bombe.

Ich nickte und sah, wie dem Unteroffizier die Schädeldecke aufgerissen wurde. Graue Hirnmasse quoll heraus. Kein Wort kam mehr über seine Lippen. Stumm, mit ausgebreiteten Armen, lag der tapfere Mann neben mir, und ich konnte ihm nicht mehr helfen. Nur weiterschießen. Als mein Gewehr heiß wurde, nahm ich das meines Unteroffiziers, besessen davon, möglichst viele der schreienden und stürmenden Moros zu töten. Und ich sah, wie auf der anderen Seite viele zu Boden gingen, andere zurückwichen und von ihren Offizieren wieder vorangetrieben wurden.

Ich blickte nach rechts und nach links, beobachtete meine Kameraden, die nicht davonliefen. Winkte meinen Freund Fritz heran und schrie ihm zu: «Die zu Pferd aufs Korn nehmen. Wenn wir die abschießen, wird die Hammelherde führerlos.»

Ob ein Treffer von Fritz oder von mir, war nicht auszumachen. Der Angriff geriet ins Stocken. Einer der Antreiber fiel vom Pferd.

«Los! Mit Handgranaten raus», schrie ich meinen Kameraden zu. Als die Vorräte an Granaten verbraucht waren, traf mich ein schwerer Schlag auf den rechten Unterarm. Wir warfen uns wieder zu Boden und schossen auf die zurückweichenden Marokkaner. An die hundert Meter drängten wir vorwärts. Nicht viel. Wer aber einen solchen Kampf erlebt hat, wird wissen, was das in offener Feldschlacht bedeutet. Als es Abend wurde, die Dunkelheit hereinbrach und Ruhe eintrat, ließ ich mir meinen Arm verbinden. «Du solltest das Lazarett aufsuchen», sagte der Sanitäter. «Es könnte ein Steckschuß sein. Eine Infektion ist nicht auszuschließen.»

«Kommt nicht in Frage. Das ist nur ein Kratzer. Kümmer dich um die, denen es schlechter geht.»

Damit war der Tag noch nicht zu Ende. Als der Kompanieführer, ebenfalls verwundet, zu mir kam und sich nach meinem Arm erkundigte, sagte er: «Du übernimmst den Rest der Gruppe.» Sie war auf acht Mann zusammengeschmolzen. «Habt euch gut geschlagen», fügte er noch hinzu. «Euren Unteroffizier haben wir schon begraben. Nutzt die Nacht zum Eingraben. Morgen wird es härter als heute. Und jetzt laßt euch den Proviant schmecken. Aber sammelt die Gewehre der Gefallenen ein.»

Die Tage gingen mit wechselnden Erfolgen, Verlusten und Grausamkeiten dahin. Wir nahmen den Marokkanern ein paar hundert Meter ab und verloren sie wieder. Viele hauchten ihr Leben unter den alten Olivenbäumen aus. Zum Schluß war alles wie am Anfang. Ohne wesentliche Veränderung des Frontverlaufs. Aber die Straße Madrid – Valencia war freigekämpft.

Am dritten Tag drangen wieder Panzer in den Abschnitt des Thälmann-Bataillons ein. Unsere Artillerie konnte sie nicht aufhalten. Da alles verloren schien, versuchten sich einige zu retten. Zumeist endete das mit dem Tode. Sobald sich einer erhob, wurde er abgeschossen.

Auch mein Freund Fritz und ich schwankten einen Augenblick, ob wir uns davonmachen sollten. Als wir aber sahen, wie diese Versuche endeten, blieben wir liegen. Wenn es schon keine Hoffnung mehr gab, sollten wenigstens noch ein paar Moros dran glauben. Fritz schoß mit erstaunlicher Ruhe auf die hinter den Panzern umherspringenden Moros. Und er schoß gut.

Als ein Panzer auf uns zurollte, warfen wir unsere Dynamitladungen und trafen die verwundbarste Stelle, den Treibstofftank. Der Panzer ging sofort in Flammen auf. Für die Insassen gab es keine Rettung mehr. Sie verbrannten in ihrem Stahlungeheuer. Auch die umstehenden Olivenbäume brannten wie Zunder. Aber damit war die Gefahr nicht beendet. Ein zweiter Panzer schob sich heran.

An Entkommen war nicht mehr zu denken. Es konnte nur noch Sekunden dauern, bis uns der Panzer niederwalzen würde. Und so entschloß ich mich, eine Dynamitladung unter die Radkette zu werfen. Kaum war ich wieder drei Meter zurückgekrochen, explodierte die Granate und zerfetzte die Radkette. Damit war der Panzer zwar am

Weiterfahren gehindert, aber noch nicht außer Gefecht. Auf der intakt gebliebenen Kette drehte er sich rundum und schoß weiter.

Es schien eine Ewigkeit zu dauern, bis die Besatzung sich entschloß, den Panzer zu verlassen. Das war der Augenblick, auf den wir gewartet hatten. Sowie die Soldaten aus der geöffneten Luke sprangen, schossen wir sie ab.

Diese Episode trug dazu bei, den Kampf an jenem Tag zu unseren Gunsten zu entscheiden. Am fünften Tag der Jarama-Schlacht wurde ich zum Zugführer ernannt.

Was die marokkanischen Legionäre mit unseren Gefangenen machten, kann man nicht beschreiben, es wäre zu entsetzlich. Sie haben unsere Kameraden regelrecht geschlachtet. So wie Goya die Grausamkeiten des Krieges in seinen Grafiken «Desastres de la guerra» gezeichnet hat. Wir waren keine Chauvinisten. Jede Art von Rassendiskriminierung war uns fremd. Aber was wir erlebten, wenn wir verlorengegangene Stellungen zurückeroberten, war eine harte Prüfung, um es nicht zu werden.

Anfang März hatten sich beide Seiten erschöpft. Die Front wurde ruhiger. Regen, Schlamm, Schießereien und der völlige Mangel an Hygiene machten die Gräben unerträglich. Alle hofften auf Ablösung, ein paar ruhige Tage, etwas Körperpflege, neue Uniformen, um den Dreck samt Ungeziefer loszuwerden.

Ganz plötzlich war es soweit. Einheiten mit geringer Disziplin, ungenügender Bewaffnung, zweifelhafter militärischer Führung lösten uns ab. Wir waren froh, aus dem Morast der Gräben herauszukommen, aber jeder konnte sehen, daß diese Einheiten einem neuen Angriff nicht standhalten würden.

Alle Interbrigaden und die verläßlichsten Divisionen, die den Ansturm der Marokkaner abgewehrt hatten, wurden in Eile nach Guadalajara, östlich von Madrid, abkommandiert, wo die Front zusammengebrochen war.

Bei Arganda, an der Straße nach Alcala, standen Lastautos bereit. Nach wenigen Stunden, die zum Baden in einem Nebenfluß des Jarama, zum Einkleiden mit neuen Uniformen, Empfang neuer Waffen genutzt wurden, begann die Fahrt nach Guadalajara.

Die große Provinzstadt war bei Einbruch der Dunkelheit schon eine tote Stadt. Viele Einwohner waren aus Angst geflüchtet. Torija, ein paar Kilometer weiter, lag unter Artilleriebeschuß. In Trijueque saßen die Interbrigaden von ihren Fahrzeugen ab. Durchgefroren, bis auf die Haut vom Schneesturm durchnäßt, tasteten sie sich zu beiden Seiten der Hauptstraße in Richtung Saragossa an die auf Madrid marschierenden Italiener heran.

Nirgends stießen wir auf Angehörige unserer Milizen, die zuvor die Front verteidigt hatten. Offenbar waren alle davongelaufen, um in Madrid Schutz zu suchen.

Die Schlacht bei Guadalajara war ein großer Erfolg, zum erstenmal erlitt die Franco-Armee, samt ihren ausländischen Hilfstruppen, eine schwere Niederlage. Die besten Divisionen der Spanier und der Internationalen Brigaden hatten dabei eine entscheidende Rolle gespielt. Sie hatten den Vormarsch der Italiener gestoppt. Zum Durchbruch kam es aber erst, als sowjetische Panzersoldaten, zweimotorige Bombenflugzeuge und an die hundert Jagdflugzeuge eingriffen.

Ich erinnere mich noch sehr gut, wie die geschlossenen Panzerformationen, nach einem höllischen Bombardement durch sowjetische Piloten, die Front aufbrachen und den Weg für die Infanterie freimachten. Sowjetische Generale hatten das Oberkommando übernommen. Sie zogen alle Register moderner Kriegführung und führten die Armee mit Autorität in die Offensive. Es mag am 20. oder 21. März 1937 gewesen sein, als die republikanischen Einheiten dreißig Kilometer vordrangen. Dann blieben sie stehen. Niemand wußte, warum der Vormarsch gestoppt wurde. Vom Gegner war keine Spur zu sehen. Vielleicht hätte der Krieg eine andere Entwicklung genommen, wenn der militärische Erfolg genutzt worden wäre. Aber dazu kam es nicht. Warum eigentlich? Francos Armee war praktisch geschlagen. Und es dauerte, bis aus Italien und Deutschland neue Truppen herangeführt wurden.

Angeblich mangelte es an Reserven, die weiter hätten vorstoßen können. Das ist aber nur die halbe Wahrheit. Ausschlaggebend für das defensive Verhalten nach dem Sieg über Franco waren offenbar politische Konflikte. Die Anarchisten wollten ihre Milizen nicht in die sich entwickelnde Volksarmee eingliedern. Die Sozialisten unter Minister-präsident Largo Caballero fürchteten, daß die Kommunisten durch militärische Erfolge an Einfluß gewinnen könnten. Und die bürgerlichen Parteien zerbröckelten. Sie fürchteten sich vor Sozialisten, Kommunisten und Anarchisten. Und verstärkt wurden diese Konflikte durch die Nichtinterventionspolitik der Westmächte.

Versprechen auf den Tod

Nach Guadalajara, April 1937, wurde ich in den Stab der 11. Brigade gerufen. Der Kommissar sagte: «In den nächsten sechs Wochen wirst du einen Lehrgang für Offiziere in Pozo Rubio absolvieren. Abreise erfolgt sofort.»

Eine gute Sache. So ein Lehrgang würde meine Kenntnisse ergänzen. Bislang hatte ich nur die Praxis erlebt.

Die Ausbilder in Pozo Rubio waren mit mir zufrieden. Nach Abschluß des Lehrgangs wurde ich zum Hauptmann befördert. Das versetzte mich in Hochstimmung. Enttäuscht allerdings war ich über die Auflage, nicht zur 11. Brigade zurückkehren zu dürfen. Fortan sollte ich in einer spanischen Division Dienst tun, die sich vom Milizcharakter freimachen und in die Volksarmee integrieren sollte. Ich fand mich aber damit ab. Nur an die Front wollte ich, und das war mit dieser Entscheidung ohnehin verbunden.

Tröstlich war, daß ich zur 27. Division (ehemals Karl-Marx-Division) abkommandiert wurde. An der Aragón-Front galt sie als die erfolgreichste.

Es mißfiel mir allerdings, daß ausgerechnet Mielke, der mich in Murcia nach Valencia ins Gefängnis hatte schicken wollen, derjenige sein sollte, der die kleine Gruppe abkommandierter Offiziere dem General der 27. Division übergeben mußte.

Auf der Reise nach Albacete über Valencia, Barcelona bis Tardienta, an der Aragón-Front, sprach er mit keinem von uns. Er reiste allein in einem Coupé. Meine fünf Kameraden und ich belegten das Nachbarcoupé. Auch in Barcelona, wo wir eine Nacht im Hotel Colón verbringen mußten, bekamen wir unseren «Reiseführer» nicht zu sehen.

Ich nutzte die freien Stunden, um mich von Kopf bis Fuß einzuklei-
den. Das war unkompliziert, noch gab es alles, Offiziersuniformen,
Stiefel, Hemden, Wäsche etc.

In Tardienta, wo wir einige Stunden auf den General warten mußten, hielt Mielke eine Rede. Sie war belanglos und enthielt nur das, was
ohnehin schon allen bekannt war. Niemand hörte hin.

Nach der Unterredung mit dem General, José del Barrio, die kaum
eine Stunde in Anspruch nahm, sagte Mielke: «Du», dabei mit dem
Finger auf mich zeigend, «und du», den Finger auf Herbert Grünstein
gerichtet, «ihr bleibt. Die anderen reisen mit mir zurück. Der General
meint, daß er für euch keine Verwendung hat. Außerdem weiß er
nicht, wie er euch ohne Sprachkenntnisse einsetzen soll.»

Mehr als zwanzig Jahre später las ich das Buch «Im Auftrage der
Partei» von Karl Mewis, der auch in Spanien war, und zwar als Mitarbeiter des Polit- und Parteichefs Franz Dahlem. Außerdem war er dessen Schwiegersohn. Beides erleichterte seine Karriere. Als Anfang der
fünfziger Jahre die Kampagne gegen Dahlem, Merker und Genossen
begann, distanzierte er sich von seinem wohlwollenden Schwiegervater und dessen Tochter. Davon steht nichts in seinem Buch. Dagegen
sehr viel über seine «Heldentaten». Obwohl er während des Krieges zu
keiner Stunde an der Front gekämpft hatte. Um sich aber bei dem in der
DDR aufgestiegenen Mielke beliebt zu machen, behauptete er, daß dieser im Mai 1937 an der Aragón-Front ein spanisches Bataillon in der 27.
Division übernommen hätte, obwohl das zu keiner Zeit der Fall gewesen war. Nur Grünstein und ich wurden von der 27. übernommen.

Wir mußten warten, bis uns der General rufen ließ. Zuerst empfing
er Grünstein. Nach kurzer Aussprache entließ er ihn als Kompanieführer.

Als ich in den Generalsbunker eintrat, machte ich die vorgeschriebene Meldung in spanischer Sprache. Zunächst passierte nichts. Der
General, etwa zehn Jahre älter als ich, betrachtete mich in meiner schönen Uniform. Dann reichte er mir die Hand und sagte: «Setz dich.
Erzähl etwas über den Ablauf der Kämpfe am Jarama und bei Guadalajara.»

Beeindruckt von der Atmosphäre in diesem großen Raum, den vielen Geländekarten auf dem riesigen Eichentisch und an den Wänden, besonders durch die Erscheinung des Generals, der äußerlich, was die Kleidung betraf, Bert Brecht glich, berichtete ich, was ich berichten konnte. Für den General war das bestimmt nichts Neues. Mit seinen Deutschkenntnissen half er mir weiter, wenn mein Spanisch versagte.

Oft wurde das Gespräch unterbrochen. Anrufe oder Offiziere, die Befehle entgegennahmen. Schließlich forderte der General mich auf, deutsch zu sprechen und über die Lage in Deutschland zu berichten.

Gleich danach trat eine Frau ein. Der General stellte sie vor: «Meine Frau.» Sie brachte Kaffee und Gebäck, hörte eine Weile zu und entfernte sich wieder. Als es dunkel wurde, sagte der General: «Das reicht. Für einen Dreiundzwanzigjährigen hast du schon viel erlebt. Das hat sein Gutes. Ihr deutschen Kommunisten könnt zwar die Kondorlegion nicht aufwiegen, aber moralisch seid ihr für uns doch eine Hilfe.» Nach kurzer Pause fügte er hinzu: «Ich übergebe dir eine Kompanie mit zwölf schweren Maschinengewehren im 491. Bataillon der 123. Brigade. Der bisherige Hauptmann ist beim letzten Einsatz gefallen. Mach das Beste aus der Kompanie. Zeig, was man euch in Pozo Rubio beigebracht hat. Viel Zeit bis zum nächsten Fronteinsatz bleibt nicht. Nutz die Tage, um deine Soldaten so gut wie möglich auszubilden. Noch etwas: Falls dir die Stiefelwichse ausgehen sollte, laß es mich wissen. Es kann nichts schaden, wenn sich auch deine Offiziere und Soldaten an geputztes Schuhwerk gewöhnen. Einer meiner Adjutanten wird dich jetzt zum Bataillon bringen. Ich erwarte, daß du dich durch nichts entmutigen läßt. Auch nicht durch die ausgeleierten amerikanischen Maschinengewehre. Du wirst bald neue bekommen. Russische Maxims, verstanden? Und mach dir keine Illusionen. Der neue Anfang wird schwerer, als das in den Internationalen Brigaden der Fall war...»

Der General hatte recht. Zu den kaum tauglichen Gewehren kam die mangelhafte Disziplin der Soldaten und Offiziere, schlechte Bekleidung, unzulängliche Ausbildung, jede Menge Ungeziefer. Und zu allem Unglück gab es kein Wasser. Die Balsa (Wasserloch) außerhalb des Dorfes war fast ausgetrocknet. Geblieben war eine graue Brühe, die zum Kochen, Waschen und Tränken des Viehs genutzt wurde.

Dennoch ließ ich mich nicht entmutigen. Nach zwei Tagen waren die Soldaten eingekleidet, die verlausten Lumpen verbrannt. Als die Kompanie zur ersten Feldübung ausrückte, war sie wie verwandelt: Haare geschnitten, Bärte rasiert, keiner lief mehr barfuß. Ohne Ärger ging das nicht ab. Soldaten und Offiziere waren der Meinung, die Tage seien zum Ausruhen, Essen und Trinken bestimmt. Was aber der Neue von ihnen verlangte, war schlimmer als der Schützengraben. Auch in den anderen Kompanien des 491. Bataillons wurden die Offiziere unruhig. Sie fürchteten, mein Beispiel könne Schule machen.

Mir war das gleichgültig. Ich setzte mich durch. Gewann sogar Zustimmung. Die letzten Widerstände lösten sich während der Feldübungen. Jeder spürte, daß es viel zu lernen gab, um die Waffen besser gebrauchen zu können. Schade nur, daß die Zeit zu kurz war, um noch bessere Ergebnisse erzielen zu können.

Acht Tage später begann die Offensive bei Huesca. Sie brach zusammen. Die Verluste waren hoch. Über Anfangserfolge kamen die drei Brigaden der 27. Division nicht hinaus. Panzer und Artillerie standen kaum zur Verfügung. Die schweren Waffen waren nordwestlich von Huesca konzentriert, wo unter dem Kommando von General Lukácz und seinem Kommissar Gustav Regler der Hauptstoß geführt werden sollte. Aber auch diese Division blieb stecken. Lukácz wurde am ersten Tag der Offensive in einem Auto durch einen Artillerietreffer getötet, Regler schwer verletzt.

Bis zum Ausgang des Sommers war die Reorganisation der Armee mehr oder weniger abgeschlossen. Die 27. Division wurde nach den Kämpfen bei Huesca mit sowjetischen Waffen ausgestattet. Mehr als die Hälfte der Mannschaften rekrutierte sich aus Mobilisierten. Kommunisten, im ersten Kriegsjahr in der Mehrheit, bildeten nur noch eine Minderheit.

Die militärische Entwicklung wurde durch einen Großangriff Francos auf die Nordfront überschattet. Um die isoliert kämpfenden Milizen in Asturien und im Baskenland zu entlasten, ordnete das Oberkommando eine Offensive an der Aragón-Front an. Sie begann im August 1937 und richtete sich gegen die Handels- und Universitätsstadt Saragossa. Wie Teruel, Huesca und Jaca gehörte Saragossa von Anfang an den Franquisten. Alle Versuche, die Stadt einzunehmen, waren bislang gescheitert. Jetzt aber standen zwei starke Armeen zum Angriff bereit. Die Internationalen Brigaden und das 5. Regiment, eine Division aus Madrid unter dem Kommando von General Lister, sollten im Süden durchbrechen, dann nach Norden schwenken. Das 18. Armeekorps, hervorgegangen aus der 27. Division, bekam die Aufgabe, im Norden vorzustoßen, um in einer Zangenbewegung nach Süden die Stadt zu umgehen, um sich westlich von Saragossa mit den Internationalen Brigaden zu vereinigen. Das war ein guter Plan. Die erfolgreiche Realisierung hätte die Ostfront in Bewegung und Hilfe für die Nordfront gebracht.

Kurz vor Beginn der Offensive wurde mir das Kommando über das 491. Bataillon übertragen. Ob José del Barrio die Ernennung durchgesetzt hatte oder der Brigadeführer, habe ich nie erfahren. Ich vermute aber, daß der General Einfluß nahm.

Der Befehl für mein Bataillon lautete: «Am frühen Morgen ist der vorgesehene Abschnitt zu durchbrechen, danach im Eilmarsch den Gallego, die Hauptstraße und Eisenbahnlinie Saragossa–Huesca zu überschreiten, und nördlich von Saragossa, bei Zuera, drei Hügel zu besetzen.» Mit der Einnahme der Hügel, im Hinterland der Faschisten, sollte die Heranführung von Reserven aus dem Raum Huesca unterbrochen werden. Und laut Befehl mußten die Hügel bis 11 Uhr besetzt sein.

Nachdem ich mich im Gelände orientiert hatte, kam ich zu dem Schluß, daß der Befehl, so wie er gegeben war, nicht den erwarteten Erfolg bringen konnte. Selbst wenn es gelingen sollte, die Front zu durchbrechen, würde nicht genügend Zeit bleiben, die Hügel bis 11 Uhr zu erreichen. Zudem machte der Adjutant darauf aufmerksam, daß viele Soldaten nicht schwimmen könnten. Wenn keine seichte Stelle im Gallego gefunden würde, gingen sie nicht ins Wasser. Oder sie würden ertrinken. Der Kommissar bemerkte, daß in der ersten Kompanie ein Soldat wäre, der aus dieser Gegend stamme. Er sei erst vor wenigen Wochen übergelaufen. Vielleicht könne er brauchbare Hinweise geben.

Ich griff die Anregungen auf. Um sicherzugehen, ließ ich die Angaben des Soldaten von einem Stoßtrupp überprüfen. Die Aufklärer brachten wertvolle Informationen mit. Auch eine Flußstelle wurde gefunden, wo der Übergang ungefährlich war. Dazu ein Weg durch feindliches Gelände, das vom Gegner für unpassierbar gehalten wurde und deshalb unbesetzt geblieben war.

Das alles machte eine richtige Entscheidung leichter. Der Umweg durch das schwer passierbare Gelände war jedenfalls vielversprechender als ein tollkühner Sturm auf die Betonstellung.

Der Kommissar billigte meinen Vorschlag. Den Offizieren erklärte ich meinen Angriffsplan.

Gegen die Gewohnheit fragte ich meine Offiziere: «Haltet ihr den Plan für gut?»

«Das ist unmilitärisch», warf der Kommissar ein. «Willst du in Demokratie machen? Kommandanten fragen nicht, ob ihre Befehle richtig sind.»

«Unmilitärisch, sagst du? Das finde ich nicht. Ich möchte, daß unsere Offiziere ihre Meinung sagen. Wir fahren besser, wenn alle die Befehle mittragen. Außerdem: Kommandanten sind keine Götter, die alles wissen. Also, sagt eure Meinung!»

Rodríguez, Hauptmann der Maschinengewehrkompanie, antwortete als erster. Er sagte einfach: «Richtig! Diskussion überflüssig.» Der Chef der vierten Kompanie fiel ihm ins Wort: «Ich bin zufrieden, den Bunker auszuräumen.» Auch die anderen Kompanieführer gaben ihre Zustimmung. Nur der Leutnant des Nachrichtenzuges fragte skeptisch: «Gibt es einen Eventualplan, falls wir hinter der Front steckenbleiben?»

«Nein», antwortete ich. «Darüber denken wir nach, wenn es sich als notwendig erweist.»

Als das Gespräch beendet war, fragte mich der Kommissar: «Was würdest du machen, wenn sie widersprochen hätten?»

«Trotzdem an unserem Plan festhalten. Er ist nämlich so gut, daß wir es uns leisten können, die Offiziere zu befragen. Und so wollen wir es auch in Zukunft halten.»

Nach Mitternacht hatte das Bataillon die beschwerlichste Strecke hinter sich gebracht. Der Marsch war hart. Sogar die Maultiere hatten es schwer. Bei Stürzen mußten die Lasten abgenommen werden, um sie wieder auf die Beine zu bringen. Zwei wurden abgestochen, weil sie sich die Beine gebrochen hatten.

Mit dem ortskundigen Aragonesen, zwei Adjutanten und Meldern marschierte ich an der Spitze. Zu Fuß. Mit Pferden war hier nichts zu machen. In solchen Situationen hielt ich es immer so. Die Soldaten fühlten sich sicherer, wenn der Kommandant voranging und unter ihnen war.

Gegen drei Uhr ließ ich haltmachen. Die Kompanien mußten sich sammeln und ausruhen. Ich setzte mich auf den Boden und hörte zu, was der junge Aragonese, der uns durch das Gelände führte, den anderen erzählte: «Hier auf diesem Abhang habe ich meine ganze Kindheit verbracht. Schafe gehütet. Die ersten Jahre mit meinem Vater. An die fünfhundert. Eine Schinderei war die Schur. Und die Entlohnung miserabel. Unsere Schulden beim Gutsbesitzer wurden von Jahr zu Jahr höher.»

Sánchez, meine Ordonnanz, fragte: «Warum seid ihr nicht weggegangen?»

Juan antwortete: «Wenn du Schulden hast, kannst du nicht weglaufen. Sie holen dich zurück. Und du bekommst eine Tracht Prügel von der Guardia Civil. Das sind noch größere Schweine als die Gutsbesitzer.»

So ging das Gespräch weiter, bis ich sagte: «Juan, wenn wir Zeit hätten, müßtest du uns deine ganze Geschichte erzählen. Aber wir müssen weiter. Nur eine Frage noch: Was würdest du mit Don Fernando machen, wenn er dir jetzt in den Weg käme? Würdest du ihn erschießen?»

«No, Señor! Ich kann keine Gefangenen erschießen.»

«Würdest du ihm sein Gut zurückgeben?»

Die Antwort ließ nicht auf sich warten: «Nein, Señor, das nicht. Solche Menschen straft man am härtesten, wenn sie arbeiten müssen. Und genau das möchte ich einmal erleben.»

«Gut so. Wir werden dich zum Arbeitsminister machen, wenn der Krieg zu Ende ist. Und jetzt hoch!»

Das Bataillon hatte sich gerade in Bewegung gesetzt, als zwei Offiziere aufgegriffen wurden. Rodríguez berichtete, sie hätten sich verirrt. Verdächtig sei aber, daß sie auf Anruf nicht stehengeblieben waren.

Ich fragte den unbekannten Hauptmann, was er in dieser Gegend suche. Zur Antwort bekam ich: «Das geht Sie nichts an. Veranlassen Sie Ihren Hauptmann, daß er sich für die Festnahme entschuldigt.»

«Ich will Antwort auf meine Frage. Für Entschuldigungen haben wir keine Zeit.»

Der Unbekannte schien zu begreifen, daß man mit mir nicht spaßen konnte. Überheblich sagte er: «Wir sind Stabsoffiziere. Suchen Verbindung zur Nachbardivision.»

«Ach was! Ausgerechnet hier? Das ist ein schlechter Witz.» Zu Rodríguez gewandt: «Kommandiere zwei Soldaten ab und laß sie zur Division bringen.»

Der Hauptmann wollte zur Pistole greifen und Widerstand leisten. Rodríguez fiel ihm in den Arm und sagte: «Vorsicht, sonst geht das Ding los.» Und zu dem anderen in scharfem Ton: «Her damit! Eure Pistolen können wir gut brauchen.» Nachdem er die Taschen der beiden durchsucht hatte, gab er mir die mitgeführten Papiere und sagte: «Stabsoffiziere mit Operationsplänen hinter den feindlichen Linien. Das können nur Überläufer sein.»

Ich nahm den spanischen Adjutanten auf die Seite und sagte: «Bring sie zurück. Bei dieser Gelegenheit kannst du den Brigadechef über unsere Situation informieren.»

Die Fortsetzung des Marsches war nicht mehr so beschwerlich. Juan kannte den Weg gut. Nach zwei Stunden erreichten wir den Fluß. Hier trennten sich die zwei Züge der vierten Kompanie, um die Bunkerstellung von hinten anzugreifen. Die anderen Kompanien wateten durch das Wasser. Alles ging ohne Schwierigkeiten ab. Dem Hauptmann der vierten Kompanie sagte ich: «Laß dich nicht auf Plänkeleien ein. Greif gleich mit Handgranaten an. Nach getaner Arbeit schick einen Melder zur Brigade. Von meinen Leuten gebe ich dir Sánchez mit. Er muß mir sofort Nachricht bringen. Also, mach's gut.»

Sieben Uhr. Die Artillerie eröffnete das Feuer. Rauch- und Brandwolken legten sich über die ganze Front. Saragossa lag unter Beschuß.

Die faschistische Artillerie antwortete mit großer Heftigkeit. Mein Bataillon setzte den Marsch fort. In Kampfformation. Antreiben mußte ich niemanden. Die Kompanien wurden von selbst angetrieben. Eine halbe Stunde früher, als es der Plan vorsah, wurden die Hügel besetzt.

Aus Saragossa rollte ein Personenzug heran. Ich ließ ihn vorbeifahren. Was sollten wir mit den vielen Menschen machen, die in diesem Zug die Stadt verließen? Zunächst mußte das Bataillon unerkannt bleiben, sich auf den Hügeln einrichten.

Zwei Pkws wurden gestoppt. Da die Fahrer nicht anhalten wollten, wurden alle Insassen durch MG-Salven getötet.

Die erste Kompanie riegelte die Straße nach Huesca ab. Zur Unterstützung bekam sie vier Maschinengewehre. Die dritte besetzte den Hügel, der die Straße nach Saragossa beherrschte. Sie bekam zwei Maschinengewehre. Die zweite Kompanie und die restlichen sechs Maschinengewehre blieben in Reserve. Unsere Minenwerfer richteten sich so ein, daß sie das Feuer in alle Richtungen lenken konnten. Der Nachrichtenzug unterbrach die Telefonleitung längs der Straße. Dynamiteros sprengten die Eisenbahnschienen. Nach Saragossa hin rissen sie ein gewaltiges Loch in die Asphaltstraße.

Außer Atem, in Schweiß gebadet, erstattete ein Unteroffizier der vierten Kompanie Bericht über die Kämpfe um den Bunker. Als wolle er mir ein Geschenk machen, drückte er mir zwei Stielhandgranaten in die Hand und sagte: «Ein Gruß aus Deutschland, Kommandant.» Dann setzte er sich erschöpft auf den Boden und machte Meldung: «Den Bunker haben wir genommen. Bis auf wenige, die entkommen konnten, haben wir alle liquidiert. Auch ein paar von uns sind draufgegangen. Wieviel, weiß ich nicht.» Dann unterbrach er seinen Bericht und bat um Wasser. Er hatte seine Feldflasche verloren.

Der Unteroffizier war mir gut bekannt. Ich hatte oft mit ihm diskutiert. Ich war Deutscher und Kommunist. Er das genaue Gegenteil. Spanier, Student der Theologie, aus bürgerlichem Hause. Natürlich kein Freiwilliger. Er sei nur an die Front gegangen, weil ihn seine Studienkameraden dazu genötigt hätten. Als er in die 27. Division kam, wollte er versetzt werden. Unter Kommunisten mochte er nicht bleiben. Jetzt war er einer der Verläßlichsten. In eine andere Division wollte er auch nicht mehr. Und da er ganz gut Deutsch sprach, war das ein zusätzlicher Grund, mich zu Streitgesprächen herauszufordern. Seine Stärke waren Bibelzitate. Gelegentlich wußte er auch Goethe zu zitieren. Nur von Marx hatte er keine Ahnung. Da war ich ihm überlegen.

«Was ist mit Sánchez?»

«Er ist verwundet. Kommt aber mit der Kompanie. Hat es abgelehnt, sich zurückschicken zu lassen.»

Der Nachrichtenleutnant bekam den Auftrag, die Kompanieführer über den Erfolg der Vierten zu informieren.

Nach diesem Befehl war es vorbei mit der Ruhe. Die erste Kompanie meldete, daß sich eine Wagenkolonne nähern würde. Ich gab Anweisung, die ersten Fahrzeuge einfahren zu lassen. Das Feuer nicht eher zu eröffnen, bis ich das Zeichen gebe. Die Reservekompanie erhielt den Befehl, die einfahrenden Fahrzeuge anzugreifen. Rodríguez mußte die Straße mit seinen MGs unter Beschuß nehmen.

In den folgenden Minuten steigerte sich die Spannung bis zum Zerreißen. Im Fernglas erkannte ich einen großen Transport. Die Straße, die durch unsere drei Hügel führte, war geräumt.

Rodríguez an meiner Seite zählte die einfahrenden Busse. Als er bei zehn war, flüsterte er: «Du darfst nicht länger warten. Sonst entwischen die ersten.» Ich rechnete, daß in jedem Bus an die dreißig Mann sein müßten. Zusammen an die dreihundert. Und da gab ich das Zeichen. Rodríguez' Feuerstoß war wie ein Blitzschlag. In Minuten verwandelte sich die Straße in eine Hölle. Scheiben zersplitterten, Öl und Benzin flossen auf den Asphalt. Die meisten Fahrzeuge fingen Feuer. Was nicht in den Bussen zusammengeschossen wurde, erlag den Handgranaten der zweiten Kompanie. Wer noch zu entkommen hoffte, brach im Gewehrfeuer zusammen. Zwanzig Minuten später gab es nur noch rauchende Wracks, Gestank und Tote. Gefangene wurden nicht gemacht. Es blieb keine Zeit, die wir auf Gefangene verwenden konnten. Und jetzt mußte jede Minute genutzt werden, Gräben auszuheben, um Angriffe abwehren zu können.

Der sichtbare Erfolg auf der Straße hob die Stimmung. Ein zweiter Erfolg an diesem Tag. Aber alle wußten auch, daß diese Schlappe nicht hingenommen werden würde. Ich machte mir Sorgen um den Fortgang der Ereignisse: Wird mein Bataillon Hilfe bekommen? Was sollte werden, wenn die Offensive steckenbliebe? Allein würde sich mein Bataillon nicht lange halten können.

Ich fragte den Nachrichtenleutnant: «Ist das Funkgerät in Ordnung?»

Er antwortete einsilbig: «Ja, natürlich.»

«Welche Sender kannst du empfangen?»

«Saragossa und Barcelona.»

Dem Theologiestudenten sagte ich: «Geh der vierten Kompanie entgegen. Informiere Alfonso über die neue Lage. Die Faschisten kreisen uns von Huesca her ein.»

Alfonso ließ nicht lange auf sich warten. Als er das Chaos auf der Straße sah, stieß er einen Fluch aus, den die Spanier bei jeder Gelegenheit im Munde führten. Sagte dann: «Da hätte ich gern mitgemacht. Gute Arbeit. Aber wir waren auch nicht schlecht.»

Ich mußte über das Wort «Arbeit» nachdenken. Menschen zu töten ist keine Arbeit. Aber Soldaten empfinden es wohl so. Und zumeist sind es Arbeiter. Was sie tun, ist eben Arbeit.

Bis zum späten Nachmittag passierte nichts. Als die Sonne schon tief stand, griffen Bombenflugzeuge an. Wahllos warfen sie ihre Lasten ab. Viel Schaden richteten sie nicht an. Vor Einbruch der Dunkelheit näherten sich Panzer von Saragossa her. Vorsichtig tasteten sie sich heran. Als wir ihnen gut gezielte Minen entgegenschickten, drehten sie ab.

Um Mitternacht kam der Adjutant zurück. Sein Bericht ließ keine Freude aufkommen. Die aufgegriffenen Offiziere hatten sich als Überläufer entpuppt. Und die Anfangserfolge unserer Offensive waren bescheiden.

Als der neue Tag anbrach, trommelten mehrere Batterien auf unsere Stellungen ein. Auch Bombenflugzeuge. Gezielter als am Vortag. Gegen zehn Uhr beschossen Jagdflugzeuge im Tiefflug unsere Hügel. Der Hauptstoß kam dann aus Saragossa. Panzer überrollten die Vorposten. Geballte Ladungen der Dynamiteros brachten die Panzer zum Stehen. Ein Panzer ging in Flammen auf, die anderen zogen sich zurück. Eingedrungene Infanterie wurde durch die Reservekompanie zurückgedrängt. Weitere Angriffe gab es nicht.

Die Nacht verlief ruhig. Zum Fluß hin war das Bataillon abgeschnitten. Wassermangel die Folge. Vorhandene Reserven mußten streng bewacht werden. Zum Trinken gab es kleinste Rationen. Die Maschinengewehre waren wichtiger. Ohne Wasserkühlung sind sie unbrauchbar.

Um den kommenden Tag vorzubereiten, ließ ich alle Offiziere kommen. Die Verluste waren hoch. Hundert Tote, noch einmal so viel Verwundete. Der Arzt fragte, ob die Verwundeten evakuiert werden könnten. Meine Antwort: «Keine Chance. Der Rückweg ist versperrt.»

«Dann werden viele sterben», antwortete der Arzt. «Ich kann nicht mehr helfen. Mit dem Verbandsstoff geht es auch zu Ende.»

Der Kapitän der dritten Kompanie redete dazwischen und fragte: «Wie soll es weitergehen? Lange können wir uns nicht halten. Aber vielleicht gelingt noch ein Durchbruch, um uns zurückzuziehen.» Der Kommissar unterbrach und sagte entschieden: «Kommt nicht in Frage. Solange wir keinen Gegenbefehl erhalten, bleiben wir, wo wir sind. Die Offensive hat erst begonnen.»

Der skeptische Nachrichtenleutnant fiel dem Kommissar ins Wort und sagte verzweifelt: «Wir haben keine Hoffnung, den kommenden Tag zu überleben. Deshalb bin ich für den Vorschlag, uns zurückzuziehen.»

«Genau das werden wir nicht tun, Leutnant», war meine Antwort. «Unser Auftrag lautet, die faschistischen Reserven zu binden. Deshalb sind wir hier. Jetzt geht es nur darum, den nächsten Tag vorzubereiten. Und wir müssen damit rechnen, daß der Gegner morgen mehr einsetzt als heute.»

Als ich weitersprechen wollte, kam ein Unteroffizier des Nachrichtenzuges und flüsterte mir ins Ohr: «Radio Saragossa meldet, daß unser Bataillon gefangengenommen wurde. Auch Ihr Name wurde genannt. Auch der des Kommissars. Wahrscheinlich haben sie einen unserer Leute lebend gefaßt, der ausgesagt hat.»

«Und was meldet Barcelona?»

Der Unteroffizier antwortete: «Nichts Besonderes. Nur, daß wir in die Offensive gegangen sind und Erfolge haben.»

«Davon merken wir leider noch nichts», antwortete ich mißgelaunt.

Der dritte Tag begann anders als erwartet. Die Sonne versprach einen heißen Tag und wolkenlosen Himmel. Nur der Gestank von der Straße war unerträglich. Die eigenen Toten hatten wir begraben. Für die anderen blieb weder Zeit noch Kraft.

Plötzlich dröhnten Lautsprecher über das Gelände. Nachdem die Hymne auf Franco verhallt war, forderte ein Sprecher meine Soldaten und Offiziere auf, den hoffnungslosen Kampf einzustellen. Wer sich ergäbe, käme mit dem Leben und ohne Strafe davon. Den Offizieren, die mich und meinen Kommissar lebend oder tot auslieferten, wurde eine Belohnung versprochen. Nach dieser Aufforderung setzte die Musik wieder ein. Lieder der Falange. Eine Viertelstunde später wiederholte der Sprecher seinen Text.

Der Kapitän der Maschinengewehrkompanie brach in Gelächter aus: «Scheißkerle! Erst melden sie unsere Gefangennahme und jetzt verlangen sie, daß wir uns ergeben. Laß mich antworten. Meine Stimme werden sie auch ohne Lautsprecher hören.»

Rodríguez war nicht zu überhören. Auch meine Soldaten vernahmen, was er hinüberschrie. Nachdem er sich mit Rang und Namen gemeldet hatte, begann er seine Rede: «Hört gut zu, ihr Helden auf der anderen Seite. Euer Angebot gefällt uns nicht. Wenn ihr unseren Kommandanten und den Kommissar wollt, müßt ihr sie euch holen. Aber das wird euch schlecht bekommen. Darum machen wir euch einen besseren Vorschlag. Bevor ihr angreift, solltet ihr eure Seelen dem lieben Gott empfehlen. Hier liegen nämlich schon viele, die keine Zeit mehr zum Beten hatten, als wir sie in die Hölle geschickt haben. Und genauso wird es euch ergehen. Den Tod, das ist das einzige, was wir euch versprechen, ihr dreimal verfluchten Hurensöhne!»

Rodríguez gefiel sich in seiner Rede und hätte gerne weitergesprochen. Die Artillerie machte dem ein Ende. Am Abend waren zwei Hügel verloren. Die Verluste höher als am Vortag. Der Kommissar war tot. Auch der Arzt. Zwei Kompanieführer gefallen. Von den neunhundert Mann, die mit mir gekommen waren, lebte noch die Hälfte. Viele verwundet. Die Munition fast aufgebraucht. Wasser gab es nicht mehr. Die Maschinengewehre waren ausgeglüht.

Nach Einbruch der Nacht ließ ich die Offiziere kommen, um das weitere Vorgehen zu besprechen. Nach Entgegennahme der Bestandsmeldungen sagte ich: «Wir werden zurückgehen. Einen weiteren Tag können wir nicht durchhalten. Auf Hilfe ist nicht mehr zu rechnen. Unsere Offensive ist offenbar steckengeblieben. Kuriere, die neue Befehle bringen könnten, sind nicht mehr zu erwarten. Deshalb entscheide ich in eigener Verantwortung.»

Die erschöpften Offiziere sahen mich ungläubig an. Nur Rodríguez antwortete trotzig: «Ergeben werden wir uns jedenfalls nicht. Versuchen wir's!» Er wollte noch etwas sagen, als der Unteroffizier des Nachrichtenzuges kam, der das Funkgerät bediente, und die Mitteilung machte: «Mein Leutnant hat seine Ausweispapiere vernichtet und die Uniform abgelegt. Er will als einfacher Soldat gelten, denn er rechnet mit Gefangennahme.»

Rodríguez sprang auf und verwünschte den Feigling, der sich selbst degradiert hatte: «Wo ist er?» schrie er den Unteroffizier an. «Ich bringe ihn um!»

Ich hob die Hand und sagte: «Das wirst du nicht.» Zum Unteroffizier gewandt: «Hol ihn! Ich will mit ihm reden.»

Als der Leutnant zitternd vor mir stand, sagte ich: «Du hast dich selbst degradiert. Spielst offenbar mit dem Gedanken, dich zu ergeben. Das ist Feigheit vor dem Feind. Eines Offiziers unwürdig. Dafür könnte ich dich erschießen lassen. Aber das werden wir nicht. Reiß dich zusammen, und sei wenigstens ein guter Soldat. Das Kommando über den Nachrichtenzug übernimmt ab sofort dein Unteroffizier, verstanden?»

Zu Rodríguez gewandt: «Nimm ihn in deine Kompanie. Gib ihm eine Chance. Furcht ist kein Verbrechen. Ich bin nämlich auch nicht ohne Furcht. Aber als Offiziere müssen wir unsere Pflicht erfüllen. Schluß mit der Debatte. In einer Stunde brechen wir auf. Du übernimmst die Nachhut. Ich werde mit der ersten Kompanie den Durchbruch versuchen. Alle Verwundeten, die noch gehen können, müssen mitgenommen werden. Laßt nur die zurück, für die es keine Hoffnung mehr gibt.»

Wie diese Nacht zu Ende ging, will ich nicht erzählen. Ich müßte sonst die Taten vieler erwähnen, denen es zu danken war, daß der Rest des Bataillons den Durchbruch erzwingen und mit vierhundert Mann zurückkommen konnte. Auch der ängstliche Leutnant hatte es geschafft. Ein paar Wochen später fiel er bei Teruel als einfacher Soldat. Wahrscheinlich wollte er gutmachen, was ihm als Offizier nicht gelungen war.

Was in den August- und Septemberkämpfen bei Saragossa an Menschenleben geopfert wurde, darüber schweigen sich die Chronisten dieses Krieges aus. Wahr ist, daß die mit starken Kräften angetretene Volksarmee von der Kondorlegion im offenen und flachen Angriffsgelände mit überlegener Feuerkraft zusammengeschossen wurde. Die deutschen Schnellfeuerbatterien hatten einen undurchlässigen Sperrgürtel rund um Saragossa gelegt.

Zwar gelang es dem «Fünften Regiment», eine von General Lister geführte kommunistische Division und den Internationalen Brigaden die Stadt Belchite, dreißig Kilometer südlich von Saragossa, einzunehmen, dieser Erfolg stand aber zu den eigenen Verlusten in keinem Verhältnis. Zumal Belchite wieder aufgegeben werden mußte.

Gewiß ist, daß die andere Seite durch Spionage vorbereitet war. Und die als Entlastung gedachte Offensive konnte den Zusammenbruch der Nordfront nicht aufhalten. Die Milizen der asturischen Bergarbeiter und Basken wurden von den italienischen und marokkanischen Legionen ins Meer geworfen. Durch diese Rückschläge verschärften sich die Widersprüche innerhalb der Volksfront.

Auch für mich hatten die Tage von Saragossa noch Folgen. Nach den Radiomeldungen über meine Gefangennahme hatte niemand mehr mit unserer Rückkehr gerechnet. Im Tagesbefehl der 27. Division war mein Bataillon allzu voreilig mit einem Nachruf «für heldenhaften Kampf bis zum letzten Mann» bedacht. Um so größer war die Freude, als fast das halbe Bataillon doch noch zurückkam.

In Anerkennung unserer Leistungen beförderte mich der General zum Major. Das Bataillon wurde neu bewaffnet und motorisiert. Das alles konnte nicht über die vielen Toten hinwegtrösten. Aber es festigte die Bereitschaft zu neuen Taten. Und auch ich selbst hätte im Zuchthaus Bautzen oder im KZ Sachsenburg nicht einmal zu träumen gewagt, daß ich zwei Jahre später gutbewaffnete Soldaten gegen meine Feinde anführen konnte.

Als ich nach der Ernennungszeremonie auf mein Auto zuging, schlug mir ein unbekannter Kamerad auf die Schulter und sagte: «Glückwunsch zur Beförderung. Um das Maß aller guten Dinge vollzumachen, hast du drei Tage Sonderurlaub. Du mußt nach Barcelona kommen. Franz Dahlem will dich sprechen. Fährst du mit mir?»

«Ich habe selbst einen Wagen. Aber das ist nicht wichtig. Sag lieber, was Dahlem will?»

«Woher soll ich das wissen», antwortete Fritz Fränken. «Ich bin nur beauftragt, dich zu holen.»

«Wann müssen wir fahren?»

«Gleich. Ich muß dich mitbringen. Übergib deinem Stellvertreter das Kommando.»

«So schnell geht das nicht. Zunächst muß ich die Genehmigung vom Chef haben. Meinem Stellverteter muß ich auch Bescheid sagen.»

«Na gut. Aber beeil dich. Wegen der Genehmigung mach dir keine Sorgen. Das hat Franz schon in die Wege geleitet.»

Vor einem Bürgerhaus in der Prachtstraße Paseo de la Gracia entließ Fritz die Fahrer. Sie hatten ihre Familien in Barcelona und waren froh, ihre Frauen wiederzusehen.

Eine imponierende Marmortreppe hinauf ging es in den zweiten Stock. Eine Frau in mittleren Jahren öffnete die Tür. Da ich sie nicht sonderlich beachtete, stieß mich Fritz an und sagte: «Du kannst etwas freundlicher sein. Das ist die Frau von Franz.»

«Oh.» Was hätte ich sonst sagen können?

Sie half mir aus meiner Verlegenheit. «Komm, ich zeig dir dein Zimmer.» Noch im Flur, der mit schönen Läufern ausgelegt war, bemerkte sie: «Du wirst ein Bad nehmen wollen. Danach werden wir zu Abend essen. Franz wird bald zurück sein.»

Als ich zum Essen gerufen wurde, war schon eine kleine Gesellschaft versammelt: Franz, seine Frau Käthe, der Schriftsteller Willi Bredel, Fritz Fränken und ein junger Mann namens Karl Mewis. Franz begrüßte mich freundlich. Mein Vater hätte nicht herzlicher sein können. Aber der war weit weg und konnte nicht einmal wissen, ob sein Sohn noch lebte. Und ich wußte nicht, ob der Vater Bautzen und die Konzentrationslager überstanden hatte.

Das aufgetragene Essen, der gute Wein verdrängten die Gedanken an den Vater. Auch die Gedanken an die Mutter, die in ihrem ganzen Leben nie eine solche Wohnung betreten und niemals an einem solchen Essen teilnehmen könnte.

Ich ließ es mir, wenn auch mit halbem Appetit, trotzdem schmecken. Aber mehr als die guten Speisen und die gewichtigen Reden über das politische Geschehen interessierte mich, was Dahlem von mir wollte. Beim Kaffee gewann ich den Eindruck, daß er mich nur hatte kommen lassen, um etwas über die Lage an der Front zu erfahren. Dabei merkte ich genau, daß Dahlem schon gut informiert war. Schließlich fragte ich: «Was wird von mir erwartet? Ihr habt mich doch nicht kommen lassen, um noch einmal zu hören, was andere schon berichtet haben.»

«Natürlich nicht», erwiderte Dahlem. «Wir werden morgen darüber sprechen. Schlaf dich erst einmal richtig aus. Beim Frühstück reden wir weiter.» Und so geschah es. Nach einem ausgedehnten Frühstück wechselte Dahlem das Thema. Er sprach von Frankreich, von einem Weltkongreß zur Solidarität für Spanien in Paris, und sagte: «Wir haben beschlossen, daß du als Delegierter des Kommunistischen Jugendverbandes daran teilnimmst. Dein Auftritt ist wichtig. Du hast dich als Kommandant an der Front ausgezeichnet und dazu auch noch das Vertrauen der Spanier erworben.»

Da ich nicht antwortete, auch keine Begeisterung erkennen ließ, Dahlem aber überzeugt war, daß dem Beschluß nicht widersprochen werden würde, sagte er zu Fritz: «Bring ihn zum Schneider. Damit er schnell Zivilkleider bekommt.» Danach zu mir: «Kauf dir gleich ein paar Hemden und was du sonst für die Reise brauchst. Geld hast du doch?»

Weil ich noch immer nichts sagte, sprach Bredel. Gleich mit Hinweisen, wie ich meinen Auftritt vorbereiten sollte. Was in meiner Rede zum Ausdruck kommen müßte. Auch Käthe mischte sich ein. Sie fragte: «Freust du dich? Die Teilnahme an einem Weltkongreß ist eine große Sache.»

Jetzt reichte es. Als Bredel wieder Anregungen gab, unterbrach ich ihn und sagte: «Der Weltkongreß ist bestimmt eine gute Sache. Und ich danke euch, daß ihr mich delegieren wollt. Aber ich werde nicht nach Paris fahren. Mein Bataillon ist mir wichtiger als alle Kongresse. Außerdem gibt es genug Kandidaten, die gern nach Paris fahren, bessere Reden halten, als ich es vermag. Schickt einen anderen. Ich gehe zurück an die Front.»

Mißgelaunt über den Widerspruch, aber hoffend, daß ich es mir noch anders überlegen werde, durfte ich einen weiteren Tag in der schönen Wohnung verbringen. Dann ließen sie mich gehen. Ich ging mit gemischten Gefühlen. Einerseits froh, aus dieser Sache heraus zu sein. Andererseits zweifelnd, ob es richtig gewesen war, schroff abzulehnen.

Der General, dem ich über das Gespräch mit Dahlem Auskunft geben mußte, zerstreute die Zweifel: «Du hast getan, was ich erwartet habe. Wir müssen uns an der Front schlagen, sonst haben alle Reden keinen Sinn mehr.»

Viel Zeit zum Nachdenken über die Episode mit Dahlem blieb nicht. Es folgte eine Offensive im Alto Aragón. Zwanzig Kilometer vor Jaca. Mit geringen Verlusten konnte ich die Faschisten im Raum von Jabarella über den Gallego zurückwerfen. Und außerdem weit über das vorgeschriebene Ziel vorstoßen. Zwei in Arto gefangengenommene Angehörige der Guardia Civil wurden auf der Stelle erschossen. Eine Frau hatte gegen sie ausgesagt. Wahrscheinlich wären sie auch ohne die Aussagen umgebracht worden. Es gab nichts Verhaßteres als die Guardia Civil. Und ich kam zu spät, um die Lynchjustiz zu verhindern.

Auf angenehme Weise blieb mir das Pfarrhaus von Jabarella in Erinnerung. Der Frühstückstisch war noch gedeckt, ich brauchte nur Platz zu nehmen und zuzulangen. Offenbar war dem Priester keine Zeit geblieben, die gekochten Eier und die anderen guten Sachen zu verspeisen.

117

Auch die Schweine im Stall des zum Pfarrhaus gehörenden Anwesens waren zurückgeblieben. Wie überhaupt das Vieh in der ganzen Ortschaft. Bis auf wenige Bewohner war die Bevölkerung geflüchtet. Für die nächsten Wochen mangelte es uns nicht an Fleisch und Lebensmitteln. Das Pfarrhaus nutzte ich für meinen Stab.

Bis zur Jahreswende 1937/1938 ereignete sich nach den Kämpfen bei Huesca, Saragossa und im Alto Aragón nichts von Bedeutung. Aber nach dem Verlust der Nordfront wurde erkennbar, daß Franco seine Reserven an der Aragón-Front konzentrierte, um die Ostfront ins Wanken zu bringen. Zunächst sollte von Teruel aus ein Vorstoß nach Valencia erfolgen. Um dem zuvorzukommen und die Gefahr einer Trennung der Zentralfront von der Ostfront abzuwenden, setzte die Volksarmee am 15. Dezember 1937 ihre besten Truppen bei Teruel ein. Trotz Kälte und Schnee wurden Teruel und die umliegenden Ortschaften am 1. Januar 1938 eingenommen. Die Faschisten erlitten eine schwere Niederlage. Der erkämpfte Sieg hatte eine vorübergehende Beschwichtigung der Volksfrontparteien zur Folge und stärkte den Einfluß der Kommunisten. Ihre Kampfverbände – einschließlich der Internationalen Brigaden – hatten den Sieg bei Teruel erkämpft.

Mein Bataillon kam zum Einsatz, als Franco zur Gegenoffensive ansetzte. Wir hatten den Auftrag, bei Singra die Straße Teruel–Saragossa und die parallel dazu laufende Eisenbahnlinie zu unterbrechen. Mit hohen Verlusten gelang es, in die befestigten Stellungen einzudringen. Drei Tage lang trommelte faschistische Artillerie mit pausenlosem Flugeinsatz auf die von uns besetzten Stellungen. Noch demoralisierender waren die Attacken der marokkanischen Kavallerie. Nur mit viel Mühe konnten sie abgewehrt werden. Die Angst der Soldaten vor Pferden und Marokkanern war grenzenlos.

Vom Graben aus hörte ich plötzlich die Hilferufe eines Verwundeten. Als ich die abgekämpften Soldaten aufforderte, den Verletzten hinter unsere Linien zu holen, bekam ich zur Antwort: «Das ist unmöglich. Wer sich auf dieses Feld begibt, wird abgeschossen. Wir müssen die Nacht abwarten.»

«Bis dahin kann er verbluten. Findet sich denn kein Freiwilliger?»

«Nein», antwortete der Leutnant.

«Na dann», herrschte ich den Leutnant an. Reichte ihm Rock und Kartentasche und sagte: «Ich kann nicht zusehen, wie da draußen ein Mensch verblutet.»

Der herangetretene Kommissar schrie: «Bist du verrückt? Vergißt du, daß es nicht deine Sache ist, das Leben für einen einzelnen aufs Spiel zu setzen?»

«Nenn es, wie du willst. Ich denke jetzt nur daran, wie verlassen ich mir vorkäme, wenn mir keiner helfen würde.» Und ohne zu zögern kroch ich wie ein Wurm zu dem Verwundeten. Faßte ihn an der Hand und zog ihn zurück. Als ich erschöpft in den Graben zurücksank, die Umstehenden den verwundeten Hauptmann in den Unterstand schleppten, entschuldigte sich der Leutnant und hängte mir meinen Rock wieder über. «Schon gut», erwiderte ich. «Ihr seid trotzdem gute Kameraden. Aber hin und wieder genügt es nicht, nur gut zu sein.»

Der Kommissar reichte mir seine Feldflasche und sagte: «Wenn du nicht schon die Achtung unserer Soldaten erworben hättest, jetzt würde sie dir endgültig zuteil werden. Aber eine Dummheit war es trotzdem.»

«Dummheit? Ich würde es Kameradschaft nennen.»

«Ja, ich weiß, du mußt das jeden Tag aufs neue beweisen», fiel mir der Kommissar ins Wort.

Eine Verwundung an der linken Seite ließ ich mir vom Sanitäter desinfizieren und mit Pflaster zukleben. Gegen den Rat des Arztes, der mich ins Lazarett schicken wollte, blieb ich in der eroberten Stellung und meinte: «Das ist nur ein Streifschuß.»

Sechs Jahre später, als ich in Mexiko ständig Brustbeschwerden verspürte, mußte ich einen Spezialisten aufsuchen und mich röntgen lassen. Wenige Zentimeter vom Herzen entfernt, in der oberen linken Lungenhälfte, steckte ein Infanteriegeschoß. Außerdem waren Bruchstellen an zwei Rippen erkennbar. In der unteren Lungenhälfte zeigten sich Splitter von einem Explosivgeschoß. Diesen Schuß hatte ich sechs Monate später abbekommen. Der Arzt wollte nicht glauben, daß ich von den Steckschüssen nichts gewußt habe. Es genüge schon ein Lungenschuß, um daran zugrunde zu gehen. Aber gleich zwei, ohne Aufenthalt im Krankenhaus, das sei ein Wunder. Dann meinte er: «Vielleicht war es ganz gut, daß die Steckschüsse nicht erkannt wurden, sonst hätten sich Chirurgen daran versucht und mehr Schaden als Nutzen angerichtet. Früher oder später lassen die Beschwerden wieder nach. Die Lunge ist in Ordnung.»

Als ich den Arzt nach seinem Honorar fragte, bekam ich zur Antwort: «Du hast nichts zu zahlen. Ich bin Spanier und habe selbst am Krieg teilgenommen. Wenn du einen Arzt brauchst, kannst du wiederkommen.»

Die Erfolge der Volksarmee bei Teruel waren nur von kurzer Dauer. Franco setzte alles ein, um die Niederlage wettzumachen. Bis zum 22. Februar 1938 gingen Teruel und zahlreiche Ortschaften wieder an die Falangisten verloren. Die Franco-Armee drängte immer weiter vor. Bis zum 15. April erreichte sie bei Vinaroz das Mittelmeer, trennte die Ostarmee von den Hauptkräften in Zentralspanien. Durch diese Rückschläge verschärften sich die politischen Spannungen. Die Bevölkerung war demoralisiert, Hunger und Angst vor der Zukunft wurden unvermeidbar. Außenpolitisch war die spanische Republik völlig isoliert. Alle neutralen Mächte stellten sich auf die Verständigung mit Franco ein. Die weltweite Solidaritätsbewegung glitt in verbale Sympathiebekundungen ab. Freiwillige kamen nicht mehr. Hitler und Mussolini hingegen verstärkten ihre Legionen. Die Unterstützung mit Waffen, Lebensmitteln und Medikamenten für die Republik stand in keinem Verhältnis mehr zu den Notwendigkeiten. Selbst gegen Zahlung mit Gold und Dollar war nichts mehr auszurichten. Alle fanden Vorwände, sich aus dem erkennbaren Niedergang herauszumogeln.

1938, als schon klar erkennbar war, daß der Krieg ohne Hilfe von außen nicht mehr zu gewinnen war, gab sich die spanische Regierung der Illusion hin, Frankreich werde noch eingreifen. Ganz unbegründet war diese Hoffnung nicht. Als der Sozialist Léon Blum, März 1938, zum zweitenmal Ministerpräsident wurde, war französische Hilfe noch denkbar. Schon vor Bildung seines zweiten Kabinetts hatte er Negrín nach Paris eingeladen, um die Modalitäten einer militärischen Hilfe zu beraten. Und nachdem Blum die Regierung übernommen hatte, erwog er eine wirksame Intervention, um das Auseinanderbrechen der spanischen Volksarmee aufzuhalten, Franco zu hindern, ganz Katalonien in Besitz zu nehmen.

Nach seinen eigenen Darstellungen wurde an einen «Schnell-Feldzug mit motorisierten Einheiten» gedacht. Aber im Verteidigungsrat erklärten die Vertreter des Generalstabes, eine solche Operation ohne Mobilmachung dürfe nicht unternommen werden. Außerdem bestünde die Gefahr, daß der spanische Krieg zum europäischen Konflikt ausarte.

Und da mußte Blum zwischen Krieg oder Frieden entscheiden. Zuvor befragte er noch den aus Madrid gerufenen Militärattaché, Oberstleutnant Morel, einen überzeugten Royalisten, über die Chancen einer militärischen Aktion. Dessen Antwort lautete: «Herr Ministerpräsident, ich kann nur sagen, ein König von Frankreich würde jetzt Krieg führen...» Trotz dieser Ermunterung durch einen sachkundigen Offizier konnte Blum sich nicht entschließen, seinem sozialistischen Freund Negrín beizustehen. Neun Jahre später schrieb Blum in seinen Memoiren: «Ich war nicht König. Es war mir unmöglich, Krieg ohne Zustimmung des Parlaments ins Auge zu fassen...»

Mit dieser «demokratischen Selbstbescheidung» begab sich die französische Regierung der letzten Möglichkeit, Spanien zu helfen. Ein paar Wochen später verlor Blum abermals die Macht. Im April löste ihn Daladier ab. Außenminister wurde Georges Bonnet. Beide waren Befürworter der Verständigung mit Hitler.

Um den Verrat an Spanien zu verschleiern, vertrat die Daladier-Regierung – nachdem sie im Zusammenwirken mit England Österreich und die Tschechoslowakei an Hitler preisgegeben hatte – die unrealistische Theorie, «daß es mit Hilfe internationaler Vereinbarungen möglich sei, dem Konflikt sein ureigenstes rein spanisches Wesen zurückzugeben. Zu diesem Zweck brauche man sich nur auf den Abzug der kriegsfreiwilligen Ausländer zu einigen...»

Auch der sowjetische Außenminister Litwinow erklärte im Juli 1938, daß «Spanien den Spaniern überlassen bleiben müsse». Und Ilja Ehrenburg schrieb in einem «Prawda»-Artikel vom 17. Juni 1938, den Falangisten müsse man die Versöhnungshand hinstrecken. Nicht genug damit. Er charakterisierte sie als «spanische Patrioten».

Daß diese «Patrioten» Tausende Arbeiter, Bauern und Intellektuelle ermordet hatten – und nach Kriegsende weitere Hunderttausende an die Wand stellen sollten –, davon sprach Ehrenburg nicht. Mag es da wundern, daß der sowjetische Botschafter Maiski, ständiges Mitglied der «Nichtinterventionskommission» in England, am 27. Juni 1938 dem Plan zum Abzug der Freiwilligen zustimmte?

Diesem Beschluß ging am 18. Juni 1938 eine Rede von Negrín voraus. Wie in den Wind gesprochen, gipfelte sie in dem Klageruf: «Wenn Spanien ein unabhängiges Land bleiben will, darf der Krieg keine Minute länger dauern.»

Franco, der immer zugab, daß er ohne deutsche und italienische Hilfe den Krieg nicht gewinnen konnte, wußte den außenpolitischen Opportunismus zu nutzen. Vom «Abzugsplan» nahm er nicht einmal Kenntnis. Und sowohl Hitler wie Mussolini schickten noch mehr Truppen nach Spanien. Nicht mehr getarnt oder heimlich. Von nun an mit unverblümter Offenheit, unter Mißachtung aller Beschwichtigungsformeln von England, Frankreich, bis hin zum Völkerbund in Genf.

Befehlsverweigerung

Für mich war der politische Niedergang vor dem Sieg und nach der Niederlage bei Teruel noch nicht erkennbar. Ich kämpfte verbissen weiter. Obwohl ich zu ahnen begann, daß der Krieg militärisch verloren war, wenn nicht ein Wunder noch eine Wende herbeiführen würde. Doch woher ein solches Wunder kommen sollte, wußte ich auch nicht.

Mit welchen Konflikten ich fertig werden mußte, demonstriert ein Beispiel aus dem Frühjahr 1938. Zur Auffüllung der Verluste bei Teruel sollte ich in Barcelona eine Kompanie Anarchisten übernehmen. Die jungen Soldaten weigerten sich, in die 27. Division einzutreten. Unter einem ausländischen Kommandanten wollten sie schon gar nicht in den Krieg ziehen. Sie seien keine Kommunisten. Und sie wüßten, was ihnen in der 27. bevorstünde. Nach ein paar Wochen wären die meisten von ihnen nicht mehr am Leben.

Vor einem Jahr noch hätte ich sofort aufgegeben. Wer nicht freiwillig kam, den wollte ich nicht. Inzwischen hatte sich der Charakter der Armee verändert. Waffengattung und Einheit konnte man sich nicht mehr aussuchen. Soldaten und Offiziere rekrutierten sich, im Gegensatz zum ersten Kriegsjahr, aus allen Schichten und Parteien. Viele wollten keiner Partei zugerechnet werden.

Ich hörte mir die hitzigen Reden der jungen Anarchisten eine Weile an, ermunterte sie, ihre Meinung zu sagen. Mein spanischer Adjutant flüsterte mir zu: «Die Jungs haben recht. Du wirst sie nicht von ihrer Meinung abbringen. Wie könntest du auch versprechen, daß sie den Krieg überleben.»

«Nichts werde ich versprechen. Schon gar nicht, daß sie überleben. Aber ein paar Wahrheiten müssen wir ihnen sagen.»

Laut sagte ich: «Wir werfen euch doch überhaupt nicht eure Gesinnung vor. Jetzt aber müssen wir erst einmal Franco schlagen. Sonst haben wir keine Chance, über revolutionäre Veränderungen zu streiten.

Und laßt mich noch ein Wort in eigener Sache sagen. Der ausländische Kommunist, den ihr ablehnt, hat bei Madrid, am Jarama, Guadalajara, Huesca, Saragossa und Teruel für eure Republik gekämpft. Als Soldat und als Offizier. Vorher war er Widerstandskämpfer in Deutschland. Dort hat er zwei Jahre in Gefängnissen und Konzentrationslagern verbracht. Er ist nur deshalb nach Spanien gekommen, weil er gegen Franco, Hitler und Mussolini kämpfen will, die euer Land in den gleichen Abgrund stürzen werden wie Italien und Deutschland zuvor. Im übrigen werde ich nicht verschweigen, was die ausländischen Freiwilligen an Opfern gebracht, welchen Anteil sie haben, um die Invasoren und Falangisten aufzuhalten. Und über den Charakter der 27. Division kann ich nur sagen, daß ihr alles abverlangt wird. Wäre es anders, hättet ihr keine Gelegenheit, noch über eure politischen Vorstellungen zu streiten. Also, was ist? Wißt ihr einen anderen Weg, wie wir die Republik schützen können?»

Die Hitzköpfe, die sich als Anarchisten verstanden, in Wahrheit eigentlich keine waren, nur nicht wußten, wie sie mit den Theorien ihrer Führer fertig werden sollten, schwiegen sich plötzlich aus.

Ärgerlich fügte ich hinzu: «Wenn ihr keine Antwort wißt, dann sagt wenigstens, ob ihr es mit eurer Gesinnung vereinbaren könnt, hinter denen zurückzustehen, die ihr Leben für euer Volk einsetzen.»

Da sie noch immer schwiegen, fuhr ich fort: «Wir erwarten, daß ihr mit uns gegen die Faschisten kämpft. Nicht wartet, bis die Legionäre nach Barcelona kommen, über eure Mädchen herfallen. Den Streit, wie es nach Franco weitergehen soll, müssen wir zurückstellen. Bis das Volk in freier Wahl über sein Schicksal entscheiden kann.»

In das Schweigen mischte sich Murren und Tuscheln. Aber noch immer keine Antwort.

Um sie zum Reden zu bringen, öffnete ich meine Kartentasche, zog eine alte Zeitung heraus und verkündete: «Hört einmal zu. In den Kämpfen bei Saragossa fiel mir eine faschistische Zeitung in die Hände.

Hier, seht sie euch an. Ich werde aus einer Rede zitieren, die General Queipo de Llano in Sevilla gehalten hat. Es heißt da unter anderem: ‹Von den andalusischen Familien tragen 80 Prozent Trauer. Wir werden aber nicht zögern, noch schärfere Maßnahmen zu ergreifen. Auch die Frauen der Roten haben begriffen, daß unsere Soldaten echte Männer und keine kastrierten Milizleute sind. Mit Füßen ausschlagen und heulen wird ihnen nicht zur Rettung verhelfen.›

Und jetzt zitiere ich aus einer französischen Zeitung. Es ist kein kommunistisches oder sozialistisches Blatt. Nein, eine bürgerliche Zeitung. Wer sich überzeugen will, kann sie gern ansehen. Aber hört erst, was die Journalisten über das Wüten der Legionäre berichten. Ich zitiere: ‹Den als tapfere Krieger geltenden Mauren werden keine Zügel angelegt. Unter den primitivsten Stämmen Nordafrikas angeworben, sind sie gewöhnt, besiegte Feinde auf ihre Art zu unterjochen. Frauen zu vergewaltigen, Männer zu entmannen. Sie lassen ihren Gelüsten freien Lauf. Vertretern der christlichen Zivilisation, die mit der Sache der Franquisten sympathisieren, erscheint das als eine ‚Operation ritueller Art‘. Ebenso ungehindert dürfen die europäischen Truppen – sprich deutsche und italienische Legionäre – wüten, die mit dem Segen der Kirche in den Kampf ziehen. Ein epidemischer Sadismus trifft vor allem die Frauen der eroberten Bevölkerung. Da gibt es nicht nur Notzucht, sondern auch entwürdigende Demütigungen aller Art. Den Opfern werden die Köpfe geschoren. Sie werden mit Zinnober angestrichen, und sogar Rizinusöl wird ihnen eingeflößt.›

Mehr will ich nicht vorlesen. Aber das sollte genügen, eure Voreingenommenheit zu überwinden. Nur Feiglinge oder Dummköpfe können dazu schweigen. Es tut mir leid, daß ich das sagen muß.»

Ich hatte die Zeitung noch nicht verstaut, da wurde das Schweigen gebrochen. Der selbstbewußte anarchistische Kompanieführer erhob sich und sagte mit lauter Stimme: «Señor comandante! Sie irren, wenn Sie glauben, daß wir Feiglinge sind. Und Sie irren noch mehr anzunehmen, daß wir nicht bereit sind, unser Leben einzusetzen. Machen wir jetzt diesem Streit ein Ende. Im Namen meiner Kameraden erkläre ich, daß wir unseren Mut unter Beweis stellen werden.»

Die Rückzugskämpfe aus dem Aragón waren mit Verlusten, Überläufern und Chaos angefüllt, ohne die es bei Zusammenbrüchen nicht abging. Und natürlich kam es zu Konflikten, an die ich mich ungern erinnere.

Ein Hauptmann der alten spanischen Armee, der die dritte Kompanie in meinem Bataillon führte, war immer willig, widerspruchslos, wenngleich maßlos selbstgefällig gewesen. Aber er tat, was ich von ihm verlangte. Und er respektierte mich sogar, obwohl ein gewisses Maß an Überheblichkeit gegenüber seinem Kommandanten, der ja kein Berufsoffizier war, immer spürbar blieb. Mich störte das nicht. Wahrscheinlich wäre mein Verhältnis zu ihm undramatisch geblieben, wenn der an Jahren ältere Hauptmann nicht des schlimmsten Vergehens schuldig geworden wäre. Unverwundet hatte er während eines Angriffs der Marokkaner bei Caspe seine Kompanie verlassen. Und nur einem Zufall war es zu danken, daß er in einem Schafstall, zehn Kilometer hinter der Front, aufgegriffen wurde.

Da ich stets darauf bedacht war zu retten, was zu retten ist, sorgte ich dafür, daß weder geplündert noch sinnlos zerstört wurde. Die von anderen zurückgelassenen Waffen samt Munition, lebendes Vieh und sonstiger Proviant mußten von meinen Leuten mitgenommen werden. Auf diese Weise war mein Bataillon immer gut versorgt. Wenn wir Positionen, Städte oder Dörfer aufgeben mußten, durfte nichts Brauchbares zurückbleiben. Neben anderen Dingen zum Beispiel die Schafherden. Für die Fleischversorgung meines Bataillons waren sie lebenswichtig.

So auch diesmal. Meine Soldaten hatten den als Schäfer verkleideten Hauptmann irgendwo aufgespürt. Da er versucht hatte, auch sie zum Überlaufen zu überreden, jagten sie ihn mit entsicherten Gewehren zu meinem Kommandostand und baten um Erlaubnis, den Deserteur zu erschießen.

Die Entscheidung quälte mich. Der Kommissar und je drei Soldaten aus den fünf Kompanien stimmten für die standrechtliche Erschießung. Ich gab den Befehl, wissend, daß normalerweise das Kriegsgericht dafür zuständig ist. Aber in diesem Fall ging es nicht normal zu. Das Bataillon war abgeschnitten. Niemand wußte, ob überhaupt noch Zeit und Gelegenheit für ein geregeltes Verfahren blieb.

Nachdem das Urteil gesprochen war, warf der Hauptmann sich zu Boden und bettelte um Gnade. Das war den Soldaten zuviel. Sie entluden ihre Gewehre.

Der Kommissar fragte mich später: «Wie hättest du dich entschieden, wenn die Soldaten gegen die Erschießung gewesen wären?»

«Ich hätte ihn in jedem Fall erschießen lassen. Offiziere, die ihre Einheit im Kampf verlassen, muß man erschießen. Sonst kannst du die Soldaten nicht zusammenhalten...»

Ein anderer Konflikt war noch verhängnisvoller. Während eines Rückzugs rebellierten im Hinterland Anhänger Francos unter Führung einer Frau, einer ehemaligen Großgrundbesitzerin, die nahezu alles verloren hatte. Ihr Mann kämpfte angeblich für Franco. Die Rebellion wurde niedergeschlagen, und die Frau, die ich zufällig kannte, weil ich in ihrem Haus einmal Quartier genommen hatte, wurde erschossen. Mit alldem hatte ich jedoch nichts zu tun.

Die Töchter der Frau aber, die sich in einem Wald versteckt hatten, wurden von Aufklärern aufgegriffen. Irgendwer hatte darüber Meldung an die Brigade gemacht, ohne mich vorher zu informieren. Und der Brigadechef hatte sogleich den Befehl gegeben, alle Angehörigen der Konterrevolution zu erschießen.

Bevor es dazu kam, sprach der Kommissar mit mir: «Ist es zu verantworten, zwei Mädchen einfach zu erschießen? Schließlich geht es um Kinder, die mit dem Aufstand nichts zu tun haben...»

Verärgert antwortete ich: «Was immer die Mädchen getan haben und wer auch ihre Eltern sind, in meinem Bereich werden keine Frauen oder Mädchen erschossen. Laß die Mädchen kommen, und überlaß das Weitere mir.» Dem Telefonisten gab ich die Weisung, mich sofort mit dem Brigadechef zu verbinden.

Am Apparat meldete sich der Stabschef. Ich sagte: «Gib mir den Brigadeführer.» Der Stabschef antwortete: «Der Alte schläft. Ist es so wichtig, daß ich ihn wecken muß? Kann ich das nicht erledigen?»

«Nein, das kannst du nicht.»

«Warum nicht?»

«Weil ich einen Befehl verweigere.»

«Welchen Befehl willst du verweigern?»

«Die Erschießung von Kindern. Also mach schon! Hol den Chef. Ich bin nämlich verdammt wütend.»

Irgendwie muß der Anruf helle Aufregung verursacht haben. Plötzlich war der Chef am Apparat. Ohne abzuwarten, was ich zu sagen hatte, schrie er ins Telefon: «Du hast dich an meine Befehle zu halten. Konterrevolutionäre werden erschossen. Und das sofort!»

Ich ließ ihn ausreden und sagte dann: «Du irrst dich. Kinder sind keine Konterrevolutionäre. Wer das behauptet, ist dumm. Laß mich ausreden. Ich habe noch etwas zu sagen. Wer Kinder erschießen läßt, macht sich schuldig. Und merk dir: In meinem Sektor wird es niemand wagen, Mädchen oder Frauen zu erschießen.» Dann legte ich den Hörer auf.

Zwei Minuten später läutete das Telefon. Wieder war der Brigadechef am Apparat. Nachdem er sich ausgetobt hatte, sagte er: «Ich laß die konterrevolutionären Damen abholen. Und du wirst dich verantworten müssen.»

Ich antwortete: «Zum Abholen wird es nicht kommen. Spar dir die Mühe. Über die Verantwortung läßt sich reden.»

Noch empörter als zuvor, schrie der Chef: «Was hast du vor? Willst du sie laufenlassen?»

«Nein, ich werde sie in Sicherheit bringen. Um genau zu antworten: auf die andere Seite. Vielleicht überleben die Mädchen dort.»

«Wenn du das machst, laß ich dich als Kollaborateur erschießen.»

«Das kannst du meinetwegen versuchen. Nur bedenke: Ich verfüge über ein starkes Bataillon. Meine Offiziere und Soldaten hören nur auf meine Befehle. Wer immer die Waffe gegen mich erheben sollte, muß damit rechnen, daß zurückgeschossen wird. Und deshalb würde ich es nicht auf eine solche Probe ankommen lassen.» Das war dem Brigadechef zuviel. Er legte den Hörer auf.

Ich rief einen verläßlichen Offizier und befahl: «Bring die Mädchen in die vorderste Linie. Bitte um Einstellung des Feuers, damit sie überlaufen können. Und nimm zur Kenntnis: Du haftest mit deinem Leben, daß sie unversehrt auf die andere Seite kommen. Nach Ausführung des Auftrags erwarte ich Bericht.»

Der Kommissar und alle, die um mich versammelt waren, schwiegen sich aus. Niemand traute sich, etwas zu sagen. Der Konflikt war ungeheuerlich. Der Kommandant, der Befehlsverweigerungen nicht duldete, weigerte sich, einen erhaltenen Befehl auszuführen. Andererseits mißbilligten aber alle die Erschießung der Mädchen. Keiner war bereit, auf sie zu schießen.

Inzwischen war es Mitternacht geworden. Vor Erregung blieb der Schlaf aus. Ich rief den Koch und sagte: «Wir haben Hunger. Sorg dafür, daß etwas auf den Tisch kommt.»

Der Koch, schon vor dem Krieg als guter Koch in einem vornehmen Hotel in Barcelona bekannt, antwortete: «Das werde ich. Aber erlauben Sie vorher eine Bemerkung! Ein Deutscher sind Sie nicht.»

«Red keinen Unsinn. Was sollte ich sonst sein?»

«Ein Kamerad, Señor. Eigentlich ein guter Spanier.»

«Mach keine Witze. Ich bin so deutsch, wie du spanisch bist. Aber wenn ich jetzt vor die Wahl gestellt würde, mich für das eine oder andere zu entscheiden, würde mir die Wahl schwerfallen. Trotzdem gut zu wissen, daß ihr mich als einen der Euren betrachtet.» Damit waren die Zungen gelöst. Alle brachten ihre Zustimmung zum Ausdruck. Keiner sah in der Rettung der Mädchen einen Verrat.

Zwei Tage später bestellte mich der Divisionsgeneral in sein Quartier. Bei einem Essen, im Beisein seiner Frau, brachte er das Gespräch auf den Krach mit dem Brigadeführer. «Zwei Dinge habe ich dir noch zu sagen. Erstens: Ich muß dich rügen. Du hast das Überlaufen von zwei Frauen veranlaßt.»

«Es waren Kinder», unterbrach ich.

«Zweitens erinnere ich dich, daß du Befehle deines Brigadeführers auszuführen hast.» Nachdem er seinen Becher Wein geleert hatte, fügte er hinzu: «Und noch etwas. Wenn ich für charaktervolles Verhalten Orden verleihen könnte, würde ich dir jetzt einen an die Brust heften.» Die Hand seiner Frau berührend, ergänzte er: «Was du gemacht hast, war richtig. Und nimm zur Kenntnis, daß du in mir einen General und einen Freund hast. Jedenfalls solange, wie du deinem Charakter treu bleibst und deine Aufgaben erfüllst...»

Als ich meinem Stab Auskunft über das Gespräch mit dem General gab, sagte der Kommissar: «Ich habe del Barrio schon vor dem Krieg

gekannt. Er war immer einer der Besten. Damals als Gewerkschaftsführer, heute als General...»

Aus anderem Holz war General Campesino geschnitzt. Durch ein
Mißgeschick machte ich seine Bekanntschaft. Wie del Barrio war auch
er kein Berufsoffizier. Er kam aus der Arbeiterklasse. Von Beruf Stein-
metz. Jedenfalls von der Sorte, die im Klassenkampf Autorität erworben hatte. Gleich in den ersten Tagen des Putsches organisierte er in
Madrid eine kommunistische Division, die durch Draufgängertum Erfolg und Ruhm erwarb. Das ging so weit, daß seine Soldaten, wenn sie
befragt wurden, welcher Division sie angehörten, nicht die korrekte
Bezeichnung nannten, nämlich 46. Division, sondern mit «El Campesino» antworteten. Und keiner seiner Gefolgsleute hätte je auf Befehle
eines anderen Generals gehört. Campesino – sein richtiger Name war
Valentin González – herrschte mit uneingeschränkter Autorität. Er tat
nur, was er für richtig hielt. Das führte schon während des Krieges zu
Differenzen mit den übergeordneten Instanzen. Da er erfolgreich war,
ließen sie ihn gewähren. Sein Nimbus war unanfechtbar. Egal, ob er
Siege oder Niederlagen verzeichnete, Campesino blieb immer der
Größte.

Ich traf ihn zu der Zeit, als der Aragón verlorenging und Francos
Legionen Lérida bedrohten. Von meinem neuen Brigadechef, der ein
ausgezeichneter Mann war, hatte ich Befehl erhalten, den Segre südlich
von Lérida zu überqueren, um die vorrückenden Faschisten anzugreifen. Wenn möglich, sollte mein Bataillon die Straße Saragossa–Lérida
unterbrechen und die Ortschaft Alcaraz stürmen.

Der erste Versuch scheiterte. Das westliche Ufer war schon besetzt.
Und der Segre an dieser Stelle zu tief. Viele Soldaten wollten nicht ins
Wasser. Auch der Zeitpunkt war ungünstig. Die Sonne blendete, dem
Gegner stand sie im Rücken. Kurz entschlossen brach ich weitere Ver-
suche ab. Um aber meinen Auftrag zu erfüllen, ließ ich das Bataillon
auf der östlichen Seite nach Lérida marschieren, um die Brücke zu
überschreiten. Auf dem westlichen Ufer sollte dann der Vorstoß nach
Alcaraz erfolgen.

Als mein Bataillon die Brücke gegen 18 Uhr erreichte, lag diese, mit
Dynamit bestückt, schon unter Artilleriebeschuß. Die Posten, die die

Brücke bewachten, warnten vor dem Betreten. Ein einziger Treffer genüge, um sie in tausend Stücke zerbersten zu lassen. Meine Leute hatten Angst, die Brücke zu betreten. Aber ich gab nicht nach. Sie mußten auf die andere Seite.

Am Ende der Brücke, die in eine Straßenkreuzung mit hohen Gebäuden mündete, wurde ich von einem General empfangen, der unbekümmert um die Artillerieeinschläge seinen Offizieren Befehle zurief. Zufrieden über das Eintreffen eines intakten Bataillons gab er mir sofort den Auftrag, die Höhen am Nordausgang der Stadt, zu beiden Seiten der Straße nach Monzón, anzugreifen.

Der General, den ich an seinem Spitzbart als El Campesino erkannte, erwartete widerspruchslose Unterordnung. Aber dazu war ich nicht bereit. Bevor ich ihm überhaupt antwortete, gab ich Rodríguez die Weisung, das Bataillon in die südlich abzweigende Straße zu führen, damit es vor Artillerieeinschlägen besser geschützt sei. Sofort herrschte ihn der General an: «Nichts da! Ihr marschiert», mit der Hand in die westliche Richtung weisend, «da lang. Meine Offiziere werden euch den Weg weisen.»

Ich wiederholte meinen Auftrag an Rodríguez. Nachdem sich das Bataillon in Bewegung gesetzt hatte, sagte ich: «General, ich unterstehe nicht Ihrem Kommando. Mein Auftrag lautet, Alcaraz zu stürmen. Solange ich vom Chef der 123. Brigade keinen anderen Befehl erhalte, bleibt es dabei.»

Der General tobte. Es fehlte nicht viel, und er hätte mir ins Gesicht geschlagen. «Ich scheiß auf die Befehle deines Chefs!» Das war noch das harmloseste. Gefährlicher als alle Flüche und Beschimpfungen, die er ausstieß, war die Drohung: «Hier bin ich Befehlshaber. Und wer sich weigert, meinen Weisungen zu folgen, den laß ich an die Wand stellen. Also wag es nicht, Knabe, dich zu widersetzen, sonst bist du die längste Zeit Kommandant gewesen.» Und so prasselte es noch eine Weile auf mich nieder. Wohl war mir dabei nicht. Um den General herum standen Burschen, die ganz nach seinem Vorbild geprägt waren.

Ich sagte schließlich: «General, ich werde Ihren Befehlen gehorchen, wenn ich vorher mit meinem Chef gesprochen habe. Also geben Sie mir Gelegenheit, mit dem Stab der 27. Division zu telefonieren.

Außerdem müssen wir das Gespräch nicht auf der Straße fortsetzen, wo uns jeden Augenblick ein Ziegel auf den Kopf fallen kann.»

«Scheiß dir nicht in die Hose!» Nach Luft ringend, an seinem Bart reißend, schrie er mich wieder an: «Komm mit! Wär ja gelacht, wenn ich mit einer Laus nicht fertig werde.» Bevor ich ihm folgte, bat ich meinen Adjutanten: «Sag Rodríguez, daß er in jedem Fall auf meine Rückkehr wartet. Wenn nötig, muß er sich mit Gewalt widersetzen.»

Der große Campesino – was zu deutsch «Bauer» heißt – führte mich in das unweit gelegene Bankgebäude, wo sich der Stab der 46. Division einquartiert hatte. Es ging die Treppe hinunter, in den riesigen Tresorraum, der sicheren Schutz gegen Einschläge bot. An einem großen Tisch aus Stahl – wie alles andere in diesem Raum – saßen Offiziere und Ordonnanzen. Bis auf zwei sprangen alle auf. Keiner wagte zu sprechen. Auf dem Tisch standen zahlreiche Flaschen und Lebensmittel. Mein erster Eindruck: An Essen mangelt es hier nicht. Zu solchen Betrachtungen aber blieb keine Zeit. Der General tobte noch immer und gab dem Telefonisten keine Weisung, die Verbindung zur 27. Division herzustellen. Außer Atem, nicht wissend, was er mir noch an den Kopf werfen könnte, brach sein Wutausbruch plötzlich ab. Noch einen schlimmen Fluch ausstoßend, ließ er sich in einen Sessel fallen.

Mir blieb keine Wahl. Ich wiederholte das Gesagte und bat um eine Verbindung. Ohne Erfolg. Als Campesino wieder zu schreien begann, erhob sich einer der Offiziere, die sitzen geblieben waren, und sagte gelassen: «Genosse General, der Kommandant ist im Recht. Lassen Sie ihn telefonieren.» Sein Spanisch war mangelhaft. Danach wechselte er auf russisch ein paar Worte mit dem zweiten Mann, der sitzen geblieben war. Dieser erhob sich und sagte zu Campesino: «Der Major ist Ihnen nicht unterstellt. Er tut nur, was auch Sie von Ihren Offizieren verlangen.» Ohne auf Antwort zu warten, befahl er dem Telefonisten: «Stell die Verbindung zur 27. Division her.» Er sprach ein gutes Spanisch.

Es dauerte keine Minute, bis die Verbindung hergestellt war. Mein Brigadechef war zufällig im Divisionsstab. Nach kurzem Wortwechsel kam del Barrio selbst an den Apparat und sagte ohne Umschweife: «Setz dein Bataillon in Marsch. Alcaraz ist nicht mehr wichtig. Bei

Valfogona sind die Faschisten über den Segre gekommen. Dort wird die 123. Brigade morgen früh angreifen. Wir müssen den Einbruch wieder ausbügeln. Und jetzt gib den Apparat an Campesino weiter, damit ich ihm sagen kann, was wir mit deinem Bataillon vorhaben. Noch etwas. Komm sofort nach Mollerrusa. Da wartet ein neuer Kommissar auf dich.»

Das Gespräch zwischen Campesino und del Barrio mag zwei Minuten gedauert haben. Es war mit Beleidigungen und Flüchen gespickt. Beide blieben sich offenbar nichts schuldig. Danach warf Campesino den Hörer auf den Tisch und schrie: «Raus! Raus! Du Hundesohn!» Und mit einem Fluch jagte er mich hinaus. Hätte nicht der sowjetische Berater neben mir gestanden, wäre mir bestimmt ein kräftiger Fußtritt verpaßt worden.

Die Nacht ging ohne Schlaf zu Ende. Der Angriff auf den Brückenkopf mußte vorbereitet werden. Mancilla, so hieß der neue Kommissar, war gerade aus dem Krankenhaus an die Front zurückgekehrt. Seine Verwundung an der linken Schulter war noch nicht ganz ausgeheilt. Trotzdem kam er zurück. Richtig kennenlernen konnte ich ihn nicht. Er fiel beim ersten Ansturm gegen zehn Uhr morgens und war sofort tot. Ein Herzschuß machte seinem Leben ein Ende. Aus dem geöffneten Mund strömte sein Blut in den Sand. Sagen konnte er nichts mehr. Da er einer der bekanntesten Jugendfunktionäre in Katalonien war, wurde Mancilla mit einem Staatsbegräbnis in Barcelona beigesetzt.

José del Barrio war am Nachmittag selbst in die vorderste Linie gekommen, um den toten Jugendführer von seinen Leuten abholen zu lassen. Der Verlust eines Sohnes hätte ihn nicht schmerzlicher treffen können.

Aber für Sentimentalitäten blieb keine Zeit. Er gab mir noch Hinweise für das weitere Vorgehen und zog sich wieder zurück. Am nächsten Tag gelang es, die Faschisten über den Segre zurückzuwerfen. Natürlich blieb es nicht beim Verlust von Mancilla. Die anderen Toten kamen alle in ein Massengrab. So wie das die Regel war. Lérida wurde an diesem Tag aufgegeben. Die alte Steinbrücke versank im Segre. Alle Flüche des wilden Generals Campesino konnten die Stadt nicht retten.

Der Absturz

Am 25. Juli 1938 begann die Schlacht am Ebro. Sie sollte den Beweis erbringen, daß die republikanischen Streitkräfte noch nicht geschlagen waren. Unter Einsatz aller Reserven bezwangen sie im Raum von Fagón bis Cherta-Tivenya den majestätischen Fluß, stürmten bis Gandesa vor und bereiteten Franco eine Niederlage. Der hart erkämpfte Erfolg ließ die Welt noch einmal aufhorchen. Manche knüpften an diesen Erfolg die Hoffnung auf einen Kompromißfrieden.

Wie aussichtslos solche Spekulationen waren, sollte sich bald erweisen. Und wie die Volksfrontregierung die Perspektiven einschätzte, machte das Angebot Negríns an den Völkerbund deutlich. Am 21. September erklärte er in Genf auf der Plenartagung des Völkerbundes, dem Deutschland und Italien nicht mehr angehörten, daß die von ihm repräsentierte Regierung im nationalen Interesse Spaniens alle ausländischen Kriegsteilnehmer, auch jene mit spanischer Staatsbürgerschaft, aus der Armee zurückziehen und ins Ausland abschieben werde. Um zu beweisen, wie ernst es ihm damit war, forderte er den Völkerbund auf, sofort eine Kommission zur Überwachung des Abzuges nach Barcelona zu entsenden. Nicht genug damit. Obwohl Franco am Ebro zur Gegenoffensive, der größten während des ganzen Krieges, übergegangen war, ließ er am 23. September die Internationalen Freiwilligen zurückziehen und unweit der französischen Grenze zwecks Ausreise sammeln. Anfang November verließen dann alle nationalen Gruppen, die in ihre Länder heimkehren konnten, Spanien.

Von den geheimen Verhandlungen, die schon am 27. Juni, also vier Wochen vor Beginn der Ebro-Offensive, im Nichtinterventionskomitee in London geführt worden waren, wußten wir an der Front nichts.

Wäre ich im Juli, bei der Ablösung des Thälmann-Bataillons vor Gandesa, von meinen Soldaten befragt worden, ob der Krieg noch einen Sinn hätte, so wäre meine Antwort mit Sicherheit gewesen: «Woher soll ich das wissen? Als Soldaten müssen wir gehorchen.»

Als ich mein Bataillon am 28. Juli an Corbera vorbeiführte, war mir längst bewußt, daß der Krieg verloren ist. Auf jeden Sieg folgten Rückschläge, die nicht aufzuwiegen waren. Daß die Ebro-Schlacht anders enden würde, war nicht zu erwarten.

In der ersten Hälfte des Krieges lag Corbera weit im Hinterland. Erst im Frühjahr wurde der Ort aufgegeben. Die Hälfte der Einwohner flüchtete vor Francos Legionen. Als die Volksarmee im Sommer zurückkam, flüchtete die andere Hälfte. Und da war dieser alte Ort ohne Menschen. Auch das Vieh wurde mitgenommen. Die Häuser, wie durch ein Wunder kaum zerstört, boten mit den offenen Türen ein desolates Bild. Und weil das immer so war, wenn Städte oder Dörfer aufgegeben wurden, berührte das niemand. Auch mich nicht. Über das Schicksal der Menschen, die ihre Habe zeitweise oder für immer verloren hatten, wurde nicht nachgedacht.

Das verkümmerte Mitgefühl wurde aber wieder einmal empfindlich gestört. Durch eine Frau und deren Tochter. Die Guardia Civil hatte wenige Tage zuvor ihren Mann erschossen. Er hatte nicht gegen die Republik kämpfen wollen. Und nur deshalb war die Frau zurückgeblieben, als die «Roten» noch einmal über den Ebro kamen. Der Schmerz über den Verlust des Mannes war groß. Beinahe Schlimmeres erlebte sie aber, als ich mich mit meinem Bataillon vor Gandesa einrichtete. In dieser Nacht wurde ihre Tochter vergewaltigt. Und die Mutter, weil sie die Vergewaltigung verhindern wollte, zusammengeschlagen.

Dem Wahnsinn nahe, fand man die beklagenswerte Frau am nächsten Morgen am Bett ihrer bewußtlosen Tochter. Mein Proviantoffizier, der das Dorf durchsuchte, hatte sie entdeckt. Gefunden wurde auch der Übeltäter. In einem anderen Haus. Bis zur Bewußtlosigkeit betrunken. Seine Identität konnte nicht festgestellt werden. Aber ein Angehöriger der Volksarmee war er mit Sicherheit nicht. Ob er zu den Legionären gehörte, war auch nicht auszumachen. Wahrscheinlich war er nur einer der kriminellen Verbrecher, die während des Krieges, hier wie dort, ihre Existenz mit Plünderungen und anderen Gaunereien fristeten. Plünderungen und Vergewaltigungen wurden in schweren Fällen mit dem Tode bestraft.

Mir war übel zumute, wenn es um derartige Entscheidungen ging. Jemand an die Wand zu stellen ist etwas ganz anderes, als wenn es im Kampf um Leben und Tod geht. Aber ich mußte meine Zustimmung geben. Egal, ob mir das gefiel oder nicht. Bevor ich den Befehl gab, sprach ich mit Mutter und Tochter und versuchte, sie zu trösten. Meine Mühe war vergeblich.

Der Verbrecher zeigte keine Reue. Wieder nüchtern, begegnete er mir nur mit Zynismus. Auf Vorhaltungen antwortete er: «Habt euch nicht so. Ihr bringt doch auch Menschen um. Was zählt da schon ein Mädchen.»

Wie immer ich entschieden hätte, meine Soldaten forderten den Tod. Nicht nur, weil sie solche Verbrechen verurteilten. Sie wußten, daß vergewaltigte Mädchen keine Chance mehr hatten, eine normale Ehe einzugehen, und zudem auch noch gemieden wurden. Damals heiratete ein richtiger Spanier nur ein unberührtes Mädchen. Selbst dann, wenn er während der Brautzeit Bordelle aufsuchte. Inzwischen hat sich diese Scheinmoral gründlich geändert.

Nach Rückkehr in die sowjetische Besatzungszone stieß ich oft auf Verständnislosigkeit, wenn ich erzählte, wie in Spanien Vergewaltigungen geahndet wurden. Meist bekam ich zu hören: «Dann hättest du zwischen Warschau und Berlin hunderttausend Soldaten erschießen müssen.»

Daß man den Anfängen wehren müsse, davon konnte ich niemand überzeugen. Schon deshalb nicht, weil das Thema Vergewaltigung tabu war. Wer daran rührte, galt als Verleumder der Sieger.

Von Corbera bis Gandesa war es nicht mehr weit. Meine Gedanken waren mit den bevorstehenden Aufgaben ausgefüllt. Und ich hörte die schlurfenden Marschgeräusche meiner Soldaten, die unter der Last der Waffen Flüche ausstießen, ohne Begeisterung marschierten. Artilleriegeschosse gurgelten über uns hinweg. Und da, wohin wir marschierten, krepierten Granaten, die das Dunkel der Nacht ausleuchteten.

Auf halbem Wege ließ ich halten. Die Kompanien mußten ausruhen. Der spanische Adjutant wurde beauftragt, in einer halben Stunde mit dem Bataillon zu folgen. Ich ging mit den Kompanieführern, meinem Schweizer Adjutanten Sepp, dem Arzt und den Meldern weiter. Der Kommissar blieb beim Bataillon.

Unweit wartete ein Verbindungsoffizier. Er führte uns von der Straße weg, um dem Artilleriefeuer auszuweichen. Bis zum Kommandostand des Thälmann-Bataillons waren es nur noch Minuten.

Der Kommandant des Thälmann-Bataillons übergab die Stellung in großer Eile. Es war nicht mehr der alte, den ich noch vom Jarama und Guadalajara in Erinnerung hatte. Auch von den Offizieren kannte ich niemand mehr. Und die Soldaten waren zumeist Spanier. Wenn die Verluste nicht mit Spaniern ersetzt worden wären, hätte es schon längst keine Internationalen Brigaden mehr gegeben.

Vor einem Jahr, als ich mein Bataillon in der 27. Division übernahm, zählte es noch durchweg Katalanen. Darunter Kommunisten, Sozialisten, Gewerkschafter. 1938 bestand nur noch die erste Kompanie aus Katalanen. Zumeist waren es Mobilisierte, die nicht freiwillig an die Front gekommen waren. Die zweite Kompanie bestand aus Basken. Nach dem Verlust der Nordfront, Herbst 1937, kamen sie über Frankreich an die Ostfront zurück. Nationalisten, Katholiken, Studenten, Söhne aus dem Mittelstand. Die wenigsten waren Kommunisten oder Sozialisten. Sie kämpften für die Republik, weil ihnen Franco das Recht auf nationale Selbstverwaltung verweigerte. Sogar ihre Sprache war verboten. Die dritte Kompanie formierte sich aus andalusischen Bauern. Unter ihnen viele Analphabeten. Ihre militärische Ausbildung war völlig unzulänglich. Ich wollte sie auf die anderen Kompanien aufteilen. Der Kommissar riet aber ab. Und er hatte recht. In den anderen Kompanien wäre es ihnen wie den Sachsen ergangen, die unter waschechten Berlinern nur schwer heimisch werden. Die vierte Kompanie bestand aus den Anarchisten, die ich in Barcelona übernommen hatte. Fanatische junge Leute. Was Disziplin und Verläßlichkeit betraf, standen sie den anderen in nichts nach. Ihr Kompanieführer war sogar ein ganz hervorragender Offizier.

Bei Kerzenlicht, in einem verwahrlosten Schuppen, erklärte der

Kommandant des Thälmann-Bataillons den Frontverlauf. Vom Unterstand bis zur vordersten Linie waren es etwa zweihundert Meter. Gegen feindliches Feuer bot der Schuppen keinerlei Schutz. Der Kommandant sagte: «Wir sind fertig. Wie wir die Verluste wieder auffüllen sollen, das weiß keiner. Die Perspektiven sind beschissen...»

Wie erschöpft seine Soldaten waren, zeigte sich bei der Übergabe der Gräben. Die gesamte Stellung war nur ein Provisorium. Kaum metertiefe Gräben. Um den Gegenschlägen standzuhalten, mußten sie tiefer ausgehoben werden. Dazu bedurfte es Zeit und Kraft. Beides fehlte den Bataillonen, die den Ebro bezwungen und sich bis Gandesa durchgekämpft hatten.

Meine Soldaten waren ausgeruht. Die ersten Tage lagen wir in Reserve. Außer Essen, Trinken, Waffenputzen spielte sich nicht viel ab. Es herrschte natürlich eine gewisse Unruhe. Das war immer so, wenn auf den Einsatz gewartet wurde. Und daß es dazu kommen würde, stand außer Zweifel. Aber für Abwechslung war gesorgt. Jagdflieger und Bomber, die ihre Lasten abwarfen, sorgten für Aufregung. Man schrie hurra, wenn feindliche Maschinen abgeschossen wurden. Gingen Bomben nieder, schrien nur noch die Verletzten. Aber sonst war die Moral gut. Die Niederlage, die den Faschisten zugefügt worden war, hatte viel dazu beigetragen.

Auch ich hatte in der Reserve nie richtig Ruhe. Das Warten strapazierte meine Nerven nicht weniger als der Einsatz selbst.

Die übernommenen Gräben vor Gandesa lagen dicht vor den faschistischen Stellungen. In ruhigen Stunden hörten wir die Kommandos auf der anderen Seite. An den Erdwällen, den aufgestellten spanischen Reitern, war zu erkennen, daß sie schon gut ausgebaut waren.

Zu beiden Seiten der Straße, die von Gandesa an Corbera vorbei nach Mora la Nueva bis Tarragona führt, setzte ich die erste und zweite Kompanie ein. Katalanen und Basken hielt ich für besonders zuverlässig. Die einen kämpften für ihre katalanische Heimat, die anderen für die Zurückgewinnung des verlorengegangenen Baskenlandes. Die Andalusier übernahmen den Mittelabschnitt. Genau vor Gandesa. Den Anarchisten teilte ich den linken Flügel zu. Einen Hügel, der ohne Anschluß an die Nachbareinheit blieb. Die Ebene bis zur ersten Höhe des Pandolgebirges war unbesetzt. Von allen Seiten einzusehen. Nur nachts wurden Posten ausgeschickt, damit die Flanke nicht unkontrolliert passiert werden konnte. Die fünfte Kompanie mit den schweren Maschinengewehren wurde aufgeteilt. Je zwei gingen links und rechts zur Straße in Stellung. Zwei unterstützten die Andalusier. Weitere zwei richteten sich auf dem Hügel der Anarchisten ein. Die restlichen vier besetzten die Höhe hinter meinem Abschnitt, der insgesamt fünfhundert Meter breit war. Als Reserve, falls die Gräben überrannt würden.

Das war schon gegen den Befehl des Brigadeführers. Er hatte angeordnet, alles in den vorgeschobenen Stellungen einzusetzen. Sie müßten um jeden Preis gehalten werden.

Ein guter Befehl war das nicht. Aber ich mußte mich daran halten. Der Brigadeführer wollte mich sogar zwingen, die vier rückwärtigen Maschinengewehre noch in die Gräben vorzuziehen. Um Reserven hätte ich mich nicht zu kümmern.

Der als Gefechtsstand übernommene Geräteschuppen diente als Nachtlager. Drei Wochen lang. Bis Franco am 3. September zum Gegenschlag ausholte. Tagsüber saß oder lag ich mit Vorliebe unter einem Feigenbaum. Rundum von schwer tragenden Reben umgeben.

Obwohl der Schuppen keinen Schutz bot, erwies er sich als nützlich. In der Mitte des Abschnittes gelegen, ermöglichte er unmittelbaren Kontakt zu allen Kompanien. Das war wichtig. Die Soldaten mußten wissen, daß der Kommandant unter ihnen ist.

Nach einer heißen Nacht folgten zwei Tage relativer Ruhe. Beide Seiten hatten sie nötig. Meine Kompanien bauten ihre Gräben aus, die andere Seite verhielt sich passiv. Niemand wußte, wie lange die Ruhe vorhalten würde.

Ruhe ist ein falscher Begriff. Auch wenn nicht ununterbrochen geschossen oder gestürmt wird, kommt niemand zur Ruhe. Die Soldaten schon gar nicht. Ruhestunden sind die quälendsten. Immer darauf warten, daß es losgeht, die nächste Granate einschlägt, ewiger Dreck und Ungeziefer, ausbleibende Hygiene, das alles läßt sich mit Ruhe nicht vereinbaren. Und was können Soldaten schon mit der Ruhe in ihren Gräben anfangen? Verlassen dürfen sie die Stellung nicht. Sie spielen Karten, wenn sie welche haben, schreiben gelegentlich Briefe, wenn Papier und Schreibzeug vorhanden sind, was selten genug der Fall war. Und oft fehlte auch jede Lust dazu. Und alle, auch die Offiziere, kämpften gegen die Läuse, so vergeblich das auch war. Auf hundert zerdrückte kamen am nächsten Tag zweihundert quicklebendige, die die Haut zerfraßen. Und was diese Ungeheuer nicht zerbissen, das besorgte der Soldat durch ewiges Kratzen.

Mein Kommissar und ich selbst nahmen diese Situation nicht einfach hin. Wir bemühten uns, die Zeit nicht nur mit Dahindösen oder Schlafen zu vertun. Für die andalusischen Analphabeten organisierte der Kommissar einen regelrechten Unterricht, um ihnen das Lesen und Schreiben beizubringen. Selbst noch vor Gandesa, wo doch jeder wußte, wie wenig Zeit wohl jedem von uns noch bleiben würde. Und für alle wurden Zeitungen und Bücher herangeschleppt, um die Gespräche zu beleben.

In den Nächten wurden die Toten begraben, Reden gehalten, das Versprechen gegeben, die Toten zu rächen. Immer lag beides beieinander. Der Wille, das Leben bis zur letzten Minute zu nutzen, und die Bereitschaft, es jederzeit hinzugeben. Keiner konnte sich ausschließen. Im Gegenteil. Wer nicht von selbst zum Kollektiv fand, wurde von ihm mitgerissen. Wahrscheinlich entwickelt sich wirklicher Kollektivgeist nirgends stärker als in solchen Gemeinschaften, in denen überlebt oder gestorben wird. So jedenfalls ist die Wirklichkeit.

Ich fragte mich oft, ob es denn noch sinnvoll sei, die Bauernjungen mit dem Alphabet zu traktieren, wissend, daß viele Gandesa nicht überleben würden. Aber wie dankbar waren die Jungs, wenn sie Briefe oder Zeitungen buchstabieren konnten. Wer von ihnen nicht schon gegen Franco war, wurde es, als er zu lesen und schreiben begann.

Es war der dritte Tag, als die Luftkämpfe über dem Ebro an Heftigkeit zunahmen. Deutsche Geschwader bombardierten im Sturzflug die Pontonbrücken, die für den Nachschub entscheidend waren. Volltreffer machten deutlich, daß gute Piloten das Steuer führten. An Zahl waren sie immer überlegen. Aber die Deutschen hatten die Rechnung ohne die sowjetischen Moscas gemacht. Sobald sie in den Kampf eingriffen, mußten die Kondor-Legionäre Federn lassen. In der Regel drehten sie ab, wenn Moscas in Sicht kamen. Stellten sie sich aber dem Kampf, kamen fast immer zwei abgestürzte Maschinen auf eine der Volksarmee. Das war nicht nur dem Mut der republikanischen Piloten zu danken. Die sowjetischen Maschinen waren zu dieser Zeit schneller und mit mehr Feuerkraft ausgestattet als die deutschen.

Beim Frühstück schrie plötzlich einer: «He, seht mal, was da kommt.» Und als alle aufsahen bekamen sie sogleich einen Schreck. Ein Kampfflugzeug raste direkt auf uns zu, ging aber noch vor uns nieder. Nach ein paar Sprüngen kam es zum Stehen. Die andere Seite hatte das auch beobachtet. Die gesamte Front kam plötzlich zur Ruhe. Es war eine deutsche Maschine, die niedergegangen war. Ein paar Minuten zu früh, um noch die andere Seite zu erreichen.

In der Annahme, daß die unsanft gelandete Maschine in Flammen aufgehen würde, sprang der Pilot heraus, suchte das Weite und wartete. Da nichts passierte, näherte er sich wieder, hockte sich im Schatten eines Flügels nieder und wartete auf Hilfe. Er glaubte, seine angeschossene Maschine auf der richtigen Seite niedergebracht zu haben. Eine Zigarette anzündend, gab er sich seinem Glück hin. Und Glück hatte er gehabt. Daß er zu früh niedergegangen war, davon ahnte er noch nichts.

Beim Eintreffen meiner Soldaten bekam der junge Mann einen Schreck. Wahrscheinlich einen größeren als zuvor in den Wolken beim Aussetzen seines Motors. Da der Pilot kein Spanisch sprach, die Soldaten seine Sprache nicht verstanden, machten sie kurzen Prozeß. Mit Pistolen im Rücken trieben sie den Gefangenen zum Gefechtsstand. Natürlich vermuteten sie in ihm einen Deutschen. Am liebsten würden sie ihn auf der Stelle erschießen. Noch ein Jahr zuvor hätte der junge Mann kaum eine Chance gehabt.

In der Annahme, daß ihn niemand verstehe, fluchte er vor sich hin: «Scheiße! Ausgerechnet mir muß das passieren. Macht, was ihr wollt, ihr Schweine. Erschießt mich schon!»

Da niemand antwortete, setzte er sich resigniert auf das unter dem Feigenbaum stehende Feldbett. Fügte wie zu sich selbst hinzu: «Sauerei, daß der Krieg für mich so schnell zu Ende geht!»

Ihm auf die Schulter tippend, sagte ich: «Das ist mein Feldbett. Sofort aufstehen, sonst werden dir meine Soldaten behilflich sein. Also hoch!» Wie von der Tarantel gestochen sprang er auf. Nicht wegen der Drohung. Die Tatsache, daß ein Deutscher mit ihm sprach, hatte ihn erschüttert. Ich fuhr fort: «Wenn du sitzen willst, mußt du schon um Erlaubnis bitten. Nicht einmal meine Jungs würden es wagen, einfach auf meinem Lager Platz zu nehmen. Also, was ist? Willst du dich setzen?»

«Ich bitte darum», antwortete er, am ganzen Körper zitternd.

«Dann komm und hör auf zu flattern. Da an unserem Frühstückstisch kannst du Platz nehmen.»

Als wir uns gegenübersaßen, fragte ich: «Hast du Durst?»

Er nickte.

Mit seinen blauen Augen unter dem kurzgeschnittenen Haarschopf sah er mich ängstlich an. Nach nochmaliger Aufforderung trank er den von einer Ordonnanz eingeschenkten Becher mit einem Zug aus. Als er sich mit dem Handrücken den Mund wischte, reichte ich ihm eine amerikanische Zigarette und steckte mir selbst eine an.

Auch ich betrachtete den Hitlerjungen mit Neugier. Er war der erste, der mir von der anderen Seite begegnete. Die weiße Kombination mit blitzenden Reißverschlüssen war tadellos. Überhaupt deutsch vom Scheitel bis zur Sohle. Das Gesicht noch bartlos. Und, wie ich noch erfahren sollte, ganze zwanzig Jahre jung.

Bevor er auf meine Fragen antwortete, zog der junge Mann aus seiner Brusttasche eine Schachtel Attika und fragte: «Darf ich sie Ihnen schenken?» Fügte hinzu: «Sie haben bestimmt schon lange keine deutsche Zigarette geraucht.»

«So ist es. Aber ich rauche deshalb nicht schlechter. Im übrigen hast du keinen Grund, dein Schicksal zu verfluchen. Du hast das größte Glück gehabt, das man haben kann. Die Maschine hätte zerschellen können. Dann wäre nicht einmal Zeit geblieben, uns zu verfluchen.»

Beschämt antwortete er: «Entschuldigen Sie. Ich war überzeugt, sofort umgebracht zu werden.«

«Und wieso?»

Auf den Tisch blickend, antwortete er: «Wir haben den Befehl, uns nicht gefangennehmen zu lassen. Man hat uns gesagt, wir würden gefoltert und erschossen. Deshalb lieber abstürzen, lautet der Befehl.» Nach einer kurzen Pause fuhr er fort: «Als meine Maschine aufsetzte, glaubte ich, es noch geschafft zu haben. Und ich war stolz darauf. Wahrscheinlich wäre ich dafür ausgezeichnet worden.»

«Wie schade für dich. Und zum Erschießen bist du wohl nicht mehr gekommen, als dich meine Leute aufscheuchten?»

«Nein», antwortete er verlegen.

«Hättest du dich denn erschossen, wenn Zeit geblieben wäre?»

Zögernder als zuvor kam seine Antwort. Mir wieder in die Augen blickend: «Nein, ich möchte nicht sterben.»

«Das ist vernünftig», entgegnete ich. Fügte dann hinzu: «Gib mir jetzt deine Pistole, die du in der rechten Tasche trägst. Und sag mir Namen und Rang.»

Den Verschluß aufziehend, holte er eine tadellos geputzte Pistole heraus, die einem Spielzeug glich, reichte sie mir mit dem Griff und sagte: «Es war mein erster Einsatz. Ich hoffte, daß es nicht der letzte ist... Willar ist mein Name, und ich bin Leutnant.»

«Also Leutnant Willar, du hättest ganz gerne noch ein paar Rote abgeschossen?»

«Dafür wurde ich ausgebildet.»

«Und wo?»

«Auf Sylt. Als Auszeichnung wurde ich in die Kondorlegion aufgenommen. Nicht einmal meine Eltern durften erfahren, daß ich nach Spanien abkommandiert wurde.»

«Mußtest du, oder bist du freiwillig gegangen?»

«Ich bekam den Auftrag. Ob ich ihn freiwillig annehme, danach wurde nicht gefragt. Aber ich war stolz darauf.»

«Und jetzt bist du traurig, weil du keine Gelegenheit mehr hast, deinen Mut unter Beweis zu stellen? Sag mal, macht es eigentlich Spaß, andere Piloten, die du als ‹Rote› bezeichnest, abzuschießen? Von oben zuzusehen, wie sie in ihren Maschinen verbrennen oder am Boden zerschellen? Bekanntlich bleibt es nicht dabei, nur andere abzuschießen. Es kann auch umgekehrt passieren.»

«Damit muß man rechnen. Spaß macht es natürlich nicht. Jeder rechnet damit, daß es ihm selbst widerfahren kann. Aber Abschüsse sind eine große Sache.»

«Das mag schon sein. Unsere Piloten werden das auch so empfinden. Nur unterscheiden sie sich in einem prinzipiellen Punkt. Sie kämpfen für ihr Land. Gegen euch, die ihr als Eindringlinge kommt.»

«Erlauben Sie eine Bemerkung?»

«Sprich. Sag, was dich veranlaßt hat, gegen die Spanier zu kämpfen.»

«Ich möchte mich entschuldigen, weil ich Sie nicht mit Ihrem Rang anspreche. Der Uniform nach müßten Sie...» Und da stockte er.

«Der Kommandant sein», ergänzte ich. «Und so ist es. Der breite Goldstreifen an Mütze und Uniform zeigt, daß du mit einem Major der spanischen Volksarmee sprichst. Sind die Streifen rot, dann hast du es mit einem Kommissar zu tun. Der Mann neben dir, der dich angesprochen hat, ist einer. Und du wirst dich daran gewöhnen müssen, die Kommissare nicht weniger zu respektieren als die Offiziere. Wenn es dich also drängt, und deine Ausbildung zwingt dich wohl dazu, dann sprich mich mit Major an. Falls du Hunger hast, kannst du an unserem Frühstück teilnehmen. Aber bevor du zum Brot greifst, nimm folgendes zur Kenntnis: Erstens, hier wird nirgendwo gefoltert. Und Gefangene werden nicht erschossen. Oder wie das bei euch heißt, umgebracht. Als der Krieg von euren Generalen provoziert wurde, war das in den ersten Monaten leider oft der Fall. Nur bei euch ist es noch immer so. Wir wissen das aus zahlreichen Berichten, und eure Generale machen ja auch keinen Hehl daraus. Zweitens: Für dich ist der Krieg aus. Dafür solltest du deinem Schicksal dankbar sein. Drittens: Sobald du in ein Lager für Kriegsgefangene kommst, kannst du deinen Eltern schreiben. Jede Mutter freut sich zu erfahren, daß ihr Sohn überlebt hat. Und viertens, unsere Dienststellen werden Auskünfte fordern. Gib sie. Sag die Wahrheit. Glaube nicht, daß du damit unehrenhaft handelst.»

Nach einer Stunde war der Brigadechef am Telefon und wollte wissen, was mit der niedergegangenen Maschine passiert sei. Ob der Pilot überlebt habe. Ich antwortete: «Ja, das hat er. Du wirst ihn bald selbst sprechen. Besorg dir einen Übersetzer. Er spricht nur Deutsch. Uns hat er schon erzählt, was er aussagen kann. Nicht viel, weil er erst kürzlich nach Spanien gekommen ist. Die Aussagen sind aber dennoch bemerkenswert. Er bestätigt, was wir ahnen. Franco bereitet eine gigantische Offensive vor. Und er kann die Standorte benennen, wo die Kondorlegion bereitsteht, wieviel Flugzeuge und Geschütze...»

Als ich den Piloten wegbringen ließ, gewann ich den Eindruck, daß der junge Mann beinahe bedauerte, nicht bei mir bleiben zu können. Ziemlich gerührt nahm er Abschied. Streng militärisch. Ganz deutsch. So, wie es ihm beigebracht worden war. Ich stieß ihn an und sagte: «Ein bißchen davon ist ganz gut. Aber so zackig muß man die Hacken hier nicht zusammenschlagen. Geh jetzt!»

Meine Kameraden, die nur wenig von dem Gespräch mitbekommen hatten, waren nach seinem Weggang zunächst still, aber durchweg beeindruckt. Einige meinten, ich sei zu schonend mit dem Piloten umgegangen. Nur der Bataillonsarzt, der vor Jahren in Heidelberg studiert hatte, Deutsch sprach und der Unterhaltung folgen konnte, sagte beim Mittagessen, als das Gespräch wieder auf den Piloten kam: «Ich wünschte, daß mit Gefangenen immer so umgegangen wird. Nur schade, daß die andere Seite nicht mithören konnte. Vielleicht würden sie dann auch Manieren annehmen.»

Ich antwortete: «Nein, lieber Doktor. Da irren Sie. Die betrachten uns als ‹Rote›, die man erschießen muß. Oder einfach totschlägt.» Der Arzt, ein Mann aus dem katalanischen Bürgertum, widersprach nicht.

Der Tag, man schrieb den 20. August 1938, ging ohne weitere Zwischenfälle zu Ende.

Die Schlacht am Ebro

Mitte August klopften die Franco-Truppen den Brückenkopf am Ebro auf Schwachstellen ab. Noch nicht vor Gandesa. Da blieb es zunächst ruhig. Um aber die bedrängten Bataillone zu entlasten, bekam ich zweimal den Befehl, die gegnerischen Stellungen anzugreifen. Einmal am späten Nachmittag. Das zweite Mal, als die Sonne am höchsten stand. Da der Brigadechef kein einziges Mal zu uns gekommen war, hatte er keine Vorstellung von den Schwierigkeiten solcher Versuche. Und gegen jede Gewohnheit gab er die Befehle ohne Rücksprache. Nur auf einem Fetzen Papier.

Ich las den ersten Befehl und gab ihn an meinen Kommissar. «Die müssen den Verstand verloren haben.» Der Kommissar, der sich sonst nicht in militärische Entscheidungen einmischte, erwiderte: «Ohne Panzer werden wir nichts bewirken. Wer die Stellung verläßt, wird abgeschossen. Du mußt Einspruch erheben.»

Im Brigadestab traf ich nur den Stabschef an. Der Brigadeführer war beim Divisionsgeneral. Meinen Einspruch ließ der Stabschef nicht gelten. Aber er bestätigte, was ich vermutet hatte. Es ginge um Entlastungsmanöver. Und er sagte mir auch, warum wir nicht mit Panzer- und Artillerieunterstützung rechnen könnten. Soweit die Division noch über Panzer und Kanonen verfüge, würden sie da eingesetzt, wo die Gefahren am größten seien. Viel stünde ohnehin nicht mehr bereit. Das Gros hätte sich schon über den Ebro zurückgezogen.

Bevor ich zurückging, sagte mir der Stabschef: «Der Befehl besagt nicht, daß du angreifen mußt. Es wird nicht mehr lange dauern, bis uns harte Tage beschert werden. Und dafür wirst du dringender gebraucht als für diese Manöver.»

Ende August wurden die Nächte unruhiger. Mit meinem Adjutanten beobachtete ich aus einem MG-Stand auf der rückwärtigen Höhe die Bereitstellung schwerer Waffen. Die Transportgeräusche waren nicht zu überhören. Alles deutete darauf hin, daß die Gegenoffensive bevorstand.

Ich war wütend, weil die Bereitstellung so gewaltiger Verbände nicht von unserer Artillerie gestört wurde. Verärgert rief ich den Stabschef an und fragte: «Warum unternehmt ihr nichts gegen die Konzentration hinter Gandesa? Kann denn die Artillerie nicht eingreifen?»

«Nichts wäre mir lieber. Aber Geschütze stehen nicht mehr zur Verfügung. Und wenn ich noch welche hätte, würde es an Munition mangeln. So ist das.»

«Scheiße!» schrie ich ins Telefon. «Sollen wir abwarten, bis sie uns in den Boden stampfen?»

«Nein», antwortete der Stabschef. «Bereitet euch vor. Es geht bald los. Unsere Befehle sind doch unmißverständlich.»

«Nichts ist verständlich», antwortete ich. Und zu meinem Adjutanten gewandt: «Komm! Ich muß wissen, was sich da zusammenbraut.»

Mit Freiwilligen, darunter erprobten Offizieren, stellte ich einen Stoßtrupp zusammen. Ich wollte einen Gefangenen machen. Lebend natürlich, damit er aussagen kann. Und um sicherzugehen, verstieß ich gegen jede Vorschrift. Ich übernahm die Führung selbst. Der Kommissar wollte das verhindern. Es sei unverantwortlich, wenn ich mich jetzt in Gefahr brächte. Es stünden genügend Offiziere zur Verfügung, die einer solchen Aufgabe gerecht würden. «Das ist richtig», antwortete ich. «Trotzdem. Diesmal muß ich selbst gehen. Sonst verliere ich die Nerven. Dabei bleibt es!»

Einem Zugführer der Anarchisten war es zu danken, daß wir unbemerkt ins Hinterland gelangten. An der Straße Gandesa–Valderrobles machten wir halt. Unweit davon mündete die Straße in Gandesa ein. In einem Weinfeld versteckt, lauerten wir auf das erstbeste Opfer. Irgendwann mußte ja jemand kommen.

Und so war es. Lautlos rollte eine Wagenkolonne mit abgeblendeten Lichtern nach Gandesa vorbei. Einen Augenblick spielte ich mit dem Gedanken, die Wagen anzugreifen. Verwarf ihn aber sogleich wieder.

Eine Schießerei würde sofort die ganze Front in Aufruhr versetzen. Vielleicht den Rückweg versperren. Danach verging eine halbe Stunde, bis zwei Fußgänger des Weges kamen. Ahnungslos liefen sie vor die Mündungen unserer Gewehre. Als sie merkten, daß es sich um «Rote» handelte, wollten sie flüchten. Einer zog noch die Waffe. Er wurde sofort niedergeschlagen. Der andere leicht verletzt. Mit einem Strick um den Hals mußte er mitkommen. Der Leutnant zischte ihn an und drohte: «Wenn du nur einen Laut gibst, wird der Strick zugezogen.»

Neben unserem Vorposten lag der Kommissar. Aufgeregt sagte er: «Ein Glück, daß ihr kommt. Sie hätten mich in Stücke gerissen, wenn dir etwas passiert wäre. Ohne Genehmigung der Brigade darfst du das nicht noch einmal machen. Kommt jetzt. Auf euch wartet Kaffee und das ganze Bataillon.»

Unter dem Feigenbaum ließ ich mich auf mein Feldbett fallen. Die anderen legten sich einfach auf den Boden. Alle waren übermüdet.

Der Strick wurde über einen Ast geworfen. Ängstlich war der Gefangene nicht. Jedenfalls so lange nicht, bis er den Ernst der Lage begriff. Der spanische Adjutant reichte ihm eine Zigarette und begann mit der Befragung. Zunächst antwortete der Gefangene überhaupt nicht. Dann sagte er: «Ich bin es meiner Ehre als Offizier schuldig, nichts zu verraten. Macht, was ihr wollt!»

«Zieh ein wenig an», sagte der Adjutant zum Soldaten, der den Strick hielt. «Mal sehen, ob der Herr Offizier dann noch von Ehre spricht.» Der Gefangene schwieg trotzdem. Jetzt trat der Adjutant näher heran und sagte scharf: «Hör gut zu. Wir geben dir eine Chance, auszupacken. Sprich, oder ich laß noch mehr anziehen. Also, was ist?»

«Lassen Sie den Strick abnehmen. Ich muß mich setzen. Dann werde ich antworten.»

Die Sonne war schon aufgegangen, als ich der Brigade Meldung machte. Der Stabschef schien nichts zu verstehen. «Was?» fragte er. «Einen Gefangenen habt ihr? Wie denn das?»

«Na, wie man Gefangene einbringt. Wir haben ihn geholt. Von drüben natürlich. Wo denn sonst. Hinter Gandesa tun sich Dinge, die mich nicht gleichgültig lassen. Und jetzt wissen wir, was auf uns zukommt. Wir haben ihn nämlich zum Sprechen gebracht. Hört euch selbst an, was der Offizier berichten kann. Ich schicke ihn zu euch. Und wenn ihr mit ihm gesprochen habt, möchte ich in den Stab kommen. Vielleicht nach dem Mittagessen. Jetzt muß ich ein paar Stunden schlafen.»

Ich schlief so fest wie selten. Der Kommissar hatte Mühe, mich aus dem Schlaf zu holen. «Komm schon», rüttelte er mich. «Du mußt in die Brigade. Der Chef spielt verrückt. Bis Mittag will er nicht warten. Hier, trink den Kaffee.»

Noch benommen, fragte ich: «Kommst du mit?»

«Nicht nötig. Ich habe schon mit dem Brigadekommissar gesprochen. Jetzt wollen sie mit dir reden.»

«Dann los», sagte ich zu Sepp. «Laß dein Pferd satteln, du wirst mich begleiten. Der Pferdepfleger muß auch mitkommen.» Und so galoppierten wir zu dritt davon. Es war eine Lust, dahinzufliegen. Die andere Seite beobachtete den Ritt und ließ ein paar Granaten abfeuern. Sie störten nicht weiter. Bis sie sich einschossen, waren wir aus dem Blickfeld.

Der Chef sprach über die allgemeine Lage. Wie ein Funktionär.

«Verdammt noch mal! Das wissen wir doch alles», unterbrach ich ihn. Wir wollen nur sinnlose Opfer vermeiden. Deshalb schlage ich vor, auf die Höhe zurückzugehen. Sie läßt sich besser verteidigen. Ob wir uns da lange halten können, weiß ich natürlich nicht. Schutzlos jedenfalls wären wir da nicht. In den Gräben belasse ich nur ein paar Vorposten.»

«Vielleicht schlägst du mir noch vor, daß ich meinen Kommandostand zurückverlege», erwiderte der Brigadechef bösartig.

«Nein, das schlage ich nicht vor. Dein Stand ist weit entfernt. Jedenfalls so weit, daß dir genug Zeit bleibt, ins Auto zu steigen und davonzufahren, wenn sie uns fertigmachen.»

«Laß deine Anspielungen», unterbrach der Chef. «Und spar dir taktische Besserwisserei. Rückzug wird nicht einkalkuliert. Unsere Aufgabe ist, den Brückenkopf zu halten. Wir werden ihn erst räumen, wenn die Front jenseits des Ebro aufgebaut ist. So und nicht anders lautet der Befehl. Nicht nur für dein Bataillon. Und nimm zur Kenntnis: Ich laß alle Offiziere erschießen, die sich nicht an diesen Befehl halten!»

Ich stieg aufs Pferd und antwortete: «Dazu wirst du keine Gelegenheit mehr haben. Das besorgen die Legionäre.»

Der Stabschef, der dem älteren Brigadeführer militärisch überlegen war, begleitete mich ein Stück. Mein Pferd am Zaum haltend, sagte er: «Ein beschissener Krieg. Ginge es nach mir, würde ich deinem Vorschlag zustimmen. Aber der Alte weiß nicht, was er tun soll. Er hat Befehl, keinen Rückzug zuzulassen. Nur weiß er eben nicht, wie man taktisch vorgeht, um hinhaltend zu verteidigen, die Armee nicht sinnlos zu verlieren. Er ist zu alt für den Krieg. Seine Fähigkeiten, eine Brigade zu führen, sind gleich Null. Niemand traut sich, das auszusprechen.»

«Warum tust du es nicht«, fiel ich ihm ins Wort. «Wozu bist du Stabschef, wenn dir eine Null vorschreibt, wie man eine Brigade zugrunde richtet?»

«Ich habe es versucht und bin gescheitert.»

«Wieso? Du bist ihm doch überlegen. Deine Kenntnisse sind unvergleichbar. Und den Krieg hast du von Anfang an und von unten bis oben mitgemacht.»

«Das stimmt. Aber ich bin Berufsoffizier. Er Funktionär. Ein guter Genosse, sagt man. Dagegen kommen Offiziere der alten Armee nicht an. Ich verstehe das sogar. Wenn du von Ausnahmen absiehst, haben die meisten Offiziere Verrat geübt. Wer soll da glauben, daß es welche gibt, die Treue bewahren?»

Nach einer Stunde ritt ich mit meinen Begleitern zurück. Schlechtgelaunt. Wütend. Eine völlig unbefriedigende Aussprache. Wie sollte ich das meinen Leuten erklären? Schließlich waren die nicht auf den Kopf gefallen und wußten so gut wie ich, was passieren würde.

«Was hat der Chef entschieden?» fragte der Kommissar.

«Nichts. Nichts, was wir nicht schon wissen. Für den Gefangenen hat er sich mit einer Miene bedankt, als ob er eine Kröte verschluckt hätte. Dann machte er mir Vorwürfe. Ohne Erlaubnis hätte ich solche Unternehmungen zu unterlassen. Privatkriege dulde er nicht. Ich möge mir abgewöhnen, meinen Posten zu verlassen. Es gäbe Offiziere, die das nicht schlechter ausrichteten.»

«Und was hast du geantwortet?»

«Daß ich die Belehrung nicht vergessen werde.» Um ihn zu ärgern, fügte ich hinzu: «Es könnte auch Kommandanten nichts schaden, hin und wieder ihren Mut unter Beweis zu stellen. Meine Soldaten nähmen das mit Respekt zur Kenntnis.»

«Komm zur Sache. Was soll aus dem Bataillon werden? Hast du ihm deinen Plan erklärt?«

«Natürlich habe ich das. Und ich habe ihm gesagt, daß wir wie Ratten eingewalzt werden, wenn wir das Gros in den Gräben belassen. Außerdem habe ich wiederholt, was der Gefangene zu sagen hatte: daß hinter Gandesa fünfhundert Geschütze und hundert Bombenflugzeuge bereitstehen. Dazu noch hundert Panzer der Kondorlegion.»

«Zum Kotzen», spuckte der Kommissar aus. «Sag mir genau, was er auf deinen Vorschlag geantwortet hat!»

«Nichts. Er weiß keine Antwort. Zurechtgewiesen hat er mich. Was nach einem Durchbruch unternommen würde, wäre nicht unsere Sache. Ich sollte mich nur um mein Bataillon kümmern. Und der Befehl lautet: Die Stellung ist zu halten!»

3. September: Nach Sonnenaufgang begann sich die Artillerie einzuschießen. In Minuten verwandelte sich mein Abschnitt in eine Hölle. Der Himmel war nicht mehr zu erkennen. Nie zuvor hatte ich ein so furchtbares Artilleriefeuer erlebt. Drei Stunden lang warfen Flugzeuge ihre Lasten ab und verwandelten alles in Brand, Pulver, Dreck und Blut.

Gegen Mittag rollten die Panzer in geschlossener Formation an. Meine Soldaten konnten überhaupt nichts mehr dagegen ausrichten. Als die italienischen Söldner zum Sturm ansetzten, war der größte Teil meiner Männer schon durch Artillerie und Bomben getötet. Wer noch lebte wurde in den Boden gewalzt.

Der Verbandsplatz, den ich nicht zurücknehmen durfte, weil nahe gelegene Sanitätshilfe den Verwundeten schneller beistehen kann, wurde zusammengeschossen. Die Rotkreuzfahne wurde nicht respektiert. Der Arzt, der mit erhobenen Händen, ein weißes Tuch schwenkend, den Panzern entgegentrat und schrie: «Haltet ein! Hier liegen nur Verwundete, die keinen Widerstand leisten», wurde durchlöchert, bis er zusammenbrach. Keinen der Verwundeten ließen sie überleben. Wo sich noch einer rührte, entluden die Italiener ihre Maschinenpistolen. Und besessen stachen sie auf die Toten mit Bajonetten ein.

Der Kompanieführer der Ersten, dem der Arzt noch einen Verband angelegt hatte, entkam mit durchschossenem Hals. Mit letzter Kraft schleppte er sich zu meinem Gefechtsstand. Unter Schmerzen berichtete er, was geschehen war. Sekunden später rollten die Panzer schon über den Mittelabschnitt. Keiner von meinen Andalusiern kam zurück. Von den Anarchisten auf dem Hügel schlugen sich noch ein paar durch. Der Kompanieführer verließ die Stellung als letzter. Als wolle er sich noch entschuldigen, schrie er mir entgegen: «Der Hügel war nicht mehr zu halten.» Sein khakifarbenes Hemd war nur noch ein Blutfetzen.

Mit meinem Schweizer Adjutanten – der spanische war schon gefallen –, einem Melder, zwei Kompanieführern, ein paar Soldaten rettete ich mich auf die rückwärtige Anhöhe, wo die vier Maschinengewehre standen. Nicht alle schafften es. Ein Unteroffizier und zwei Soldaten blieben auf der Strecke. Der Kompanieführer mit dem Halsdurchschuß erreichte die Höhe mit Hilfe eines Soldaten. Oben angelangt, gab ich ihm energisch Befehl, sofort ins Lazarett zu gehen. Sonst würde auch er versucht haben, den Widerstand noch fortzusetzen.

Widerstand? Besessenheit wäre richtiger. Oder Selbstmord. Wie es der Befehl des Brigadekommandeurs verlangte. Gegen das, was auf uns zurollte, gab es keinen Widerstand mehr. Selbst dann nicht, wenn die vier Maschinengewehre noch funktionsfähig gewesen wären.

Ein MG auf der rechten Seite feuerte noch. Die anderen schwiegen. Ich löste die Hände eines toten Gewehrführers vom Griff des MGs auf dem linken Flügel. Die verletzten Soldaten, die zur Gruppe der Toten gehörten, scheuchte ich auf: «Macht, daß ihr wegkommt, oder wollt ihr euch abstechen lassen?» Sepp rief ich zu: «Sieh nach, warum die anderen Gewehre nicht feuern. Und stell fest, wer das MG auf dem rechten Flügel bedient.» Dem Pferdepfleger rief ich zu: «Hilf mir beim Einlegen der Gurte. Solange die Munition reicht, geben wir nicht auf. Was ist eigentlich mit der Stute?»

«Erschossen. Eine Granate hat ihr den Leib aufgerissen.»

«Ach deshalb bist du gekommen?»

«Ja, ich wollte…» Er brach plötzlich ab, weil ihm der Schädel zertrümmert wurde.

Sepp kam zurück und berichtete: «Die MGs im Mittelabschnitt sind zerstört. Die Mannschaften tot. Das MG rechts wird von Rodríguez bedient.»

«Dann geh zu ihm, und hilf, so gut du kannst. Ich komme hier schon zurecht.» Sánchez, der den toten Pferdepfleger auf die Seite schob, machte seine Sache gut.

Ich bemerkte nicht, daß mich jemand an der Schulter rüttelte und etwas ins Ohr schrie. Erst als mich Sánchez aufmerksam machte, erkannte ich den Soldaten, den der Nachrichtenzug bei der Brigade als Melder stationiert hatte. Er hielt mir einen Zettel hin und wiederholte: «Sie müssen den Rückzug antreten. Befehl der Brigade.»

Ich las den mit Bleistift geschriebenen Fetzen. Las ihn ein zweites Mal und schrie dem Soldaten ins Ohr: «Sag dem Brigadeführer, daß es nichts mehr gibt, was sich noch zurückziehen kann. Das 491. Bataillon existiert nicht mehr. Den Überlebenden kann ich nur noch die Flucht befehlen. Sonst nichts. Geh und mach deine Meldung!»

Als die letzten Patronen des eingelegten Gurtes verschossen waren, riß ich das Schloß heraus und schleuderte es den Angreifern entgegen. Dann warf ich noch die herumliegenden Handgranaten, bis mich ein harter Schlag niederstreckte. Nach ein paar Metern auf Knien und Händen blieb ich kraftlos liegen. Keine Schmerzen spürend. Wie in einem Alptraum hämmerte es in meinem Kopf: «Aus! Vorbei! Einmal mußte es so kommen.»

Und es wäre das Ende gewesen, wenn nicht der treue Sepp gesehen hätte, wie ich mich auf dem Boden ausstreckte. Ohne zu zögern kehrte er zurück, um mir zu helfen. Als er mich hochriß, schrie ich: «Bist du von Sinnen? Mach, daß du wegkommst! Ich kann nicht mehr.»

Sepp kümmerte sich nicht um die heranrollenden Panzer. Er schleppte mich durch das Weinfeld, bis er mich in Sicherheit wußte. Und er selbst blieb wie durch ein Wunder unverletzt.

Ein weiteres Wunder geschah. Die Panzer stoppten seitlich der Höhe, auf der ich verwundet wurde. Wahrscheinlich rechneten sie mit versteckten Anti-Tank-Geschützen hinter dem Weinfeld. Das mag der Grund gewesen sein, warum sie sich nicht in die Ebene vor Corbera hinauswagten. Wären sie nur einen Steinwurf weiter vorgedrungen, hätten sie Sepp und mich überrollt.

Die Sanitäter, die mich dann zum Feldlazarett der Division schleppten, hatten schwer zu tragen. Wie in Wachträumen quälte mich der Gedanke an meine Soldaten, die niemand heraustragen konnte. Nein! Ich hätte gegen den Befehl handeln müssen. Vielleicht hätten dann ein paar Andalusier überlebt. Und sicher würden noch Basken, Anarchisten und Katalanen leben. Nur um fünf oder sechs Stunden zu halten, was nicht mehr zu halten war, hatten sie sterben müssen. Und der tapfere Arzt hätte vielleicht auch überlebt, wenn ich den zu weit vorgeschobenen Verbandsplatz zurückverlegt hätte. Und der Kommissar? Auch ihn hatte ich auf dem Schlachtfeld zurückgelassen.

Man darf kein Gewissen haben, um das alles verantworten zu können. Aber ich hatte ein Gewissen. Und deshalb verfluchte ich den Brigadechef, der mich gezwungen hatte, meine Soldaten abschlachten zu lassen. Und ich verfluchte mich selbst, weil ich mich dazu hatte zwingen lassen.

Der Chefarzt, schon im Aufbruch, weil er das Lazarett verlegen mußte, sagte: «Laß sehen, wo der Einschuß ist. Blut kannst du eigentlich nicht mehr viel haben. Die Hälfte ist in die Hose gegangen.» Zu seinem Assistenten: «Das Hemd ausziehen! Den Verband lege ich selbst an. Du wirst es schon schaffen. Aber diesmal gehst du ins Krankenhaus. Ich schicke dich in das beste Lazarett nach Barcelona. Mehr kann ich nicht tun.»

Paco, mein Fahrer, fuhr den Wagen vor. Behutsam bettete er mich auf die hinteren Sitze und deckte mich wie ein frierendes Kind zu.

Nach ein paar Minuten sagte ich, die Decke zurückschiebend: «Anhalten! Gib mir die Bota!» Der Fahrer stoppte und sagte: «Nein! Das dürfen Sie nicht. Der Arzt hat es verboten.»

«Ja, zum Teufel, er hat es verboten. Aber ich befehle es dir. Du mußt tun, was ich verlange! Also, mach schon!»

Mißbilligend gab er mir die Bota und bettelte: «Aber nur einen Schluck. Ich muß Sie lebend ins Krankenhaus bringen. Bitte!»

Ich trank mehr als einen Schluck. Und ich spritzte mir viel Wein ins Gesicht, auf den Hals. Meine Hände hatten keine Kraft mehr, um den Lederbeutel zu halten. Bald danach schlief ich ein. Ich schlief so fest und tief, daß ich nichts spürte, nichts mehr wahrnahm. Auch nicht bemerkte, wie sie mich aus dem Wagen holten, die blutgetränkten Sachen auszogen, mich wuschen und ins Bett legten.

Gegen Mitternacht glaubte ich zu träumen. Eine junge Frau stand an meinem Bett, ein Glas Milch in der Hand: «Sie müssen die Milch trinken», sagte sie flüsternd. Ich gab mich diesem Traum hin und hoffte, daß er nie enden möge.

Aber der Traum endete, weil es keiner war. Die junge Frau sagte abermals: «Sie müssen die Milch trinken. Kommen Sie, ich helfe Ihnen.» Meinen Kopf anhebend: «Ich bin Schwester Dolores.»

Benommen machte ich eine verneinende Geste und sagte: «Ich mag keine Milch. Lassen Sie mich schlafen!»

«Sie müssen die Milch trinken», insistierte Dolores. «Der Arzt hat es angeordnet. Sie müssen zu Kräften kommen, sonst ist alles vergebliche Mühe. Und darum werden Sie die Milch trinken. Alle vier Stunden bekommen Sie ein Glas.»

«Stellen Sie die Milch auf den Nachttisch. Ich werde trinken, wenn ich Durst habe.»

«Nein, jetzt müssen Sie trinken. Ich verlasse das Zimmer nicht eher, bis Sie die Milch getrunken haben. Also lassen Sie sich nicht so lange bitten.»

Ich mußte trinken, um weiterschlafen zu können. Vielleicht stand die Schwester noch am Bett, als ich schon wieder schlief.

Am frühen Morgen wiederholte sich die Szene. Im Halblicht des beginnenden Tages fragte ich sie: «Hat mir der Arzt eine Spritze gegeben? Ich verspüre überhaupt keine Schmerzen.»

«Warten Sie ab, was der Arzt sagt. Gegen neun Uhr kommt er.» Und dann fügte sie hinzu: «Sie haben Besuch. Ihr Fahrer sitzt seit einer Stunde in der Ecke. Schicken Sie ihn endlich weg. Er kann hier nichts für Sie tun.» Danach ging sie so still, wie sie gekommen war.

Paco trat strahlend an mein Bett. Sagen konnte er nichts. Er freute sich nur, daß sein Kommandant lebte.

«Wie hast du es geschafft, hier hereinzukommen?»

«Meine Frau arbeitet in der Wäscherei. Sie hat mich durch den Eingang für Angestellte mitgenommen.»

«Bist du schon lange hier?»

«Seit ein paar Stunden. Zuerst saß ich vor der Tür.»

«Und da haben sie dich sitzen lassen?»

«Ja. Ich sagte: So lautet der Befehl. Ich müsse Sie bewachen. Sonst hätten sie mich weggeschickt.»

«Du bist ein Prachtkerl, alter Schwindler. Sag mir noch, wie das mit den Kontrollen ist an den Ausgängen?«

«Da stehen Posten. Sie lassen nur durch, wer einen Ausweis hat. Aber höhere Offiziere passieren ohne Ausweis.»

«Und wo steht der Wagen?»

«Auf dem Hof. Und wozu wollen Sie das wissen?»

«Weil du sofort nach Sabadell fahren wirst. Du kennst dich doch da gut aus. Hol frische Wäsche und eine neue Uniform. Socken und was man sonst braucht.»

«Wozu brauchen Sie das? Erst müssen Sie auf den Arzt warten.»

«Weitere Fragen erlaube ich nicht. Beeil dich. Vor acht Uhr mußt du zurück sein. Deine Frau soll dich noch einmal hereinbringen. Verstanden? Und parke den Wagen vor der Haustür. Sag in Sabadell nicht, wo ich mich befinde.»

Der brave Fahrer tat, was ich verlangt hatte. Um acht Uhr war er zur Stelle. «Danke, Paco. Warte draußen und gib mir Bescheid, falls sich die Krankenschwester zeigt. Den Rasierapparat hast du hoffentlich mitgebracht? Gib ihn mir.»

Nachdem der Fahrer die Tür hinter sich zugemacht hatte, stand ich auf, rasierte mich und ordnete meine Haare. Dann zog ich die Sachen an. Alles mit viel Mühe, weil ich sehr schwach war. Aber ich schaffte es, winkte Paco herein und sagte: «Gib mir die Schirmmütze und nimm den Koffer. Und zeig mir den Weg zur Haustür.»

Unbemerkt erreichten wir die Treppe, stiegen in den geparkten Wagen und fuhren zum Ausgang. Vor dem heruntergelassenen Schlagbaum mußte Paco halten. Der Posten sah in den Wagen, salutierte und öffnete den Schlagbaum.

Ein paar Straßen weiter ließ ich halten, um nach hinten umzusteigen.

«Wohin soll ich eigentlich fahren?» fragte Paco verzweifelt.

«An die Front!»

«Sie wissen nicht, was Sie tun», entgegnete der Fahrer. «Das kann doch nicht Ihr Ernst sein?»

«Doch, lieber Freund. Wegen eines Streifschusses bleibe ich nicht im Krankenhaus. Mehr kann es nicht sein. Also fahr zu!»

Verrat in Madrid

Da ich keine Ahnung hatte, wo sich der Rest meines Bataillons befand, meldete ich mich beim Divisionsgeneral. Er machte mir Vorwürfe, weil ich die Verwundung so leichtfertig abtat. Mit der Verwundung sei der Krieg für mich zu Ende. «Was aber deine Verwundung nicht bewirkt, wird jetzt durch eine politische Entscheidung erzwungen.»

«Wieso?»

Der General antwortete: «Negrín hat mit dem Völkerbund die Abschiebung aller Ausländer beschlossen. Die Internationalen werden schon aus der Armee entlassen. Obwohl die Kämpfe am Ebro andauern. Der Regierung geht es nur noch darum, einen erträglichen Abschluß zu erzwingen. So ist die Lage. Willst du trotzdem bleiben?»

«Ja, das will ich.»

«Dann geh zu deinem Bataillon, bereite den nächsten Einsatz vor. Die Auffüllung der Verluste ist schon angeordnet. Im übrigen hat mich der Stabschef über deinen Streit mit dem Brigadeführer informiert. Du wirst keinen Ärger mehr mit ihm haben. Er wurde abgelöst.»

Nach ein paar Tagen zählte das Bataillon wieder sechshundert Mann. Ausreichend bewaffnet, erfüllte es neue Aufgaben. Nicht in dem Maße wie zuvor. Dafür waren die Neuen nicht gut genug, nicht so diszipliniert wie die «alten», die bei Gandesa geblieben waren.

Die Hoffnung, unter den Spaniern unerkannt zu bleiben, ging nicht in Erfüllung. Obwohl ich längst aus den Listen der Interbrigaden gestrichen war, spürte mich die Völkerbundkommission auf. Nachdem der Brückenkopf am Ebro geräumt war, rollten Limousinen in das Stabsquartier der 27. Division. Ein finnischer Oberst legte dem General eine Liste aller Ausländer auf den Tisch, die in seiner Division

Dienst machten. Es waren nicht viele. Und natürlich forderte er ihre sofortige Entlassung.

Das war nach der Abschiedsparade der Internationalen Brigaden, die am 15. November 1938 auf der Plaza de Cataluña in Barcelona stattfand. Negrín, die Pasionaria, die populärste kommunistische Frau Spaniens, und andere hielten große Reden. Neben Lob und Anerkennung versprachen sie allen die Ehrenbürgerschaft, falls sie später zurückkehrten. Eine noble Geste ohne Folgen. Die Redner wußten, daß es keine Rückkehr gab.

Danach durften sich die Entlassenen von ihren Einheiten verabschieden. Der schweigsame Finne blieb, bis der letzte gegangen war.

Und weil ich der letzte war, besuchte er mein Bataillon und beobachtete das Abschiedszeremoniell. Nach meinen Abschiedsworten an das Bataillon sprach Rodríguez, der zum Nachfolger ernannt worden war. Selten war mir die Trennung von einem Freund so schwer gefallen wie diesmal. Nachdem ich Rodríguez meinen Kompaß, das Fernglas, die Mauserpistole übergeben hatte, zog ich meinen Militärmantel aus, hängte ihn Rodríguez über die Schultern und sagte: «Nimm ihn. Du wirst ihn brauchen. Noch etwas. Ich muß dich wiedersehen. Irgendwann und irgendwo. Nur wiedersehen will ich dich!»

Rodríguez, der auf alles eine Antwort wußte, fand keine Worte der Erwiderung. Er drückte mir fest die Hand und wandte sich ab.

Alle Ausländer, die nicht wie die Franzosen, Engländer, Amerikaner oder Schweizer in ihre Heimatländer abreisen konnten, mußten sich nach Bisauro de Ter begeben. Zur Registrierung. Warten, bis sie die Einreise in ein Land bekamen. Doch dazu kam es nicht mehr. Kein Land wollte die deutschen Antifaschisten.

Die nächsten Wochen waren für mich so etwas wie ein Urlaub. Der ständige Aufenthalt in Bisauro de Ter, wo die deutschen und österreichischen Interbrigadisten kaserniert wurden, blieb mir erspart. Ich fuhr nur jede Woche einmal in das schöne Pyrenäendorf, um mich einzutragen. Sonst lebte ich in Sabadell und heiratete Nena.

Ich hatte sie während der Kämpfe bei Lérida kennengelernt und nach Sabadell evakuieren lassen. Eine schöne Frau, jung und verliebt. Da mir der General, quasi als Geschenk, den Dienstwagen überließ, das

Majorsgehalt weiterzahlte, die Versorgung aus der Intendanz mit Zigaretten, Kaffee und Lebensmitteln gewährte, ging es uns ganz gut. Auch das Wetter war herrlich. Warm, sonnig. Wir fuhren oft an die Küste bei Sitges, um im Meer zu baden. Sahen uns in Barcelona um. Für Schwarzmarktpreise konnte man noch Restaurants und Nachtlokale aufsuchen. Vorher hatte ich ja die Millionenstadt nur dienstlich, auf Stunden oder Tage, erlebt. Alles in allem hatte ich also keinen Grund zur Klage. Nur die Meldungen von der Front störten das Befinden erheblich.

Und dann kam der Tag. In Sabadell war Kanonendonner zu hören. Ich fuhr sofort nach Bisauro de Ter, um zu erfahren, wie es weitergehen sollte. Niemand, von Hans Kahle bis Ludwig Renn, die dort das Sagen hatten, gab Antwort. Sie wußten selber nicht, was werden würde. Und so tat ich, was ich immer getan habe. Ich handelte auf eigene Verantwortung. Tatenlos wollte ich nicht warten, bis es mit uns zu Ende ginge.

Nena, die nicht allein in Sabadell bleiben wollte, brachte ich zu einem Onkel nach Barcelona. Sie sollte bei ihm bleiben, bis ich sie wieder abholen könnte. Danach fuhr ich an die Front.

Vorher suchte ich noch in der Calle de Guatemala das Büro der Interbrigaden auf, um mir vom obersten Politchef, André Marty, eine Genehmigung geben zu lassen. Da ich ihn nicht antraf, hinterließ ich meinen Entschluß schriftlich. Was konnte schon passieren? Alles ging drunter und drüber. Jede Ordnung war in Auflösung. Alle packten die Koffer, um sich nach Frankreich abzusetzen.

Und schon wagten sich die Franco-Anhänger heraus. Aufgegebene Regierungsgebäude und Parteihäuser wurden in Brand gesteckt. Überall warteten Flüchtlinge darauf, abgeholt zu werden. In den meisten Fällen kam es nicht mehr dazu.

Die Atmosphäre war gespenstisch. Niemand war mehr seines Lebens sicher. Wenn ich mit vorgehaltenen Gewehren gestoppt und zum Aussteigen aufgefordert wurde, winkte ich nur mit einer Handgranate und drohte, sie zu entsichern. Aus Angst ließen sie mich dann weiterfahren.

Der General freute sich über mein Kommen. Daß ich mich wieder zur Verfügung stellen wollte, damit hatte er nicht gerechnet. Er glaubte, ich sei gekommen, um mich endgültig zu verabschieden. Nachdem das Mißverständnis aufgeklärt war, fragte er: «Willst du wirklich dein Bataillon übernehmen? Dein Leben abermals aufs Spiel setzen? Jetzt, wo alles verloren ist?»

«Ich bin nicht darauf aus, mein Leben zu verlieren. Nein, um mich präzise auszudrücken, ich will nur am Widerstand teilnehmen, solange es Widerstand gibt. Außerdem habe ich keine Wahl. Die Franzosen lassen uns nicht herein. Und wegen des Völkerbundbeschlusses mußt du dir keine Sorgen machen. Kein Mensch schert sich noch darum. Die Kommission ist längst abgereist. In Barcelona ist der Teufel los.»

«Der Völkerbund interessiert mich nicht. Du machst mir Sorgen. Aber wenn du unbedingt willst kannst du dich in meinem Stab nützlich machen.»

«Das möchte ich nicht. Gib mir ein Bataillon. Es muß nicht das 491. sein. Rodríguez will ich nicht verdrängen. Wir sind zu gut befreundet. Mir ist jedes Bataillon recht.»

«Das klingt wie Flucht nach vorn. Gut. Wenn du nicht davon abzubringen bist, dann geh zu deinem Bataillon. Um Rodríguez mach dir keine Sorgen. Er ist gefallen. Also geh schon, sonst könnte ich es mir noch anders überlegen. Und merk dir etwas: Ich will nicht zur Kenntnis nehmen müssen, daß du Rodríguez mit falsch verstandenem Ehrgeiz nacheiferst.» Danach schwieg der General.

Ich stand auf, um zu gehen.

«Halt», sagte der General. «Da es dir jetzt wie Rodríguez geht, der das Kommando ohne Mantel übernommen hätte, wenn du ihm nicht deinen gegeben hättest, wirst du jetzt meinen Mantel nehmen. Vielleicht ist er dir eine Nummer zu groß. Und die Rangabzeichen wirst du natürlich entfernen. Da, nimm schon! Ich will sehen, wie er dir steht.»

«Ich brauche keinen Mantel.»

«Du wirst ihn anziehen. Ohne langes Gerede. Noch habe ich das Sagen.» Da ich keine Anstalten machte, die Rangabzeichen zu entfernen, kam der General und riß sie selber ab. «So! Geh jetzt. Es gibt keinen General, der nur über einen Mantel verfügt.» Mich anstoßend, fügte er noch hinzu: «Einer meiner Adjutanten bringt dich zum Bataillon.»

Während der Rückzugskämpfe aus Katalonien spielte die 27. Division noch einmal eine bedeutende Rolle. Erst am 5. Februar 1939 ging sie über die Pyrenäen nach Frankreich.

Ich hätte mit dem Rest der Division Spanien verlassen können, tat es aber nicht, weil ich inzwischen wußte, daß die verbliebenen Interbrigadisten kurz nach meiner Rückkehr an die Front ebenfalls zum Einsatz gekommen waren. An Zahl ohne große Bedeutung, leisteten sie bis zum letzten Tag Widerstand.

Anfang Februar rückte die Front bis nach Figueras vor. Obwohl vorauszusehen war, daß in wenigen Tagen alles zu Ende sein würde, entschied ich mich, zu den Interbrigadisten zurückzugehen. Ich war mit ihnen gekommen. Mit ihnen wollte ich Spanien verlassen.

Als ich dem General diese Bitte vortrug, sagte er: «Was soll das? Der Kampf ist aus. Auch für dich. Komm mit uns. Fühl dich wie ein Spanier. Es nutzt weder dir noch irgend jemandem, wenn du dich abermals in Gefahr bringst.»

«Das ist richtig. Aber solange die Interbrigadisten im Kampf stehen, will ich bei ihnen sein. Deshalb bitte ich um die Erlaubnis.»

«Dir ist nicht zu helfen.» Dann zum Stabschef: «Er will zu seinen deutschen Kameraden zurück. Schreib einen Befehl aus, daß er sich nach Figueras begeben muß. Ohne Auftrag fangen sie ihn vielleicht als Deserteur ab. Und das ist er nun wirklich nicht.» Nach einer Pause fügte er zum Stabschef gewandt hinzu: «Das ist der letzte schriftliche Befehl, den du auf spanischem Boden geben mußt.» Wieder zu mir: «Genügt das?»

«Das genügt. Vielen Dank.» Gegen die Gewohnheit, militärisch Abschied zu nehmen, gab ich dem General die Hand. Sagte nichts dabei. Mir war plötzlich elend zumute. Der Abschied war schwerer als erwartet.

Der General nahm die Hand und begleitete mich zum Wagen.

Mein Fahrer fuhr schnell und unvorsichtig. Er hatte keine Lust, noch einmal an die Front zu fahren. Als ich ihn ermahnte, langsam zu fahren, sonst würde ihm noch gelingen, was Franco nicht vermocht hatte, antwortete er: «Vom Autofahren verstehe ich mehr als Sie. Aber warum Sie unbedingt noch einmal an die Front wollen, das kann ich nicht begreifen. Sie sind zu ehrgeizig.»

Jetzt wußte ich keine Antwort. Sagte aber doch: «Ehrgeiz treibt mich nicht. Ich will wieder dorthin, wohin ich immer gehört habe. Zu meinen deutschen Kameraden. Alle Sympathie für euch Spanier kann die Bindungen an meine deutschen Freunde nicht lösen.»

«Das klingt verdammt sentimental», erwiderte der Fahrer.

Der schriftliche Auftrag verschaffte mir Zugang zur Zitadelle San Fernando über der Stadt Figueras, die über Jahrhunderte als stärkste Festung Spaniens galt. Sie war unter Ferdinand VI. erbaut worden. In den kriegerischen Auseinandersetzungen mit den Franzosen, 1813 bis 1823, war sie hart umkämpft worden. Jetzt beherbergte sie die noch verbliebenen Generale mit ihren Stäben. Auch das Hauptquartier der Internationalen vermutete ich in der Festung.

Das Durcheinander war erschreckend. Demoralisierte Offiziere saßen gestikulierend, schreiend oder still auf Koffern und Kisten, ungeduldig darauf wartend, nach Frankreich abziehen zu können. Auch Abgeordnete, an die Negrín wenige Tage zuvor noch eine Rede gerichtet hatte, standen mit Frauen und Kindern herum. Alle übermüdet, mißgelaunt. Von Ordnung oder Organisation war nichts zu spüren. Alle wußten, daß es nur noch darum ging, nach Frankreich zu entkommen.

Ich fragte nach dem Verbleib der Internationalen. Niemand konnte Auskunft geben. Dann stieß ich auf den bekannten General Antonio Cordón, der offenbar tagelang nicht mehr geschlafen hatte. Obgleich er den Eindruck eines erschöpften Mannes machte, ließ er Ruhe und Gelassenheit erkennen. Von ihm erfuhr ich, daß sich Marty bei La Junquera eingerichtet hatte.

Gegen Mitternacht brach ich nach La Junquera auf. Die Fahrt, zwanzig Kilometer, dauerte eine Ewigkeit. Die Straßen waren mit Flüchtlingen und Kriegsmaterial verstopft. Wiederholt mußte der Fahrer über Straßengräben und Felder ausweichen. Wo man hinblickte, lagen oder saßen Frauen und Kinder, Männer in Zivil, Soldaten in durchbluteten Uniformen. Kranke und Verwundete schleppten sich weiter, wenn es weiterging. Schlimmer noch als dieser Jammer waren die Gerüchte: Frankreich habe die Grenze geschlossen. Bald würden alle von den Franquisten überholt und massakriert werden. Und tatsächlich hatte die Metzelei längst begonnen. Angriffe im Tiefflug, Heckenschützen. Verbrecher und Deserteure plünderten. Nahmen denen, die noch etwas mit sich führten, was ihnen gefiel. Mord und Totschlag blieben ungestraft, weil niemand dem Chaos Einhalt bot. So manchem, der sich von der Front davongemacht hatte, saß die Waffe locker, wenn es etwas zu ergaunern gab.

Am Eingang von La Junquera mußte der Fahrer halten. Eine wüste Schlägerei war im Gange. Sie endete mit Schüssen. Der am Rand der Straße stehende Posten kümmerte sich nicht darum. Sagte nur: «Die schlagen sich um eine Kiste Kondensmilch, die Idioten.» Dann gab er Auskunft über das Haus, in dem sich Marty befand.

Die Wache verwehrte mir den Eintritt. «Was willst du überhaupt», brüllte mich ein Leutnant an. «Mach, daß du weiterkommst!»

«Schrei mich nicht an, Leutnant. Ich bin nicht zum Spaß hier. Und jetzt will ich jemand sprechen. Sofort!»

Irgendwer kam schließlich aus dem Haus, nahm meinen schriftlichen Auftrag und verschwand. Keine fünf Minuten vergingen, bis er zurückkam und mich ins Haus führte. In den Raum, wo der «Eisbär» – wie Marty genannt wurde – beschäftigt war.

Der Alte sah mich mißtrauisch an, wie es so seine Art war. Fragte dann: «Was willst du?»

Ich antwortete: «Ich war in der 11. Brigade, dann Kommandant des 491. Bataillons in der 27. Division. Sie ist bei Puigcerda über die Grenze gegangen. Jetzt möchte ich zur 11. zurück. Solange gekämpft wird, will ich teilnehmen.»

Marty schüttelte sein graues Haupt und sagte: «Wenn sich jetzt noch einer zur Verfügung stellt, muß er den Verstand verloren haben. Oder...» Er sprach den Satz nicht zu Ende.

Zu seinem Mitarbeiter sagte er dann: «In der 11. kann er nichts mehr ausrichten. Aber er kann sich hier nützlich machen. Gib ihm Vollmacht, dafür zu sorgen, daß die Straße freigemacht wird.»

Der Mitarbeiter schob mich hinaus. Auf der Straße gab er mir Hinweise. «Nimm jeden, den du für tauglich hältst. Laß alles, was im Wege steht, in den Abhang jenseits der Straße schieben. Wenn darunter brauchbares Material ist, laß es zerstören. Die Faschisten müssen keine intakten Panzer übernehmen.» Bevor er mich wegschickte, fragte er noch: «Ist der verbeulte Ford dein Wagen?»

«Ja, so ist es.»

«Dann schieb den gleich mit in die Schlucht. Nimm den Renault. Er ist erst vor ein paar Tagen aus Frankreich gekommen. Leider zu spät.»

Mein Fahrer machte einen Freudensprung. Ein neuer Wagen mit Pariser Nummer war das Beste, was ihm jetzt passieren konnte. Im Nu wurden die Koffer umgeladen. Die Handgranaten auch. Paco hatte sich inzwischen an die «Wunderwaffe» gewöhnt.

Unweit von Martys Haus stieß ich auf eine größere Gruppe von Leuten, die von MP-Schützen bewacht wurden. Ich nahm an, daß es sich um Gefangene handelte. Meine Neugierde wurde geweckt, weil unter den etwa hundert Bewachten jemand war, den ich zu kennen glaubte. Noch aus der Zeit in der 11. Brigade. Und ich erkannte ihn nur, weil der Mann die anderen um Kopfeslänge überragte. Ich stieg aus, fragte den Hauptmann, der das Kommando führte: «Was sind das für Leute?» Der Hauptmann wollte mich abweisen. Als ich ihm aber sagte, welchen Auftrag ich hätte, antwortete er: «Deserteure, die ihre Einheiten verlassen haben. Nach Kriegsrecht müßten sie erschossen werden. Aber dazu wird es nicht mehr kommen. Es bleibt bei der Androhung. Leider.»

«Wieso leider?»

«Das Kommissariat hat entschieden, daß niemand mehr erschossen wird.»

«Das ist eine richtige Entscheidung», unterbrach ich ihn. «Ein paar Deserteure mehr oder weniger ändern nichts mehr. Aber schäbig ist es trotzdem, wenn ausgerechnet Offiziere davonlaufen. Laß mich mit dem sprechen, der die anderen überragt. Ich will wissen, wie er hierhergekommen ist.»

Der große Mann war Alfred Neumann. Ich fragte ihn: «Wie kommst du hierher? Der Hauptmann sagt, daß ihr Deserteure seid. Stimmt das?»

«Nenn es, wie du willst», bekam ich zur Antwort. «Der Krieg ist verloren. Warum soll ich mich da noch umbringen lassen? Außerdem habe ich Blasen an den Fersen. Marty will uns alle erschießen lassen. Er scheint verrückt zu sein.»

Da noch andere Marty beschimpften, sagte ich ziemlich böse: «Marty ist nicht verrückt. Aber ihr seid Feiglinge, keine Offiziere. Wenn ich Blasen an den Fersen hätte, würde ich die Stiefel ausziehen und barfuß gehen. Unter meinen Soldaten waren welche, denen ein Bein abgeschossen wurde. Sie kämpften weiter bis zum letzten Blutstropfen. Und du bist wegen Blasen davongelaufen!»

Nach seiner Rückkehr aus der Sowjetunion stieg Neumann in den fünfziger Jahren rasch auf. Zuerst als Mitglied der Bezirksleitung in Berlin. Dann war er zwanzig Jahre lang Mitglied des Politbüros der SED und Stellvertreter des Ministerpräsidenten. In seinen Lebensläufen wurde immer lobend erwähnt, daß er in Spanien gekämpft habe.

Die Apokalypse in Katalonien fand ihren Abschluß am 11. Februar 1939. Frankreich hatte die Grenzen noch einmal geöffnet. Vierhunderttausend Flüchtlinge strömten über die Pyrenäen.

Die deutschen Interbrigadisten hatten sich am Vormittag gesammelt, um in geschlossener Formation die Grenze zu überschreiten. Alle mitgerechnet, auch jene, die im Hinterland tätig waren, zählten sie an die vierhundert Mann. In der ersten Reihe marschierten Ludwig Renn, ehemals Stabschef der 11. Brigade, Franz Raab, Kommandant des Thälmann-Bataillons, Hugo Wittmann, Kommandant des Edgar-André-Bataillons, und ich, Kommandant des 491. Bataillons. Jenseits der Grenze mußten wir unsere Waffen abgeben. Zehn Kilometer weiter, am Mittelmeer bei St. Cyprien und Argelès-sur-Mer, fanden wir Aufnahme in improvisierten Internierungslagern. Nichts als Sand, Stacheldraht, Regen, Sturm, berittene algerische Legionäre fanden wir vor. Und wenn die Solidaritätsbewegung nicht eingegriffen hätte, hätte es lange gedauert, bis wir Brot, Wasser und sanitäre Einrichtungen bekommen hätten. Viele Kinder, Frauen, Kranke, Verwundete sind an den Verhältnissen in den Lagern zugrunde gegangen.

Ich selbst sollte die Grenze nicht mit den Interbrigadisten überschreiten. Gustav Szinda, amtierender Nachfolger von Franz Dahlem, hatte mich aufgefordert, mit einer Gruppe illegal nach Frankreich zu gehen, um der Internierung auszuweichen. Ich lehnte ab: «Ich halte es für unfair, wenn Kommandanten und Kommissare jetzt ihre Kameraden verlassen. Der Krieg war schon beschissen genug. Was jetzt kommt, wird nicht besser sein. Deshalb möchte ich das Schicksal der Soldaten teilen.»

Dahlems Nachfolger war ungehalten. Er argumentierte: «Du sollst Frankreich schnellstens verlassen und die Militärakademie in der Sowjetunion absolvieren.»

«Darüber können wir reden, wenn sich das Leben in den Lagern normalisiert hat. Solltet ihr dann noch interessiert sein, bin ich bereit. Jetzt jedenfalls nicht.»

Aber am 11. Februar war der Krieg noch nicht zu Ende. In Zentralspanien, von Valencia über Albacete, Guadalajara, Madrid, Murcia, Almería, Cartagena bis Alicante, einer Front von über tausend Kilometern, standen noch zweihundertfünfzigtausend Soldaten der Republik unter Waffen. War dort der Zusammenbruch nach der Niederlage in Katalonien noch aufzuhalten?

Franco brauchte Zeit. Außenpolitisch kamen ihm die Engländer, Amerikaner und Franzosen zu Hilfe. Sie erkannten das Franco-Regime als rechtmäßige Regierung an. Gleichzeitig gaben sie der republikanischen Regierung den Todesstoß durch Aberkennung.

Der nach Paris geflüchtete Präsident der Republik, Manuel Azaña, legte am 27. Februar sein Amt nieder.

Der Präsident der Cortés, Martínez Barrio, rief wiederholt die Abgeordneten in Paris zusammen. Natürlich weigerte er sich, nach Madrid oder Valencia zu übersiedeln.

Und Negrín? Er flog mit Gefolgsleuten nach Valencia. Und wollte die in Madrid angesiedelte Generalität zur Fortsetzung des Kampfes veranlassen. Jedenfalls so lange, bis ein Arrangement mit Franco, ohne Repressalien gegen die Bevölkerung und die Angehörigen der Armee, durchgesetzt werden könne. Woran Franco natürlich überhaupt nicht dachte und die Generalität in Madrid nicht mehr glaubte. Negrín wahrscheinlich auch nicht. Aber was hätte er sonst tun können, um sein Prestige nicht gänzlich zu verlieren?

Seine Rückkehr war den Generalen höchst unerwünscht; denn an eine Fortsetzung des Kampfes dachten sie nicht mehr. Der Chef des Generalstabes, Casado, verhandelte schon mit Franco. Ohne Autorisierung durch die Regierung, unterstützt von General Miaja, dem rechten Sozialisten Julián Besteiro und ein paar anarchistischen Kommandeuren. Geheimagenten, unter der Obhut englischer Regierungsvertreter, pendelten zwischen Madrid und Burgos, der provisorischen Hauptstadt Francos, hin und her, um die Kapitulationsbedingungen auszuhandeln. Da Franco jedoch alle Angebote Casados zurückwies und die bedingungslose Kapitulation forderte, reduzierten sich zum Schluß die Bitten Casados auf das Entgegenkommen, Franco solle wenigstens die ehemaligen Offiziere der alten Armee schonen und wieder in seine Armee übernehmen. Um das Schicksal von zweihundertfünfzigtausend Soldaten scherte er sich nicht. Ganz zu schweigen von der Zivilbevölkerung, die nicht weniger betroffen war als die Angehörigen der Armee. Für sich und Miaja hatte er die Zusicherung, von britischen Schiffen bei Cartagena an Bord genommen zu werden.

Um zu beweisen, wie ernst es Casado mit der Kapitulation war, befahl er am 4. März die Verhaftung Negríns und aller Offiziere in seiner Begleitung. Wer Widerstand leistete, sollte auf der Stelle erschossen werden. Es mutet wie ein Witz der Geschichte an. Negrín hoffte, den verräterischen Stabschef durch die Ernennung zum General zurückzugewinnen. Und der schamlose Oberst nahm die Ernennung von seinem Ministerpräsidenten noch an, nachdem er bereits dessen Verhaftung oder Erschießung befohlen hatte.

Das Unehrenhafteste von allem war, daß sich die Armee vor dem Einmarsch der Franco-Legionen selbst wehrunfähig machte. Einheiten, die sich dem Verrat widersetzten, wurden durch Divisionen, die Casado von der Front zurückrief, niedergeschlagen. Kommandeure, die nicht im Kampf fielen, wurden an die Wand gestellt, Gefangene in Ketten gelegt, später den Franco-Truppen übergeben. Madrid fiel am 28. März. Danach alle anderen Städte.

Keine Statistik zählt die wirklichen Opfer, die der nachfolgende Terror gefordert hat. Unbestritten ist, daß die Zahl der Hingerichteten, zu Tode Gefolterten, der mit und ohne Prozeß Ermordeten kaum niedriger war als die Verluste während der militärischen Kämpfe. Der Außenminister Mussolinis, Graf Ciano, gab nach Rückkehr aus Madrid im Juli 1939 bekannt, daß zwei Millionen abgeurteilt würden. Die täglichen Erschießungen in Madrid bezifferte er mit zweihundertfünfzig. Da der Graf ein enger Freund Francos war, müssen seine Angaben eher als untertrieben gewertet werden.

In den französischen Internierungslagern waren, bevor der Verrat in Madrid bekannt wurde, hunderttausend Spanier und Ausländer bereit, nach Zentralspanien zurückzukehren, um den eingekesselten Republikanern zu helfen. Und es wäre mit Sicherheit dazu gekommen, wenn die französische Regierung solchen Versuchen nicht entgegengewirkt hätte. Sie verbot die Rückkehr der Internierten und stellte Schiffseigner unter Strafe, die Freiwillige nach Valencia oder Alicante bringen wollten. Gleichzeitig ermunterte die französische Regierung alle internierten Spanier, nach Franco-Spanien zurückzugehen. Letzteres war nicht verwunderlich. Die Daladier-Regierung hatte nur drei Dinge im Sinn: Erstens, die lästigen Flüchtlinge loszuwerden. Zweitens, dem soeben als rechtmäßigen Machthaber anerkannten Franco gefällig zu sein. Drittens, die Fortsetzung des Widerstandes in Spanien zu verhindern.

Als erstes Land der Welt öffnete Mexiko die Grenzen für spanische Flüchtlinge und verweigerte zugleich die Anerkennung Francos. Die mexikanische Regierung setzte auch die Hilfe für die untergehende Republik fort.

Nach dem Verrat in Madrid und nachdem Azaña sein Amt niedergelegt hatte, Negrín aus Valencia zurückgekehrt war, die Parteien sich gegenseitig für den verlorenen Krieg verantwortlich machten, brach alles zusammen. Und kein Land schickte Schiffe nach Valencia, Alicante oder Cartagena, um Flüchtlinge an Bord zu nehmen.

Drei britische Kriegsschiffe, die vor den spanischen Häfen kreuzten, nahmen Casado, Miaja und ein paar ausgesuchte Personen unter ihren Schutz. Die an den Stränden von Valencia bis Almería zusammengeströmten Flüchtlinge gingen unter. Die Welt nahm das Massaker hin.

Sie atmete auf, daß der Krieg in Spanien zu Ende war. Und sie wollte nicht zur Kenntnis nehmen, daß in Spanien eigentlich der Zweite Weltkrieg begonnen hatte, daß die Niederlage der spanischen Republik die erste in einer ganzen Kette war, mit der die faschistischen Kräfte in ihrem großen Krieg die europäischen Demokratien überzogen.

Meine Erinnerungen an Spanien sind Schilderungen von Erlebnissen und Betrachtungen, die nicht mit historischer Aufarbeitung verwechselt werden dürfen. Eine solche steht noch aus, weil die Historiker in der DDR weder dazu ermuntert wurden noch die Tabus brechen konnten, die bis in die Tage des Zusammenbruchs (Oktober 1989) nicht angerührt werden durften. Subjektive Erinnerungen können kein Ersatz dafür sein.

Ich will meinen Spanienbericht mit Hinweisen auf solche Tabus abschließen, ein bißchen an den Legenden kratzen, die sich um prominente Persönlichkeiten ranken, besonders solche, die bisher zu Helden hochstilisiert oder in alle Ewigkeit verdammt wurden.

Nach Hans Beimler, ehemals Reichstagsabgeordneter der KPD, dem die Flucht aus dem KZ Dachau gelang, über Moskau in die Schweiz emigrierte und als erster kommunistischer Führer nach Spanien ging und dem Ernst Busch eines seiner populärsten Lieder widmete, benannten sich mehr als tausend Schul-, Arbeits- und Armee-Kollektive bei uns in der DDR. Noch 1988 feierte Honecker während seines Staatsbesuches in Spanien Beimler als Kommissar der Internationalen Brigaden und Organisator des Thälmann-Bataillons. Und die Beimler-Publikationen in den zurückliegenden vierzig Jahren sind zahllos. Nur in Büchern von westlichen Autoren werden Zweifel über die offiziellen Darstellungen seines Endes am 1. Dezember 1936 an der Madrider Front angemeldet.

Und jetzt bleibt nachzufragen, ob der 1986 von meiner Frau in Madrid entdeckte längere Brief von Gómez (Wilhelm Zaisser) an den Kommandanten der 11. Brigade, General Kléber (Lazar Stern), vom 23. November 1936, also sieben Tage vor Beimlers Tod, etwas mit den «Ungereimtheiten» um Beimlers Tod zu tun hat. Es gibt auch noch keine Antwort auf die Frage, warum von dem «Dreiergespann» Beimler, Louis Schuster und Richard Staimer, die gemeinsam unterwegs waren, nur der letztere den Tod der beiden anderen unverletzt überlebte. Im letzten Absatz des quasi «Befehlsbriefes» von Zaisser an Kléber, den ich abschriftlich im Dezember 1986 an Erich Honecker zwecks weiterer Nachforschungen geschickt habe, heißt es: «... Darum ist zu bemerken, Genosse Hans Beimler als Vertreter der Deutschen Kommunistischen Partei hat nicht das geringste Recht, sich in organisatorische Angelegenheiten der Internationalen Brigaden einzumischen, noch weniger kann er für Politkommissare der Front, die zur Base (militärpolitisches Zentrum der Internationalen Brigaden in Albacete, W. J.) fahren, Marschrouten festlegen oder Befehle geben für die Berichterstattung. Er ist lediglich nach Madrid gefahren zwecks Information und politischer Besprechung mit deutschen Genossen. Irgendeine offizielle Funktion im Rahmen der Internationalen Brigaden hat er vorläufig nicht, und darum ist es völlig unmöglich, daß er in irgendeiner Weise in die Angelegenheiten der Internationalen Brigaden eingreift. Ich bitte, ihn ausdrücklich darauf aufmerksam zu machen... Gezeichnet: Gómez.»

Außer einer Empfangsbestätigung für die Zusendung dieses Dokumentes und der Danksagung für den ausführlichen Bericht über unsere Forschungen in Madrider Archiven, ist von Honecker weiter nichts veranlaßt worden. Wohl deshalb, weil weder der Text des Gómez-Briefes noch die daraus abzuleitende und denkbare Liquidierung Beimlers mit dem für unsere Jugend aufgebauten Beimler-Bild in Einklang zu bringen war.

Ob Beimler und sein Begleiter Schuster (zu dieser Zeit Kommissar im Thälmann-Bataillon) von Staimer oder von den Marokkanern erschossen wurde, wird sich erst endgültig aufklären lassen, wenn die Archive des sowjetischen Geheimdienstes NKWD erschlossen werden. Denn Gómez und der ihm unterstellte Mielke waren Beauftragte des NKWD, die streng nach den Weisungen des ebenfalls nach Spanien abkommandierten NKWD-Generals Orlow gehandelt haben.

Aufzuklären bleibt auch das Ende von Artur Becker, ehemals Reichstagsabgeordneter der KPD, dann Vertreter der Komintern in Westeuropa für die Solidaritätsbewegung mit Spanien. Er kam 1938, als schon erkennbar war, daß der Krieg verloren war, zur 11. Brigade. Während eines nächtlichen Rückzugs soll er unbemerkt verlorengegangen und verwundet in die Hände der Franquisten gefallen sein. Gesichert ist, daß er in Burgos von der Gestapo zu Tode gefoltert wurde. Zu fragen bleibt, warum er völlig sinnlos nach Spanien abgeschoben wurde, wo er nichts mehr ausrichten konnte, und wer die Verantwortung für seinen Tod trägt. Alles, was die Dresdner Militärakademie, novellistisch ausgeschmückt, über Beckers Tod «am Maschinengewehr» verbreitete, entbehrt jeder Grundlage.

Mir scheint, daß Beimlers und Beckers Ende einen ähnlichen Hintergrund hatten wie der Tod von Buenaventura Durruti, prominenter Führer der Anarchisten, der sieben Tage vor Beimler, auch am Rande der Madrider Front, ums Leben kam. Liest man das Buch «Der kurze Sommer der Anarchie» von Hans Magnus Enzensberger, so kann gefolgert werden, daß er wegen politischer Meinungsverschiedenheiten von seinen anarchistischen Kampfgefährten liquidiert wurde.

Soweit es uns Deutsche betrifft, bleibt in jedem Falle die Offenlegung der Rolle, die Zaisser und Mielke während ihres Tuns in Spanien gespielt haben, welchen Schaden sie der Republik in ihrem «Kampf» gegen Trotzkisten, Renegaten, Spione, POUMisten usw. zugefügt haben. Glaubt man den Historikern im Westen, dann waren sie u. a. auch an der Ermordung Nins, dem Führer der POUMisten, beteiligt. Nur die Archive in Moskau können darüber klare Auskunft geben.

Die Terrorakte, von welcher Gruppierung sie auch zu verantworten waren, sind gewiß nicht die Hauptursache für den Untergang der Republik gewesen. Aber ohne jeden Zweifel haben sie dazu beigetragen. Und deshalb muß alles wahrheitsgemäß aufgedeckt werden. Sonst bleibt es bei Halbwahrheiten, die einer Geschichtsaufarbeitung im Wege stehen.

Reise in die Hoffnung

«Wir wollten Vorbereitungen für die Flucht treffen. Widerstandslos wollten wir uns nicht an die Gestapo ausliefern lassen. Natürlich war uns bewußt, daß jede Massenflucht Opfer fordern und zum Kampf im Untergrund zwingen würde. Genau das war uns lieber, als uns widerstandslos zu ergeben. Mit der unentschlossenen Haltung der Parteiführung war das nicht zu vereinbaren. Der aktive Widerstand gegen die deutschen Invasoren in Frankreich war zu dieser Zeit noch nicht in Gang gekommen. Die Direktiven der Komintern waren aufs Abwarten ausgerichtet. Alle Fluchtpläne stießen jetzt auf Ablehnung. Erst müßten die führenden Genossen heraus, dann kämen die anderen an die Reihe. Viele Kameraden und ich konnten dieser Logik nicht folgen.»

Flucht nach Marseille

Über das Schicksal der Internierten in Frankreich haben schon viele berichtet und Literatur daraus gewoben. Manche haben dem Lagerleben moralische und heroische Züge verliehen. Ich werde mich über die drei Jahre in St. Cyprien, Gurs, Le Vernet und Les Milles kurz fassen.

Mit Beginn des Zweiten Weltkrieges, am 1. September 1939, wurde unsere Situation noch schwerer, als sie schon war. Wir Deutschen waren von nun an nicht nur Kommunisten oder Rote, sondern auch Angehörige der Feindnation. Und die Emigranten aller Nationalitäten galten als suspekt. Ohne Unterschied wurden sie interniert. Wie weit das ging, hat Lion Feuchtwanger in seinem Buch «Der Teufel in Frankreich» beschrieben. Da ihm 1941 die Flucht nach Amerika gelang, mußte er das Schicksal der Emigranten nicht bis zum bitteren Ende teilen.

Mir mißfiel, und nicht nur mir, daß die in Paris lebenden Genossen Dahlem, Rädel, Merker und alle anderen in die Lager gingen, anstatt den Widerstand gegen Hitler fortzusetzen. Da auch die Prominenten aller anderen nationalen Gruppen freiwillig in die Lager gingen, verstand ich die Welt nicht mehr. Später erfuhr ich, daß die selbst auferlegte Internierung eine Folge des deutsch-sowjetischen Vertrages war.

Die Verwirrung fand ihren Höhepunkt, als die Interbrigadisten, in Absprache mit der Kommunistischen Partei Frankreichs, namentlich André Marty, ihre Bereitschaft erklärten, an der Seite der französischen Armee gegen Deutschland zu kämpfen, vorausgesetzt, ihnen werde ein ähnlicher Status gewährt wie in Spanien.

Davon wollten Daladier und der Generalstab nichts wissen. Sie begrüßten unsere Bereitschaft, forderten aber, daß alle Freiwilligen in die

Fremdenlegion einträten. Der Generalstabschef Gamelin kam extra nach Gurs, um ein Büro der Fremdenlegion einzurichten, den Eintritt in die Legion zu veranlassen.

Aber damit waren die Interbrigadisten nicht einverstanden. Auch die Spanier nicht. Wir wußten, daß sich die Legion zu 99 Prozent aus Kriminellen aller Nationalitäten rekrutierte, entsprechend gedrillt und eingesetzt wurde. Nein, mit kriminellen Verbrechern wollten wir nicht gleichgesetzt werden. Und so kam es während des Besuches von Gamelin in Gurs zu einer regelrechten Protestkundgebung. Trotz Drohungen meldete sich niemand. Gamelin mußte unverrichteter Dinge abreisen.

Der Lagerkommandant sonderte am darauffolgenden Tag die in Gurs internierten Spanienkämpfer aus: Offiziere und Kommissare wurden umgehend in das Sonderlager Le Vernet abgeschoben. Den Rest schickte er nach Argelès zurück. Der militärische Zusammenhalt der Internationalen sollte gebrochen werden.

Grenzenlos war die Verwirrung, als die Kommunistische Partei schließlich erklärte, nicht Deutschland, sondern England und Frankreich seien die Hauptfeinde. Daß Hitler den Krieg angezettelt hatte, schien vergessen zu sein. Und ab sofort war keine Rede mehr davon, daß die Spanienkämpfer an der Seite der französischen Armee kämpfen sollten.

Mir gefiel diese Kehrtwendung genausowenig wie der zuvor abgeschlossene Deutsch-Sowjetische Pakt. Aber wenn die Sowjetunion, die Komintern, meine deutsche Partei unter Pieck, Ulbricht, Dahlem und Merker nun England und Frankreich zum Hauptfeind erklärten, wie hätte ich da widersprechen können? Die wenigen von uns, die sich dazu aufrafften, wurden als Parteifeinde und Agenten ausgeschlossen. Nein! Zum Parteifeind wollte ich nicht werden. Deshalb unterstützte ich sogar die neue, wie sich bald herausstellen sollte, falsche Orientierung, die als Konzession an den Nichtangriffspakt zu verstehen war. Alles Gerede, daß die Sowjetunion Zeit gewinnen mußte, um den Krieg mit Deutschland abzuwehren oder sich gerüstet darauf einzustellen, änderte nichts an diesem Sachverhalt.

In Vernet trafen die aus Gurs abgeschobenen Spanienkämpfer wieder mit Dahlem zusammen, der schon mit tausend sogenannten Zivilinternierten, darunter Schriftstellern und Intellektuellen, im Quartier «B» einsaß. Die Spanienkämpfer wurden wie üblich abgetrennt. Ins Quartier «C» eingewiesen. Im Quartier «A» befanden sich Zivilinternierte unterschiedlicher Herkunft. Darunter viele zwielichtige Personen.

Die im Quartier «B» befindlichen Parteiführer – Dahlem, Rädel, Merker – bestimmten das Verhalten im gesamten Lager. Das alltägliche Gerangel ums Essen, bessere sanitäre Einrichtungen war nicht anders als in allen Lagern. Den Unterschied machte die Bewachung. Auf Flüchtlinge wurde ohne Anruf geschossen. Und da gab es Tote, die im Stacheldraht hängenblieben.

Fatal wurde das Leben in Vernet erst, als Frankreich zum «Waffenstillstand» gezwungen wurde. Kein Mensch wußte, wo die Deutschen haltmachen würden, was aus den Internierten werden sollte. Klar war nur, daß die Emigranten keine Gnade zu erwarten hatten.

Und das war einer der Gründe, warum ich als Sprecher der Deutschen im Quartier «C» mit der Parteiführung in «B» in Konflikt kam. Die großen Genossen zeigten keine Neigung, klare Antworten zu geben. Sie warteten ab, was die Instruktionen der Komintern besagten. Wir in «C» wollten Vorbereitungen für die Flucht treffen. Widerstandslos wollten wir uns nicht an die Gestapo ausliefern lassen. Natürlich war uns bewußt, daß jede Massenflucht Opfer fordern und zum Kampf im Untergrund zwingen würde. Und genau das war uns lieber, als uns widerstandslos zu ergeben. Mit der unentschlossenen Haltung der Parteiführung war das nicht zu vereinbaren. Der aktive Widerstand gegen die Invasoren in Frankreich war zu dieser Zeit noch nicht in Gang gekommen. Die Direktiven der Komintern waren aufs Abwarten ausgerichtet.

Die Desorientierung durch den Pakt und die Teilung Polens verschärfte sich noch, als die Sowjetunion Finnland den Krieg erklärte. Das kleine Nachbarland wurde zum Schreckgespenst gemacht. Nicht etwa, weil es mit Hitler zusammenging. Nein! Finnland habe beabsichtigt, im Auftrag Englands und Frankreichs die Sowjetunion zu überfallen. Dem habe die Sowjetunion zuvorkommen müssen. Hilfe für die Sowjetunion, unerbittlicher Kampf gegen die Westmächte wurde zur Forderung des Tages. Sogar die französischen Kommunisten stimmten in diesen Chor ein. Obwohl ihr Land gerade von den Deutschen zertreten und in zwei Teile gerissen wurde: in eine besetzte und eine sogenannte freie Zone.

Alle Fluchtpläne stießen jetzt auf Ablehnung. Sie seien zum Scheitern verurteilt und würden die Bemühungen, den Weg für legale Entlassung der Politbüro-Mitglieder freizumachen, nur erschweren. Erst müßten die führenden Genossen heraus, dann kämen die anderen an die Reihe. Viele Kameraden und ich konnten dieser Logik nicht folgen. Und so widersprachen wir: Das eine schließe das andere nicht aus. Außerdem gäbe es keine Garantie für legale Entlassungen der Parteiführer.

Wie irrig die Hoffnungen waren, die Sowjetunion würde sich für sie einsetzen, zeigte sich wenige Wochen später, als die Gestapo begann, in der «Freien Zone» «reinen Tisch» zu machen. In Erwartung der «Kundt-Kommission», die im Auftrag des deutschen Außenministeriums in Zusammenarbeit mit der Gestapo die Exilanten überprüfen sollte, überschlugen sich die Richtlinien. Unser Vorschlag, kollektiv oder einzeln auszubrechen, wurde in Anbetracht der Unruhe nicht mehr in Bausch und Bogen verworfen. «Gut», sagte die Leitung. «Wir werden den ehemaligen Kommissar der 11. Brigade, Heiner Rau, beauftragen, einen Ausbruchsplan auszuarbeiten.»

Nach einem geheimen nächtlichen Informationsgespräch in «B» brachte ich den verabredeten Plan in «C» vor. Er stieß auf radikale Ablehnung. Der Plan sah vor, daß die Internationalen von «C» die Kompanien der Franzosen angreifen und so lange binden sollten, bis die führenden Leute von «B» in Sicherheit seien. Wenn dann noch Gelegenheit dazu sei, könnten auch sie die Flucht antreten. Kein Zweifel, nach diesem Plan konnte es gelingen, den Weg für die fünf oder sechs Leute in «B» freizukämpfen. Nur die vielen anderen, die ohne Waffen den Kampf beginnen sollten, wären zusammengeschossen worden. Gemeinsam mit anderen Spanienkämpfern entwarf ich einen Gegenplan, der möglichst vielen eine Chance bieten sollte. Er wurde aber von «B» sofort abgelehnt.

Bevor die Kundt-Kommission in Vernet eintraf, gab die Leitung neue Direktiven bekannt: «Alle Internierten, gleichgültig welcher Nationalität, sollen sich zur Rückkehr melden, vorausgesetzt, daß sie in ihren Heimatländern nicht mit der Todesstrafe rechnen müssen.»

Man wisse aus den anderen Lagern, daß alle befragt würden, ob sie bereit seien, freiwillig zurückzukehren. Andernfalls drohe die französische Lagerleitung mit Abschiebung in die Sahara. Dann hieß es, daß mit einer baldigen Befreiung nicht mehr zu rechnen sei. Wegen des Hungers sei die Überlebenschance in den französischen Lagern kleiner als bei einer Rückkehr, wo sich die meisten wieder dem Widerstand anschließen könnten.

Mein Einspruch, von vielen Kameraden in «C» unterstützt, wurde abgelehnt. Die von der Komintern gegebene Orientierung lasse keinen anderen Beschluß zu. Wer könne schon die Realitäten besser beurteilen als die Genossen in Moskau? Damit war das letzte Wort gesprochen. Die Leitungen in den drei Quartieren wurden verpflichtet, alle Genossen von der Richtigkeit des Beschlusses zu überzeugen. Rückkehr sei der einzige Ausweg.

Auch ich mußte der Pflicht nachkommen, Kameraden zur «Heimkehr» zu bewegen. Obwohl ich wie alle anderen wußte, daß jede Rückkehr in deutsche Konzentrationslager führen würde. Schlimmer noch. Manche würden vor Gericht gestellt und zum Tode verurteilt werden. Ähnlich wie bei Gandesa, wo ich nicht verhindert hatte, daß mein Bataillon in den Tod geschickt wurde, belastete mich auch diesmal die Mitverantwortung für die Durchführung dieses grundfalschen Beschlusses.

Als die Kundt-Kommission nach Vernet kam, mußten die auf dem Appellplatz angetretenen Internierten einzeln an den mit Akten beladenen Tisch der Kommission treten und nach den Angaben zur Person mit «Ja» oder «Nein» die Frage nach Rückkehr beantworten. Wer «Ja» sagte, mußte seine Bereitschaft auf den vorgedruckten Formularen mit seiner Unterschrift bestätigen. Bevor es aber dazu kam, sollten alle «Nichtarier» gesondert antreten. Darauf gefaßt, hatten wir in «C» die Parole ausgegeben: Die jüdischen Kameraden dürfen sich in keinem Fall von uns trennen lassen. Und dabei blieb es dann auch.

Alle nationalen Gruppen ließen in den ersten Reihen ranghohe ehemalige Offiziere antreten. Die Deutschen sollten erfahren, wer da vor ihnen stehe. Nach Franz Raab, Kommandant des Thälmann-Bataillons, der mit einem lauten «Nein» antwortete, kam das «Nein» eines weiteren Bataillonsführers. Dann folgte ich, ebenfalls mit «Nein». Als noch ein Major «Nein» sagte, unterbrach Kundt die Vernehmung und schmetterte eine Rede. Er sagte: «Ihr habt zwar als Kommunisten in Rotspanien gekämpft, aber doch bewiesen, daß ihr deutsche Männer seid. Vier Majore, das ist mehr, als ich erwartet habe. Ich hoffe, daß es unter euch auch noch Soldaten gibt? Weitermachen», schrie er seine Mitarbeiter an. Natürlich gab es Soldaten. Und zuvor Kompanieführer und Zugführer, die zur Hälfte leider mit «Ja» antworten mußten.

Um die gedrückte Stimmung nach der Begegnung mit der Gestapo in Grenzen zu halten, organisierten wir Kulturveranstaltungen, um die Stimmung wieder ins Lot zu bringen. Aus Anlaß des fünften Jahrestages der Gründung der Internationalen Brigaden verlas ich einen regelrechten «Tagesbefehl» vor den angetretenen Brigadisten. Mit einem disziplinierten Marsch durch das Quartier «C» endete die Kundgebung. Dabei sangen wir die «Thälmann-Kolonne», das «Beimler-Lied» und die «Internationale». Die Gestapo-Leute standen fassungslos am Eingang. Als die Franzosen eingreifen wollten, wurde das untersagt. In Gegenwart der Deutschen sollte es nicht zu Gewalttätigkeiten kommen.

Mit Waffengewalt wurde der Hungerstreik niedergeschlagen, den wir ein paar Tage später in «C» ausriefen. Tausend Häftlinge demonstrierten mit Sprechchören für bessere Verpflegung. Die bislang erhaltenen Topinambours – eine eßbare Knolle aus der Familie der Sonnenblumen –, halb oder ganz verfault, waren nicht mehr genießbar. Der Hunger zwang zum Protest. Wir hofften, daß der Streik uns Organisatoren vor Gericht bringen und damit der Widerstand öffentlich werden würde. Das war die einzige Möglichkeit, über den Stacheldraht hinaus zu wirken.

Der zuständige Kapitän der Garde Mobile stürmte mit hundert Leuten das Quartier, zwang zum Antreten und verhaftete aus allen nationalen Gruppen vermeintliche Organisatoren, die ihm durch einen in der Kommandantur tätigen Dolmetscher-Häftling benannt wurden.

Aus den Reihen der Deutschen mußte ich zuerst heraustreten. Mir folgte der sozialdemokratische Freund Ernst Braun. Dann der ehemalige Leutnant Alfred Neumann, der wegen seiner Blasen an den Fersen die Front verlassen hatte. Ihn ließ der Kapitän nur deshalb verhaften, weil er sich ärgerte, daß es unter den Häftlingen jemanden gab, der seine Größe noch übertraf. Wahrscheinlich wäre das ohne Folgen geblieben, wenn der durch das Spalier der Gendarmen Gejagte nicht das dümmste gemacht hätte, was man tun konnte. Er zog Papiere aus seiner Hosentasche und verschlang sie unter den Augen der Garde Mobile. Natürlich vermuteten sie sofort, daß es sich dabei um detaillierte Anweisungen für den Streik handeln mußte. Aber das war nicht der Fall. Die Papiere enthielten Notizen über einen Lehrgang: Der historische und dialektische Materialismus. Es war der gewünschte Anlaß, den Hasenfuß zusammenzuschlagen. Und er bezog immer mehr Prügel, weil er hartnäckig bestritt, am Hungerstreik teilgenommen zu haben.

Wie in der Vorbereitung des Streiks verabredet, bekannte ich mich zum Streik. Bekam deshalb auch keine Prügel. Ich fragte sogar den Kommandanten: «Würden Sie als Oberst der französischen Armee zusehen, wie Ihre Soldaten in der Gefangenschaft verhungern?» Dann fügte ich hinzu: «Ich bin nur Major und fühle mich für meine Kameraden noch immer verantwortlich.» Der Oberst war sprachlos. Er erwiderte nichts, verhinderte aber, daß ich mißhandelt wurde. Nach Beendigung der Vernehmung wurden wir alle – etwa dreißig Personen – ins Gefängnis nach Foix abgeschoben.

Bevor es zum Prozeß kam, besuchte die Kundt-Kommission das Gefängnis. Kundt sprach mit allen, die sich in die Listen zur Rückkehr eingetragen hatten. Der «Papierschlucker» Neumann zählte dazu. Sie bekamen sogar ein paar Francs, um Brot und Zigaretten kaufen zu können. Kundt versprach auch, daß sie bald heimkehren würden.

Die Gefängniswärter, von Kundt ermahnt, die einsitzenden Deutschen gut zu behandeln, fragten mich nach dem Besuch, warum ich nicht von der Gestapo-Kommission gerufen worden war. Meine Antwort muß den Wärtern gefallen haben. Ab sofort bekam ich die doppelte Ration Suppe. Dazu eine zweite Decke. Verlaust wie die anderen. Aber in den Nächten hatte ich es nicht mehr so kalt.

Mein jugoslawischer Mithäftling und ich bekamen die höchste Strafe. Aber die Behandlung nach dem Prozeß wurde eher noch freundlicher. Ohne Zweifel war das eine Geste der französischen Wärter.

Als wir aus dem Gefängnis nach Vernet zurückkehrten, wurde spürbar, daß es von nun an «Heimkehrer» gab und solche, die sich schon in der Sahara sahen. Und wer sich nichts vormachte, wußte, daß die Tage bis zur Auslieferung an die Gestapo gezählt waren.

Und weil ich mir nichts vormachte, weder zu den «Heimkehrern» noch zu den Sahara-Kandidaten gehörte, nahm ich die Ausweglosigkeit nicht hin. Ich bestand darauf, daß wenigstens denen die Flucht erlaubt werden müsse, die ein solches Risiko eingehen wollten. Schließlich stimmten die Genossen von «B» zu. Dennoch blieb mir das Wagnis zur Flucht doch noch erspart.

Die im Untergrund tätigen Freunde unter Lex Ende in Marseille hatten den mexikanischen Konsul, Gilberto Bosquez, mobilisiert. Seine schriftliche Einladung, nach Marseille zu kommen, um die Ausreise in sein Land vorzubereiten, brachte die erwünschte Hilfe. Diesem Umstand ist zu danken, daß ich in das Auswandererlager Les Milles überstellt wurde. Das war ein wichtiger Schritt vorwärts. Und er war nur möglich, weil die deutschen Besatzer noch eine gewisse Zurückhaltung in der «Freien Zone» übten.

Wenige Wochen später war es vorbei mit der Zurückhaltung. Nach dem Überfall auf die Sowjetunion änderten sich die Verhältnisse. Die Kommunisten sprachen nicht mehr vom imperialistischen Krieg, von den Hauptfeinden England und Frankreich. Von nun an war der Krieg ein Befreiungskrieg. Und man verständigte sich mit anderen Widerstandsgruppen. Auch mit den Anhängern von General de Gaulle, der von England aus den Widerstand organisierte. Hitler war endlich der Hauptfeind.

Aber die Gefahren wurden größer als zuvor. Hitlers Armeen stießen weit in die Sowjetunion hinein. Bald standen sie vor Moskau. Nur wenige glaubten noch, daß es den Russen gelingen könnte, die Front wieder zu stabilisieren.

Vom Lagerkommandanten in Les Milles erfuhren wir, daß die erste Auslieferungsliste vorliege. Er ließ wissen, daß Merker, Börner, Stibi und ich das Lager binnen drei Tagen verlassen müßten. Sonst könne er uns nicht mehr schützen. Das war eine direkte Aufforderung zur Flucht. Und wir machten davon Gebrauch.

Charlotte und Mexiko

Der illegale Aufenthalt in Marseille war eine harte Prüfung. Die meisten Nächte verbrachte ich am Strand oder an windgeschützten Stellen im Wald. Die ersten Tage mochte das angehen; das Wetter war sonnig, das Baden machte Spaß. Ich fühlte mich frei und fand Trost in der Trostlosigkeit durch eine Frau, die nach dem Einmarsch der Deutschen in Paris nach Marseille geflüchtet war. Viele Stunden verbrachten wir gemeinsam. Wer mich mit Irene zusammenbrachte, kann ich nicht mehr sagen. Vielleicht Charlotte, die in Marseille lebte, mich im Auftrag der Widerstandsbewegung betreute und wöchentlich Lebensmittelkarten und etwas Geld brachte. Ohne Karten und Geld hätte ich verhungern müssen.

Die Treffen mit der badelustigen, jedesmal ins Meer hinausschwimmenden Charlotte, von der ich nur wußte, daß sie die Frau von Lex Ende war, waren aufregender als die Nächte mit Irene. Warum eigentlich? Es passierte ja nichts. Plaudern, das war alles. Vielleicht, weil sie Karten und Geld brachte? Das schon gar nicht. Es war etwas anderes. Im Unterschied zu Irene, die schon auf eine große Vergangenheit zurückblicken konnte, die Lenin-Schule absolviert hatte und nur schwärmerisch über die Sowjetunion sprach, war Charlotte eine Frau (auch mit Vergangenheit), die nichts tun oder sagen mußte. Sie gewann Sympathie durch Zurückhaltung. Und Gott hatte ihr gegeben, was eine Frau faszinierend macht. Alles an ihr war jugendliche Frische. Wer mag sich da wundern, daß ich mit ihr die angenehmsten Stunden verbrachte. Daß ich immer froh war, sie wiederzutreffen.

Um meinen zwiespältigen Gefühlen – hin und her gerissen zwischen Irene und Charlotte – zu entkommen und die Tage nicht länger untätig zu verbringen, wollte ich Frankreich verlassen. Mich den Partisanen in Jugoslawien anschließen. Die Partei lehnte ab. Es gäbe keinen sicheren Weg nach Jugoslawien. Ich erbot mich daraufhin, nach Spanien zurückzugehen, um für gefährdete Genossen die illegale Durchreise nach Portugal zu erschließen. Andere Möglichkeiten, Frankreich zu verlassen, gab es nicht mehr. Zu den Bedingungen der Schmuggler war eine illegale Durchreise viel zu teuer.

Aber einen Tag vor meiner Abreise nach Spanien brachte Charlotte überraschend die Nachricht, daß ich nach Mexiko gehen sollte. Von dort aus könne ich in die Sowjetunion weiterreisen. Freunde in den USA hätten das Visum besorgt, die Schiffspassage gebucht und bezahlt. Ich müsse also umgehend den Konsul aufsuchen, um mir die mexikanischen Reisepapiere aushändigen zu lassen.

Zunächst wollte ich nichts von Mexiko wissen. Mir war dieses Land viel zu weit weg. Aber ich mußte mich fügen. Meine Zustimmung wurde erleichtert, weil auch Charlotte die Reise nach Mexiko antreten sollte. Ihr Mann blieb in Marseille, um die illegale Tätigkeit fortzusetzen. Auch Irene mußte zurückbleiben. Ein Jahr später fiel sie der Gestapo in die Hände. Nach grausamen Folterungen wurde sie am 27. Oktober 1944 in Plötzensee enthauptet.

Gute Verbindungen der Gruppe um Lex Ende zu den französischen Behörden öffneten die Türen zur Präfektur, um das Visa de sortie (Ausreisevisum) einzuholen. Ebenso den Zugang zum Schiff, mit dem die Fahrt nach Oran angetreten wurde. Jenseits des Mittelmeeres ging es mit der Eisenbahn weiter. Nach vierzehn Tagen in Casablanca konnten Charlotte, ich und etwa sechzig weitere Genossen die Reise mit dem vom Roten Kreuz für jüdische Auswanderer gecharterten portugiesischen Schiff «Serpa Pinto» fortsetzen. Die ersten drei Tage war das Meer stürmisch. Bis zu den Azoren war ich seekrank. Bei ruhiger See ging es zu den Bermudas, wo die Engländer alle Passagiere kontrollierten. Charlotte und ich hatten keine Schwierigkeiten. Der englische Major, der offenbar Bescheid wußte, grüßte militärisch und wünschte gute Reise. Bei zunehmender Hitze und ruhiger See ging die Fahrt nach Santo Domingo weiter. Die ersten Passagiere verließen das Schiff. In Habana gingen noch mehr von Bord. Nach vier Wochen Seereise liefen wir – trotz des U-Boot-Krieges im Atlantik und der Versenkung eines englischen Schiffes mit zweitausend Flüchtlingen an Bord im Nordatlantik – in den Hafen von Vera Cruz ein. Und da begann für alle, die das Schiff verließen, ein neues Leben.

Noch während der Überfahrt hatten die USA Deutschland den Krieg erklärt. Eine Weiterreise in die Sowjetunion war deshalb nicht mehr möglich. Nach amerikanischen Gesetzen durften Angehörige sogenannter Feindnationen die USA weder verlassen noch sie einreisen. Und Deutsche, ob Emigranten oder nicht, durften auch die lateinamerikanischen Länder nicht verlassen.

In Vera Cruz warteten Freunde auf unsere Ankunft, die die Weiterreise in die dreihundert Kilometer landeinwärts gelegene Hauptstadt vorbereitet hatten. Charlotte kannte die im Hafen Wartenden schon aus den Jahren in Paris und Prag. Zu ihnen zählten Gertrud Düby, eine Schweizer Pfarrerstochter, die aus ganz anderen Gründen zum Widerstand gekommen war als wir, und Rudolf Feistmann, aus jüdischem Hause, Journalist, Schriftsteller, von Jugend an Kommunist. Sie bereiteten uns einen herzlichen Empfang, sorgten für Verpflegung, Hotel und gute Laune. Das Wetter war traumhaft schön und sehr warm. Auf den Straßen sprudelte das Leben. Ungezwungen, lärmend, exotisch. Kupferbraune Gesichter unter Strohhüten, Männer und Knaben in weißen Hemden und Hosen. Frauen und Mädchen in bunten Blusen und Röcken. Zumeist barfuß.

Den ersten Abend verbrachten Charlotte und ich am Strand. Wir sahen der Brandung zu und hingen unseren Gedanken nach. Großer Worte bedurfte es nicht mehr. Vera Cruz war zur Wende in unserem Leben geworden.

Für die Fremden, die aus Europa kamen, erschloß sich hier eine neue Welt, eine Welt, in der allerdings wie überall Wohlsein und Elend, Reichtum und Armut, Zufriedenheit und Zwist, Sattsein und Hunger, Liebe und Haß trotz des natürlichen Reichtums und des wunderbaren Klimas immer dicht beieinander lagen. Und auch wenn wir Land und Menschen näher kennenlernten, Fremde blieben wir selbst in diesem schönen Land. Das sollten wir in den nächsten Jahren noch erfahren, die dennoch zu den besten unseres ganzen Lebens wurden.

Die besten sind nicht immer die leichtesten. Ohne Hilfe wäre alles schwerer gewesen. Der amerikanische Historiker Ralph Roeder, der an einem Werk über mexikanische Geschichte arbeitete, überließ mir auf dem Dach des modernen Wohnhauses eine Kammer und sorgte für Frühstück in den ersten Wochen. Er brachte es immer höchstpersönlich auf einem Silbertablett. Ein Frühstück, wie ich es vorher nie erlebt hatte: Apfelsinensaft, gekochte Eier, Schinken, eine Kanne Kaffee, Butter, frische Brötchen. Meinen Einwand, soviel Mühe und Aufwand wären nicht vonnöten, ließ er nicht gelten. Als er mich am zweiten Tag beim Schreiben an einem Artikel überraschte, sagte er:

«Ich bringe Ihnen eine Schreibmaschine. Das erleichtert das Schreiben.»

«Nein, bitte nicht. Ich kann nicht maschineschreiben.»

«Dann müssen Sie es lernen.»

Fünf Minuten später stand er mit einer Reiseschreibmaschine wieder in meiner Kammer. Und ich begann mit zwei Fingern auf der Maschine zu klopfen.

Professor Hannes Meyer, Schweizer Architekt, ehemals Direktor des Bauhauses Dessau, unter Hitler ein paar Jahre in der Sowjetunion tätig, bis ihn Stalin mit anderen bekannten ausländischen Architekten wieder des Landes verwies, gewährte mir für die Übergangszeit Mittagessen. In seiner Wohnung trafen sich namhafte Exilanten und mexikanische Intellektuelle. Von Anna Segher bis Georg Stibi, deutscher Kommunist und Journalist. Die Italiener Mario Montagnana, Carlos Contreras, Tina Modotti. Contreras war 1936 im Auftrage der Komintern an der Gründung der ersten kommunistischen Division in Madrid beteiligt, die als 5. Regiment in die Geschichte des spanischen Krieges einging. 1940 wurde er verdächtigt, am ersten Mordanschlag gegen Trotzki beteiligt gewesen zu sein. Montagnana war Vorsitzender der italienischen Kommunisten in Mexiko und Schwiegersohn von Luigi Longo, ehemals Kommissar in Spanien und später Vorsitzender der KP Italiens. Tina Modotti, enge Freundin von Contreras, war Mitarbeiterin des sowjetischen Geheimdienstes in Lateinamerika. Nach einem Essen im Hause Meyer verstarb sie auf der Heimfahrt in einem Taxi. Die Umstände ihres plötzlichen Todes wurden nie geklärt.

Als ich nach dem ersten Essen bei Meyer in meine Kammer zurückkehrte, war die Tür aufgebrochen, die Schreibmaschine gestohlen. Ralph Roeder reagierte gelassen. «Machen Sie sich keine Vorwürfe. Ich hätte Ihnen sagen müssen, daß hier gestohlen wird.»

Noch wichtiger für das Einleben in Mexiko war die Hilfe aus New York. Das Flüchtlingskomitee Dr. Barsky gewährte eine monatliche Unterstützung. Dr. Barsky war während des spanischen Krieges Frontarzt. Nach Beendigung des Krieges gründete er in New York das Hilfskomitee, das bis 1945 vielen Exilanten materielle Hilfe angedeihen ließ.

Clarita Porset, gebürtige Kubanerin, Ehefrau des bekannten mexikanischen Freskenmalers Xavier Guerrero, die eine Etage unter Ralph Roeder wohnte, als Innenarchitektin ihre Wohnung supermodern eingerichtet hatte, lud mich oft zum Kaffee ein. Gleichzeitig auch die amerikanische Tänzerin deutscher Abstammung, Waldeen von Falkenstein. Als ich den Eindruck gewann, Clarita wolle mich auf charmante Weise mit Waldeen verkuppeln, wich ich den Einladungen aus. Meine Bindung an Charlotte war endgültig.

Auch Charlotte hatte Glück. Sie wurde von André Simone und seiner Frau Ilse aufgenommen. Am hilfreichsten war jedoch die grenzenlose Freiheit. Emigranten, die arbeiten wollten, konnten sich in Mexiko eine Existenz aufbauen. Dank ihrer Sprachkenntnisse fand Charlotte bald Arbeit in einem französischen Pharma-Unternehmen und verdiente so viel, daß wir es zu einer gemeinsamen Wohnung brachten, materiell unabhängig wurden und unseren Interessen nachgehen konnten. Die Wohnung war ausreichend und modern, kostete aber soviel, wie ein Facharbeiter im ganzen Monat verdiente. Die acht Meter lange Fensterfront im Wohnzimmer des Neubaus gab den Blick auf die schneebedeckten fünftausend Meter hohen Vulkane Popocatepetl und den Ixtacihuatl frei und ließ die Sonne den ganzen Tag in den großen Raum eindringen. Obwohl in Mexiko Öfen zum Heizen nicht nötig sind, verfügten wir, und das konnte als Luxus bezeichnet werden, über einen Kamin. In all den Jahren benutzten wir ihn ein einziges Mal, als ein Unwetter mit Schnee über der Metropole niederging. Nach einer halben Stunde mußten wir das Feuer ausmachen. Der Schnee schmolz so schnell, wie er gekommen war, wieder dahin. Mit der Versorgung gab es überhaupt keine Probleme. Gegenüber befand sich ein Supermarkt, wo alles, was die Welt zu bieten hatte, gekauft werden konnte. Ganz nach amerikanischem Vorbild. Kein Ausländer konnte allein von Tortillas und Bohnen leben, wozu die meisten Mexikaner verurteilt waren. Ganz undenkbar auch, sich mit den hygienischen Bedingungen abzufinden, unter denen viele Indios lebten. Zweihundert Meter von dem Neubau entfernt, in dem André Simone wohnte, hausten Tausende Indiofamilien in Blechhütten ohne Wasserleitung, ohne Strom und Kanalisation.

Nach all den Entbehrungen in Europa wollten wir uns so angenehm wie möglich einrichten. Allerdings nahmen wir nur in Anspruch, was wir durch eigene Arbeit selbst erwarben. Es gab auch Emigranten, die anders dachten. Durch mangelnde oder fehlende Sprachkenntnisse, mehr noch durch ihre Haltung, begnügten sie sich mit dem, was die Unterstützung einbrachte. Sie zogen es vor, lieber bescheiden zu leben, anstatt Arbeit anzunehmen und sich ihren Lebensunterhalt zu verdienen. Arbeit zu finden war gewiß nicht immer leicht. Aber es war möglich. In Mexiko jedenfalls konnte jeder Arbeit bekommen. Nicht unbedingt die gewünschte, aber doch Arbeit, von der sich leben ließ. Und wer tüchtig war, brachte es zu relativem Wohlstand.

Für mich erschloß sich in Mexiko ein breites Arbeitsfeld in der von deutschen Schriftstellern und politischen Emigranten ins Leben gerufenen «Bewegung Freies Deutschland». Bevor es aber dazu kam, wurden in der kommunistischen Parteigruppe, die sich streng nach den Regeln der KPD konstituiert hatte, heftige Kämpfe um die Führung ausgetragen. Die früher eingereisten und schon tätigen Mitglieder Leo Katz (Historiker und Schriftsteller), Rudolf Feistmann, Bodo Uhse und André Simone sollten abtreten, um den aus Frankreich gekommenen Funktionären Alexander Abusch, Georg Stibi und Otto Börner, die über keine Kenntnisse der Verhältnisse in Mexiko verfügten, die Leitung zu überlassen. Der völlig sinnlose Streit endete mit einem Kompromiß. Die alte Leitung kooptierte Abusch, Stibi und Börner. Endgültig wurde der Streit erst durch Paul Merker zum Abschluß gebracht. Er kam Mitte 1942 nach Mexiko. Als Mitglied des Politbüros der KPD übernahm er unangefochten den Vorsitz der mexikanischen Gruppe. Aber auch das ging nicht ohne Probleme ab. Der undurchsichtige Zwist zwischen Hannes Meyer, Carlos Contreras und Mario Montagnana mit André Simone fand selbst unter Merker kein Ende. Simone (Otto Katz) stünde im Sold des «Intelligence Service» behaupteten sie. Gustav Regler hingegen bezeichnete Simone als «zynische rote Goebbels-Kopie» und Agent der Russen. Uhse, ehemals enger Freund Reglers, klagte: «Gustav hat einen schmählichen Artikel über Otto geschrieben. Er träumt Haßträume und sucht – er kann es nicht lassen – sich Bedeutung zuzuspielen. Alles Falsche, Trügerische, Angeklebte seiner früheren Begeisterung kommt ans kalte Licht. Er war nie ernsthaft Sozialist – um jetzt Verräter zu sein. Er kann nicht einmal diese Rolle spielen. Er steht selbst unter ihr.» Egon Erwin Kisch antwortete: «Regler ist der Autor, der sich von seinen Büchern dadurch unterscheidet, daß die letzteren nicht verkäuflich sind.» Und Ernst Bloch schrieb in seinem Artikel «Verrat und Verräter»: «Es findet sich einer, der seine Kameraden im Konzentrationslager in Frankreich denunziert hat, um selbst freizukommen, und ganz selbstverständlich nur, weil er mit Stalins Politik nicht übereinstimmt.» Keine der Parteien unterließ es, ob Simone oder Regler, die andere Seite fortgesetzt mit Unwahrheiten zu verleumden. Und das alles nur zum Schaden für die Beteiligten.

Die einfachen Mitglieder blieben von diesem internen Kampf um die Führung ausgeschlossen. Sie erfuhren nur beiläufig, warum und worum so lange gestritten wurde. Es interessierte auch niemanden. Aber dennoch, trotz der personellen Querelen kam es bald zu kulturellen und politischen Aktivitäten. Anfang 1942 wurden die «Bewegung Freies Deutschland» und die Kulturorganisation «Heinrich-Heine-Klub» ins Leben gerufen. Mit der Gründung dieser Organisation ging die Auflösung der 1937 unter Mitwirkung von Ernst Toller aktiv gewordenen «Liga pro Cultura Alemana en México» einher. Sie stand unter Leitung des deutschen Journalisten Heinrich Gutman. Neben Professor Alfons Goldschmidt, Professor Hannes Meyer, Gustav Regler, Franz Feuchtwanger hatten auch Ludwig Renn und Bodo Uhse zeitweise mitgearbeitet.

Die politische Polarisierung in der Liga nahm ihren Anfang in den gegensätzlichen Standpunkten zum Deutsch-Sowjetischen-Pakt, den Moskauer Prozessen und den Terrorakten während des Krieges in Spanien. Schließlich arteten die kontroversen Ansichten zu gegenseitiger Verleumdung aus, bis die zahlenmäßig schwächere Gruppe um Gutmann und Regler, nach dem Austritt von Renn und Uhse, ihre Aktivitäten einstellen mußte. Wenn Vernunft beide Seiten bestimmt hätte, wäre vielleicht ein Konsens zu finden gewesen, der zur Vereinigung hätte führen können. Dem standen aber die Dogmen der Kommunisten und der zunehmende Antikommunismus von Gutmann und Regler entgegen.

Im Referat von Paul Merker auf dem ersten Kongreß der «Bewegung Freies Deutschland» wurden die Widersprüche zu anderen Gruppierungen klar angesprochen. «Ich bin wahrlich nicht gegen den Sozialismus. Aber ich lehne die Aufstellung irreführender Losungen über die unmittelbare Verwirklichung des Sozialismus nach dem Sturz des Hitlerfaschismus ab. Solche Losungen sind nicht ernst gemeint; denn sonst müßten sie in Verbindung mit der Forderung nach der Errichtung der proletarischen Diktatur erhoben werden... Die Entscheidung über die endgültige Gesellschaftsform in Deutschland nach dem Kriege muß den Massen unseres Volkes selbst überlassen bleiben. Wir als Auslandsdeutsche, politische und jüdische Flüchtlinge haben kein Recht, den Massen unseres Volkes diese Entscheidung vorwegzunehmen.»

Wir wollten dem Nachkriegsdeutschland keine «proletarische Diktatur» aufzwingen – darin unterschieden wir uns von den deutschen Emigranten in der Sowjetunion. Die unversöhnliche Haltung gegen alle «trotzkistischen» Kräfte, die in den dreißiger Jahren in der Sowjetunion zu Säuberungsprozessen und zahllosen Hinrichtungen führten, teilten wir mit ihnen. Auch von uns ist keiner gegen die von Stalin und der Komintern in Umlauf gesetzte Behauptung aufgetreten, alle Trotzkisten seien Verbündete der Nazis. Wer es gewagt hätte, wäre gleich mit in den Topf der Trotzkisten geworfen worden.

Wie immer die politischen Aktivitäten und Theorien der «Bewegung Freies Deutschland» historisch eingeordnet werden können, erhaben über jeden Zweifel bleiben die Leistungen des «Heinrich-Heine-Klubs» in den Jahren von 1941 bis 1946, an denen viele Kulturschaffende beteiligt waren, die sich nicht der «Bewegung Freies Deutschland» verbunden fühlten. Und es gibt wohl kein anderes Exilland, wo während des Zweiten Weltkrieges das deutsche Kulturleben so entwickelt war wie hier.

Noch wirksamer als der «Heinrich-Heine-Klub» beeinflußte der Verlag «El Libro Libre» das Kulturleben. Und er wirkte weit über die Grenzen von Mexiko hinaus.

Anlaß zu seiner Gründung bot der neunte Jahrestag der Bücherverbrennung in Deutschland. Mexikanische Intellektuelle und exilierte Schriftsteller hatten unter Vorsitz des Präsidenten der mexikanischen PEN-Sektion, Dr. Enrique González Martínez, eine Kundgebung einberufen, die breites Interesse fand. Die Veranstalter wählten dafür den Ort im Zentrum der Hauptstadt, auf dem sich vor vierhundert Jahren der Quemadero der spanischen Inquisition als Verbrennungsstätte für Ketzer befand und auf dem, nach der mexikanischen Revolution, der «Palacio de Bellas Artes» errichtet wurde.

Nach González Martínez sprachen die Schriftsteller und Hochschullehrer Abreu Gómez, Antonio Castro Leal, Pablo Neruda, Ludwig Renn, Anna Seghers und Bruno Frei. Ihre Reden waren eine Anklage gegen die Schänder deutscher Kultur und ein Versprechen, den nazistischen Brandstiftern mit der Gründung eines Verlages entgegenzutreten. Er sollte für die Zeit der Hitlerherrschaft Bücher verlegen, die in Deutschland verboten waren. Das war ein entschlossenes Vorhaben zur Selbsthilfe und ein großes finanzielles Wagnis.

Hilfreich bei der Verlagsgründung war, daß der Präsident Manuel Avila Camacho am 24. Juli 1942, nach der Kriegserklärung an Deutschland, eine Delegation der deutschen Exilbewegung «Freies Deutschland» empfing, zu der ich auch gehörte, und uns freie Betätigung in seinem Lande zusicherte. André Simone, der mit dem Vorsitzenden der lateinamerikanischen Gewerkschaften, Vicente Lombardo Toledano, enge Freundschaft pflegte, und mit dessen Hilfe die Audienz im Präsidenten-Palast zustande kam, wurde nach dieser Begegnung mit dem Präsidenten zum Hauptinitiator einer großangelegten Öffentlichkeitsarbeit. Ihren ersten Höhepunkt fand sie mit der Herausgabe des Buches «El Libro Negro del Terror Nazi en Europa» (Schwarzbuch ge-

gen den Naziterror in Europa). Camacho übernahm die Schirmherr-
schaft und wies die Staatsdruckerei an, das umfangreiche Werk zu druk-
ken, an dem fünfzig Autoren aus sechzehn Ländern, von Thomas Mann
und Heinrich Mann, Lion Feuchtwanger, Ludwig Renn, Anna Seghers,
Egon Erwin Kisch bis hin zu Alexej Tolstoi, Michael Scholochow und
Vicente Lombardo Toledano mitarbeiteten.

Bleibt noch anzumerken, daß der Verlag «El Libro Libre» durch die
Herausgabe des «Schwarzbuches gegen den Naziterror in Europa» 1943
in der mexikanischen Öffentlichkeit Respekt und Achtung erworben
hatte. Auch die US-Regierung unter Roosevelt interessierte sich für
dieses Buch. Sie wollte es kostenlos an alle Bibliotheken von Kanada bis
Chile verteilen. Und da die erste Auflage von 10 000 Exemplaren vergriffen war, finanzierte sie die zweite Auflage, von der 2000 Exemplare
durch ihre Botschaft in Mexiko zum Versand gebracht wurden.

Aus dem von Thomas Mann verfaßten Beitrag, der das literarische
und politische Niveau des Schwarzbuches einleitete, ein Zitat, das ich
aus dem Spanischen zurückübersetzen mußte, weil das Originalmanu-
skript verlorengegangen ist. Auch im Thomas-Mann-Archiv in Zürich
ist es nicht auffindbar:

«Eine griechische Legende erzählt, daß König Midas alles in Gold
verwandelte, was er berührte. Heute kennen wir eine Berührung, die
vorübergehend alles verunstaltet, auch das Edelste: die Berührung
durch den Nationalsozialismus. Alle Ideen unserer Zeit, geboren aus
dem Bedürfnis des Geistes und des Fortschritts, der Sehnsucht nach
sozialer Vollkommenheit, des Guten und Gutgesinnten, zieht er an sich,
sie entstellend und entartend, ins Gegenteil verkehrend und zerstörend,
verstümmelnd und beschmutzend und bis zum Widerwärtigen verzer-
rend, nur noch einen ekelhaften höllischen Gestank hinterlassend...
Alles, was der Nationalsozialismus berührt – und er berührt fast alles –,
verwandelt sich in seinen Händen unablässig in Unrat... Wenn Hitler
vernichtet ist, wird ein vollkommen neuer geistiger Wiederaufbau seinen Anfang nehmen... Die Begriffe Sozialismus, Revolution, Frie-
dens- und Vaterlandsliebe sind wieder zu entwickeln, nachdem sie von
diesem bestialischen Midas, der alles verwandelte, zerstört wurden. Sie
müssen von allen und vor allem wieder entwickelt werden, damit die

Idee Europa, die Idee von Freiheit, Ehre der Völker, Sympathie und humaner Zusammenarbeit in den Herzen aller Menschen wieder wird, was sie in anderen Zeiten war...»

In den Jahren von Mai 1942 bis Juni 1946 publizierte der Verlag 22 Titel in deutscher und vier in spanischer Sprache. Für die Druckkosten waren über zweihundertfünfzigtausend Pesos erforderlich. Dem standen dreihunderttausend Pesos an Einnahmen gegenüber. Der Gewinn wurde 1946 bei der Auflösung des Verlages zur Finanzierung von Rückreisen nach Deutschland verwendet.

Alle Buchausgaben von «El Libro Libre» waren Erstausgaben. Nach Ende des Zweiten Weltkrieges wurden sie mit wenigen Ausnahmen in Deutschland in hohen Auflagen wieder gedruckt. Anfangs in der Sowjetischen Besatzungszone beziehungsweise DDR. Später auch in der Bundesrepublik.

Mit «Marktplatz der Sensationen» und «Entdeckungen in Mexiko» machten wir den Anfang. Kisch war die populärste ausländische Schriftstellerpersönlichkeit. Wegen seiner Gesinnung wurde er in den USA nicht mehr verlegt. Ihm folgte «Unholdes Frankreich» von Lion Feuchtwanger. Dieses Buch half der Solidaritätsbewegung für die in Frankreich zurückgebliebenen Flüchtlinge. Großen Erfolg hatten wir mit dem «Siebten Kreuz» von Anna Seghers, weil gleichzeitig in den USA eine englische Ausgabe mit 100 000 Exemplaren erschien. Die Romane «Die Tochter» von Bruno Frank, «Revolte der Heiligen» von Ernst Sommer und die «Totenjäger» von Leo Katz waren Arbeiten, die sich mit dem Antisemitismus und der Vernichtung der Juden befaßten. Sie waren wichtig, weil neben der «Bewegung Freies Deutschland» die «Menorah» tätig war, eine jüdische Organisation, die den eingewanderten Juden Hilfe leistete. Soweit es von uns abhing, bemühten wir uns um gute Zusammenarbeit.

«Lidice» von Heinrich Mann war das problematischste Buch in unserem Verlag. Unter unseren Lektoren kam es zu heftigen Kritiken. Renn beispielsweise meinte, daß dieses Manuskript überhaupt nicht veröffentlicht werden dürfe. Merker bat Heinrich Mann um Korrekturen, die dieser nur zum Teil vornahm und die auch am Gehalt des Romanes nichts änderten.

Nach Heinrich Mann erschienen die Romane von Ludwig Renn, «Adel im Untergang», F. C. Weiskopf, «Vor einem neuen Tag», Bodo Uhse, «Leutnant Bertram», Paul Merker, «Deutschland Sein oder Nichtsein» in zwei umfangreichen Bänden. Sie erschienen in deutscher und danach in spanischer Sprache. Die beiden Bücher wurden von vielen deutschen Kriegsgefangenen gelesen, und die Auflage war schnell vergriffen. Zu einer literarischen Rarität wurde der Essay «Johann Wolfgang Goethe» von Vicente Lombardo Toledano. Meines Wissens gab es weder zuvor noch danach einen Gewerkschaftsführer, der mit dem deutschen Geistesleben so verbunden war wie dieser gebildete Mexikaner. Das Buch «La Batalla de Rusia» von André Simone war die erste literarische Darstellung des Krieges zwischen Deutschland und der Sowjetunion. Die spanische Auflage von 3000 Exemplaren war in wenigen Tagen vergriffen.

Zu den bleibenden und erstmals verlegten Romanen zählte auch «Stalingrad» von Theodor Plievier. Ich meine, daß bis heute kein anderer deutscher Autor einen besseren Roman über die Schlacht bei Stalingrad geschrieben hat.

Fast unlösbar erschienen die technischen, organisatorischen und buchhändlerischen Schwierigkeiten. Buchstäblich alles mußte erst aufgebaut werden. In ganz Mexiko gab es keinen Maschinensetzer, der der deutschen Sprache mächtig war. Alle Manuskripte mußten, bevor sie in Satz gegeben wurden, silbengeteilt werden, damit der Setzer richtig trennen konnte. Umlaute gab es auch nicht. Korrekturen mußten dreimal gelesen werden. Da unsere finanziellen Mittel nicht ausreichten, wurden die meisten Bücher broschiert oder in Pappeinbänden herausgebracht.

Der Verkauf erfolgte an einzelne Besteller oder über Buchhandlungen. In ganz Lateinamerika, USA, Kanada, Südafrika, China, Palästina und England mußten Vertreter gewonnen werden. Trotz des verheerenden U-Boot-Krieges erreichten etwa neunzig Prozent unserer Auslandssendungen die Besteller. Und fast alle bezahlten die erhaltenen Sendungen mit US-Dollar-Schecks. Der Aufbau eines solchen Vertriebsnetzes war neben allen anderen Schwierigkeiten eine der schwersten Aufgaben.

Die Geschäftsführung, technische und organisatorische Arbeit lagen von Anbeginn bis zur Auflösung des Verlages 1946 in meinen Händen. Zu den Verlagslektoren zählten Paul Mayer (ehemals Rowohlt Verlag), Anna Seghers, Egon Erwin Kisch, Bodo Uhse, Ludwig Renn und André Simone. Außerdem stand mir eine Sekretärin und ein mexikanischer Bote zur Verfügung.

Alle finanziellen Mittel für die «Bewegung Freies Deutschland», Herausgabe der Zeitschriften «Freies Deutschland» und «Demokratische Post», den «Heinrich-Heine-Klub» und den Verlag «El Libro Libre» mußten wir selbst durch unsere Arbeit aufbringen. Die Autoren stellten ihre Manuskripte ohne Honorarforderungen zur Verfügung. Alle Mitarbeiter betätigten sich ehrenamtlich, und die Gelder für die Druckkosten sammelten wir durch Subskriptionen, bis es dann nicht mehr nötig war.

Von den Kuriositäten während meiner Arbeit für den Verlag sei eine erwähnt. Sie macht deutlich, wie unsere Arbeit über Mexiko hinaus wirkte. Am 8. Dezember 1942 erhielt ich aus Kalifornien einen Brief von Emil Ludwig mit folgendem Inhalt:

«Sehr geehrter Herr, erlauben Sie mir anzufragen, ob Sie meine Geschichte der Deutschen in deutscher Sprache verlegen würden. Das Buch ist in New York, London, Rio und Buenos Aires, und außerdem französisch in New York erschienen. Das deutsche Manuskript ist länger als die Übersetzungen, doch würde ich mich nötigenfalls mit der Länge, das heißt 400 Seiten, begnügen. Mit vorzüglicher Hochachtung Emil Ludwig.»

Dieses Angebot war eine Überraschung. Denn Ludwig wußte, welcher Gesinnung wir waren, mit Thomas Mann und Heinrich Mann, die er bei jeder Gelegenheit verunglimpfte, in enger Verbindung standen und seine Geschichtsinterpretation keineswegs in allen Punkten teilten. Ich antwortete, daß die zur Verfügung stehenden finanziellen Mittel die Herausgabe seines Werkes nicht erlaubten. Schon am 30. Januar 1943 erreichte mich ein zweiter Brief:

«Sehr geehrter Herr, Ihrem Brief entnehme ich, daß Sie glauben, ich rechnete in jedem Falle auf ein Honorar. Dies ist bei der deutschen Ausgabe eines politischen Buches nicht der Fall. Sollte dies der einzige

Grund sein, daß Sie es nicht bringen können, so schreiben Sie mir. Sonst werde ich diese Ausgabe in Deutschland selbst nächstes Jahr veranstalten. Ihr ergebener Ludwig.»

Nach diesem Brief gab ich in Übereinstimmung mit dem Beirat eine klare Absage. Ich erwähne diese Korrespondenz, weil sie erkennen läßt, wie kurzsichtig auch große Historiker den Gang der Dinge einschätzten. Bis es nämlich zur Herausgabe in Deutschland kam, vergingen noch fünf Jahre. Und die von Ludwig so scharf kritisierten Russen mußten erst die rote Fahne auf dem Reichstag hissen.

Gewiß werden jetzt Leser fragen, warum wir kein Buch von Bert Brecht herausgebracht haben. Auch in den Zeitschriften ist wenig von Brecht zu finden. Die Antwort ist einfach: Wir konnten ihn nicht honorieren. Brecht hat zu keiner Zeit etwas drucken lassen, ohne angemessene Honorare zu fordern und zu erhalten. Wir waren dazu leider nicht in der Lage.

Als der Untergang Hitlers und seiner Armeen erkennbar wurde, rückten Theorien über das Nachkriegsdeutschland in den Vordergrund des Meinungsstreites. Und das war nicht nur Sache der Emigranten. Viele Politiker und Intellektuelle wollten die laut propagierten Theorien des damals einflußreichen USA-Senators Morgenthau nicht übernehmen. Sie liefen darauf hinaus, den deutschen Industriestaat in ein Agrarland zurückzuverwandeln, das Deutsche Reich zu mittelalterlicher Kleinstaaterei zu verurteilen. Auch die Ansichten von Lord Vansittart, der dem deutschen Volk jede Fähigkeit zu Demokratie und Selbstverwaltung absprach, mußten auf Widerstand stoßen und widerlegt werden. Das übrige kam von den Emigranten selbst. Je näher die Rückkehr heranrückte, um so parteipolitischer profilierten sich die meisten Emigranten. Und es gab nicht wenige, die gar nicht mehr zurückkehren wollten, weil sie nicht an eine demokratische Wandlung des deutschen Volkes glaubten. Selbst große Geister waren davon nicht frei. Albert Einstein schrieb in einem Brief, der sich in meinem Besitz befindet, an die mexikanische Bewegung: «Ihre Zeitschrift ‹Freies Deutschland› habe ich oft mit Freude gelesen und bin überzeugt, daß sie geeignet ist, die einigermaßen Empfänglichen zu befreien und aufzurütteln...» Dann aber fügte er den Nachsatz hinzu: «Ich kann mir

kein befreites Deutschland denken, das mich noch anlocken würde.»
Und auch bei Thomas Mann läßt sich lesen: «Zu den Deutschen geh
ich nimmermehr. Auch wenn es noch zu meinen Lebzeiten unbedenk-
lich werden sollte...»

Alle Emigranten sprachen von Demokratie, wenn sie ihre Ansichten
über das Nachkriegsdeutschland zum Ausdruck bringen mußten. Nur,
was konkret darunter zu verstehen war, wie es dazu kommen sollte,
machte den Unterschied. Wir in Mexiko formulierten in unseren Zeitschriften Vorstellungen, die auf die Sammlung aller demokratischen
Kräfte und nicht auf ein neues autoritäres Regime, auch nicht auf eine
proletarische Diktatur, ausgerichtet waren. Deutschland sollte als Einheit bestehen bleiben, die kommende Regierung aus freien Wahlen
hervorgehen, die Wirtschaft demokratisiert werden, um, wie Lion
Feuchtwanger 1944 formulierte, «... alle diejenigen auszuschalten, die
ein Interesse daran haben könnten, das Reich von neuem aufzurüsten,
die Großagrarier, die Monopolindustriellen, die mit ihnen versippten
Militärs, die dem Nationalsozialismus zur Macht verholfen haben.
Und man verhüte, daß sie unter irgendeiner ausländischen Maske von
neuem Einfluß auf die deutsche Wirtschaft erlangen...»

Der amerikanische Kontinent hatte mehr als hunderttausend Asy-
lanten aufgenommen. Neunzig Prozent waren Juden, die sich dort auf
Dauer niederlassen wollten. Den Glauben an ein demokratisches
Nachkriegsdeutschland hatten sie verloren. Nachdem der millionenfa-
che Mord in Auschwitz bekannt geworden war und alle Juden den Verlust von Angehörigen zu beklagen hatten, war das verständlich. Die
jüdischen Intellektuellen, die sich der Antinazibewegung anschlossen
und bereit waren, am Widerstand teilzunehmen oder ihn zu unterstützen, stellten natürlich auch Fragen nach einer Wiedergutmachung der
nazistischen Verbrechen. Wer also mit ihnen Politik machen wollte,
mußte klare Antworten geben. Mit allgemeinen Redensarten war da
nichts auszurichten.

Hinzu kamen prinzipielle Fragen: Wie sollte die neue Ordnung in
Deutschland aussehen? Gab es überhaupt demokratische Perspektiven,
wenn vom Westen kapitalistische Mächte einwirkten, vom Osten die
Sowjetunion ihre Vorstellungen durchsetzte? Was resultierte aus der

Forderung nach bedingungsloser Kapitulation? Wie konnte sich Deutschland nach den Kriegsverbrechen in den anderen Ländern, den Zerstörungen im eigenen Land ökonomisch erholen? Unter welchen Bedingungen könnte es ein einheitliches oder ein zerrissenes Deutschland geben? Welche Rolle würde die Arbeiterklasse spielen? Was verstehen die Kommunisten unter «antifaschistischer demokratischer Ordnung»? Was würden die Siegermächte diktieren?

Drei Grundpositionen bestimmten unser Selbstverständnis und ließen Unterschiede zum Denken und Handeln der Emigranten in anderen Ländern erkennen. Nicht, weil die jüdischen Emigranten an Zahl stärker waren, schon gar nicht, weil Simone, Kisch und andere Schriftsteller Juden waren. Auch nicht, weil die «rassisch Verfolgten» darauf bestanden, sondern weil es für alle – ob Juden oder nicht – ein moralisches und politisches Gebot war, mußte sich die «Bewegung Freies Deutschland» zur Wiedergutmachung der Verbrechen an den Juden und allen Verfolgten bekennen. Und das tat sie. Das schon unterschied die Emigranten in Mexiko von den deutschen Emigranten in der Sowjetunion, wo die russischen Juden während des Krieges und danach Diskriminierungen und Verfolgungen ausgesetzt waren. Kein Wunder also, daß es dort kaum jemand wagte, sich mit den Verbrechen an den Juden auseinanderzusetzen.

Die deutschen Exilanten in Mexiko, die frei von äußerem Druck waren, sagten, was sie unter Wiedergutmachung verstanden. Dazu gehörte die bedingungslose Rückgabe des von den Nazis geraubten Vermögens und natürlich materielle Entschädigung für die erlittenen Leiden, soweit das überhaupt möglich war. Und um allen Mißverständnissen vorzubeugen, erklärten sie, daß jede Form der Wiedergutmachung von den jeweiligen gesellschaftlichen Verhältnissen abhängig sein würde. Wenn Deutschland also, ganz oder teilweise, kapitalistisch bliebe, sollten die enteigneten Juden zurückbekommen, was ihnen von den Nazis genommen worden war. Sollten sich aber sozialistische Verhältnisse herausbilden, Industrie, Handel und Banken verstaatlicht werden, müßte die Entschädigung andere Formen annehmen. In jedem Falle aber sollte der Anspruch auf Wiedergutmachung anerkannt werden. Sie gingen noch weiter. Nach gründlicher Analyse des neudeutschen Antisemitismus, der sich von allen vorausgegangenen Pogromen durch staatlich sanktionierten Völkermord unterschied, folgerten sie, daß man die überlebenden Juden, wenn sie es wünschten, als nationale Minderheit anerkennen und der Bildung eines jüdischen Staates zustimmen müßte. Das war freilich mit den alten kommunistischen Dogmen nicht zu vereinbaren.

Die Genossen in anderen Ländern schwiegen sich zu den Vorstellungen der Emigranten in Mexiko aus. Sie entzogen sich der Pflicht, über die Perspektiven der Juden öffentlich nachzudenken. Das war nicht nur Bequemlichkeit. Sie schwiegen, um nicht in Verdacht zu kommen, Interessenvertreter jüdischer Kapitalisten zu werden.

Noch wichtiger aber war uns in Mexiko, die Rolle der Arbeiterbewegung nach Hitler zu klären. Es war in Mode gekommen, der deutschen Arbeiterbewegung jede Fähigkeit zur Umgestaltung aus eigener Kraft abzusprechen. Sie habe 1933 versagt, den Krieg mitgemacht, den Nazismus nicht niedergerungen. Aber welche Alternative gab es dann, wenn man nicht mehr bedingungslos auf die Reaktivierung der Arbeiterbewegung, auf ihre Parteien und Gewerkschaften setzen wollte?

Nach Stalingrad war die Niederschlagung des Hitlerstaates nur noch eine Zeitfrage. Alle Welt begann darüber nachzudenken, wie es nach Kriegsende weitergehen sollte. Westliche Politiker sprachen von Entindustrialisierung, territorialer Aufteilung, langfristiger Besatzung, ausländischer Verwaltung. Sowjetische Sprecher meinten Verstaatlichung der Industrie, antifaschistische Neuordnung, sozialistische Verhältnisse. In einem Punkt allerdings waren sich die Siegermächte scheinbar einig. Deutschland sollte zunächst aufgeteilt werden. In eine Zone unter westlicher Vorherrschaft und in eine nach sowjetischem Vorbild. Und dieser Widerspruch mußte zwangsläufig vom heißen in einen langjährigen kalten Krieg führen.

Es ging nicht mehr gegen, sondern um Deutschland. Unter den in Teheran, Jalta und Potsdam gefaßten Beschlüssen verstanden die beteiligten Mächte immer das, was ihren jeweiligen Interessen diente. Und am meisten diente ihnen, keinen Friedensvertrag zu schließen, ihre Armeen in Deutschland zu belassen, damit weder die einen noch die anderen, gar die Deutschen selbst, über das Schicksal des besiegten Landes entscheiden könnten.

Unter den Emigranten konnte in dieser Zeit niemand die Entwicklung genau voraussehen. Alle ahnten aber, daß es zu tiefgreifenden Widersprüchen kommen mußte. Und was über das Versagen der Arbeiterklasse in den dreißiger Jahren gesagt wurde, verleitete viele zu Resignation, war doch damit dem deutschen Volk die Fähigkeit auf Selbstverwaltung und demokratischen Neuaufbau grundsätzlich abgesprochen.

Diesem Fatalismus widersprachen die «Mexikaner». Die deutschen Emigranten in der Sowjetunion hingegen hielten an dem Ziel einer «antifaschistisch demokratischen Ordnung» fest, die sie als Übergang zur «Proletarischen Diktatur» sahen.

Den Vorstellungen, daß die Emigranten nur als Erfüllungsgehilfen der Besatzungsmächte zurückkehren könnten, weil die Arbeiterklasse aus eigener Kraft nicht handlungsfähig sei, mochten wir uns in Mexiko nicht anschließen. Wir vertraten die Meinung, daß sich alle Politik auf die Mobilisierung der Arbeiterparteien, der Gewerkschaften und des liberalen Bürgertums konzentrieren müsse. Egal in welcher Besatzungszone. Und wir machten deutlich, daß die Erfüllung dieser Aufgaben im engen Bündnis mit den Sozialdemokraten erfolgen müsse. Was das Verhältnis zu den Besatzungsmächten betraf, verstanden wir uns als Partner, nicht als verlängerter Arm. Wir sahen die Hauptaufgabe in der Wiederherstellung demokratischer Rechte und der Ausschaltung der Kriegsverantwortlichen.

Von Murmansk nach Berlin

Bis auf wenige, die kein Interesse zeigten, in die zerstörte Heimat zurückzugehen, hofften alle, daß nun die Wege in die Freiheit offenstünden. Aber dem war noch nicht so. Wer zum Beispiel kein amerikanisches Durchreisevisum erwerben konnte, hatte zunächst wenig Hoffnung. Mexiko verfügte weder über Schiffe noch Flugzeuge, mit denen man nach Europa gelangen konnte. Auch um mit Schiffen anderer Nationalitäten die Rückreise anzutreten, bedurfte es eines US-Transitvisums. Selbst dann, wenn Nordamerika gar nicht angelaufen wurde. Nur Emigranten, die tschechische, ungarische, polnische oder jugoslawische Pässe besaßen, hatten es leichter. Sie konnten Transitvisen erhalten. Kisch, Simone und ihre Ehefrauen zählten dazu. Und deshalb waren sie die ersten, die nach Prag abreisten. Ihnen folgten Ungarn, Polen, Jugoslawen, Franzosen und Italiener. Deutsche, wenn sie als Kommunisten bekannt waren, hatten kaum eine Chance. Schon gar nicht, wenn sie in die Sowjetische Besatzungszone wollten. Und so erklärt sich, daß für uns die Rückreise nur mit sowjetischen Schiffen angetreten werden konnte. Aber auch das war mit Anträgen, Rückfragen und Anforderungen verbunden und nahm Zeit in Anspruch.

Die erste Gruppe – alles Parteifunktionäre, vom Parteivorstand der SED in Berlin nominiert – machte sich im Frühjahr 1946 auf die Reise. Paul Merker, Alexander Abusch, Erich Jungmann, Paul Krautter, Albert Callam, Paul Hartmann, Albert Gromulat, Georg Stibi – alle mit ihren Frauen – zählten dazu. Ludwig Renn, Bodo Uhse, Bruno Frei, Jeanne und Kurt Stern, Rudolf Feistmann, Charlotte, ich und alle übrigen wurden vertröstet.

Die Aktivitäten der «Bewegung Freies Deutschland», die Veröffent-

lichung deutscher Bücher im Verlag «El Libro Libre», die Kulturveran-
staltungen im «Heinrich-Heine-Klub» wurden fortgesetzt. Zum
Nachfolger von Paul Merker – politischer Leiter der KP-Gruppe und
Sekretär der «Bewegung Freies Deutschland» – wurde ich benannt.
Rudolf Feistmann löste Abusch als Chefredakteur ab. Renn blieb Präsi-
dent der Bewegung.

Die Vorbereitungen für die Heimreise wurden fast konspirativ getroffen. Ohne Abschied von Freunden und Gönnern. Dabei war bekannt, daß die Mexikaner den Emigranten beistanden. In keinem Fall
gab es Behinderungen. Sicher haben amerikanische Geheimdienste die
Aktivitäten der Emigranten beobachtet. Daß sie sich der Rückreise ent-
gegenstellen könnten, war auszuschließen. Die mexikanischen Behörden hätten das niemals zugelassen. Und es war pure Einbildung, wenn
sich jemand verfolgt fühlte.

Mit Dr. Leo Zuckermann – Jurist und Rechtsberater der «Bewegung
Freies Deutschland» – mußte ich die Heimkehrer bis nach Manzanillo
begleiten. Als ich Merker und Abusch fragte, warum sie ihre Reisefor-
malitäten nicht selbst erledigten, bekam ich zur Antwort: «Die führenden Genossen dürfen nicht gefährdet werden.» Ich mußte darüber
lachen und mokierte mich innerlich darüber. Aber was sollte es. Ich tat,
was verlangt wurde. Und die Reisebegleitung nach Manzanillo hatte
auch etwas Gutes. Sonst hätte ich die Hafenstadt am Pazifik nie zu
sehen bekommen.

In Manzanillo ließ der sowjetische Frachter auf sich warten. Auch
während dieser Tage bewegten sich die Abreisenden konspirativ. Immer dem Wahn verfallen, daß jemand die Einschiffung verhindern
könnte.

Außer dem Meer, einer aufregenden Landschaft, dem kümmer-
lichen Dasein der Indiobevölkerung gab es Riesenschildkröten und
Klapperschlangen. Von amerikanischen Agenten, neugierigen Presse-
leuten war in diesem damals gottverlassenen Hafen nichts zu sehen.
Nur die Zollabfertigung war ein kleines Problem. Wer sich aber in Mexiko auskannte, wurde damit leicht fertig. Ich zahlte rechtzeitig die
üblichen Gelder an die richtigen Leute, und so mußte kein einziger
Koffer geöffnet werden. Kaum auszudenken, wieviel Ärger damit ver-

bunden gewesen wäre, wenn der Zoll darauf bestanden hätte, die vielen Kisten zu öffnen. Merker allein hatte ein halbes Dutzend. Als dann das sowjetische Schiff endlich im Dunst des Pazifiks, Richtung Wladiwostok, eintauchte, fragte ich Leo Zuckermann, warum wir wie Dienstboten alles hatten regeln müssen. Er zuckte mit den Schultern und wußte auch keine Antwort.

Neun Monate später konnten Ludwig Renn, Charlotte und ich die Rückreise antreten. Die «Bewegung Freies Deutschland» hatte sich vor unserem Abgang aufgelöst. Auch die Zeitschrift «Freies Deutschland» stellte ihr Erscheinen ein. Zurück blieben wenige, die unter der Obhut von Rudolf Feistmann und Leo Zuckermann noch immer warten mußten. Nicht, weil die sowjetischen Schiffe nur begrenzt Passagiere an Bord nehmen konnten. Die Reisen mußten ja auch bezahlt werden. Und die Preise waren hoch. Die Reisebedingungen miserabel. Es waren Frachter, die nicht für Passagiere eingerichtet waren. Das Essen war bescheiden. Gelegentlich gab es schon zum Frühstück Pellkartoffeln und Hering. Das Brot war nach acht Tagen verschimmelt. Und die Schiffsreise bei stürmischer See dauerte immerhin vier Wochen. Windstärke zehn bis zwölf. Haushohe Wellen von Kuba bis zum Ärmelkanal. Dann folgten zehn Tage bis Murmansk. Ständig mußte man damit rechnen, daß wir auf eine Mine auflaufen könnten.

Der Kapitän war ein freundlicher Mann. Er stammte aus Leningrad. Auch die meisten Angehörigen der Besatzung. Von vielen waren die Familien während der Blockade in Leningrad verhungert.

Renn und Charlotte durften oft auf der Brücke verweilen. Sie bekamen Auskunft über SOS-Rufe anderer Schiffe, die in Seenot geraten waren. Trotz der Stürme veranstaltete die Besatzung bei festlichen Anlässen Tanzabende. Und weil außer Charlotte nur noch zwei österreichische Frauen an Bord waren, wurden sie freudig herumgereicht. Ich mußte immerzu zum Schachspielen antreten und verlor zumeist.

Anfang März 1947 erreichte unser Schiff den Hafen von Murmansk. Was jetzt an Unbequemlichkeiten, Schwierigkeiten oder Entbehrungen auf uns zukam, wurde durch die Hoffnung auf Freiheit in der zurückgewonnenen Heimat aufgewogen. Grenzenlos war unser Vertrauen in die Zukunft.

Ganz ungetrübt war der erste Eindruck nicht. Mitgebrachte Illusionen gingen nach und nach verloren. Die Hafenanlagen waren weitgehend zerstört. Was entladen oder verladen wurde, lagerte im Schnee. Auch unsere Koffer und Kisten.

Als wir ins Hotel gebracht wurden, sagte ich zu Charlotte: «Unser Reisegepäck können wir abschreiben. Bei so viel Not muß man sich nicht wundern, wenn alles gestohlen wird. Aber was soll's? Fangen wir noch einmal bei Null an.»

Daß wir ein geheiztes Hotelzimmer bekamen, mit Bad und warmem Wasser, war der höchste Luxus, den die Stadt Murmansk uns bieten konnte. Auch an Essen und Trinken gab es im Hotel alles. Nur: Wo und wovon lebten die Einheimischen? Die Häuser waren zerstört. Wo man hinsah, Ruinen, Erdlöcher, Trostlosigkeit. Der Anblick frierender Frauen, unzulänglich bekleidet, die Bau- und Straßenarbeiten verrichteten, war erschütternd. Noch deprimierender, wenn uns Kinder mit staunenden Augen bewunderten, nicht verstehen konnten, wie diese Ausländer gut und warm gekleidet einhergingen.

Nein, gute Erinnerungen an Murmansk sind nicht geblieben. Die lange Reise nach Moskau war unbequem. Holzklasse. Die Fenster mit Brettern vernagelt. Ungeheizt. Außentemperatur zwanzig Grad minus.

In Moskau war alles anders. Das Hotel «Savoy» war gut geheizt, bestens ausgestattet. Im Restaurant mangelte es an nichts. Obwohl die ganze Sowjetunion entsetzlich hungerte. Alles, was wir in Murmansk und Moskau erlebten, war voller Widersprüche, unverständlich, oft enttäuschend.

Schon in Murmansk sagte Charlotte: «Laß uns Spanisch oder Französisch sprechen. Deutsch muß nach diesem Krieg als Provokation verstanden werden.» Aber das war ein Irrtum. Es dauerte nicht lange, bis der Dolmetscher sagte: «Ihr seid doch Deutsche. Warum sprecht ihr nicht eure Sprache?» Noch seltsamer war ein Gespräch mit dem Betreuer nach dem ersten Frühstück im «Savoy». Wieder war Charlotte der Meinung, daß wir bei der Wahl der Speisen Zurückhaltung üben müßten. Der Betreuer hingegen protestierte, nachdem er die erste Abrechnung bekam. Er meinte: «Ihr habt den Krieg nicht gemacht, und deshalb sollt ihr die Tage bei uns nicht hungern. Ziert euch nicht. Bestellt Kaviar und Sekt, wenn euch danach ist.»

Wer zum erstenmal in die Sowjetunion kommt, wird sich über vieles wundern. Alles ist oder war eben anders als in den westlichen Ländern. Im Bolschoi-Theater reservierte man für uns eine Loge. In den Museen fanden sich deutschsprachige Führer, die uns gegenüber keine Ressentiments erkennen ließen. Und als wir in die lange Reihe vor dem Lenin-Mausoleum traten, kam sofort jemand von der Ehrenwache und führte uns nach vorn, damit wir nicht warten müßten. Aber wir sahen auch die Kehrseite der Medaille.

Seltsam für unsere Gewohnheiten war die Ängstlichkeit, mit der das Hotelpersonal den Gästen begegnete. Eine junge Frau im Empfang sprach gut Spanisch. Charlotte machte ihr Komplimente und schenkte ihr das Buch «Ein Korb mexikanischer Geschichten» von B. Traven. Sie versteckte es sofort. Nachdem sie sich umgesehen hatte, sagte sie: «Wir dürfen keine Geschenke annehmen. Bücher schon gar nicht.»

Albern war auch das Gerede, im Sozialismus würden keine Trinkgelder angenommen. Sie gälten als Beleidigung. Das Gegenteil stellte sich heraus. Wir fanden es ganz in Ordnung, daß Kellner oder Taxifahrer Trinkgeld annahmen. Löhne und Gehälter waren sehr niedrig.

Nach einer Woche in Moskau hörten wir noch immer nichts über den Verbleib des großen Gepäcks. Auch über die Weiterreise nach Berlin war nichts in Erfahrung zu bringen. Niemand schien es eilig zu haben.

Eine Woche später konnten wir dann Moskau mit dem «Blauen Expreß» verlassen. Drei Tage und drei Nächte dauerte die Reise. Übrigens ganz bequem. Erste Klasse, Polster, geheizt. Ein Coupé für uns beide allein. Für Renn ebenso. Der lange Zug war im übrigen mit Angehörigen der Sowjetarmee besetzt. Und sie reisten bei weitem nicht so bequem wie wir.

Kurz vor der Abreise erlebten wir beim Zollamt doch noch eine Überraschung. Wider alle Erwartung fehlte nichts von unserem Gepäck, das wir in Murmansk zurückgelassen hatten. Und damit kein Stück beschädigt würde, hatte man alle Koffer zusätzlich in Segeltuch eingenäht. Bevor es nach Berlin weiterbefördert wurde, mußten wir zur Zollabfertigung. Normalerweise war die Abfertigung mit dem Öffnen der Gepäckstücke verbunden. Aber wir hatten Glück. Nichts mußten wir öffnen. Charlotte konnte sogar einen Koffer mitnehmen, weil wir Spanisch miteinander sprachen. Das veranlaßte den mit der Abfertigung Beauftragten, auch Spanisch mit uns zu sprechen. Ich fragte sogleich: «Wo haben Sie denn Spanisch gelernt?» – «In den Internationalen Brigaden während des Krieges in Spanien», lautete die Antwort.

«Dann laß dir die Hand geben. Ich war nämlich auch in Spanien. Während der Kämpfe bei Guadalajara habe ich eure Piloten und Tankisten erlebt.» Damit war die Abfertigung beendet. Der Mann vom Zoll war hocherfreut, einem ehemaligen Spanienkämpfer zu begegnen, der jetzt aus dem Exil in seine Heimat zurückkehrte. Mich betrübte, daß ein so verdienter Mann, der seinen linken Arm in Spanien verloren hatte, eine so untergeordnete Arbeit verrichten mußte.

In Warschau machte der Zug halt. Besser gesagt in dem, was der Krieg übriggelassen hatte. Ringsum Trümmer. Blühender Schwarzmarkt. Vom Wiederaufbau war noch nichts zu spüren. Viele Offiziere stürzten aus dem Zug und warfen sich ins Getümmel. Bis die Lokomotive zur Weiterfahrt pfiff.

Gegen Mitternacht lief der «Expreß» im Schlesischen Bahnhof ein. Die tausend oder dreitausend Soldaten und Offiziere waren nach Minuten wie weggeblasen. Auf dem dunklen, eiskalten Bahnsteig blieben nur wir zurück. Nichts regte sich. Es war gänzlich ausgeschlossen, unsere Koffer ohne Hilfe fortzuschleppen und den Weg ins Gästehaus der SED in der Wallstraße zu finden. Niemand war gekommen, um uns abzuholen.

«Bleibt mal hier. Ich werde mich umsehen, ob Gepäckträger zu finden sind», sagte ich zu Charlotte und Renn und machte mich auf die Suche. Die Gepäckannahme war geschlossen. Erst im Keller, der wie alles andere zerstört war, stieß ich auf drei Arbeiter. Als ich an sie herantrat und fragte: «Wo finde ich denn hier Gepäckträger?», bekam ich keine Antwort. Die Arbeiter reagierten überhaupt nicht. Verärgert zündete ich mir eine Zigarette an, stupste einen der Arbeiter an und wiederholte meine Frage. Und da bekam ich zur Antwort: «Es gibt keine Gepäckträger, weil niemand mehr mit Gepäck in diesem Lande reist. Was soll die blöde Frage?» Ich blies den wohlriechenden Rauch meiner amerikanischen Zigarette in die Luft und sagte: «Sie irren. Es gibt noch Reisende mit Gepäck. Mich zum Beispiel und meine Frau, die auf dem Bahnsteig wartet. Allein können wir unsere Koffer nicht tragen. Den Weg in die Wallstraße würden wir auf den unbeleuchteten Straßen auch nicht finden. Also, was ist? Warum seht ihr mich so komisch an? Hier, wollt ihr rauchen? Bedient euch», dabei die volle Packung dem Nächststehenden in die Hand drückend.

Nachdem sich die drei Männer ihre Zigarette angezündet hatten, genüßlich den Rauch inhalierten, fragte einer: «Wo kommen Sie denn her? So fein angezogen und so großzügig mit amerikanischen Zigaretten umgehend?»

«Das ist eine lange Geschichte. Jedenfalls von sehr weit. Und jetzt aus Moskau», antwortete ich. «Nein, nein, behaltet die Schachtel», schob ich die Hand zurück. «Nur sagt mir, wie ich meine Koffer in die Wallstraße bringen kann. Wollt ihr nicht behilflich sein?»

Mit den Zigaretten war das Eis gebrochen. Zwei Arbeiter kamen mit, luden sich die Koffer auf und trabten willig durch die menschenleeren Straßen. In der Wallstraße, als sie die Lasten abgesetzt hatten, fragte ich: «Was sind wir schuldig?»

«Nichts», lautete die Antwort.

«O nein, so war das nicht gemeint.»

«Doch, doch, Sie haben uns mit Zigaretten bezahlt.»

Ich fiel ihnen ins Wort und sagte: «Kommt nicht in Frage, hier», jedem zwanzig Mark gebend. «Ihr habt uns sehr geholfen, und dafür danken wir euch.»

«Nichts zu danken», sagte der eine.

Als die Arbeiter fort waren, sagte der Nachtpförtner des Gästehauses: «Wahrscheinlich wißt ihr nicht, daß man für eine Zigarette acht Mark bezahlen muß.»

«Nein, das wissen wir nicht», erwiderte ich. «Aber uns ist das egal. Die Männer haben schwer getragen und ihren Lohn verdient.»

Der Alte zuckte mit den Schultern und brachte Renn in eine winzige Kammer. Dann Charlotte und mich in ein größeres Zimmer. Ungeheizt, primitiv eingerichtet.

Für die nächsten drei Wochen, bis eine Zweizimmerwohnung in Lichtenberg gefunden worden war, hatte Charlotte das Provisorium wohnlich eingerichtet. Mit der Heizung ging es schließlich auch.

Angesichts der damaligen Verhältnisse war die Lichtenberger Wohnung im ersten Stock hervorragend. Das beste daran war, daß es rundum keine Ruinen zu sehen gab. Natürlich mußte sie renoviert werden. Aber das ließ sich mit Zigaretten, ein paar Broten und Wodka schnell und ordentlich machen. Sosehr ich mir auch vorgenommen hatte, mit Zigaretten und Schnaps keine Probleme zu lösen, ging es ohnedem doch nicht ab. Alles wäre sonst schwerer und langwieriger gewesen.

Gegen meinen Willen, nur weil ich mich überreden ließ, auch weil ich meinte, am Anfang aller Dinge stehe die Partei, trat ich in den zentralen Parteiapparat des Parteivorstandes ein: als Mitarbeiter des Politbüromitgliedes Paul Merker. Alle Parteiführer hatten persönliche Mitarbeiter. Sie mußten Material zuarbeiten, Reden schreiben, Artikel ausarbeiten, Bücher oder Zeitschriften lesen, die Inhalte referieren, Korrespondenz führen.

Ahnend, daß diese Aufgaben, die mit Sitzungen und Konferenzen verbunden sind, mich nicht befriedigen würden, verpflichtete ich mich nur auf ein Jahr. Und auch das nur, weil Merker beteuerte, keinem anderen zu vertrauen. Und so sagte ich: «Gut! Aber bis das Jahr abgelaufen ist, mußt du einen Nachfolger für mich gefunden haben. Ich will dann meinen eigenen Interessen nachgehen.»

Weder Merker noch die Kaderabteilung glaubten, daß ich an meinem Vorsatz festhalten würde. Die Vorteile, die mit Tätigkeiten in unmittelbarer Nähe der Parteiführung verbunden waren – materiell und die Karriere betreffend –, dürfen nicht unterschätzt werden. Streber drängten sich nach solchen Funktionen. Zumeist werden sie zu guten Futterkrippen. Nirgends gab es ein so gutes Mittagessen wie im Parteiapparat. Im übrigen korrumpierten solche Vorteile. Die besten Vorsätze gingen verloren. Und wehe dem, der an gute Vorsätze erinnerte.

Von alledem ließ ich mich nicht anstecken. Nach wenigen Monaten wurde ich des Apparatlebens völlig überdrüssig. Vieles, was ich jetzt aus nächster Nähe beobachten konnte, wirkte daran mit.

In den Aufgabenbereich von Merker fielen die Ressorts Landwirtschaft, Gewerkschaften, Genossenschaften, Sozialwesen, Umsiedler. Die Umsiedler-Problematik, die mit der Abtrennung der Ostgebiete einherging, zählte zu den schwierigsten Aufgaben. Ein Fünftel von Deutschland fiel an Polen beziehungsweise an die Sowjetunion. Und das waren nicht die unwichtigsten Gebiete. Schlesien mit Steinkohle, Pommern mit Landwirtschaft, Ostpreußen mit Häfen und Zugängen zur Ostsee. Von den sonstigen Industrien, Städten und Gemeinden abgesehen.

Aus den an Polen abgetretenen Gebieten östlich der Oder-Neiße-Linie kamen etwa zehn Millionen Umsiedler, die als Vertriebene in die Geschichte eingehen sollten. Aus dem Sudetengebiet der Tschechoslowakei etwa drei Millionen. Alle ausgehungert, durchgefroren, in unbeschreiblicher Verfassung. Trotz gewaltiger Unterschiede mußte ich beim Anblick solcher Transporte an jene denken, die einst in die entgegengesetzte Richtung geschickt worden und nicht wieder zurückgekehrt waren.

Um mit solchen Problemen leben und Politik machen zu können, mußten die offiziellen Argumente von Partei und Sowjetunion übernommen werden: Die Abtrennung der riesigen Gebiete sei nichts weiter als die längst fällige Rückgabe der ehemals geraubten Ostprovinzen. Und die Aussiedlung der Bevölkerung sei im Interesse des Friedens und der Verständigung mit Polen und der Sowjetunion. Im übrigen eine Strafe für die Untaten der Deutschen während des Krieges. So einfach war das mit den größten Gebietsveränderungen, die Europa im 20. Jahrhundert erlebte und die als Segen gepriesen wurden.

Mich überzeugten solche Rechtfertigungen nicht. Bei Lenin hatte ich gelesen, daß jede gewaltsame Grenz- und Gebietsveränderung gegen den Willen der Bevölkerung imperialistischer Raub fremden Territoriums sei. Wie vertrug sich das mit der Praxis? Mußten die betroffenen Menschen, die Hab und Gut verloren, nicht zu Antikommunisten werden?

Hinzu kam die Demontage von Eisenbahnschienen und Fabriken. Natürlich bejahte auch ich Reparationsleistungen. Aber nicht durch Zerstörung der verbliebenen und längst überalterten Produktionsmittel. Wie sollte denn die deutsche Arbeiterklasse für den Sozialismus gewonnen werden, wenn sie ihre Betriebe erst einmal zerstören mußte, anstatt sie für den Wiederaufbau zu nutzen?

Demontagen gehörten nicht in die Zuständigkeit Merkers. Die Besatzungsmacht wählte dafür den härtesten Mann in der Parteiführung. Und das war Ulbricht. Er war auch für die Sprengung und Beseitigung der Rüstungsbetriebe, Kriegseinrichtungen und Kasernen zuständig. Wie er die Dinge handhabe, ist bekannt.

Die kleineren Vorkommnisse, die Zweifel bei mir hinterließen, mag man als lächerlich bezeichnen. Aber aus meinen Erinnerungen lassen sie sich nicht streichen. Gesagt wurde schon, daß die Angestellten ein Essen bekamen. Nicht einheitlich für alle. Die Masse unterhalb der Abteilungsleiter bekam das Einheitsessen im siebten Stock des Glaspalastes in der Lothringer Straße. Getrennt in einem Raum aßen die Abteilungsleiter. Was die Mitglieder des Politbüros gegessen haben, konnten wir nicht beobachten. Für sie gab es eine besondere Küche mit einem Speiseraum in der sogenannten Chefetage. Niemand nahm an der abgestuften Beköstigung Anstoß. Es war eben so, und damit fand man sich ab.

Beim Schreiben dieses Kapitels erinnere ich mich, daß ich an einem Sonnabend von Merker in ein Schloß gerufen wurde, fünfzig Kilometer nördlich von Berlin. Dort verbrachten die Mitglieder des Parteivorstandes mit ihren Frauen die Wochenenden. In der Regel ließen sie sich schon am Freitag hinfahren.

Ich ärgerte mich, daß dort das lange Gespräch mit Merker im Pförtnerhaus geführt wurde. In dem Palais, wo einst Kronprinz August Wilhelm die Tage mit seinen Leutnants verbracht hatte, mußte es doch Arbeitsräume geben. Eine Tasse Kaffee wäre mir auch lieb gewesen. Aber der alte Merker saß auf seinem Stuhl und machte keinerlei Anstalten, mit mir ins Schloß zu gehen. Als die Mittagszeit heranrückte, sagte er: «Ich muß zu Tisch. Leider darf ich dich nicht zum Essen einladen.»

Ich staunte nicht wenig. Sagte dann: «Mir macht das nichts aus. Aber dem Fahrer könntet ihr doch einen Teller Suppe geben. Er hat seit heute morgen nichts gegessen.»

«Das ist unmöglich. Es ist nicht vorgesehen, daß Fahrer hier verpflegt werden.» So antwortete der ehemalige Arbeiter Merker, der seit Jahren im Politbüro der KPD und dann im Parteivorstand der SED saß, jetzt Privilegien in Anspruch nahm und nicht daran dachte, darauf zu verzichten oder dagegen anzukämpfen.

Der Leser muß von den tausend Erfahrungen noch eine Episode erfahren, um zu verstehen, warum ich ziemlich bald den Respekt vor den großen Arbeiterführern verlor. Leitende Funktionäre im Partei- und Staatsapparat, vom Abteilungsleiter aufwärts, bekamen wöchentlich oder monatlich Extrazuteilungen an Lebensmitteln. «Pajoks», nach sowjetischem Vorbild. Auch ich zählte zu den Empfängern. In der Regel nahm ich aber nur die Zigaretten und 250 Gramm Kaffee. Als Charlotte schwanger wurde, nahm ich auch den halben Liter Milch, der uns am Sonnabend zugeteilt wurde. 1947 zählte Milch noch zu den Dingen, die nur begrenzt auf Karten für Kinder und Schwangere zu bekommen waren. In jedem Fall viel zuwenig.

Mit einer kleinen Kanne in der Hand stellte ich mich in die Reihe vor dem Fenster, durch das die Zuteilung erfolgte. Der Zufall wollte, daß Lotte Ulbricht und Elli Schmidt, damals noch die Ehefrau von Anton Ackermann, mit großen Kannen vor mir standen. Darüber nachdenkend, warum die Frauen der Politbüromitglieder mit so riesengroßen Kannen antraten, entfuhr mir die Frage: «Sagt mal, warum bringt ihr für einen halben Liter Milch so große Kannen mit?» Beide antworteten sogleich: «Wieso halben Liter? Wir bekommen fünf Liter.»

«Fünf Liter? Höre ich richtig? Ihr könnt doch unmöglich fünf Liter trinken.»

«Trinken wir auch nicht», lautete die Antwort von Lotte Ulbricht. «Ich lasse die Milch sauer werden. Zu Quark.»

Mir verschlug es die Sprache. Frauen und Kinder hatten ihre liebe Not, zu Milch zu kommen, und diese Frauen ließen Milch sauer werden. Vor Wut wollte ich eigentlich nichts mehr sagen, aber dann platzte ich heraus: «Wer Milch sauer werden läßt, der gar keinen Anspruch darauf hat, ist schamlos.» Ohne meine Zuteilung abzuwarten, ging ich fluchend davon. Charlotte, die Milch nötig hatte, machte mir deshalb keine Vorwürfe, als ich mit meiner leeren Kanne nach Hause kam.

Zu den hierarchisch geregelten Lebensbedingungen gehörte, daß die Mitglieder des Parteivorstands zu allem, was sie schon bekamen, regelmäßig auch noch eine gehörige Ration Fleisch vom parteieigenen Gut in Börnicke erhielten. Da sie meist nicht in der Lage waren, die Zuteilung selbst abzuholen, schickten sie ihre Fahrer hinaus. All das ging diskret ab.

Aber der Fahrer von Ulbricht, keineswegs unterernährt, stellte eines Tages fest, daß die Vorräte im Pankower Ulbricht-Haus am Majakowski-Ring mehr als reichlich waren. Und so folgerte er, daß es recht und billig sei, hin und wieder eine Keule mitgehen zu lassen und selbst zu verspeisen oder gegen gutes Geld unter die Leute zu bringen. Eine Weile ging das unbemerkt ab. Aber eben nur eine Weile. Der schlaue Mann wurde übermütig, und sein schwunghafter Handel ging zu Ende. Es folgte sofortige Ablösung, Verhaftung und Verurteilung zu zwei Jahren Zuchthaus.

Obwohl ich den arroganten Fahrer nicht leiden konnte, weil er sich beinahe so wichtig nahm wie sein großer Chef, empfand ich doch so etwas wie Verständnis für sein Tun. Auch Bedauern, daß er dafür auf zwei Jahre ins Zuchthaus gehen mußte.

So kam das eine zum anderen. Zu den großen Dingen die vielen kleinen, die ich auf Dauer nicht verkraften konnte. Das bürokratische Parteileben war ohnehin nicht meine Sache. Und so ging ich froh ins Berufsleben zurück.

Noch zählte ich zur Nomenklatur der Parteikader. Das heißt: Du kannst nicht selber über dein Schicksal entscheiden. Die Partei teilt dir die zu erfüllenden Aufgaben zu. In sogenannten Kadergesprächen wird entschieden, was du im Auftrag der Partei beruflich oder politisch zu tun hast.

Für Genossen, die Karriere machen wollten oder sollten, war das die bequemste Lösung ihrer persönlichen Entwicklungsprobleme. In Ausnahmefällen auch die gefährlichste. Zum Beispiel in Zeiten innerparteilicher Krisen, die sich mit Regelmäßigkeit alle drei bis fünf Jahre einstellten. Nicht nur, weil es zu ideologischen Meinungsverschiedenheiten kam, die sogleich als Abweichlertum erklärt wurden. Verdeckt oder offen ging es dabei fast immer um Machtkämpfe. Und es gewannen jene die Oberhand, die am rücksichtslosesten vorgingen, der Komintern gehorsam dienten, später den Forderungen der sowjetischen Berater unkritisch folgten. Das galt von Ulbricht bis Honecker und allen, die ihnen beistanden.

In meinem Fall funktionierte dieses System nicht so perfekt, wie es der Parteinorm entsprach. Ich erwähnte schon, warum ich die Lenin-Schule in den dreißiger Jahren nicht absolvieren durfte, dann die Abkommandierung auf die Militärakademie in der Sowjetunion ablehnte. Auch mein Verhalten während des Krieges in Spanien verstieß oft gegen Parteibeschlüsse. Aber wie dem auch war, ich verstand mich trotzdem immer als diszipliniert, begann aber relativ früh, selbst über meinen Weg zu bestimmen.

1948, als ich meine Tätigkeit als persönlicher Mitarbeiter des Politbüro-Mitgliedes Paul Merker gegen den Willen der Parteiführung einstellte, stieß ich wieder auf Unverständnis und mußte mich, wie das eben üblich war, einem Kadergespräch stellen. Grete Keilson, langjährige Mitarbeiterin von Wilhelm Pieck in Moskau, nach Kriegsende zuständig für Kaderfragen im Parteivorstand der SED, redete mir ins Gewissen und appellierte an meine Verantwortung. Ihrer Meinung nach dürfe ich mich nicht aus der Parteiarbeit hinausstehlen beziehungsweise staatliche Funktionen ablehnen. Ich antwortete: «Es geht mir nicht ums Hinausstehlen. Ich will nur arbeiten. Etwas von meinen beruflichen Erfahrungen nutzbar machen.»

«Gut. Dann mache ich dir den Vorschlag, nach Halle zu gehen, um Wilhelm Zaisser abzulösen. Er soll nach Berlin kommen und die Staatssicherheit aufbauen. Und weil Mitteldeutschland ein heißes Pflaster ist, muß er durch einen verläßlichen Nachfolger ersetzt werden. Mit deinen Erfahrungen in Spanien bist du der richtige Mann dafür.»

«Genau das kann und werde ich nicht. Außerdem zieht es mich nicht nach Halle.»

«Wieso kannst du das nicht? Zaisser hat da schon einen gut funktionierenden Polizei- und Sicherheitsapparat aufgebaut. Der darf jetzt nicht in unzuverlässige Hände gegeben werden. Er muß weiter ausgebaut werden.»

«Das mag sein. Nur bin ich dafür nicht der richtige Mann. Meine militärischen Ambitionen sind mit dem Krieg in Spanien erschöpft. Ich will auch nicht für Dinge verantwortlich sein, die ich ohnehin für zweifelhaft halte. Meine Vorstellungen von Sicherheit lassen sich nicht mit denen von Zaisser in Übereinstimmung bringen.»

«Was soll das? Zaisser macht nur, was die Partei von ihm erwartet.»

«Darüber wollen wir lieber nicht streiten. Das führt zu nichts. Ich möchte eine Aufgabe im Kulturbereich übernehmen. Am liebsten im Verlagswesen. Da mangelt es doch auch an allen Ecken und Enden. Aber wenn ihr das nicht wollt, kann ich mir auch selber eine Arbeit suchen.»

«So einfach geht das nicht, Genosse Janka. Wir brauchen dich für schwierigere Aufgaben. Und das ist zur Zeit die Staatssicherheit.»

«Das hat mir Mielke auch schon zweimal angeboten: doppeltes Gehalt, Arbeitszimmer dreimal größer als im Parteihaus, Dienstwagen und, wenn ich mitmache, ein Pferd. Ich habe abgelehnt.»

«Beenden wir für heute unser Gespräch. Aber überleg dir meinen Vorschlag. Es handelt sich um ein Angebot des Parteivorstandes.»

«Das weiß ich. Aber nimm zur Kenntnis, daß ich für die Staatssicherheit nicht arbeiten werde. Wenn nicht anders, beginne ich lieber noch einmal bei Null. Schließlich habe ich einen soliden Beruf.»

Das Gespräch mußte sich herumgesprochen haben. Am nächsten Tag erschien in unserer Wohnung in Lichtenberg Michael Tschesno-Hell, damals Leiter des Verlages Volk und Welt. Er machte ein verlockendes Angebot. Als Stellvertreter könne ich sofort in seinen Verlag einsteigen. Mit der Perspektive, die Leitung ganz zu übernehmen. Er wollte sich wieder der Schriftstellerei zuwenden. Hätte er nicht, ähnlich wie Mielke, mir sofort eine Villa in Babelsberg versprochen, wo er gute Beziehungen zu sowjetischen Freunden pflegte, und eine erhebliche materielle Verbesserung, wäre ich vielleicht zu gewinnen gewesen.

«Gut, ich werde es mir überlegen», versprach ich. Nachdem er gegangen war, sagte ich zu meiner Frau: «Mit diesem Mann werde ich nicht arbeiten. Schade. Volk und Welt ist ein Verlag mit Zukunft.»

Als ich am folgenden Tag mein bescheidenes Arbeitszimmer im Parteihaus aufräumte, läutete das Telefon. Grete Keilson rief mich zu Anton Ackermann, damals Mitglied im Politbüro und zuständig für Kultur, Kunst, Literatur und Film. Nicht ahnend, was mich erwartete, meldete ich mich bei Merker ab und fragte: «Weißt du, was Ackermann von mir will?»

«Keine Ahnung», erwiderte er mißgelaunt.

Vor Ackermanns Schreibtisch saßen schon Franz Dahlem, zuständig für Kaderfragen und Westarbeit, und Grete Keilson.

«Setz dich», sagte Ackermann, nachdem ich allen die Hand gegeben hatte. Dann sprach Dahlem. Ziemlich erregt schimpfte er auf die DEFA, die damals noch eine gemischte deutsch-sowjetische Aktiengesellschaft war. «Wir haben mit sofortiger Wirkung Rudi Engel als Direktor der DEFA abberufen und beschlossen, daß du seine Nachfolge antreten sollst.»

«Warum ich? Von Filmproduktion verstehe ich nichts.»

«Was dazu nötig ist, kannst du erlernen. Vorerst», unterbrach mich Ackermann, «geht es um etwas anderes. Genosse Engel hat in seiner Leichtgläubigkeit einen Vertrag mit den sowjetischen Freunden abgeschlossen, den wir ablehnen. Du mußt den Vertrag, in deiner Eigenschaft als Vorsitzender des Aufsichtsrates der DEFA-Aktiengesellschaft, für null und nichtig erklären und einen neuen Vertrag aushandeln.»

«Warum ist denn der Vertrag so unannehmbar?»

«Weil er alle unsere Ansprüche an die Freunde abgetreten hat. Danach können wir uns nur noch als Dienstleistungsbetrieb betrachten und Filme produzieren, mit denen die sowjetischen Teilhaber nach ihrem Gutdünken verfahren. Wir haben nicht einmal mehr Einfluß auf die inhaltliche Gestaltung. Das können wir nicht akzeptieren.»

«Wenn das so ist, habt ihr recht. Nur warum soll ich den Streit ausfechten? Ich kann weder Russisch noch kenne ich die sowjetischen Partner. Außerdem müßte ich erst einmal Vorstandsvorsitzender sein.»

«Ab morgen bist du es. Und es geht auch ohne Sprachkenntnisse. Die Russen sprechen alle Deutsch.»

«Na gut. Trotzdem bleibt die Frage, warum ich das machen soll.

Besser wäre ein Filmemacher, den die Russen auf Grund seiner Fachkenntnisse akzeptieren.»

«Den haben wir leider nicht. Mätzig (damals schon Mitglied des DEFA-Vorstandes, W.J.) ist dafür ungeeignet. Sonst hätte er Rudi Engel besser beraten. Jetzt muß einer einsteigen, den die Freunde auf Grund seiner politischen Vergangenheit respektieren. Der nicht alles unterschreibt, was die Partner in ihrem Interesse durchsetzen möchten. Und das erwarten wir von dir.»

Nach einer Stunde gab ich mich geschlagen. Zwei Tage später suchte ich mir in der Krausenstraße, damals Sitz der zentralen DEFA-Verwaltung, einen Schreibtisch, um die Arbeit zu beginnen. Nicht ahnend, was ich mir aufhalsen ließ und wieviel Feindschaft mir zunächst begegnen würde. Mätzig eilte sofort ins Zentralkomitee und erhob Einspruch. Er wurde abgewiesen, und das trug mir noch mehr Feindschaft ein.

Noch unangenehmer begegnete mir der amtierende Geschäftsführer Günter Matern. Er empfing mich nur widerwillig in seinem komfortabel eingerichteten Arbeitszimmer. Mit weißen Mäusen spielend, die er mit dem Finger auf einem Holzrad tanzen ließ, kehrte er mir einfach den Rücken zu. Als mir das zu bunt wurde, stieß ich ihm in die Seite und sagte: «Hör mal. Ab jetzt bin ich dein Chef. Und wenn ich mit dir rede, hörst du auf, mit Mäusen zu spielen. Und du wirst mich gefälligst ansehen. Falls dir das nicht paßt, dann kannst du ins Personalbüro gehen und dir deine Papiere geben lassen. Verstanden?»

«Solche Töne sind wir hier nicht gewöhnt.»

«Dann gewöhne dich daran, und laß die Mäuse verschwinden. Sonst gebe ich Anweisung, sie in der Regentonne auf dem Hof zu ersäufen. Noch etwas. Räume dieses Zimmer. Ab morgen werde ich diesen Schreibtisch in Anspruch nehmen.»

Wenn nicht sein Namensvetter Hermann Matern, Vorsitzender der Zentralen Partei-Kontrollkommission, die Versetzung von Günter Matern in den Filmverleih veranlaßt hätte, hätte ich ihn fristlos auf die Straße gesetzt. Er hatte Rudi Engel verleitet, den ungünstigen Vertrag mit den Russen abzuschließen.

Die erste Aufsichtsratssitzung, in der ich ohne Widerspruch zum

Vorstandsvorsitzenden gewählt wurde, faßte zwei Beschlüsse. Erstens: Der von Rudi Engel unterzeichnete Vertrag wird für null und nichtig erklärt und durch einen neuen ersetzt. Zweitens: Die bisher an die Mitglieder des Aufsichtsrates gezahlten Sitzungsgelder werden ab sofort gestrichen. Über den zweiten Punkt wurde länger diskutiert als über den ersten. Ich beendete die Debatte mit dem Argument: «Wir sind alle Angestellte und beziehen angemessene Gehälter. Uns noch für Sitzungen während der Dienstzeit Honorare auszahlen zu lassen – nur weil es im Gesetz für Aktiengesellschaften so vorgesehen ist –, verstößt gegen jede sozialistische Moral.»

Innerhalb von vier Wochen konnten wir einen einwandfreien Vertrag mit den sowjetischen Partnern unterzeichnen. Und es waren kaum drei Monate vergangen, bis ich mir das Vertrauen und den Respekt der künstlerischen wie technischen Mitarbeiter, die mehr als tausend Köpfe zählten, erwerben konnte. Große Hilfe leistete mir dabei der um die gleiche Zeit in den Vorstand eingetretene sowjetische Mitarbeiter Ilya Trauberg. Mit ihm kam es sofort zu freundschaftlicher Zusammenarbeit. Und die DEFA zählte in diesen Jahren zu den größten und erfolgreichsten Filmproduzenten in ganz Deutschland.

Leider verstarb der erst vierzigjährige Ilya Trauberg ganz plötzlich nach einem Jahr. Die genauen Umstände seines Todes sind mir nicht bekannt geworden. Den Leichnam bekam ich nicht zu sehen. Ich konnte nur noch die Gedenkfeier im Deutschen Theater ausrichten.

Der in den Filmverleih versetzte Günter Matern verließ unter Mitnahme von Verträgen mit westdeutschen Filmverleihern und einem betriebseigenen Auto die DDR und versuchte sowohl die DEFA wie auch die westdeutschen Verleiher mit finanziellen Forderungen zu erpressen. Im Auftrag von Dahlem und Ackermann mußte ich nach Hamburg fahren, um die widerrechtlich mitgenommenen Verträge und das Auto zurückzuholen. Mit Hilfe der Hamburger Staatsanwaltschaft gelang das ohne Schwierigkeiten. Matern war damit vergessen.

Eine Episode ließ den Aufenthalt in Hamburg dennoch komisch und folgenschwer werden. Nach einer Plauderei im Nachtklub der Filmschaffenden an der Alster trat die Lebensgefährtin eines damals recht produktiven Regisseurs, den wir für die DEFA verpflichtet hatten, in mein Zimmer, legte sich zu mir ins Bett und sagte: «Wenn mein Freund auf Abwege gerät, darf das auch mir nicht verwehrt werden.» Wäre es bei dieser Nacht geblieben, hätte es wahrscheinlich keine Folgen gehabt. Aber es blieb nicht dabei. Die Episode wurde zu einem Politikum. Die Parteiapostel – auch der beleidigte Regisseur – machten daraus einen Skandal. Und ich wurde aufgefordert, «mein unmoralisches Verhältnis» zu – man staune – dieser «amerikanischen Agentin» sofort zu beenden. Als ich Beweise für die «Agententätigkeit» einforderte, erklärten Dahlem und Ackermann: «Die Partei ist nicht zu Beweisen verpflichtet.» Mich reizte die Antwort, und ich stellte sofort die Vertrauensfrage. Zur Antwort bekam ich: «Wenn du dein Verhältnis nicht aufgibst, mußt du als Direktor der DEFA zurücktreten. Und mit einem Verfahren rechnen, das mit dem Ausschluß aus der Partei enden kann.»

Wissend, daß ich die zu leicht genommene Episode ohnehin in jedem Falle selbst zum Abschluß bringen wollte, erklärte ich verärgert: «Wenn ihr keine Beweise für eure Behauptungen habt, dann demissioniere ich.»

Erschwerend kam hinzu, daß ich zu diesem Zeitpunkt an einer Leberinfektion schwer erkrankt war und ein Westberliner Krankenhaus in Anspruch nehmen mußte. In Ostberlin konnte ich infolge Bettenmangels keine Aufnahme finden. Die Reaktionen der Westpresse, die den Aufenthalt in einem Westberliner Krankenhaus sofort als Flucht aus der DDR meldete – woran ich selbstverständlich überhaupt nicht dachte –, nutzte das Politbüro der SED, mich als Vorstandsmitglied der DEFA-Aktiengesellschaft abzuberufen und als Direktor abzusetzen. Nach Rückkehr aus dem Krankenhaus beendete ich die Episode.

Es gab aber noch ein anderes böses Nachspiel, das leider nie aufgeklärt wurde. Mein Nachfolger bei der DEFA, Sepp Schwab, erklärte mir nach einem ziemlich freundschaftlichen Gespräch, daß er alles in einem wohlgeordneten Zustand übernommen habe. Auch das im Tresor deponierte Westgeld mit Aufstellung über Einnahmen und Ausgaben, das von mir selbst verwaltet werden mußte. Dann sagte er aber, als wäre das ohne jede Bedeutung: «Die Überprüfung deiner Aufstellung geht in Ordnung. Nur beim Nachzählen des Geldes fehlten genau tausend Mark.»

«Das ist unerhört», unterbrach ich ihn. «Wer hat den Tresor geöffnet?»

Schwab antwortete gelassen: «Keine Ahnung. Ich nicht.»

«Aber es muß doch feststellbar sein, wer sich an dem Geld vergriffen hat. Es gibt keinen Zweifel, daß die tausend Mark von Leuten gestohlen wurden, die dachten, der Janka kommt bestimmt nicht mehr zurück, und da können wir die Gelegenheit nutzen. Das lasse ich mir nicht gefallen. Ich erstatte Anzeige wegen Diebstahls und Verleumdung.»

«Aber nein, das behauptet doch niemand. Reg dich ab. Du wirst keine Anzeige erstatten. Wir wollen jetzt keinen neuen Skandal.»

«Aber ich will es! Ich lasse mir nicht gefallen, auch noch auf diese Weise verdächtigt zu werden. Ich erstatte Anzeige.»

«Damit kommst du nicht durch. Glaube nicht, daß du einen Staatsanwalt findest, der in diesem Fall ermittelt.»

«Ach, jetzt verstehe ich, wer den Tresor geöffnet hat. Und da traut ihr euch nicht, ein Verfahren einzuleiten. Nimm zur Kenntnis, daß ich diejenigen, die den Tresor geöffnet haben, als Spitzbuben und Gauner bezeichne.»

Fluchend verließ ich das Büro in der Krausenstraße, wo ich am ersten Tag meiner Tätigkeit weiße Mäuse entfernen lassen mußte, dann halbwegs erfolgreich wirken konnte, jetzt wütend die Tür hinter mir zuschlug. Nur der Sekretärin gab ich noch die Hand und wünschte ihr alles Gute.

Der Mantel des Zauberers

Aus der Nomenklatur gestrichen, als Mitglied der Partei geduldet, trotz des Eklats in der DEFA als Widerstandskämpfer respektiert, begann ich Arbeit zu suchen. Einfach war das nicht.

Irgendwer sagte mir, daß im Aufbau-Verlag ein Stellvertreter für den Leiter Erich Wendt gesucht würde. Der bisherige Stellvertreter sollte wegen seines Wohnsitzes in Westberlin entlassen werden. Und da bewarb ich mich.

Mit offenen Armen empfing mich Wendt nicht. Als Mitglied des DEFA-Aufsichtsrates waren ihm die Umstände meines Ausscheidens bekannt. Und als pflichtbewußter Genosse mißbilligte er meine Verhaltensweise. Aber von Autoren, die ich im Verlag «El Libro Libre» verlegt hatte, muß er positive Auskünfte über meine Arbeit in Mexiko bekommen haben. Und so war er wenigstens bereit, mit mir zu sprechen.

Seine erste Frage: «Was hast du für Vorstellungen von einer Mitarbeit im Verlag?»

«Keine. Wenn du mich willst, mußt du sagen, was du erwartest.»

«Weißt du, daß ich nur die Hälfte von dem Gehalt zahlen könnte, was du als Direktor der DEFA bekommen hast?»

«Wenn es nur um das Gehalt gehen sollte, bin ich mit jedem Angebot einverstanden. Und du mußt nicht befürchten, daß ich mich in Dinge einmische, die von dir zu entscheiden sind.»

«Gut. Zunächst würdest du für die Geschäftsführung zuständig sein. Alles, was mit Verwaltung, Finanzen, Vertrieb und Personal zu tun hat. Lektorat und Herstellung bleiben in meiner Kompetenz. Traust du dir die Geschäftsführung zu? Der Verlag zählt an die zweihundert Mitarbeiter.»

«Die DEFA zählte mehr als tausend. Und du mußt wissen, daß ich damit besser fertig geworden bin als meine Vorgänger.»

«Was ist mit deiner Parteimitgliedschaft? Ist das geregelt?»

«Da ist nichts zu regeln. Ich bin Mitglied. Dabei wird es bleiben. Jetzt will ich beruflich tätig sein. Nicht mehr und nicht weniger.»

Nach einer Stunde waren wir einig geworden. Am 1. Februar 1951 konnte ich die Stellung als Stellvertreter des Verlagsleiters antreten.

Der mit Abfindung entbundene ehemalige Stellvertreter von Wendt übergab mir sein Arbeitszimmer. Der Schreibtisch, die wackligen Stühle, der Schrank ohne Schloß, die ungeordneten Akten erinnerten an Relikte aus dem großen Krieg. Nur die geputzten Fenster und die Sauberkeit des Fußbodens gefielen mir. Und das war den Putzfrauen zu danken, die um fünf Uhr morgens den Dienst antraten, dafür sorgten, daß die Räume bis zum Antritt der Belegschaft aufgeräumt waren.

«Soll ich Sie mit dem Hauptbuchhalter bekannt machen?»

Als er zum Telefon griff, um ihn über den Hausapparat zu rufen, sagte ich: «Lassen Sie uns zu ihm gehen. Ich möchte gleich seine Mitarbeiter kennenlernen.»

Während des Rundganges bat ich den Hauptbuchhalter, mit der letzten Jahresbilanz zu mir zu kommen, um mich über die Finanzlage zu informieren.

Auf dem Hof wurde ich schon vom Fahrdienstleiter erwartet. Seine Fahrer standen herum und betrachteten mich mit Mißtrauen. Sehr gepflegt sahen sie nicht aus. Ihre Kleidung entsprach dem, was der Krieg den Arbeitern beschert hatte. Die Löhne waren niedrig, zu kaufen gab es nichts, oder nur auf Bezugsscheine. Noch desolater sah es mit den auf dem Nachbargrundstück abgestellten Fahrzeugen aus. Keine Garagen. Die Hälfte des Grundstückes lag unter Trümmern.

Vor einem alten «Adler» sagte der abgelöste Stellvertreter: «Erlauben Sie, daß mich mein Fahrer nach Hause bringt?»

«Selbstverständlich», nickte ich. Kaum gesagt, sprang der Abgänger in den verrosteten «Adler» und donnerte mit kaputtem Auspuff davon. Zum Fahrdienstleiter sagte ich: «Was Sie mir vorgeführt haben, macht keinen guten Eindruck. Wir werden versuchen, bessere Wagen zu beschaffen. Kommen Sie morgen in mein Büro.»

Im Hausflur sprach mich ein junger Mann an, der sich als «Abteilungsleiter für innere Verwaltung» vorstellte. Neben ihm wurden gerade Brote auf dem Treppenaufgang abgeladen.

«Warum legt ihr das Brot auf die Stufen, über die alle Mitarbeiter und Besucher den Dreck von der Straße ins Haus schleppen?»

«Die Lieferanten sind nicht bereit, es bis in mein Zimmer zu bringen. Von da wird es an die Kollegen als Sonderzuteilung ausgegeben.»

«Dann fahren Sie sofort los und besorgen zwei große Waschkörbe. Ab morgen lassen Sie das Brot direkt in die Körbe legen. Wir müssen nicht den Dreck von der Straße unseren Mitarbeitern zumuten.»

Zwei Stunden später trat der Abteilungsleiter mit zwei neuen Körben in mein Zimmer. «Ich wollte schon aufgeben. Dann habe ich aber doch in der Frankfurter Allee ein Geschäft ausfindig gemacht.»

«Warum haben Sie die Körbe nicht schon früher beschafft?»

«Es wurde von niemand beanstandet. Die Kollegen sind froh, wenn sie zusätzlich Brot bekommen.»

«Sind Sie in der Partei?»

«Nein.»

«Das macht nichts. Aber ich bin in der Partei und erwarte von Ihnen, daß Sie mit mir gut zusammenarbeiten. Wenn wir schon alle vom Aufbau einer sozialistischen Gesellschaft reden, wollen wir wenigstens die sozialen Belange unserer Belegschaft so gut wie möglich gestalten. Beim Rundgang durch das Haus habe ich Mängel festgestellt, die abgestellt werden müssen. Wie ist das mit dem Mittagessen?»

«Nicht gut. Die Kollegen essen ihre Suppe in ihren Arbeitsräumen oder im Stehen in der Halle, die zum Verpacken der Buchsendungen genutzt wird. Und die hat noch kein richtiges Dach. Wenn es regnet...»

«Die Pfützen in der Halle sind mir nicht entgangen. Suchen Sie möglichst bald eine Glaserei auf und lassen Sie einen Kostenvoranschlag zur Erneuerung des Daches anfertigen. Dann müssen Sie einen Betrieb ausfindig machen, der den Parkettboden erneuert. Wir werden die Halle so gestalten, daß man sie als Speise- und Klubraum nutzen kann. Eine Tischlerei brauchen wir auch. Die meisten Büroeinrichtungen müssen erneuert werden. Schließen Sie Verträge mit den in Be-

223

tracht kommenden Betrieben ab. Die Fassade muß auch geputzt werden...»

«Das wird viel Geld kosten. Auch Zeit. Und ob ich das so schnell schaffen kann, weiß ich nicht», sagte der nachdenklich vor mir sitzende Abteilungsleiter.

«Was verdienen Sie eigentlich?»

«Sechshundert Mark im Monat.»

«Ich veranlasse, daß Sie besser bezahlt werden. Aber dafür müssen Sie auch mehr leisten. Und wenn Sie Hilfe benötigen, lassen Sie mich das wissen.»

Nach einem Jahr strahlte eine neue Fassade, mit Neonlichtschrift «Aufbau-Verlag», in die sonst noch graue Umgebung der Französischen Straße. Unsere Belegschaft konnte an weißgedeckten Tischen, von Porzellangeschirr und mit Bedienung, wie in einem passablen Restaurant, zu Mittag essen, während der Frühstückspausen Kaffee trinken, oder was sonst gewünscht wurde. Es gelang auch, eine für damalige Verhältnisse supermoderne Küche einzurichten.

Die neue Atmosphäre brachte auch das Klubleben mit kulturellen Veranstaltungen, Filmvorführungen, regelmäßigen Streitgesprächen mit Autoren, Mitarbeitern und Gästen in Schwung. Es bedurfte dazu keines Zwanges zur Teilnahme. Das innerbetriebliche Kulturleben entwickelte sich von selbst, wurde zu einem Anliegen der ganzen Belegschaft.

Auch der Fuhrpark konnte erneuert werden. Die «Rosthütten» wurden an Gemüsehändler verkauft, die zu dieser Zeit noch ganz gut vom schwarzen Markt lebten. Meine Verbindungen, die nach dem Ausscheiden aus der DEFA nicht gänzlich abgebrochen waren, machten es möglich, neue BMWs aus Eisenach beziehungsweise Skodas aus der ČSSR zu bekommen. Das allein trug mir bei den Fahrern sofort enormen Respekt ein. Auch bei den Mitarbeitern, denen personengebundene Dienstfahrzeuge zustanden. Und weil ich der Auffassung war, daß es unzumutbar sei, die noch immer unterbezahlten Fahrer, die auch viele gutgekleidete Gäste betreuen mußten, in ihrer abgetragenen Garderobe arbeiten zu lassen, schickte ich sie zum Schneider, um sich auf Kosten des Verlages einen maßgeschneiderten Dienstanzug verpassen zu lassen. Auch die Pförtner und den Fahrstuhlführer. Wie sehr das zur Hebung der Arbeitsmoral beigetragen hat, ist kaum zu beschreiben. Keiner von ihnen hatte es sich je zuvor leisten können, einen Maßanzug fertigen zu lassen.

Meinen sozialistischen Vorstellungen folgend, die schlicht darauf gerichtet waren, das soziale Mißverhältnis der arbeitenden Menschen abzubauen, setzte ich durch, daß Putzfrauen und Lehrlinge, deren Einkommen praktisch unter der Armutsgrenze lag, das betriebliche Mittagessen umsonst bekamen. Angestellte mit einem Monatsgehalt bis zu eintausendzweihundert Mark mußten den gestützten Normalpreis von fünfundsiebzig Pfennigen zahlen, alle, die mehr verdienten, den doppelten Preis. Das war nicht einfach. Die Besserverdienenden beklagten sich, nicht genauso behandelt zu werden wie die anderen. Ich empfahl ihnen, in die nächste HO-Gaststätte zu gehen, wo sie für zehn Mark das gleiche Essen in Anspruch nehmen könnten. Und die Finanzbehörde der Stadt Berlin war gar der Meinung, daß ich mit unseren Sozialleistungen gegen alle gesetzlichen Bestimmungen verstieß.

Mit dem Hauptbuchhalter waren die Gespräche ähnlich wie mit dem Hausverwalter, dem Fahrdienstleiter und dem Gewerkschaftsvertreter. Er war sogar richtig dankbar, einmal seine Sorgen loszuwerden. Nur ging es da um Probleme anderer Art: um Geld, Finanzgebaren, Zeichnungsberechtigung für Zahlungen und Außenstände. Der Vertriebsvertreter für Sachsen schuldete eine Viertelmillion. In Thüringen noch mehr. Ich rief den Vertriebsleiter Hollatz hinzu und bat um Auskunft: «Warum rechnen die Landesvertreter nicht ab?» Seine Antworten waren zunächst ausweichend; endeten schließlich mit den Worten: «Auf die Abmachungen mit Dresden und Eisenach habe ich keinen Einfluß. Das geht über den Verlagsleiter. Und die Herren aus Dresden und Eisenach genießen große Sympathie im Verlag.»

«Trotz der hohen Schulden?»

«Die Herren bringen immer nette Geschenke für die Sekretärinnen mit: Textilien oder ein paar Flaschen Sekt. Und da läßt es sich gut plaudern.»

«Gibt es schriftliche Verträge?»

«Nein. Nur Absprachen.»

«Das werden wir ändern. Bereiten Sie eine Revision vor. Wir fahren nach Dresden und Eisenach, um an Ort und Stelle die Bestände zu prüfen und richtige Verträge abzuschließen.»

Zum Hauptbuchhalter gewandt: «Informieren Sie die Kasse, daß in Zukunft nur noch Zahlungen getätigt werden dürfen, wenn die Anweisungen von Ihnen geprüft und mit Ihrer Unterschrift bestätigt wurden.»

«Auch Zahlungen, die vom Verlagsleiter angewiesen werden?» fragte der Buchhalter skeptisch.

«Die auch. Ich werde mit Herrn Wendt sprechen. Und das gilt ebenso für den Cheflektor, den Leiter der Herstellung und alle Anweisungen, die von mir kommen.»

«Fürchten Sie nicht, daß die Herren das als Eingriff in ihre Kompetenz auslegen?»

«Nein. Wir sind kein Privatunternehmen.»

Ein paar Wochen später, als ich mit dem Vertriebsleiter und seiner Sekretärin in Dresden und Eisenach eintraf, waren die Lager leergefegt. Die ehrenwerten Landesvertreter hatten die DDR verlassen. Und der Aufbau-Verlag mußte über eine halbe Million Verluste abschreiben.

Erich Wendt nahm das mit erstaunlicher Ruhe zur Kenntnis. «Dein Vorgänger hat schlecht gearbeitet», war alles, was er dazu sagte.

Bevor das Jahr zu Ende ging, machte mir Wendt eine Mitteilung. Ohne Umschweife sagte er: «Du hast dafür gesorgt, daß mein Arbeitszimmer hervorragend ausgestattet wurde. Du hast auch ein gutes Verhältnis zur Belegschaft entwickelt. Und weil ich vom ZK der Partei zum Generalsekretär des Kulturbundes berufen wurde, wirst du ab morgen meinen Platz an diesem Schreibtisch übernehmen. Bis auf weiteres noch als Stellvertreter, aber mit allen Befugnissen ausgestattet, um die Leitung des Verlages ganz in deine Hände zu nehmen. Betrachte mich als Berater, wenn du Rat nötig hast. Komm in den Kulturbund, wenn es Probleme gibt. Wie sich die Dinge später regeln, bleibt abzuwarten.»

«Hat das Zentralkomitee dieser Veränderung zugestimmt?»

«Das ist nicht erforderlich. Es genügt die Bestätigung durch das Sekretariat des Kulturbundes. Becher, als Präsident des Kulturbundes und Kulturminister, ist damit einverstanden.»

Mit dieser Entscheidung begann sich mein Aufgabengebiet radikal zu verändern. Der Verwaltungsapparat und die Vertriebsabteilung waren inzwischen gut entwickelt. Ich konnte sie getrost den Abteilungsleitern überlassen. Die Buchhaltung funktionierte perfekt. Die Produktionsabteilung unter Heinz Bohm war mit Gewißheit die bestfunktionierendste in der ganzen Republik.

Leider hat uns der Kollege Bohm zwei Jahre später verlassen. In Düsseldorf wurde ihm die Leitung einer großen Druckerei angeboten. Mit einem Gehalt, das weit höher war, als er es in der DDR erreichen konnte. Aber, und das sprach auch für den Charakter von Bohm, er machte sich nicht heimlich davon. Er kam zu mir und sagte: «Herr Janka, wir hatten immer ein gutes Vertrauensverhältnis. Und deshalb werde ich Ihnen jetzt etwas mitteilen, was Sie mir hoffentlich nicht nachtragen. Ich will in die Bundesrepublik übersiedeln. Eine Aufgabe übernehmen, die meinem Fachwissen entspricht und die Ausbildung meiner Kinder sichert. Da ich aber keine legale Genehmigung zum Wechsel meines Wohnsitzes bekomme, muß ich die DDR illegal verlassen. Und weil ich weiß, daß Sie mich nicht denunzieren, sage ich Ihnen das rechtzeitig. Ich will Sie nicht durch mein Ausscheiden überraschen. Außerdem möchte ich noch meinen Nachfolger einarbeiten.»

Als wir uns vierzehn Tage später trennten, war der Abschied für beide schwer. Bohm verließ den Verlag nicht ohne Trauer. Und ich wußte, daß der Verlag nie wieder einen so guten Hersteller bekommen würde.

Inzwischen war ich längst vom Kulturminister zum alleinverantwortlichen Leiter des Verlages ernannt. Und ich durfte in Anspruch nehmen, daß sich in den Jahren unter meiner Leitung die Produktion qualitativ und quantitativ mindestens verdoppelte.

Meine Erlebnisse und Erfahrungen mit Thomas Mann, Lion Feuchtwanger, Halldór Laxness, Leonhard Frank, Anna Seghers, Johannes R. Becher und anderen hielt ich in schriftlichen Aufzeichnungen fest, auf die ich beim Schreiben dieses Buches gern zurückgegriffen hätte. Das ist leider nicht mehr möglich. Die Staatssicherheit hat dieses Manuskript heimlich aus meinem Haus in Kleinmachnow geholt. Sie müssen über gute Nachschlüssel verfügt haben. Gewaltanwendung war nicht festzustellen. Bei anderen «Besuchen» nahmen sie auch einen Brief von Heinrich Mann an Willi Münzenberg mit, in dem er androhte, seine Mitarbeit im Pariser Volksfrontausschuß abzubrechen, «wenn nicht der unerträglich gewordene Ulbricht aus diesem Gremium zurückgezogen» würde. Zum offiziellen Ausscheiden Ulbrichts kam es dann nicht mehr, weil er nach Moskau abreiste. Paul Merker übernahm die Vermittlung zwischen Heinrich Mann und den Vertretern der KPD.

Völlig problemlos war die Zusammenarbeit mit Halldór Laxness. Er räumte uns – in Abstimmung mit Ernst Rowohlt – die Verlagsrechte für die DDR ohne Einschränkungen ein. Er war sofort damit einverstanden, daß wir seine Honorare auf ein Sperrkonto bei der Notenbank einzahlten, über das er während seiner Aufenthalte in der DDR verfügen konnte.

Die Auflagen in der DDR waren höher als in der Bundesrepublik, das Leserinteresse unbegrenzt. Viele Bücher, und das betraf nicht nur Laxness, wurden von Westberlinern und Bundesdeutschen gekauft, weil unsere Preise die Hälfte von dem ausmachten, was gleichwertige Bücher im Westen kosteten. Und dabei wurden die Bücher im Aufbau-Verlag nicht einmal staatlich subventioniert. Ich lehnte Angebote zur Preisstützung ab, war der Meinung, daß Verleger von Belletristik nur dann Verleger sind, wenn sie ihre Produktion so gestalten, daß sie ohne fremde Hilfe auskommen.

Laxness revanchierte sich für seine Erfolge in der DDR. Als er 1955 in Stockholm mit dem Nobelpreis bedacht wurde, bestand er darauf, daß alle seine Verleger zur Verleihung eingeladen wurden. Das Nobelkomitee lehnte aber den «ostdeutschen Kommunisten» ab. Als Laxness daraufhin androhte, er würde zur Preisverleihung nicht erscheinen, erhielten auch meine Frau und ich eine offizielle Einladung. Kurzfristig mußten Frack und Smoking angefertigt werden, die dann zwanzig Jahre lang im Kleiderschrank hingen, bis sie von den Enkelkindern zum Altwarenhändler gebracht wurden.

Auch meine Frau ließ sich ein schönes Abendkleid anfertigen. Sie ging damit durch die Weltpresse. Laxness hatte mit ihr und dem schwedischen Königspaar den Ball nach dem festlichen Mahl eröffnet. Daß

Laxness ausgerechnet meine Frau zum Tanz wählte, war Ausdruck der Sympathie, die er ihr bei all unseren Begegnungen bezeugte.

Beim Galadiner wurde sie zum Mittelpunkt der Gespräche. Nicht nur weil die schwedischen Damen und Herren erstmals Gelegenheit fanden, mit einer ostdeutschen Frau zu sprechen, die sie für eine Kommunistin hielten. Mehr deshalb, weil sie auch die meistgereiste Frau am Tisch war, die zwar nicht Schwedisch sprechen konnte, der aber das Französische und Englische perfekt von der Zunge ging. Und das ließ unsere Tischnachbarn vergessen, daß wir beide nicht mit Professorentiteln ausgestattet waren.

Bald nach Ablösung von Erich Wendt empfing ich einen geharnischten Brief von Dr. Bermann-Fischer aus Frankfurt am Main. Der Chef des großen Verlagshauses ließ mich wissen, daß er beim Landgericht Berlin Anklage gegen den Aufbau-Verlag erhoben habe. Anlaß war die von Willi Bredel, in Absprache mit dem Kulturministerium, veranlaßte vertragslose Herausgabe der «Buddenbrooks» in der Reihe «Bibliothek fortschrittlicher deutscher Schriftsteller».

Bredel und Wendt meinten, daß man trotz Verweigerung von Lizenzrechten auf Thomas Mann nicht verzichten könne. Und so ließen sie es einfach darauf ankommen. Dreißigtausend Exemplare zum Ladenpreis von fünf Mark gingen in den Handel. Nach wenigen Tagen waren sie verkauft. Genausogut hätten sie hunderttausend Exemplare auf den Markt bringen können. Aber dafür reichte das Papierkontingent nicht aus.

Mir war sofort klar, daß der S. Fischer Verlag nach dem geltenden Urheberrecht den Prozeß gewinnen würde. Aber unsere Rechtsanwältin Frau Gentz, die ich mit der Wahrnehmung unserer Interessen beauftragt hatte, beruhigte mich. Sie würde mit Dr. Pollak sprechen. Er sei im ZK der SED für Justizfragen zuständig. Der würde das schon in Ordnung bringen. Und so kam es auch. Der Richter wies die Klage ab. Begründung: Man dürfe den Menschen in der DDR das Werk von Thomas Mann nicht wegen geschäftlicher Interessen vorenthalten. Für die weitere Herausgabe sollte der Aufbau-Verlag vertragliche Abmachungen durchsetzen.

Darüber nachdenkend, wie ich das erreichen könnte, empfing ich einen langen Brief von Thomas Mann. Er mahnte zur strikten Einhaltung der Urheberrechte. Ließ aber deutlich erkennen, daß sein Werk den Lesern in der DDR erschlossen werden müsse. Falls erforderlich, würde er unsere Vorschläge zur Verständigung mit dem S. Fischer Verlag unterstützen.

Ich antwortete mit einer Entschuldigung für das Fehlverhalten von Bredel, dankte für das freundliche Angebot, uns beizustehen, und bat um Besuchserlaubnis. Nach vierzehn Tagen erhielt ich ein Telegramm, Text: «Willkommen am 15. Mai – Thomas Mann.» Mit dem Plan zur Herausgabe des Gesamtwerks in zwölf Bänden, die wir zum 80. Geburtstag in den Buchhandel bringen wollten, flog ich nach Zürich und brachte gleich Vorschläge für vertragliche Abmachungen mit.

Becher meinte, daß wir uns mit einer Gesamtausgabe zuviel vornehmen würden. «Wer liest noch die Roman-Tetralogie ‹Joseph und seine Brüder›? Warum wollt ihr das begrenzte Papierkontingent gleich mit zwölf Bänden belasten? Es genügen Einzelausgaben, die mit Abstand erscheinen können...»

«Und wie willst du eigentlich die Honorarforderungen finanzieren? Mit unserem Geld auf Sperrkonten werden Bermann und Thomas Mann nicht zufrieden sein...»

«Das weiß ich. Wir können die voraussichtlichen Honorare und Lizenzgebühren in Höhe von fünf- bis sechshunderttausend Mark durch Druckaufträge abdecken. Der Außenhandel ist an solchen Aufträgen aus dem Westen interessiert. Und für den S. Fischer Verlag brächte das doppelten Gewinn. Unsere Druckereien arbeiten weit billiger als im Westen...»

Am kompliziertesten war die Verständigung mit Dr. Bermann. Sein Vertrag mit Thomas Mann sah eine fünfzigprozentige Beteiligung an Lizenzausgaben vor. Und das fand ich völlig ungerechtfertigt. Ich brach die Verhandlungen ab und hoffte, mit Hilfe der Familie Mann mein Angebot durchzusetzen. Wozu es nach meinem Besuch in Zürich auch kam. Frau Mann und Tochter Erika errechneten selbst, welchen Vorteil sie aus einer direkten Verrechnung ziehen würden. Warum sollten sie darauf verzichten?

Für mich war der erste Besuch in Kilchberg bei Zürich ein großes

Erlebnis. Das Mittagessen erinnerte mich an «Lotte in Weimar». Alles war so, wie Thomas Mann den Alltag von Goethe beschrieben hat. Gefeilscht wurde mit keiner Silbe.

Als mich Frau Mann in ihrem großen Fiat ins Hotel zurückfuhr, war ich mit Gott und der Welt zufrieden. Die Manns hatten mich nicht als armen Teufel aus der Ostzone empfangen. Sie erinnerten sich gut an die Zeit im Exil und wußten, daß ich schon in Mexiko Bücher vom Bruder Heinrich und anderen deutschen Autoren verlegt hatte. Wichtiger als das war: Die zwölfbändige Ausgabe war gesichert. Schon diese erste Begegnung mit der illustren Familie Mann schaffte Voraussetzungen für eine reibungslose und freundschaftliche Zusammenarbeit bis zum Ableben von Thomas Mann, seiner Frau Katia, besonders seiner Tochter Erika.

Bei meinem nächsten Besuch bei den Manns begleitete mich Hans Mayer. Noch im Hotel beim Frühstück fragte mich Hans Mayer, der sehr aufgeregt war, Thomas Mann endlich persönlich kennenzulernen: «Wie sprichst du ihn eigentlich an?»

«Was soll die Frage?»

«Er ist Professor!»

«Er ist es mindestens zehnmal geworden. Zwanzigmal Doktor. Dazu hat er alle Literaturpreise der Welt erworben. In der Diele seines Hauses liegen die Diplome auf einem großen runden Tisch zur Ansicht aus.»

«Ich werde ihn mit Professor ansprechen. Der Respekt gebietet es.»

«Wenn es dich drängt, dann tue es.» Dabei dachte ich: Verdammt komisch, wenn sich zwei Professoren mit Professor anreden.

Wie üblich war der Tisch wieder wunderbar gedeckt. Der «Zauberer», so nannten ihn seine Angehörigen, läutete die auf dem Tisch bereitstehende silberne Glocke dreimal. Die Haushälterin, offenbar auf dieses Zeichen wartend, trat sofort ein und servierte die Suppe. Nachdem Erika den Wein eingeschenkt, Thomas Mann zum Löffel gegriffen hatte, zitierte Hans Mayer einen Satz aus Manns Werken. Welchen, weiß ich nicht mehr. Und selbstverständlich begann er mit der Anrede: «Verehrter Professor».

Erika sah mich verwundert an, als wollte sie fragen: «Was soll das

Getue? In diesem Haus ist es nicht üblich, schon gar nicht in Gegenwart des Zauberers, aus seinen Büchern zu zitieren.» Aber Hans Mayer bemerkte den kritischen Blick nicht.

Nachdem er zum dritten- oder viertenmal, immer mit der Anrede Professor, mit treffenden Zitaten das Wort geführt hatte, sah ihn der schweigsame Zauberer an und erwiderte: «Herr Professor Mayer, was Sie eben zitiert haben, muß ich auch schon einmal gelesen haben.» Die Damen am Tisch waren peinlich berührt. Auch ich. Nur Hans ignorierte die Ironie der Replik. Er empfand die Anrede mit Professor Mayer als das Höchste, was ihm im Hause der Manns widerfahren konnte. Als der Nachtisch verzehrt war, erhob sich Thomas Mann und sagte: «Herr Professor Mayer, den Kaffee nehmen wir im Salon.»

Bevor wir uns verabschiedeten, trat Golo in den Salon, begrüßte zuerst Hans mit den Worten: «Wie schön, Sie wiederzusehen, lieber Professor.» Gab dann mir die Hand und fragte: «Können wir gemeinsam zu Abend essen gehen?»

«Sehr gern», erwiderte Hans sofort.

«Gut, dann hole ich Sie gegen zwanzig Uhr im Hotel ab.»

An der Haltestelle ein paar Minuten auf den Bus wartend, sagte Hans: «Zu dumm, daß wir nicht mit einem Taxi gekommen sind.»

«Wieso? Die Busse sind hier nicht schlechter als die Taxis. Im übrigen wüßte ich nicht, wovon ich sie bezahlen könnte.»

«Verfügst du denn nicht über Reserven? Es könnte doch sein, daß wir die Rechnung heute abend begleichen müssen.»

«So habe ich die Einladung nicht verstanden. Ich kann das Essen jedenfalls nicht bezahlen.»

«Dann werde ich einen alten Freund aufsuchen, der mir vorsorglich etwas Geld ausleihen kann. Du mußt aber dafür sorgen, daß ich den Betrag in Berlin zurückerstattet bekomme.»

Gegen Mitternacht, als Golo die dritte Flasche im teuersten Restaurant der Züricher Altstadt bestellen wollte, trat ich Hans auf den Fuß und sagte: «Ruf den Ober und bitte um die Rechnung.» In Gedanken hatte ich ausgerechnet, daß wir an die fünfhundert Franken zu zahlen haben würden.

Golo muß der Meinung gewesen sein, daß Vertreter eines sozialistischen Verlages mit unbegrenzten Mitteln ausgestattet sind. Und so ließ er prompt seinen Berufskollegen Professor Mayer zur Brieftasche greifen.

In Berlin ging ich zu Becher und bat darum, die fünfhundert Franken aus seinem Sonderfonds auszahlen zu lassen. Wozu er gottlob ohne Vorwürfe bereit war. Nur der zuständige Abteilungschef in der Notenbank beschimpfte mich, als ich die Originalrechnung auf seinen Tisch legte: «Dieses Saufgelage wird ein Nachspiel haben. Auf Kosten des Volkes fünfhundert Valuta-Franken zu verfressen, das verstößt gegen jede sozialistische Moral und Gesetzlichkeit.» Ich nahm das Geld und antwortete: «Sie haben völlig recht.»

Nach der ersten Honorarabrechnung, die gleich ein hohes Guthaben auswies, empfing ich einen langen Brief, der Anerkennung und Dank zum Ausdruck brachte. Zugleich eine überraschende Bitte. Thomas Mann ließ wissen, daß er einen neuen Mantel nötig habe. Der alte sei schon sehr abgetragen. Vielleicht könne ein Maßatelier in Berlin diese Bitte erfüllen. Unsere guten Beziehungen zur Sowjetunion, wo Nerze gezüchtet würden, müßten das doch möglich machen.

Nicht wissend, ob sich in der DDR Nerze auftreiben ließen, telegrafierte ich: «Lassen Sie von einem Züricher Atelier die Maße aufzeichnen. Dann will ich mein Bestes versuchen...»

Zwei Monate später hing der prachtvolle, unter vielen Schwierigkeiten angefertigte Mantel im Maßatelier Unter den Linden auf einer Schneiderpuppe. Die Belegschaft war versammelt. Der Direktor gab seiner Freude Ausdruck, daß sein Atelier einen Mantel für den weltberühmten Schriftsteller Thomas Mann hatte anfertigen dürfen. Danach gab es ein Glas Sekt, und ich konnte das schöne Stück mitnehmen.

«Erika, Sie können nach Berlin kommen, den Mantel für Ihren Vater holen. Er hängt jetzt in meinem Zimmer...» sagte ich am Telefon.

«Nein, lieber Janka, das kann ich nicht. Nehmen Sie das nächste Flugzeug nach Zürich. Mein Vater möchte Ihnen selbst dafür danken. Außerdem will ich mit Ihnen einen Vertrag auf den ‹Mephisto› von Klaus Mann abschließen. Die westdeutschen Verleger haben Angst vor Gustaf Gründgens, verweigern die Herausgabe...»

Der Mantel, den ich praktisch illegal in die Schweiz bringen mußte (auf Pelzen lagen hohe Zollgebühren), bereitete mir noch manche Sorgen. Um nicht als Schmuggler verdächtigt zu werden, nahm ich ihn nach der Landung über den Arm, das Nerzfutter nach außen gedreht, und harrte der Dinge bei der Zollabfertigung. Die anderen Passagiere müssen mich für einen seltsamen Zeitgenossen gehalten haben. Wer reist schon im Sommer mit einem Pelzmantel? Nur der freundliche Zollbeamte zeigte kein Interesse für den Mantel. Mein DDR-Paß fand Aufmerksamkeit.

«Aus Ostdeutschland sind Sie?» Nachdem er unter Zweck der Einreise gelesen hatte: «Vertragsverhandlungen mit Thomas Mann», fragte er: «Dürfen Sie denn in der Ostzone die Werke von Thomas Mann verlegen?»

«Ja, wir dürfen. Sonst würde ich nicht in die Schweiz kommen.»

«Dann wünsche ich Ihnen Erfolg und guten Aufenthalt in unserem Land.» Damit konnte ich mich als abgefertigt betrachten.

Unvergessen bleibt, wie die Damen, Katia und Erika, ihrem Zauberer vor dem Spiegel in den Mantel halfen. Ihn nach links und nach rechts drehten, der alte Herr ein paar Schritte auf und ab ging, wieder vor den Spiegel trat und sagte: «Herr Janka, das ist der schönste Mantel, den ich je besessen habe.»

Beim Kaffee, nach dem Mittagsmahl, fragte Frau Mann: «Wie haben Sie es denn geschafft, den Mantel durch den Zoll zu bringen?»

Ich erzählte, was der Zollbeamte gefragt hatte, und legte die Rechnung auf den Tisch. Dabei dachte ich daran, daß dieser Mantel wahrscheinlich der teuerste war, den sich Thomas Mann je geleistet habe. Vierundfünfzigtausend Mark. Dann sagte ich: «Die Kosten sind so hoch, weil ich den Stoff und den Biberkragen im Westen kaufen mußte. Umtauschverhältnis eins zu sieben. Aber das ist kein Problem. Mit der nächsten Auflage eines einzigen Buches wird das Guthaben wieder ausgeglichen.» Erika meinte: «In der Schweiz würde ein solcher Mantel etwa zwanzigtausend Franken kosten. Damit verglichen ist der Preis sogar günstig.» Damit war das Mantelproblem abgeschlossen. Mit einem Vertrag auf den Roman «Mephisto» flog ich am nächsten Tag zurück.

Zu einem Höhepunkt für mich persönlich, auch für die DDR, und zu einem Politikum für Thomas Mann wurde die für Stuttgart vorbereitete Festansprache aus Anlaß des 150. Todestages von Friedrich Schiller. Die im Auftrag von Johannes R. Becher überbrachte Einladung, diesen Vortrag im Nationaltheater Weimar zu wiederholen, wurde angenommen. Thomas Mann ließ sich trotz Anfeindungen nicht davon abhalten.

Die Festveranstaltung im Nationaltheater wurde, um Erika Mann («Das letzte Jahr») zu zitieren, zur «Wallfahrt aus Ost und West... Nach Musik (D-Moll-Quartett von Schubert, erster Satz), zunächst Becher, kurz zweckdienlich, richtig. Z. durch mäßigen Lautsprecher leicht behindert. Huster im Publikum. Zu wenig Studenten? Verlauf und Gesamtwirkung dennoch quite satisfactory. Zum Schluß nochmals Musik (Beethoven, F-Dur Quartett, erster Satz). Becher vorher und nachher rührend darauf bedacht, Z. möglichst zu schonen... Beim Weggehen Theaterplatz schwarz von Leuten, die Übertragung gehört. Großer Applaus. Menschen an allen Fenstern; viele mit Operngläsern. Derlei nicht inszenierbar... Bankettartiges Lunch im ‹Elephanten›. Einige Russen zugegen. Z. erwähnt sie in seinem Dankesspruch als ‹Ihre sowjetischen Freunde›. Wird ihm von linientreuen Atlantikpaktlern zweifellos als ‹meine sowjetischen Freunde› angekreidet werden. Macht nichts... Abends: ‹Jungfrau›. Niveau der Aufführung: siehe ‹Stuttgart›... Z. nun doch müde. Gehen vor Schluß.»

Nach den Tagen in Weimar fiel mir abermals eine delikate Aufgabe zu. Das Politbüro der SED und der Ministerrat der DDR beschlossen aus Anlaß des bevorstehenden 80. Geburtstages die Verleihung des Nationalpreises I. Klasse an Thomas Mann. Um sicherzugehen, daß der Preis angenommen würde, beauftragte mich Becher, dessen Zustimmung einzuholen. Becher selbst mochte das Risiko eventueller Ablehnung nicht eingehen. Ich aber, so meinte er, könne das ohne Prestigeverlust auf mich nehmen. Ich tat, was er verlangte, und bekam auf das von mir formulierte Angebot in einem Brief Thomas Manns die nachfolgende Antwort:

«Sie wissen, daß ich jede Ehrung, die mir von der DDR kommt, herzlich gerne annehme, wie jetzt den Ehrendoktor von Jena und das Ehrenpräsidium der Akademie. Etwas Anderes ist es mit Preisen, die mit einem hohen Geld-Betrag verbunden sind. Es sind mir im Laufe des Jahres mehrere solche Preise angeboten worden, die ich alle ablehnen zu müssen glaubte. Wenn ich überhaupt einigen Einfluß zum Guten in der westlichen Welt besitze, so würde dieser durch die Annahme eines solchen Preises zweifellos gemindert werden, denn sie würde den unfreundlich Gesinnten das so billige wie ordinäre Argument bieten, ich ließe mich ‹kaufen› und spräche darum selbstverständlich für den ‹Frieden›.»

Da ich in den vorausgegangenen Gesprächen mit Erika dieses Thema wiederholt erörtert hatte, über die Reaktion auf ein solches Angebot informiert war, überraschte mich die Ablehnung nicht mehr. Um so enttäuschter aber war Becher. Die Delegation der DDR zur Überbringung der Glückwünsche und Geschenke zum 80. Geburtstag am 6. Juni 1955 wollte er daraufhin nicht selbst anführen.

Den lebenden Thomas Mann sah ich nach seinem 80. Geburtstag nicht wieder. Aber zur Beerdigung am 15. August 1955 auf dem Friedhof in Kilchberg, wo auch Conrad Ferdinand Meyer seit 1898 seine letzte Ruhestätte fand, zählte ich, jetzt mit dem Kulturminister Becher und dem Politbüro-Mitglied Paul Wandel, zum Trauergefolge des Verstorbenen.

Anders als mit Halldór Laxness und Thomas Mann entwickelte sich die Zusammenarbeit mit Leonhard Frank. Er entstammte einer der ärmsten Familien in Würzburg, erhielt mit seinem ersten Roman «Die Räuberbande» 1914 den Fontane-Preis, ging 1915 wegen Kriegsgegnerschaft ins Schweizer Exil, 1918 wurde ihm für den Novellenband «Der Mensch ist gut» der Kleist-Preis zugesprochen. Bis zur erneuten Flucht ins Exil 1933 zählte er zu den Erfolgsschriftstellern in Deutschland.

Die «Räuberbande» wurde mit Erfolg in der DDR verkauft. Zu Franks 70. Geburtstag, am 4. September 1952, wollten wir eine Gesamtausgabe seiner Werke in sechs Bänden in den Buchhandel bringen.

Wieder war Becher zurückhaltend: «Ohne Valuten bekommst du Frank nicht. Und ihr belastet das Papierkontingent mit sechs Bänden zu sehr. Es genügt doch, zunächst bei der ‹Räuberbande› zu bleiben. Im übrigen zeigt Frank keine Bereitschaft, mit uns in Verbindung zu kommen. Als Bredel ihn zur Teilnahme am zweiten Schriftstellerkongreß auffordern wollte, ließ er sich verleugnen. Auch Wendt wurde von Franks Frau an der Tür abgefertigt.»

«Wir sehen das anders. Mit der ‹Räuberbande› wollten wir einen Anfang machen.»

«Und das reicht euch nicht?»

«Nein. Wir möchten den 70. Geburtstag nicht ungenutzt lassen. Zumal Frank in der Bundesrepublik völlig vernachlässigt wird. ‹Links wo das Herz ist› verkauft sich ganz schlecht.»

«Diesen Roman solltet ihr jetzt in keinem Falle verlegen.»

«Warum nicht?»

«Weil Frank unter links etwas anderes versteht als wir.»

Ich war mit Johannes von Guenther verabredet und mußte ohnehin nach München fahren. Mit dem baltischen Baron und gläubigen Katholiken – ehemals so etwas wie ein Jugendfreund von Becher – war ich schon per du. Die Zusammenarbeit mit ihm war lange vor mir in Gang gekommen. Gleich nach Gründung des Aufbau-Verlages wurde er als Übersetzer und Herausgeber der russischen Klassiker gewonnen. Und das ging reibungslos. Trotz der Schwierigkeit, seine Honorare nicht in Westmark zahlen zu können.

Unterwegs dachte ich darüber nach, warum Bredel und Wendt nicht auf die Idee gekommen waren, mit Frank über die Herausgabe seiner Werke zu sprechen. Schriftsteller sind doch im Regelfall nur über ihre Arbeit ansprechbar. Und genau das nahm ich mir jetzt vor. Nur wußte ich nicht, wie ich mir Zugang verschaffen konnte. An der Tür würde ich mich jedenfalls nicht abweisen lassen.

Aber meine Sorge war unbegründet. Johannes von Guenther erzählte, daß die Franks ihn vor wenigen Tagen in Kochel besucht hätten. Wenn ich möchte, würde er ihn veranlassen, mich zu empfangen. Kater Sergej kraulend, der meistens auf seinem Schreibtisch lag, nahm er das Telefon. Nachdem er aufgelegt hatte, sagte er: «Du sollst morgen zum Frühstück kommen.»

Als ich vor der kleinen Pension «Spitzweg» parkte, muß mich Frank beobachtet haben. Er kam selbst, um die Tür zu öffnen. Seine Frau saß schon am gedeckten Tisch. Dann lief alles, als würden wir uns schon lange und gut kennen. Mich unterbrechend, fragte er plötzlich: «Haben Sie schon ‹Links wo das Herz ist› gelesen?»

«Nein, noch nicht.»

«Dann werde ich ein Kapitel vorlesen. Draußen im Garten.»

Ich war fasziniert. Frank las wunderbar. Und was er gelesen hatte, machte Eindruck auf mich. Mir in die Augen blickend, fragte er, ins Du fallend: «Wenn du Zeit hast, lese ich noch das letzte Kapitel.»

«Ich habe Zeit. Und ich höre Ihnen gern zu.» Dabei dachte ich an Becher, der mich nachdrücklich gewarnt hatte, dieses Buch herauszugeben.

Mit den Worten «Wer das nicht erlebt hat, hat nicht gelebt» legte Frank das Buch weg, wartete ein paar Sekunden und fragte: «Wie hat es dir gefallen?»

«Gut. Sehr gut. Ich bin begierig, den ganzen Roman zu lesen.»

«Hier, nimm ihn mit. Ich schenk dir das Buch.»

Ich dachte noch immer über Becher nach. Da sagte Frank: «Ich hoffe, daß du dieses Buch bald herausbringst.»

«Herr Frank, wir wollen Ihr gesamtes Werk verlegen. Selbstverständlich auch das, was Sie mir vorgelesen haben. Und wenn Sie mit uns einen Vertrag abschließen, soll die Gesamtausgabe zu Ihrem 70. Geburtstag im Buchhandel sein.»

«Laß das Sie und sprich mich mit du an.» Er gab mir die Hand und sagte: «Du bekommst den Vertrag. Aber sag noch, wie ich zu meinen Honoraren kommen kann. Ich brauche Geld. Im Westen werde ich kaum noch gedruckt.»

«Herr Frank, jetzt beginnen die Schwierigkeiten. Sie werden bei uns viel Geld bekommen. Fünfzehn Prozent vom Ladenpreis. Wenn Sie wollen, hunderttausend Mark Vorschuß. Nur eines kann ich nicht. Westmark stehen uns leider nicht zur Verfügung. Aber Sie könnten bei uns über das Ostgeld frei verfügen.»

«Ich sagte, daß du mich nicht mehr mit Sie ansprechen sollst. Weise die hunderttausend Mark an. Irgendwie werden wir schon zu einer Regelung kommen. Bisher habe ich noch immer mein Geld erhalten.»

«Da ist noch etwas. Unser Kulturminister, Johannes R. Becher, hat mich beauftragt, eine Einladung in die DDR auszusprechen.»

«Zu einer politischen Veranstaltung?»

«Nein. Als Gast. Er möchte dich mit deiner Frau in Berlin empfangen. Und ich würde dafür sorgen, daß ihr ein paar gute Tage bei uns verbringen könnt.»

«Ich nehme die Einladung an. Aber politische Auftritte kann ich mir nicht leisten. Ich bin schon genug als Sympathisant des Ostens verschrien, hier in Bayern, in diesem katholischen Abort...»

Genau zum 70. Geburtstag las Frank vor fünfhundert prominenten Zuhörern in Ostberlin aus «Links wo das Herz ist». Die Gesamtausgabe in acht Bänden war im Buchhandel. Die Presse in Ost und West besprach seine Bücher und seinen Auftritt. Der immer sehr elegant gekleidete und gepflegte alte Herr gefiel sich an der Seite seiner jungen Frau und genoß die wiedergewonnene Popularität. Und Leonhard Frank wußte mit dem in der DDR unbegrenzt zur Verfügung stehenden Geld umzugehen.

Im Hotel Newa, damals das einzige zumutbare Hotel in Ostberlin mit guter Küche, zählte er zu den meistgeschätzten Gästen. Nicht nur wegen der reichlichen Trinkgelder. Becher und viele andere Schriftsteller trafen sich hier mit ihm zum Essen. Mit dem Chefkoch freundete er sich sofort an. Weil ihm das Filet nicht wunschgemäß zubereitet wurde, durfte er selbst in der Küche dem Personal zeigen, wie es zu machen sei. Dann geschah noch etwas, was es in diesem Hotel nie zuvor gegeben hatte. Seine Frau Charlott sagte eines Nachts: «Frankie, wach auf. Ich kann nicht schlafen. Die Wasserhähne tropfen. Sie lassen sich nicht abstellen...»

«Beruhige dich. Ich werde das in Ordnung bringen.» Frank stand auf, stieg im Schlafanzug in den Keller, suchte eine Werkzeugkiste, schleppte sie in sein Appartement und reparierte die Hähne. Als er die Kiste zurückbrachte, erwachte der Portier und glaubte zu träumen. Am nächsten Tag sprachen die Angestellten aufgeregt darüber, was der berühmte Schriftsteller alles könne. Er schriebe nicht nur schöne Bücher. Er repariere auch Wasserhähne. Und wenn er nicht schon der Größte im Hotel gewesen wäre, von diesem Tag war er es unangefochten.

Auch die Begegnungen mit Becher in dessen Landhaus am Scharmützelsee wurden zu erlebnisreichen Tagen. Besonders für Franks
Frau Charlott, die sich als Gast des Ministers überaus gefiel. Immer
viel Kaffee, guter Wein, reichlich gedeckte Tische. Und auch Becher
nahm sich die Zeit für Plaudereien mit dem Jugendfreund. Sparte nicht
mit Hinweisen auf sein Wohlbefinden. Als ich die Franks nach dem
ersten Besuch gegen Mitternacht nach Berlin zurückfuhr, sagte Frank
vor dem Hoteleingang: «Der Becher hat's weit gebracht. Aber noch
immer ist er der Bohemien, so wie ich ihn Anfang der zwanziger Jahre
in München erlebt habe...»

Eines Tages während der nun häufigen Besuche in Berlin überfiel
mich Frank im Aufbau-Verlag und sagte erregt: «Den ganzen Tag laufen wir in Ostberlin herum, um einen Lederkoffer zu kaufen. Ohne
Erfolg. Es gibt nur Koffer aus Pappe. Das ist nicht zumutbar...»

«Tut mir leid. So ist das eben noch bei uns.»

«Nein, das nehme ich dir nicht ab. Als du in München warst, bist du
mit einem guten Lederkoffer gekommen. Und jetzt wirst du dafür sorgen, daß ich mir einen solchen kaufen kann.»

«Meinen Koffer habe ich aus Mexiko mitgebracht. Du kannst dir
doch in Westberlin einen kaufen. Da gibt es an jeder Ecke welche...»

«Kommt nicht in Frage. Da muß ich tausend Mark für hundert ein-
tauschen. Setz dich in Bewegung, und mach ein Geschäft bei euch ausfindig...»

«Ich werde es versuchen...»

Nachdem ich Frank verabschiedet hatte, rief ich Paul Bänder an, der
nach Rückkehr aus dem südamerikanischen Exil im Außenhandel tätig
gewesen, dann als angeblicher Agent verhaftet worden war, jetzt wieder eine leitende Stellung im HO-Handel hatte: «Paul! Leonhard
Frank braucht einen Lederkoffer. Kannst du nicht einen aus euren Son-
derläden lockermachen?»

«Da haben nur die Oberen Zugang.»

«Das weiß ich. Aber mach mal eine Ausnahme. Ich schäme mich,
daß es im Arbeiter-und-Bauern-Staat unmöglich ist, einen Lederkoffer
kaufen zu können. Was soll denn der Frank für einen Eindruck mitnehmen, wenn er nach Hause fährt?»

«Schon gut. Kennst du das neue Ledergeschäft in der Karl-Marx-Allee? Ich werde morgen drei Koffer zur Auswahl anliefern lassen. Sie dürfen aber nur Frank angeboten werden. Sprich mit dem Verkaufsstellenleiter, damit die zwei nicht gekauften Koffer sofort zurückgegeben werden.»

Mit ein paar Exemplaren der «Räuberbande» suchte ich das Geschäft auf. Der Verkaufsstellenleiter führte mich ins Lager und zeigte mir die Koffer. Schöne Exemplare. Dann fragte er: «Wie soll ich das anstellen, damit sich nicht andere Kunden dafür interessieren?»

«Kein Problem. Wir suchen eine Ecke aus, wo Sie die Koffer in der Mittagspause deponieren. Punkt drei, wenn Sie den Laden wieder öffnen, komme ich selbst mit und schiebe die Franks gleich in die Ecke, wo sie sich einen Koffer aussuchen können. Die zwei anderen verschwinden dann wieder im Lager.» Und zu den dabeistehenden zwei Verkäuferinnen sagte ich: «Sie könnten Herrn Frank bitten, Ihnen ein Autogramm zu geben. Haben Sie schon den Roman ‹Die Räuberbande› gelesen?»

«Nein.»

«Macht nichts. Sagen Sie einfach: Herr Frank, wir haben Ihr Buch mit Begeisterung gelesen. Dann bitten Sie um ein Autogramm. Er wird es Ihnen gern geben. Und zu Hause sollten Sie sich die Zeit nehmen, sein Buch einmal zu lesen.»

Der Verkaufsstellenleiter war beleidigt, weil ich nicht ihn dazu aufgefordert hatte. «Was gucken Sie mich so böse an? Hier haben Sie auch ein Buch.»

Alles verlief wie geplant. Außer uns war noch keine Kundschaft gekommen. Nur etwas passierte, womit ich nicht gerechnet hatte. Als Frank die Koffer sah, war er so begeistert, daß er gleich zwei davon nahm. Der Verkaufsstellenleiter sah mich fragend an. Ich nickte und sagte: «Ich regle das.» Als dann alle drei ihre Bücher vorzeigten, vergaß Frank die Koffer. Er war hingerissen, daß die Angestellten sein Buch gelesen hatten, um Autogramme baten und ihn sofort erkannt hatten. Im Auto fiel Charlott ihrem Frankie um den Hals und sagte unter Tränen: «Frankie, das haben wir noch nicht erlebt. Einfache Leute lesen deine Bücher und erkennen dich sofort. Das ist so wunderbar...» Auch Frank selbst glaubte das. Ich fluchte still vor mich hin und dachte: Wie beschämend, daß wir mit Potemkinschen Dörfern etwas vorspielen müssen, was in Wirklichkeit noch nicht ist.

Zwei oder drei Tage später, bevor die Franks abreisten, kamen sie mit einem neuen Ansinnen. Wegen des Regenwetters müsse es sofort erfüllt werden: «Wir brauchen Schirme», sagte Frank. «Was bei euch angeboten wird, ist miserabel.»

«Da hast du recht», erwiderte ich. «Aber für Regenschirme bin ich wirklich nicht zuständig. Wenn euch unsere nicht gefallen, dann kauft welche in Westberlin.»

Ein paar Stunden später stand Frank wieder in meinem Zimmer. «Euer Fahrer kennt sich in Westberlin gut aus. Hier, wir haben gleich noch einen Schirm für dich mitgebracht...»

Ich nahm das Geschenk an. Da ich aber nie einen Schirm benutzte, spielten unsere Kinder damit, bis er in den Müll geworfen wurde.

Wenn ich in München Autoren und Freunde besuchen mußte, erlebte ich zumeist unterhaltsame oder aufregende Stunden. Oft in Gemeinschaft mit den Franks, Fritz Kortner, dessen sanfter Frau und dem Filmregisseur Erich Engel, den ich schon aus der DEFA-Zeit gut kannte. Alle drei strotzten von Witz und Humor. Und immer ergingen sie sich in scharfer Kritik gegen die Adenauers und Ulbrichts.

Kortner sprach auch viel über Brecht und stets mit großem Respekt. Etwas Neid wegen des Theaters in Berlin war auch dabei. Einmal erzählte er, daß ihn Brecht zu Inszenierungen mit dem Berliner Ensemble eingeladen habe. «Leider geht das nicht. Auf meine Flasche Sekt am Abend will ich nicht verzichten. Und selbst wenn ich das bei euch nicht müßte, würde mich die parteitreue Heli, und wenn nicht sie, euer Ulbricht wegen Kosmopolitismus, Formalismus und Pazifismus davonjagen.» Den Einspruch von Engel und mir ließ er nicht gelten. «Nein, mit Ulbricht ist nichts zu machen...»

Ein Jahr später konnte ich Frank eine unerwartete, aber erwünschte Überraschung bereiten. Johannes von Guenther, dem es trotz seiner hohen Ostmark-Guthaben im Aufbau-Verlag materiell sehr schlecht ging, hatte einen Brief an Marschall Sokolowski, Oberbefehlshaber der sowjetischen Besatzungsmacht, geschrieben. Er bat, ihm wenigstens einen Teil seiner Guthaben in Westmark zu überweisen. Das sei recht und billig. Kein anderer habe seit 1945 so viel dafür getan, daß russische Literatur wieder in Deutschland verbreitet werde.

Unangemeldet trat ein sowjetischer Offizier in mein Zimmer und fragte forsch: «Warum bringt ihr einen so verdienten Mann wie diesen Guenther in so große Not?»

«Das ist nicht unsere Schuld», antwortete ich. «Wir würden ihm seine Honorare gern überweisen; aber wir bekommen dafür keine Genehmigung.»

«Wieviel schuldet ihr?»

«Mehr als hunderttausend Mark.»

«Soviel muß es ja nicht auf einmal sein. Aber zehntausend Mark solltet ihr als Soforthilfe überweisen.»

«Wenn Sie die Notenbank veranlassen, diesen Betrag in Westmark freizugeben, wird das sofort geschehen.»

«Marschall Sokolowski hat mich beauftragt, das zu regeln.»

«Großartig. Sie könnten bei dieser Gelegenheit noch zwei weitere Beträge freimachen lassen. Leonhard Frank in München, dem es auch nicht bessergeht als Herrn Guenther, schulden wir zweihunderttausend Mark. Auch das mit dem Bertelsmann-Verlag vereinbarte Festhonorar in Höhe von sechzigtausend Mark für die Gerhart Hauptmann-Ausgabe, die aus Anlaß des zehnten Todestages am 6. Juni 1956 erscheint, müßte ausgezahlt werden...»

Bald nach diesem Gespräch ließ mich die Notenbank wissen, daß ich fünfzigtausend Mark in bar abholen könnte. «Wieso in bar?» fragte ich. «Können diese Beträge nicht überwiesen werden?»

«Nein. Die Prozedur wäre zu langwierig. Außerdem handelt es sich um Zahlungen, die nicht öffentlich werden dürfen.»

Ich begriff nichts, ging aber und holte die fünfzigtausend Mark ab. In diesen Jahren war das noch ein beachtlicher Betrag.

Ohne den Grund meines Besuches anzugeben, meldete ich mich bei Herrn Mohn, Chef des Bertelsmann-Verlages in Gütersloh, an. Der alte Herr empfing mich in seinem damals noch kleinen Verlagshaus. Sein Sohn, jetziger Chef des Weltkonzerns Bertelsmann, saß in der Ecke und hörte zu.

«Womit kann ich dienen, Herr Janka? Ihre Hauptmann-Ausgabe ist eine großartige Leistung. Bis wir dazu kommen, wird noch Zeit vergehen.»

«Wir schulden Ihnen sechzigtausend Mark, Herr Mohn, und die möchte ich begleichen.»

«Was soll ich mit Ostmark machen?»

«Ich will in Westmark abrechnen.»

«Das hört sich besser an.» Er nahm einen Bogen Papier zur Hand und errechnete den Gegenwert zum Tageskurs eins zu sechs: «Das macht zehntausend Mark.»

«Herr Mohn, mit diesem Kurs habe ich nichts zu tun. Ich biete Ihnen zwanzigtausend Mark an, wenn Sie mir dafür bescheinigen, daß mit dieser Zahlung unser Schuldkonto beglichen ist. Also sechzigtausend Ostmark gegen zwanzigtausend Westmark.»

«Das ist ein großzügiges Angebot. Wann kann ich mit der Überweisung rechnen?»

«Sofort. Ich habe das Geld gleich mitgebracht. Sonst würde alles zu lange dauern.» Als ich die Aktentasche öffnete, zwanzig Päckchen zu je tausend Mark auf den Tisch legte, war der alte Herr erstaunt. Und als ich darum bat, daß der Herr Sohn das Geld nachzähle, sagte er: «Nicht nötig. Wer mir zwanzigtausend Mark auf den Tisch legt, der betrügt mich nicht. Besten Dank, Herr Janka.»

Eine halbe Stunde später setzte ich mich ans Steuer und fuhr nach München. Nachdem ich Johannes von Guenther fünfzehntausend Mark in die Hand gedrückt hatte, fiel mir seine Frau um den Hals und sagte: «Damit sind wir wieder einmal über den Berg.» Leonhard Frank sprang von seinem Sofa und befahl: «Charlott, zieh dich an. Die fünfzehntausend Westmark müssen gefeiert werden. Wir gehen essen...»

Auf der Rückfahrt nach Berlin kaufte ich für unsere Kinder ein paar Bananen und legte sie auf den Rücksitz. Und das war eine große Dummheit. Der Zollmensch auf unserer Seite, der nie oder nur selten Bananen in Anspruch nehmen konnte, muß mich eben wegen dieser Bananen für einen von der Sorte gehalten haben, die sich auf ihren Reisen in den Westen solchen Luxus leisten können. Aus Verärgerung darüber ließ er mich eine Stunde lang alles auspacken, begab sich selbst ins Auto, um festzustellen, ob nicht irgendwo noch etwas verborgen war. Mich wie einen Gauner anblickend, befahl er zum Abschluß: «Einpacken und weiterfahren!»

Der ärgerliche Zwischenfall war auf der Weiterfahrt bald vergessen. Aber ich nahm mir vor, nie wieder mit so viel Geld durch das halbe Deutschland zu fahren. Es war ja nicht auszudenken, was passiert wäre, wenn mir Räuber oder Polizisten das Geld abgenommen hätten. Die einen hätten mich umbringen müssen, weil ich mich zur Wehr gesetzt hätte, die anderen hätten mich als Schieber festgenommen.

Wenn die Stunde zur Ewigkeit wird

«In einer geräumigen Halle mußte ich stehenbleiben. Sie war hell ausgeleuchtet. An der Wand hing ein überdimensionales Stalin-Bild. Nie zuvor hatte ich einen solchen Stalin gesehen. Seit drei Jahren tot, wegen zügellosen Terrors von Chruschtschow verdammt, hatte er an dieser Wand noch immer seinen Platz. Die argwöhnischen Augen, der schwarze Schnurrbart, größer als ein Besen, die gestutzte Frisur, der strenge Gesichtsausdruck, all das verlieh dem Porträt etwas Unheimliches. Sein Geist war hier gegenwärtig geblieben. Ohne sein Erbe könnte dieses Gefängnis nicht bestehen.

Als ich den Kopf senkte, um das Bild nicht sehen zu müssen, sagte jemand hinter mir mit gespielter Ironie: ‹Kopf hoch!› Obgleich ich das Gesicht des Mannes nicht sehen konnte, verriet seine Stimme, daß es der Staatssekretär Erich Mielke war.»

Der Minister

Am 22. Mai 1956 feierten wir den 65. Geburtstag von Johannes R. Becher. Partei, Staat, alle Kulturorganisationen, auch der Aufbau-Verlag, hatten sich darauf vorbereitet. Der Rummel um diesen Geburtstag beruhigte vorübergehend noch einmal die Intellektuellen, die wie in allen Ländern nach dem XX. Parteitag der KPdSU, März 1956, über die Entstalinisierung und den von Chruschtschow gebrandmarkten Personenkult heftig stritten. Der Kult betraf ja nicht nur die Sowjetunion. Er hatte alle Länder des real existierenden Sozialismus infiziert. Auch den Aufbau-Verlag. Auf Beschluß der SED brachte er 1954 zu Lenin die Anthologie «Er rührte an den Schlaf der Welt», zu Stalin den Band «Du Welt im Licht», 1956 die Festschrift «Wilhelm Pieck – Schriftsteller und Künstler zu seinem 80. Geburtstag». heraus. Alle drei Titel kultgeprägte Essaybände. 1951 war schon erschienen: «Dem Dichter des Friedens – Johannes R. Becher – zum 60. Geburtstag». Immer floß da Tinte in Strömen. Nicht nur von kommunistischen Autoren.

Thomas Mann schrieb aus Anlaß des 60. Geburtstages von Becher: «... Mehr noch, oder fast mehr noch als den Poeten und Schriftsteller liebe und ehre ich in Johannes R. Becher den Menschen – dies drängend bewegte, von innigen Impulsen getriebene Herz, das ich mir bei so mancher Begegnung... entgegenschlagen fühlte – eine persönliche Erfahrung, die eine fortdauernde Ergriffenheit von seiner Natur, seiner Existenz in mir zurückgelassen hat. Sein Drang zum Dienst an der Gemeinschaft, dem Volke, ist – man lese nur seine Gedichte – zuerst und zuletzt der heiße Wunsch, seinem Volke, dem deutschen, zu dienen und ihm ein liebevoller, getreuer Berater nach bestem Wissen und Gewissen zu sein...»

Dieser Wertung lassen sich Essays und Reden von Georg Lukács, Paul Rilla, Heinrich Mann, Berthold Viertel, Bert Brecht, Günther Weisenborn und anderen hinzufügen. Auch Wilhelm Pieck und Walter Ulbricht griffen zur Feder.

Pieck schrieb: «... Stalin, der große Führer des Lagers der friedliebenden Völker, nannte Schriftsteller ‹Ingenieure der menschlichen Seele› ... Johannes Becher ist in seinen Gedichten, Liedern und Reden ein ‹Ingenieur der menschlichen Seele› im Stalinschen Sinne...»

In dem von Ulbricht gezeichneten Beitrag heißt es: «... Johannes Becher ist ein glühender Verteidiger der Einheit eines demokratischen Deutschlands. Er ermahnt die deutschen Dichter, dessen eingedenk zu sein, daß ‹eine große deutsche Dichtung nur auf dem Boden eines freiheitlich geeinten Deutschlands gedeihen kann› ... Geteiltes Deutschland ist friedloses Deutschland, und wie die Teilungen Polens Europa nicht den Frieden ließen, so würde erst recht nicht die Teilung Deutschlands zur Befriedung der Welt beitragen...»

Die drei Zitate machen Zeit und Wirkung von Becher ohne Umschweife deutlich. Auch wie er sich selbst verstand und damit auch sein persönliches Verhalten. Und nur über letzteres wird in diesem Zusammenhang die Rede sein.

Als Nationaldichter verstanden, als Kulturminister geschätzt, hatte er dazu auch noch den Vorsitz der Akademie der Künste, des Kulturbundes, des PEN-Zentrums übernommen. Und natürlich war er Mitglied des Zentralkomitees der Sozialistischen Einheitspartei und Abgeordneter der Volkskammer. Alles auf einmal.

«Mehr als den Poeten und Schriftsteller liebe und ehre ich den Menschen.» Die hervorgehobene Nähe zur Person, bei gleichzeitiger Distanz zum Werk, zeugen von Respekt und verhaltener Kritik. Daß sich Becher im stalinschen Sinne verstand, ist gewiß. Sein Werk, sein Tun, seine politische Gesinnung zeugen davon. Thomas Mann mag man verzeihen, daß er das aus der geographischen Ferne nicht erkennen wollte. Wir aber, die wir in Bechers Nähe gearbeitet, zu Werkzeugen oder Opfern seiner Größe wurden, waren kritischer. Als Dichter wäre Becher groß genug gewesen, um spätestens nach dem XX. Parteitag der KPdSU die Stimme gegen Unrecht zu erheben.

Zu allen Zeiten hat es Schriftsteller gegeben, die gegen staatliches Unrecht aufgetreten sind. Was sie größer machte. Um so mehr, wenn sie dafür Opfer bringen mußten. Für die Zeit des Hitlerfaschismus konnte das auch Becher in Anspruch nehmen. Freilich nur in seiner Haltung zum Faschismus. Den Terror Stalins hat er zu keiner Zeit öffentlich verurteilt. Auch wenn es um die Deportierung oder Erschießung von Intellektuellen ging, die Becher persönlich gut kannte, schwieg er.

In seinen Schriften war er schonungslos gegen jene zu Felde gezogen, die sich in der Nazizeit angepaßt, gegen Terror blind oder taub gestellt haben. Das war verdienstvoll. Nachdem er aber selbst Gelegenheit fand, seine Macht gegen Unrecht einzusetzen, widerfuhr ihm, trotz aller Unterschiede, Gleiches. Mehr noch. Er nahm Ungesetzlichkeiten auch nach dem XX. Parteitag widerstandslos hin. Wenn es einmal dazu kommen sollte, Einblick in die Staats- und Parteiarchive zu nehmen, werden es die Literaturwissenschaftler schwer haben, die Persönlichkeit eines so prominenten Literaten gerecht einzuordnen.

Seit dem XX. Parteitag wissen wir, daß jeder, der es wagte, gegen den Terror unter Stalin aufzutreten, gefährdet war. Dieser Umstand darf nicht vergessen werden. Trotzdem muß man fragen, wie sich Bechers Verhalten mit seinem Gewissen vereinbaren ließ. So kannte er den «Prawda»-Korrespondenten Michael Kolzow gut. Er war mit ihm befreundet, wußte, daß Kolzow niemals ein Agent gewesen sein konnte. Trotzdem schwieg er, als dieser Mann umgebracht wurde. Öffentlich hat Becher sogar die Prozesse gegen alte Genossen gerechtfertigt. Auch noch die Prozesse der Nachkriegszeit. Bis hin zum Prager Slánský-Prozeß 1952, in dem André Simone fälschlich als Trotzkist, Spion und Agent der Juden zum Tode verurteilt worden war. Wieder wäre Becher befähigt gewesen, Simones Unschuld nachzuweisen. Viele Jahre hatte er mit ihm zusammengearbeitet, hatte Einblick in dessen Tätigkeit gehabt; und hatte damals schon gewußt, was Franz Dahlem in den siebziger Jahren über Simone veröffentlichte.

Auch Anna Seghers stand Becher in ihrem Schweigen nicht nach.

Als der Altkommunist Paul Merker 1951 aus dem Politbüro ausgeschlossen wurde, brach sie ihr «Schweigen». Mit dubiosen Aussagen belastete sie Merker als Noel Field-Agent, sprich amerikanischen Agenten.

Bechers Verhalten unterschied sich in dem Maße, in dem er als Mitglied des ZK der SED allen Beschlüssen gegen Merker seine Zustimmung gab. Wohl muß ihm dabei nicht gewesen sein. In mehreren Gesprächen mit mir in seinem Landhaus wollte er immer wieder meine Meinung über Merker hören. Als ich ihm unumwunden erklärte, daß ich alle Beschuldigungen gegen Merker für unwahr halte, widersprach er nicht. Sein Credo lief darauf hinaus, daß es in der Politik nicht ohne solche Vorgänge abgehe. Justiz sei immer ein Mittel der Politik gewesen.

Die Ereignisse in Polen und Ungarn beeinflußten auch das Denken der Schriftsteller. Besonders das Verhalten von Becher und Seghers zu Georg Lukács, der 1956/57 lebensgefährlichen Situationen ausgesetzt war.

Man kann sagen, daß unsere Schriftsteller nicht alles wissen können, nicht immer Einblick in die wirklichen Verhältnisse haben; und daß sie deshalb zu falschen Schlußfolgerungen kommen. Das trifft sicher auf einige zu. Aber auch auf Anna Seghers und Johannes R. Becher? Ich kann das nicht glauben. Wenn sie es wollten, waren sie gut informiert.

Ein Gespräch am Kaffeetisch von Anna Seghers machte mir das sehr deutlich. Noch vor dem Aufstand in Ungarn fragte ich, warum sie ihr letztes Buch Rákosi gewidmet habe. Nichts in diesem Buch hätte doch etwas mit Ungarn zu tun. Sie antwortete: «Ich war mit Rodi zu Gast bei Rákosi. Er hat uns mehrere Tage freundschaftlich bewirtet und viel über sein Land erzählt. Dafür wollte ich dankbar sein.»

Ein paar Wochen später, nachdem Rákosi in die Sowjetunion geflohen war, erzählte sie mir die Fortsetzung ihrer Erfahrungen. Sprach mit seltener Erregung, bemüht, eine Erklärung für Rákosis Sturz zu finden. Zu meiner Überraschung ging es da aber nicht um Politik. Nein, es ging um ein Kind. Laut Bericht einer Freundin hätte unlängst ein Junge vor dem Zaun des herrlichen Parks, in dem Rákosi seinen Wohnsitz hatte, mit einem Ball gespielt. Irgendwann sei der Ball über den Zaun gefallen, und da wäre das naive Kind über die Umzäunung geklettert, um sich den Ball wiederzuholen. Zum Entsetzen der Anwohner hätten die Wachposten sofort geschossen. Ohne sich zu vergewissern, wer da über den Zaun kam. Und das Kind sei sofort tot gewesen.

Sie folgerte, daß wohl solche Vorkommnisse dazu beigetragen hätten, das Volk zu verbittern. Diese Einsicht war richtig. Aber aus den politischen Prozessen gegen zahllose Genossen, die unter Rákosi gehängt wurden, zog sie noch immer keine Schlüsse. Und in ihren späteren Arbeiten findet sich nichts über das erschossene Kind. Wäre es nicht einer literarischen Aufarbeitung wert gewesen? Nur die Widmung ließ sie in den Nachauflagen streichen.

Die von den Volksmassen hinweggefegte Rákosi-Regierung hinterließ im Oktober 1956 ein Chaos. Niemand wußte, wie sich eine neue Regierung konstituieren soll. Bis Imre Nagy, ehemals Emigrant in der Sowjetunion, einst selbst den Intrigen Rákosis ausgesetzt, eine neue Regierung bildete und auch Lukács zu einem seiner Minister ernannte.

In Berlin war man ratlos. Viele fürchteten, daß die Aufstände in Polen und Ungarn über die Grenzen schwappen würden. Der 17. Juni 1953 in der DDR war noch nicht vergessen. Und die westlichen Medien trommelten mit Informationen über das Morden in Ungarn. Auch über das Eingreifen sowjetischer Truppen, was schließlich mit der Niederschlagung des Aufstandes und der Verhaftung von Imre Nagy, samt allen Mitgliedern seiner Regierung, enden mußte.

Bevor es zu diesem Ende mit Schrecken kam, geschah in Berlin etwas, was wir vorher nicht erlebt hatten. Viele Schriftsteller und Intellektuelle waren verunsichert. Mehr als nach dem XX. Parteitag. Offenbar unterscheiden sich Volksbewegungen von unten, die in Ungarn und Polen die Ursache für den Zusammenbruch waren, von politischen Kehrtwendungen, die von oben gesteuert werden.

Aufstände, egal durch welche Umstände begünstigt, bewirken nicht nur innenpolitische Veränderungen. Fast immer werden andere Länder angesteckt. Und wenn die Sowjetarmee den Aufstand nicht niedergeschlagen hätte, wäre es mit Sicherheit, wie das 1968 die Dubček-Bewegung abermals bewies, dazu gekommen. Mindestens aber zwingen solche Erhebungen zum Nachdenken auch in anderen Ländern.

Und manchmal wecken sie das Gewissen von Leuten, die sonst zufrieden sind oder hilflos den Ereignissen gegenüberstehen. Wenigstens so lange, wie der Ausgang von Revolten nicht entschieden ist.

Das von außen erzwungene Nachdenken der Intellektuellen war da keineswegs einheitlich. Die Gruppe um «Kuba», Kurt Barthel, sah die Rettung in noch mehr Unterdrückung aller, die an den festgefahrenen Dogmen zu rütteln wagten. Und so war die Verteufelung jener, die für das Aufbegehren der Arbeiter Verständnis zeigten, maßlos.

Nicht so übereilt reagierten Anna Seghers und Johannes R. Becher. Sie verhielten sich abwartend. Dann zeigten sie Bereitschaft, über Fehler in der Vergangenheit zu diskutieren. Nicht in den offiziellen Gremien der Partei oder des Verbandes, gar in der Presse. Nein, nur im engeren Kreis von Freunden. Aber das war schon etwas. Ob sie es zur eigenen Beruhigung taten oder die Notwendigkeit erkannten, endlich von ihrem Einfluß Gebrauch zu machen, läßt sich mit Bestimmtheit nicht sagen. Möglich ist, daß beides eine Rolle spielte.

Wir jedenfalls, die Mitarbeiter von Becher und Seghers, fühlten uns durch ihre Bereitschaft, über die Dinge zu reden, ermuntert und bestärkt. Wir sprachen aus, was uns bedrückte, was wir zum Nutzen der sozialistischen Entwicklung für unerläßlich hielten. Und sehr bald wurden die seit dem XX. Parteitag im Aufbau-Verlag geführten öffentlichen Diskussionen mit intellektuellen Mitarbeitern und Autoren zu einem Forum positiver Aussprachen.

Auf viele Fragen mußten Antworten gefunden werden. Und selbstverständlich wurden Vorschläge in die Diskussion eingebracht, die nicht mit den Erklärungen der Parteiführung übereinstimmten. Nachbetereien gab es anderen Ortes genug. Nur keinen Meinungsstreit! Aber der war bitter nötig. Und genau das war unser Anliegen. Dabei gelang es durchaus, die Diskussion, an denen zahlreiche Parteilose beteiligt waren, in eine Richtung zu lenken, die wir für richtig hielten. Unsere Sache war, darüber gab es keinen Zweifel, die sozialistische Umgestaltung in der DDR. Vereinfacht könnte gesagt werden, daß wir über die Formen sozialistischer Demokratie gestritten haben, um den zum Hindernis gewordenen Begriff «Proletarische Diktatur» abzulösen, der mehr und mehr als Deckmantel für den praktizierten Mißbrauch der Macht herhalten mußte. Alle späteren Behauptungen, wir hätten mit diesen Diskussionen die Konterrevolution vorbereitet, waren falsch. Sie dienten der Irreführung und Einschüchterung.

Und wem diente der Minister für Kultur, der unsere Diskussionsabende im Aufbau-Verlag als richtig und nützlich bezeichnete, der sich angeboten hatte, an diesen Gesprächen teilzunehmen, sie durch seine Persönlichkeit zu bereichern? Voll des Lobes hatte er sich über unsere Kritik des Zeitgeschehens geäußert, sie als konstruktiv empfunden. Am Ende eines Auftrittes im Aufbau-Verlag hatte er in aller Form darum gebeten, ihn zu weiteren Gesprächen einzuladen.

Später, nachdem die Ansätze zu freier Meinungsbildung zerschlagen waren, erklärte er auf einer Kulturkonferenz der SED am 23. Oktober 1957: «So war bekannt, welche Stimmung im Aufbau-Verlag herrschte und daß bei einer Betriebsgewerkschaftswahl unsere Genossen in den Hintergrund abgedrängt wurden. Ich wurde zu einem Forum im Aufbau-Verlag eingeladen, und es war unschwer zu spüren, daß ich hier eine Gruppe von Genossen vor mir hatte, die gekommen waren, um mir eine Falle zu stellen. Jede Frage war gewissermaßen eine Fangfrage. In dem Augenblick, in dem ich zur Offensive überging, wichen sie zurück und wichen aus. Aber dessenungeachtet hätte diese Stimmung mir genügen müssen, um zu veranlassen, eine ideologische Bereinigung unter den Mitarbeitern des Aufbau-Verlages vorzunehmen. Ich bin dieser prinzipiellen Auseinandersetzung ausgewichen und habe dadurch zweifellos zur Aufweichung das Meine beigetragen.»

Bei den letzten Gewerkschaftswahlen waren die vorgeschlagenen Genossen ohne Eingriffe von der Verlagsleitung oder irgend jemand anderem und ohne Abstriche gewählt worden. Von einem «Abdrängen unserer Genossen» konnte nicht die Rede sein. Erst Becher hat diese Mär erfunden.

Ebenso unsinnig war die Behauptung, wir hätten dem Minister «Fangfragen stellen» wollen. Ich erinnere mich, daß es Becher war, der sogenannte Fangfragen stellte. Und zwar deshalb, «weil er die gestellten Fragen zu harmlos» fand, und, wie er mir ins Ohr flüsterte, «den Teilnehmern die Zungen lösen» wollte, «damit ein richtiges Gespräch in Gang» komme.

Um den Zuhörern Mut zu machen, sagte er: «Ihr könnt ganz frei und offen sprechen. Ich versichere, daß hier kein Angehöriger der Staatssicherheit zugegen ist, der euch wegen heikler Fragen Schwierigkeiten bereiten könnte. Also sagt ungehemmt eure Meinung.» Und erst nach dieser Aufforderung lockerte sich das Gespräch. Als Becher nach Ende der Diskussion den Verlag verließ, dankte er mir für den erfolgreichen Abend und lobte mit seiner Frau, die an diesem Forum teilgenommen hatte, die «wohltuende Atmosphäre im Verlag». «Macht weiter so. Ihr seid auf dem richtigen Weg.»

Das waren seine Worte zum Abschied.

Als ich Becher zum erstenmal gegenüberstand, Anfang der fünfziger Jahre, im Ministerium für Kultur, hatte ich schon viel über ihn gehört. Wie jeder, der kulturpolitisch tätig war. Mein Verhältnis zu ihm wurde durch seine Persönlichkeit bestimmt. Er duzte mich. Ich sagte immer Sie. Obwohl er mich wiederholt aufforderte, das Sie zu unterlassen. Ich blieb trotzdem dabei. Warum ich Becher mit Sie angesprochen habe, kann ich nicht erklären. Mit Anna Seghers, Friedrich Wolf, Willi Bredel, Erich Weinert, Georg Lukács, Ernst Bloch, Leonhard Frank, Günther Weisenborn, und wie sie alle hießen, duzte ich mich. Nur mit Becher ging das nicht. Auch in seinem Haus am Scharmützelsee, wo ich wenigstens einen Tag in jedem Monat zubringen mußte, blieb es beim Sie. Auch dann noch, als er mir seine Pistolen und Kleinkalibergewehre zeigte, mit ihnen in die Luft schoß, amüsante Geschichten über die Wildschweinjagd erzählte und fragte: «Hast du Lust, einmal mit mir auf die Jagd zu gehen?» Ich antwortete: «Nein, keine Lust! Geschossen habe ich genug.»

Es wäre unrichtig, würde ich sagen, daß mir die Besuche bei ihm lästig waren. Von den Gesprächen mit Becher konnte ich manches profitieren. Viel durchsetzen, was für den Verlag von Nutzen war.

Bei einem der Besuche bemerkte ich ein Zelt im Garten. Direkt vor der Veranda. «Wie kommt denn das Zelt in Ihren Garten? Haben Sie junge Leute einquartiert?» – «Wie kommst du darauf?» fragte Becher zurück. «Das Zelt habe ich gestern gekauft und mit Mühe aufgestellt. Schon immer hatte ich den Wunsch, das romantische Leben im Zelt auszuprobieren.» In der Annahme, daß es sich um einen Witz handelt, sagte ich: «Sie werden doch nicht in einem Zelt schlafen, wenn eine prachtvolle Villa zur Verfügung steht?» – «Und ob, mein Lieber», erwiderte Becher. «Die nächsten Tage schlafe ich im Zelt.»

Eine Woche später, im Ministerium, fragte ich: «Wie waren die Nächte im Zelt?» Er antwortete: «Kalt und hart. Schon in der ersten Nacht bin ich in mein Schlafzimmer zurückgekehrt.»

Um das Verhältnis zu Becher verständlich zu machen, will ich zwei Themen herausgreifen. Die Diskussionen über den XX. Parteitag, den Personenkult, die Ungesetzlichkeiten, den 17. Juni (den Becher nicht nur als Machenschaft des Westens verstand), Paul Merker, André Simone, László Rajk und andere Personen, die verleumdet wurden, lasse ich aus. Obwohl Becher oft mit mir darüber sprach. Immer wollte er meine Meinung wissen. Legte Wert darauf, nicht um die Dinge herumzureden. Manchmal gab er mir recht. Gelegentlich teilte er meinen Standpunkt. Aber immer unterschied er sich in den Schlußfolgerungen. Und nicht selten wich er Antworten aus. Tröstete mich mit dem Einwand: «In der Realpolitik kann es nicht anders zugehen. Immer gibt es Entwicklungsschwierigkeiten.» Niemals jedoch nahm er zu Fragen Stellung, die sich auf die Sowjetunion bezogen.

Von den Gesprächen nach dem XX. Parteitag im Ministerium sind mir später die folgenden zum Verhängnis geworden. Becher hatte mich rufen lassen, um ein paar Angelegenheiten zu erörtern, die als Auswertung des sowjetischen Parteitages zu betrachten waren. Er wollte, wie das in allen Ministerien der Fall war, mit Maßnahmen nicht zurückstehen. Die erste Beratung dauerte mehrere Stunden. Gegenstand war die vom Kulturbund im Aufbau-Verlag herausgegebene Wochenzeitung «Sonntag». Äußerer Anlaß: ein Exposé über die finanziellen Probleme der Zeitung. Sie verlor immer mehr Abonnenten und benötigte wachsende Zuschüsse aus dem Verlagsgewinn. Aufwand und Erfolg standen in keinem Verhältnis. Und ich folgerte, daß dieser seit Jahren andauernde Zustand nicht länger tragbar sei. Die finanzielle Belastung sei zu groß, der kulturpolitische Nutzen zu gering. Dann machte ich Vorschläge, wie diesem Übel abgeholfen werden könne. Erstens: Die Redaktion personell zu verändern. Zweitens: Die kulturpolitische Konzeption neu zu fassen. Drittens: Den gesamtdeutschen

Charakter der Zeitung herauszuarbeiten, um in der Bundesrepublik Leser zu gewinnen – 1956 waren wir noch auf die Wiedervereinigung Deutschlands orientiert. Zum Schluß erklärte ich, daß wir in keinem Falle wie bisher weitermachen dürften.

Becher, schon lange mit dem Niveau der Zeitung unzufrieden, schien von meinem Exposé beeindruckt. Das finanzielle Ergebnis war ihm natürlich neu. Um solche Dinge kümmerte er sich zu keiner Zeit.

Zu meiner Überraschung schlug er nach einigem Hin und Her etwas vor, woran ich nicht zu denken gewagt hätte. Deshalb nicht, weil er mit seiner Idee die Bestimmungen zur Herausgabe von Zeitungen völlig in Frage stellte. Ganz plötzlich blieb er beim Auf- undabgehen in seinem großen Arbeitszimmer stehen und sagte: «Wir sollten den ‹Sonntag› mit einer neuen Zeitung ablösen. Durch eine unabhängige kulturpolitische Wochenzeitung. Nicht mehr an den Kulturbund binden. Als Herausgeber könnten prominente Kulturträger zeichnen.» Und sofort nannte er Namen. Sich selbst einbezogen. Als neuen Chefredakteur schlug er Gerhart Eisler vor. Eisler war zu dieser Zeit ohne Funktion. Auch er galt als suspekt, wie Merker, Dahlem, Wilhelm Koenen und andere, die aus westlicher Emigration zurückgekehrt waren. Die Sitzung endete mit dem Auftrag, Eisler zu befragen, ob er die Chefredaktion übernehmen wolle. Und ich sollte mit geeigneten Mitarbeitern einen neuen Titel vorschlagen, ein neues Format bestimmen und ein Herausgeberkollegium benennen. Er würde dann dem Zentralkomitee den von uns formulierten Plan zur Beschlußfassung vorlegen. Ich war beeindruckt und begann mit der Arbeit.

In einer anderen Aussprache ging es um ein nicht weniger brisantes Problem. Schon lange waren Verleger und Schriftsteller mit den Praktiken des Amtes für Literatur unzufrieden. Becher war der Meinung, daß dieses Amt überflüssig geworden sei. Die Lektorate, Gutachten und Diskussionen im Amt und die damit verbundenen bürokratischen Prozeduren wären nicht mehr zeitgemäß. Sie würden den Apparat im Ministerium aufblähen, die Arbeit der Verlage bevormunden, die Eigenverantwortung der Verleger einschränken. Außerdem würde das alles viel Geld kosten.

Das Amt sollte sich auf Aufgaben beschränken, die noch wirklich nötig sind: Papierkontingente verteilen, Programme abstimmen, um Doppelarbeit zu vermeiden, und die Einhaltung der gesetzlichen Bestimmungen kontrollieren. Alle bisher dort im Amt beschäftigten Lektoren und wissenschaftlichen Mitarbeiter sollten in die Verlage gehen und da ihre Arbeit verrichten. Eine solche Regelung würde die Genehmigungsprozedur, die sich in der Praxis zu einer staatlichen Zensur ausgeweitet habe, beenden.

Nach Kriegsende war es zu rechtfertigen, den kulturellen Neuaufbau anzuleiten. Wie und wodurch, war schon eine andere Frage. Vielleicht wäre die Förderung öffentlicher Kritik hilfreicher gewesen als bürokratische Ämter.

Ich erinnere mich an die Ablehnung von Druckgenehmigungen, weil Brecht als Pazifist bezeichnet worden war, Bloch als Nichtmarxist, Hemingway als Antikommunist, Plievier als Republikflüchtiger, Hanns Eisler als Kosmopolit, Picasso als Formalist und Leonhard Frank als geschmacklos, weil in einem seiner Romane die Schlächter auf dem Schlachthof Ochsenaugen an die Wand warfen. Immer bedurfte es dann langwieriger Auseinandersetzungen, um solche Fehlentscheidungen zu korrigieren.

Wenn sich die Ratgeber nicht auf feindliche Inhalte berufen konnten, versteckten sie sich hinter Devisen- oder Papiermangel. 1958 veröffentlichte das «Neue Deutschland» Artikel mit dem Vorwurf, ich hätte Geld für Papier auf die Werke von Thomas Mann und Hemingway vergeudet und Gorki nur mit Lieblosigkeit herausgebracht. Daß der Aufbau-Verlag unter meiner Leitung die vollständigste, bestübersetzte Gorki-Ausgabe der Welt in hohen Auflagen verbreitet hat, verschwieg der «Germanist» Willi Köhler.

Und wie war das Literaturverständnis im Politbüro? Brechts «Mutter Courage» und das «Verhör des Lukullus» galten als pazifistisch. «Leben des Galilei» wurde als Polemik gegen unsere Kulturpolitik gewertet. Die «Dreigroschenoper» (erst kommt das Fressen, dann die Moral) galt als Angriff auf unsere Sozial- und Wirtschaftspolitik. Auch der Roman «Die Toten bleiben jung» von Anna Seghers bereitete Ulbricht Sorgen. Und nicht nur ihm. Die sowjetischen Freunde waren wegen des herausgelesenen Fatalismus enttäuscht. Sie alle hätten es lieber gesehen, wenn dieser Roman nie geschrieben worden wäre.

Wie verhalten Becher zu solchen Fragen war, läßt sich in seinem Tagebuch «Auf andere Art so große Hoffnung» nachlesen. Noch peinlicher aber war seine Zurückhaltung, als Hanns Eislers Opernlibretto «Johann Faustus» 1952 in die Mache genommen und verboten wurde. Sein Ministerium gab sogar die Weisung, alle nicht verkauften Exemplare einzustampfen. Im Aufbau-Verlag nahmen wir die Restbestände unter Verschluß, damit sie nicht eingestampft wurden. Nach meiner Verhaftung, 1956, gingen sie dann doch noch in die Papiermühle.

Bechers Initiativen nach dem XX. Parteitag waren dennoch kühne Vorhaben. Es bedurfte nicht seiner Überredungskunst, uns dafür zu gewinnen. Ich muß hier seine Rede im Oktober 1957 erwähnen. Über die von ihm, nicht von mir eingeleitete Initiative zur Neuordnung des Amtes für Literatur verkündete Becher mit Empörung: «So abgeschlossen, so in der Retorte lebte ich im Ministerium für Kultur nun doch nicht. Janka hat für alle sichtbar und lesbar einen Artikel geschrieben, worin er anläßlich der Übernahme des Amtes für Literatur durch das Ministerium für Kultur die Ansicht vertrat, daß das Ministerium nur rein administrative Befugnisse ausüben dürfe, das heißt, nur in der Frage der Kontingentierung des Papieres zuständig sei. Es wurde darauf nicht geantwortet. Es wurde darauf nicht einmal mit Janka persönlich gesprochen. Man ließ diese falsche, durchaus schädliche Ansicht weiterbestehen.»

In diesen Sätzen sind vier nachweisbare Verdrehungen enthalten. Erstens: Ich hatte keinen öffentlichen Artikel geschrieben, sondern ein Exposé zur internen Verwendung durch den Minister. Auf dessen Verlangen! Von selbst wäre ich auf ein solches Wagnis nie gekommen. Zweitens: Der Minister hatte ausdrücklich für die «sinnvollen Vorschläge» gedankt, die ich in Zusammenarbeit mit anderen Verlegern ausgearbeitet hatte. Drittens: Es ist unwahr, daß ich die Tätigkeit des Amtes auf die Papierverteilung reduzieren wollte. Hauptinhalt des Exposés war die Abschaffung der Zensur. Warum erwähnte Becher diese Tatsache nicht? Wohl deshalb, weil er nicht zugeben durfte, daß es eine Literaturzensur gab und daß daran festgehalten werden mußte. Viertens: Mit der Taktik «Haltet den Dieb» verschwieg Becher die von ihm selbst formulierten Forderungen nach «Abschaffung der längst zum Hemmnis gewordenen Zensurbehörde». Er war es, der mit beißender Ironie darüber gesprochen hatte, daß es nicht nur eine auf das Amt beschränkte Zensurinstanz gibt.

Nicht von Becher veranlaßt, aber mit seiner Zustimmung, schrieb ich einen Artikel, der wirklich veröffentlicht wurde. Wie kam es dazu? Der amerikanische Schriftsteller Albert Maltz, 1951 in den USA zu einer einjährigen Zuchthausstrafe wegen «unamerikanischen Verhaltens» verurteilt, schrieb im Exil in Mexiko einen Artikel über Praktiken der sowjetischen Verleger, der 1956 in «masses & mainstream» (Monatsschrift für Kultur und Kunst in den USA) veröffentlicht wurde. Er beklagte, daß sie ohne Vertrag, ohne Honorar, ohne Rückfrage, ohne Belegexemplare, ohne Zusendung von Kritiken ausländische Autoren drucken und in hohen Auflagen verbreiten. Maltz rief die sowjetischen Verleger auf, diesen Zustand zu beenden und normale Verträge abzuschließen. Dabei berief er sich auf Verlage in anderen sozialistischen Ländern, die sich korrekt an das internationale Urheberrecht hielten und vertragliche Abmachungen träfen. Wenn auch zumeist ohne Honorarzahlungen in Valuta. Er hob ausdrücklich hervor, daß es ihm nicht in erster Linie um das Geld gehe. So nötig er dies im Exil auch habe. Er möchte nur gefragt werden, was ja nichts koste. Beiläufig erwähnte er, daß die Zeit, in der die Sowjetunion keine Valuta aufbringen konnte, vorbei sei. Ein so großes Land, zweitgrößter Industriestaat, müßte in der Lage sein, ausländische Autoren zu honorieren.

Den Autoren in der DDR sprach dieser Artikel aus dem Herzen. Sie alle hofften auf Änderung der Zusammenarbeit mit sowjetischen Verlagen. Überraschend war auch die Reaktion der sowjetischen Schriftsteller. Ihnen ging es nicht anders. Auf Werke, die außerhalb der Sowjetunion verlegt wurden, durften sie keine Verträge abschließen. Demzufolge auch keine Honorare in Empfang nehmen. Meine eigenen Bemühungen, mit sowjetischen Verlagen oder Autoren Verträge abzuschließen und Honorare zu zahlen, blieben ohne Erfolg. Die Bestimmungen in der Sowjetunion ließen das nicht zu.

Wenn ausländische Autoren hin und wieder doch Honorare empfingen, wie z. B. Heinrich Mann in US-Dollar, oder eingereiste Schriftsteller Rubel-Honorare, dann war das genau besehen keine Verlagsangelegenheit, sondern eine politische Entscheidung.

Mir wäre der Artikel von Maltz wahrscheinlich unbekannt geblieben, wenn nicht Eduard Claudius, Erster Sekretär des Schriftstellerverbandes in der DDR, mich darauf aufmerksam gemacht hätte. Er war es, der mir die amerikanische Zeitschrift in die Hand drückte und darauf bestand, in der von seinem Verband herausgegebenen Zeitschrift «Neue Deutsche Literatur» als DDR-Verleger zu den Anregungen von Maltz Stellung zu nehmen. Dabei sparte er nicht mit Anmerkungen, die ich als Zustimmung zu Albert Maltz verstehen sollte. Und so nahm ich die Zeitschrift mit nach Hause, ließ den englischen Text von meiner Frau übersetzen und diktierte ihr über das Wochenende den angeforderten Artikel. Bevor ich ihn Claudius zur Veröffentlichung gab, ließ ich ihn von Konstantin Fedin beurteilen, der mich gerade im Aufbau-Verlag besuchte und über die weitere Herausgabe seiner Bücher in der DDR verhandelte. Auch Alexander Dymschitz ließ ich den Artikel lesen. Ich wollte erfahren, wie die sowjetischen Freunde auf die von Maltz und mir gemachten Vorschläge reagieren. Beide äußerten uneingeschränkte Zustimmung. Beide erklärten sich bereit, auch in der Sowjetunion das Gespräch über eine Neuregelung in Gang zu bringen. Fedin, Vorsitzender des sowjetischen Schriftstellerverbandes, lud mich zu einem Besuch nach Moskau ein, um vor seinem Vorstand die angesprochenen Probleme zu vertreten. Ich nahm die Einladung an. Wenn ich ihr dann doch nicht folgen konnte, hatte das Gründe, über die ich noch berichten werde.

Nachdem der Artikel in der «Neuen Deutschen Literatur» erschienen war, konnte ich mich vor Anrufen und Besuchen nicht retten. Becher, Brecht, Bredel, Claudius und viele Autoren im westlichen Ausland bekundeten ungeteilte Zustimmung. Endlich würde ein Verleger sagen, was alle schon lange erwarteten. So und ähnlich waren die Kommentare.

Es gab eine weitere Entwicklung in den fünfziger Jahren, die eine Stellungnahme erforderte: Hochqualifizierte Facharbeiter wechselten den Beruf. Lichtdrucker und erfahrene Meister arbeiteten als Anstreicher oder Bauarbeiter, weil sie da bessere Stundenlöhne bekamen. Wer also mit unseren Druckereien zu tun hatte, mußte beobachten, welche Auswirkungen diese Entwicklung auf unsere einst weltberühmte Polygraphie hatte.

Während eines Arbeitsbesuches in der «Offizin-Haag-Drugulin» in Leipzig bat mich die Druckereileitung, an einer Betriebsversammlung teilzunehmen. Vielleicht könne ich helfen, den Konflikt beizulegen. Die Versammlung war als halber Streik der Belegschaft angelegt. Für die Gewerkschafts- und Parteileitung und für die Direktion ein peinlicher Vorfall. Denn nach Recht und Gesetz waren Streiks verboten. Also was tun? Es gab keine andere Lösung, als mit den Arbeitern zu reden. Ich war ja selbst einmal Schriftsetzer und Gewerkschaftler gewesen. Die Arbeiter wußten das. In Kenntnis der Dinge unterstützte ich die Forderung nach besserer Entlohnung. Ich versprach sogar, ihre Interessen im Ministerium für Kultur zu vertreten. Auch in einem Artikel für den «Sonntag» würde ich auf die Mißstände in unseren Druckereien aufmerksam machen. Damit waren die Probleme zwar nicht gelöst, aber die Arbeiter waren zufrieden. Schon deshalb, weil einer aus Berlin für sie und nicht gegen sie gesprochen hatte.

Nach Veröffentlichung des Artikels, den ich Becher vorher zur Kenntnis gebracht hatte und der mit seiner Zustimmung zum Druck freigegeben worden war, kam es in mehreren Druckereien zu spontanen Betriebsversammlungen. Den Gewerkschaftsleitungen brachte das viel Ärger ein. Sie durften ja nicht über längst fällige Lohnkorrekturen diskutieren. Ihre Aufgabe war, mehr Leistung bei gleichbleibenden Löhnen zu propagieren. Was schließlich einer der Gründe war, die zum 17. Juni 1953 führten.

Mehrere Betriebe in Berlin, Leipzig und Dresden baten mich, vor ihren Belegschaften zu sprechen. Da ich zeitlich nicht in der Lage war, diesen Aufforderungen Folge zu leisten, mich auch nicht als Sprecher der Gewerkschaften berufen fühlte, wurden alle Einladungen abgesagt. Ich hatte doch nur auf berechtigte Forderungen aufmerksam machen wollen. Und das war mir gelungen. Deshalb mußte auch dieser Artikel später als Beweis für konterrevolutionäre Aktivitäten herhalten.

Noch folgenschwerer sollte sich eine Initiative von Anna Seghers auswirken.

Zwei Tage nach dem ersten Einmarsch sowjetischer Truppen in Budapest, Oktober 1956, als die Führung der Sowjetunion, noch oder wieder, eine abwartende Haltung zum Aufstand einnahm, rief Anna Seghers an. Sie müsse mich sofort sprechen. Worum es ging, sagte sie nicht.

Schon am Morgen dieses Tages fuhr ich, nach vergeblichen Versuchen, Georg Lukács zu erreichen, nach Westberlin, um es von dort aus zu versuchen. Ohne Erfolg. Alle telefonischen Verbindungen mit Ungarn waren unterbrochen. Auch über die ungarische Botschaft war nichts zu machen. Daß ich in diesen Tagen mit Lukács sprechen mußte, hatte keinen anderen Grund, als mich mit ihm über sein neues Buch «Realismus in Kunst und Literatur» noch einmal zu verständigen. Die Korrekturbogen lagen fix und fertig auf meinem Schreibtisch. Die Druckerei wartete auf Freigabe zur Weiterarbeit. Hinzu kam, daß wir an der schnellen Herausgabe dieses Buches interessiert waren. Lukács machte in seiner neuen Arbeit den Versuch, sich von alten Thesen zu befreien. Für uns war das von großem Interesse. Außerdem wollte ich Lukács befragen, wie er die Situation in Ungarn einschätze. Da ich ihn nicht erreichen konnte, wies ich das Lektorat an, die weitere Arbeit an diesem Buch zu stoppen. Daß es dann überhaupt nicht mehr erscheinen würde, ahnte ich zu diesem Zeitpunkt nicht.

Wollte man den Meldungen über Rundfunk, Fernsehen und Presse glauben, sah es in Ungarn verheerend aus. Die Medien in der DDR sprachen von Konterrevolution, Verrat der Intellektuellen, Einmischung der Westmächte. Die westlichen Sender und Zeitungen meldeten Generalstreik, Plünderungen, brennende Partei- und Regierungsgebäude, Kommunisten, die gelyncht wurden. Kein Wunder, daß wir die Ereignisse mit Sorge verfolgten. Viele Mitarbeiter vernachlässigten die Arbeit, weil sie, wie alle, nur noch über die neuesten Meldungen diskutierten. Auch den Schriftstellern ging es nicht anders. Viele kamen, um Neues über die Entwicklung zu erfahren. Als ob ich mehr wissen müsse oder mehr über die Ereignisse sagen könne. Manche mögen gekommen sein, um sich auszusprechen, ihre kritischen Betrachtungen loszuwerden. Im Aufbau-Verlag, so glaubten sie, dürfe man noch ein offenes Wort wagen.

Daß mich Anna Seghers aus dem gleichen Grund sprechen wollte, vermutete ich nicht. Meist hielt sie sich aus dem Tagesgeschehen heraus. Oder wartete ab. Aber der Konflikt in Ungarn muß ihr zu schaffen gemacht haben. Ihr Mann war ja gebürtiger Ungar. Und zu Rákosi wurden freundschaftliche Beziehungen gepflegt. Aber diesmal ging es nicht um ihren Mann, auch nicht um Rákosi. Kaum war der Kaffeetisch gedeckt, eine Schale mit Zigaretten bereitgestellt, da überraschte sie mich.

Erregt sprach sie über ihre Angst um Georg Lukács. Niemand wisse, was in Ungarn geschehe. Wenn man den Nachrichten glaube, müsse damit gerechnet werden, daß auch das Leben von Lukács gefährdet sei. In Anbetracht seines Alters, seiner angegriffenen Gesundheit, seiner internationalen Bedeutung müsse alles versucht werden, wenigstens ihn, mit dem uns neben allem anderen auch enge Freundschaft verbinde, zu retten.

Nachdem sie ihre Einleitung beendet hatte, fragte ich: «Was glaubst du denn, was wir tun können? Verbale Erklärungen richten nichts aus.» – «Genau darum geht es», unterbrach sie mich. «Wir müssen wissen, wie und ob wir ihm helfen können. Vielleicht sollte jemand nach Budapest fahren. An Ort und Stelle etwas unternehmen. Das beste wäre, ihn aus Ungarn herauszuholen. Vorausgesetzt, daß es noch möglich ist.»

Ich war sprachlos. Schließlich sagte ich: «So einfach ist das nicht. Die Grenzen sind gesperrt. Telefon- und Eisenbahnverbindungen unterbrochen. Wenn jemand auf die Reise gehen will, dauert es Wochen, bis er die Erlaubnis bekommt.» Wieder unterbrach sie mich. «Das weiß ich alles. Deshalb versuche ich ja schon, einen guten Freund in Frankfurt am Main zu interessieren. Ich kenne dort einen Pfarrer, der in der Friedensbewegung eine Rolle spielt. Aber leider ist er nicht zu erreichen. Trotzdem dürfen wir keine Zeit mehr verlieren. Wir könnten es ja von hier aus versuchen. Würdest du zu ihm fahren? Lukács ist dein wichtigster Autor. Und du bist mit ihm befreundet.»

«Aber Anna», erwiderte ich, «an mir soll es nicht liegen. Natürlich bin ich bereit. Nur Unmögliches kann niemand erwarten. So schnell bekomme ich keine Reiseerlaubnis.»

«Das wird keine Schwierigkeiten machen», sagte sie resolut. «Ich habe mit Becher gesprochen. Wenn du einverstanden bist, leitet er alles in die Wege.»

«Bitte. Ich bin bereit. Ruf Becher an! Frag, wann ich ihn sprechen kann.»

Offenbar war alles verabredet. Sie legte den Hörer auf und sagte: «Du sollst gleich ins Ministerium kommen. Becher wartet auf dich!»

«Jetzt noch? Es ist schon spät.»

«Das macht nichts. Er will dich noch heute sprechen.»

Ich trank meinen Kaffee aus und fuhr nach Berlin zurück. Vorher rief ich meine Frau an und sagte ihr, daß es wieder spät werden würde.

Im Vorzimmer saß nur der «Dicke», Bechers Schatten. Die Sekretärin war schon nach Hause gegangen. «Du kannst gleich hineingehen», empfing er mich. «Der Chef wartet schon.» Und so war es auch. Ohne Umschweife kam der Minister zum Thema. «Anna hat mich informiert. Sehr anständig von dir, daß du dich bemühen willst.»

«Ich will es versuchen.»

Nach einer Pause fuhr er fort: «Ich habe Anweisung gegeben, die Formalitäten schnell zu erledigen. Kannst du morgen fahren?»

«Wenn ich die Ausreise so rasch bekomme, fahre ich.»

«Die bekommst du. Fahr zunächst nach Wien, zu Ernst Fischer.» Damals war Becher noch mit Fischer befreundet. «Er wird dir sagen, wo du über die Grenze kommst. Und dann mußt du selbst sehen, wie es weitergeht.»

«Soll ich mit meinem Wagen fahren?»

«Nein. Du fährst mit meinem Fahrer in Westberlin. Er hat solide Papiere und einen neuen Wagen. Er kann sich als Geschäftsmann ausweisen. Das ist immer gut. Draußen der Genosse J. wird dich zu ihm bringen. Er wird dir auch das erforderliche Westgeld geben. Dazu einen Betrag in US-Dollars. Außerdem verfügt mein Fahrer über Reserven. Die Dollars sind für den Fall, daß du Lukács loskaufen mußt.

Konterrevolutionäre sind meist korrupt. Wenn ihnen Lukács schon in die Hände gefallen sein sollte, mußt du mit ihnen verhandeln. Notfalls zahlen.»

Jetzt war ich völlig durcheinander. Lukács loskaufen. Auf eine solche Idee wäre ich nicht gekommen. Aber ich hatte richtig gehört. Dollars, loskaufen, Westberliner Wagen, Ernst Fischer; wie in einem schlechten Kriminalfilm. Dann fiel mir ein: «Was soll ich mit Lukács machen, falls ich ihn finde?»

«Das muß Lukács entscheiden. Bringe ihn nach Wien. Oder über die jugoslawische Grenze. Nur raus muß er.»

Bevor ich ging, fragte ich noch: «Wie soll ich denn ohne Visum nach Wien oder Jugoslawien kommen?»

«Gib J. deinen Paß. Er wird das alles erledigen!»

Der Dicke zeigte keine Überraschung. Alles schien besprochen. Er fragte nur: «Bist du mit Fahrer?»

«Nein. Ich fahre selber!»

In Nikolassee ließ J. halten. Wir gingen noch ein Stück zu Fuß. Unvermittelt sagte er: «Deine Nummer muß hier nicht registriert werden.» Weit sind wir aber nicht gegangen. Als wäre er hier zu Hause, schloß er die Haustür auf. Im ersten Stock des gepflegten Wohnhauses erwartete uns Bechers Fahrer. Bevor wir im Wohnzimmer Platz nahmen, stellte J. das Radio an. Da die Musik sehr laut war, fragte ich: «Muß das sein?» J. erwiderte: «Das muß sein. Wegen der Mithörer.»

Ob der Fahrer in dieser gut eingerichteten Wohnung allein lebte oder mit einer Frau, konnte ich nicht feststellen. Den Kaffee braute er selbst. Dazu servierte er französischen Cognac. Nach einer Stunde waren wir uns einig. Gegen zehn Uhr würde er mich im Aufbau-Verlag abholen. «Schlafanzug und Zahnbürste genügen.»

Auf der Rückfahrt fragte ich J.: «Wann bekomme ich denn meinen Paß und Reisegeld?»

«Morgen früh. Der Fahrer bringt alles mit. Ein paar Fotos mußt du mir noch geben.»

«Die kannst du haben.»

Meine Frau war noch wach. Sie wartete mit Ungeduld und Erregung, war schon informiert. Besorgt sagte sie: «Was du vorhast, gefällt mir nicht. In Ungarn ist der Teufel los.»

«Wieso weißt du, was ich tun werde?»

«Lilly Becher hat angerufen. Eine halbe Stunde sprach sie am Telefon. Überschlug sich vor Lob über deinen Mut. Sie wollte mich trösten, falls dir etwas zustößt. Becher und sie selbst würden mir mit allen Mitteln beistehen.»

«Das ist schöner Blödsinn», erwiderte ich. «Was soll mir denn zustoßen? Es ist doch gar nicht sicher, ob ich nach Ungarn reinkomme. Vielleicht ist alles zu spät.»

«Du wirst schon einen Weg finden. Grenzen waren niemals ein Hindernis.»

«Beruhige dich. Zu Sorge ist kein Anlaß. In ein paar Tagen bin ich zurück. Und wenn das Geld reicht, bringe ich etwas aus Wien mit.» Aber mein Gerede beruhigte sie nicht. So wenig wie das Loblied von Lilly Becher.

Früher als sonst fuhr ich in den Verlag. Wir hatten schlecht geschlafen. Guter Laune waren wir auch nicht. Trotzdem nahmen wir uns Zeit für das Frühstück. Das war immer so. Auch wenn wir früh aufstehen mußten. Das Frühstück durfte nicht vernachlässigt werden. Als wäre es die wichtigste Mahlzeit. Auch die angenehmste. Die Kinder waren dabei, und es wurde nur über Dinge gesprochen, an denen sie beteiligt waren.

Im Verlag große Geschäftigkeit. Alle wollten etwas. Die Sekretärin war verärgert, als ich sagte: «Gegen zehn Uhr muß ich auf die Reise. Wenn sich Bechers Fahrer einfindet, lassen Sie ihn heraufkommen.» Im Lektorat beruhigte ich ein paar Mitarbeiter, die heftig über die Meldungen aus Ungarn stritten. Am Schreibtisch läutete das Telefon in einem fort. Kurz angebunden verschob ich, was aufschiebbar war. Nach neun Uhr war der Minister am Apparat. «Alles geregelt?» fragte er.

«Ja, alles», antwortete ich. «Gegen zehn Uhr können wir fahren.»

«Gut so. Aber warte mit der Abreise, bis ich wieder angerufen habe. Ich muß noch mit Ulbricht sprechen. Ich treffe ihn in der Volkskammer.»

Der Fahrer kam auf die Minute pünktlich. Gut gelaunt. Für ihn gab's keine Probleme. Die Fahrt mit dem neuen Wagen machte ihm großes Vergnügen. Meinen Paß mit Ausreisevisum brachte er mit. Als wäre es die einfachste Sache der Welt, sagte er: «Das österreichische Visum müssen wir auf dem Konsulat in Westberlin holen. Da müssen Sie mitkommen. Danach gehen wir zu den Jugoslawen. Auch in Westberlin.» Die DDR hatte die Beziehungen zu Jugoslawien abgebrochen.

Als ich ihm sagte, der Minister habe angerufen und angeordnet, daß wir mit der Abreise warten müßten, schlug er vor, die Zeit zu nutzen und die Visa in Westberlin zu holen. Dort funktionierte alles sehr gut. Nach einer Stunde waren wir zurück. Beide Konsulate hatten die Visa ohne Formalitäten gegeben. Irgendwer mußte vorgearbeitet haben. Wo wir vorsprachen, wurden wir empfangen und abgefertigt. Allein hätte ich Monate gebraucht.

Nach elf Uhr rief Becher wieder an. «Ihr müßt noch warten. Habe Ulbricht noch nicht gesprochen.» Dann meldete er sich nach zwölf Uhr wieder. Ärgerlich sagte er: «Tut mir leid. Ihr könnt nicht fahren. Ulbricht hat die Reise untersagt. Es sei Sache der sowjetischen Genossen zu handeln. Die wären in Ungarn präsent und wüßten allein, was zu tun ist. Einmischung unsererseits kommt nicht in Frage.»

Bechers Stimme klang demoralisiert. Nachdem ich den Hörer aufgelegt hatte, ließ ich mich mit meiner Frau verbinden. Sie atmete auf und war wieder beruhigt. Für mich wäre damit die Lukács-Episode abgeschlossen gewesen.

Ein dreiviertel Jahr später, im Juli 1957, wurde ich vom Obersten Gericht der DDR zu fünf Jahren Zuchthaus verurteilt.

Neben anderen Beschuldigungen, die genauso konstruiert waren wie die mir zur Last gelegten Exposés zur Sanierung des «Sonntags» bzw. Reorganisation des Amtes für Literatur, des von Claudius in der NDL veröffentlichten Artikels zu Albert Maltz und der Artikel im «Sonntag» zur Situation in der Polygraphie, spielte diese auf Initiative von Anna Seghers geplante, von Becher unterstützte, von mir aber nie angetretene Reise nach Ungarn eine entscheidende Rolle.

Das Exposé zum «Sonntag» bewies, daß ich die führende Rolle der Partei und Massenorganisationen beseitigen wollte. Das Exposé zum

Amt für Literatur bestätigte, daß ich die Staatsorgane abzuschaffen versuchte. Der Artikel in der NDL zeugte von Feindschaft gegen die Sowjetunion. Der Artikel zur Situation in unseren Druckereien wurde zum Versuch, die Arbeiter in den Streik zu führen. Als noch ungeheuerlicher aber wurde der Plan hingestellt, Georg Lukács aufzuspüren, um ihn «als geistiges Oberhaupt der Konterrevolution in die DDR zu holen». Das alles neben den übrigen Beschuldigungen, wie Absetzung von Ulbricht, Auflösung der Staatssicherheit, Liquidierung des Genossenschaftswesens in der Landwirtschaft, wurde als meine Verbrechen dargestellt, die ich seit langem vorbereitet und nun zur Ausführung hätte bringen wollen. Natürlich in Zusammenarbeit mit anderen Staatsfeinden.

Die Rede des Generalstaatsanwaltes Melsheimer endete mit dem in den Saal geschrienen Satz: «Und diesen Verräter Lukács, der schon immer ein verkappter Agent des Imperialismus in den Reihen der internationalen Arbeiterbewegung war, wollte der hier auf der Anklagebank sitzende Verräter und Feind des Ersten deutschen Arbeiter-und-Bauern-Staates namens Janka, der sich wie Lukács als Kommunist tarnte, nach Berlin holen und zum geistigen Inspirator der Konterrevolution in der DDR machen.»

Becher, der alle Protokolle über die Vernehmungen während der Untersuchung zur Kenntnis erhielt, genau informiert war, wessen ich angeklagt wurde, schwieg. Aus Angst, sein Ministeramt zu verlieren? Oder war er wieder der Meinung, daß es in der Politik immer Entwicklungsschwierigkeiten gibt, daß es ohne Anklagen nicht abgehen kann? Informierte Freunde sagten mir nach meiner Entlassung aus dem Zuchthaus Bautzen, daß Becher schon vor meinem Prozeß Selbstkritik geübt habe. Vor dem Politbüro hatte er erklärt: «Ich bedaure zutiefst, daß ich mich von Janka täuschen ließ und nicht gegen ihn vorgegangen bin.»

Freunde, die zu dieser Zeit noch in Amt und Würden standen, informierten mich nach der Rückkehr aus Bautzen, daß sich Becher in der Nacht nach meiner Verhaftung aus Verzweiflung mit namhaften Schriftstellern bis zur Bewußtlosigkeit betrunken habe. Einen Tag später habe er aus Furcht vor Repressalien durch Ulbricht Zuflucht und

Rat bei einflußreichen Persönlichkeiten erbeten. Er soll sogar mit dem Gedanken erneuter Emigration in die Sowjetunion gespielt haben. Aber niemand habe ihm in seiner Not helfen können. Und so flüchtete er sich, wie oft zuvor, ins Krankenbett am Scharmützelsee.

Erst nach einiger Zeit erfuhr die Öffentlichkeit, daß alles wieder ins Lot gekommen war. Mit der ihm eigenen Rhetorik, dem zurückgewonnenen Selbstvertrauen, unter zuchtvoller Beihilfe von Erich Wendt, Alexander Abusch und Walter Ulbricht, stellte sich Becher im Februar 1957 einer internationalen Pressekonferenz im Kulturministerium.

Auf die Fragen ausländischer Journalisten antwortete er u. a.: Bei der Beurteilung von Georg Lukács müsse man zwischen dem Wissenschaftler und dem Politiker unterscheiden. Der Literaturhistoriker Lukács bleibe der hervorragende Wissenschaftler, der er ist. Niemand denke daran, seine Bücher einzustampfen. Als Politiker aber habe Lukács im Budapester Petőfi-Klub eine Rolle gespielt, die zersetzend gewirkt und der Konterrevolution in die Hände gearbeitet habe. Lukács lebe gegenwärtig zurückgezogen und empfange auf seinen Wunsch keine Besuche; er arbeite an einem Werk über Fragen der Ethik.

Zur Verhaftung seines Verlegers Janka antwortete Becher: Er bedaure, daß nicht er, sondern die Partei die verbrecherische Agentenorganisation Harich – Janka bereinigt habe...

Wie schlimm muß Bechers innerer Konflikt gewesen sein, als er wissentlich wieder die Wahrheit entstellte: Lukács lebe zurückgezogen und arbeite an einem Werk über Fragen der Ethik. Die ganze Welt – und selbstverständlich auch Becher – wußte, daß Lukács, wie alle anderen Mitglieder der Nagy-Regierung, nach der Niederschlagung des Aufstandes in die jugoslawische Botschaft geflüchtet war, dann unter Wortbruch beim Verlassen der Botschaft zwecks Ausreise nach Jugoslawien verhaftet und nach Rumänien verschleppt wurde, bis dann Nagy und seine Minister nach Budapest zurückgebracht und, mit Ausnahme von Lukács, verurteilt bzw. hingerichtet wurden. Wie konnte da die Rede davon sein, daß Lukács Besuche ablehne und über Fragen der Ethik arbeite?

Ebenso verhält es sich mit der «konspirativen umstürzlerischen Tätigkeit der verbrecherischen Agentenorganisation seines Verlegers».

Auch wenn es Becher hundertmal gesagt hat, an Verbrechen und Verrat Jankas kann er niemals geglaubt haben. Becher übernahm die Verleumdungen, weil er dazu genötigt wurde. Kleinen Geistern mag man ein so niedriges Verhalten verzeihen. Aber Becher, wie immer man zu seinem Werk und seinem Charakter steht, war kein kleiner Geist.

Mit diesem Rückblick mache ich keinen Abstrich an Bechers poetischem Werk. Nicht einmal an seinem Wirken als Minister. So manches Gedicht von ihm lese ich noch immer mit Respekt. Und seine Nachfolger im Ministerium halten keinen Vergleich zu ihm aus. Aber sein Charakter als Mensch, seine Wahrheitsliebe als Politiker machen mir Schwierigkeiten. War es der Widerspruch zwischen seinem Wollen und seinem Tun, der ihn veranlaßte, die nachfolgenden Zeilen zu schreiben? «Was nutzt alle Poesie, was nutzt die wunderbarste Kunstbewegung, wenn ihre Zauberkraft in zunehmendem Maße sich der Wahrheit entgegensetzt und allmählich bestenfalls nur noch eine schöne Lüge ist. Damit die Schönheit lebendig bleibe und an Schönheit zunehme, damit die Kunst auf der Höhe dessen sich halte, was die Großen aller Völker an Kunstwerken hervorgebracht haben, muß sie mit dem Geist der Wahrheit sich messen und ihm standhalten.»

Und Anna Seghers? Ich habe sie immer als Schriftstellerin geachtet.

Wenn alte Freunde fragen, warum ich diese Erfahrungen mit so bekannten Literaten preisgebe, muß ich mit einer Verszeile von Becher antworten. Sie lautet: «Wer je die Zeit vergißt, wird selbst vergessen sein.»

Die Verhaftung

Der 5. Dezember 1956. Sechs Uhr. Mit dem letzten Glockenschlag der Marienkirche übergab der Pförtner den Dienst an die Ablösung. Es regnete an diesem Morgen. Trotzdem ging er zu Fuß nach Hause, um die zwanzig Pfennig für die Fahrkarte zu sparen. Eine Stunde mußte er gehen. Zu Hause nahm er das Frühstück ein. Dann legte er sich schlafen. So bescheiden wie das Frühstück war die Wohnung, war sein Leben. Er war Asthmatiker, und weil die Rente nicht ausreichte, ging er arbeiten.

Selten fanden wir Gelegenheit, miteinander zu sprechen. Wenn ich den Aufbau-Verlag betrat oder verließ, blieb es bei Redensarten. Wir waren zwar Mitglieder derselben Partei, aber das hob den sozialen Unterschied natürlich nicht auf. Der Pförtner zahlte einen Monatsbeitrag von fünfzig Pfennig. Fünfunddreißig Mark mußte ich zahlen.

Pförtner müssen die Arbeitszeit streng einhalten. Verlagsleiter können über ihre Zeit frei verfügen. Bei acht Stunden bleibt es allerdings nicht. Oft arbeitete ich bis Mitternacht. Dafür war mein Gehalt höher. Pförtner verdienten damals dreihundert Mark. Das war verdammt wenig. Ich konnte mir für mein Gehalt schon Dinge leisten, die einem Pförtner verschlossen blieben. Und ich wohnte in einem Haus mit Garten, außerhalb Berlins, eine Autostunde vom Verlag. Immer beschäftigte mich die Frage, wie und wann wir das Einkommen der Arbeiter verbessern würden. Bislang hatte sich da nicht viel verändert.

Solche Gedanken machten mich unsicher und zunehmend kritischer. Ohne Anhebung der Lebensqualität bliebe doch alles Gerede vom Aufbau einer sozialistischen Gesellschaft abstraktes Denken und Hoffen auf eine bessere Zukunft.

Gewiß: Die Reichen der kapitalistischen Gesellschaft waren wir schon los. Aber allzu schnell hatte sich eine neue Schicht herausgebildet. Eine Schicht, die alles besser wußte, bestimmte, plante und entschied, was für die Menschen gut oder schlecht war.

An jenem Morgen, als ich das mit Büchern vollgestopfte Arbeitszimmer in Besitz nahm, klingelte es an der Wohnungstür des heimgekehrten Pförtners. Seine Frau öffnete rasch, damit die Klingelei den schlafenden Mann nicht weckte. Zwei Männer stellten sich als Vertreter vor: «Wir müssen Ihren Mann sprechen.» Die Frau: «Mein Mann hatte Nachtschicht und schläft. Ich möchte ihn nicht wecken.»

Die Vertreter ließen sich nicht abweisen. Der überrumpelten Frau blieb keine Wahl. Sie mußte ihren Mann wecken.

Als der verschlafene Pförtner in die Küche kam, gaben ihm die Männer die Hand. Dabei sagten sie: «Wir kommen in einer vertraulichen Angelegenheit. Es wäre gut, wenn du deine Frau wegschicktest. Wir müssen ohne Zeugen mit dir sprechen.» Der mißgestimmte Mann erfüllte die Bitte. Die Frau nahm die Einkaufstasche und verließ die Wohnung.

Gleich stellten sich die Männer, die ihre Ledermäntel ablegten, zum zweitenmal vor. Aus den Vertretern wurden Angehörige der Sicherheitsorgane. Der Alte erschrak. Die Beine wurden ihm schwer. Er konnte sich nicht vorstellen, was die Männer von ihm wollten, denn er war sich keiner Schuld bewußt. Ängstlich fragte er: «Was wollt ihr?»

Mit einem Lächeln sagte der eine: «Von dir wollen wir nichts. Aber du mußt uns helfen. Und versprechen, mit niemandem darüber zu reden. Es geht um eine geheime Staatssache. Als Genosse darfst du deine Mitarbeit nicht versagen.» Nach dieser Einleitung sprach der andere: «In der kommenden Nacht werden wir den Verlag besuchen, ein paar Räume kontrollieren. Du sollst uns nur die Tür öffnen. Dann darfst du niemand mehr ins Haus lassen.»

Seine Einwände taten die Männer mit Argumenten ab, die er nicht verstand. Zwei Stunden redeten sie auf ihn ein. Schließlich begriff der Alte, daß ihm kein Ausweg blieb. Um sie loszuwerden, unterschrieb er die Verpflichtung auf Geheimhaltung.

Als die Frau zurückkam, verabschiedeten sich die Männer wie

Freunde. Wieder mit einem Lächeln sagte der eine: «Unsere Unterhaltung war nützlich. Schönen Dank auch, daß Sie uns ungestört arbeiten ließen.»

Der alte Mann vergaß die Müdigkeit. Und natürlich sprach er mit seiner Frau über die Abmachung. Vierzig Jahre lebten sie zusammen. Nie hatte es zwischen ihnen Geheimnisse gegeben. Aber auch die Frau wußte keinen Rat. Sie bekam Angst wie ihr Mann, der sich ungewollt auf eine zweifelhafte Sache eingelassen hatte.

Mein Arbeitstag war mit Besprechungen, Diktaten und Telefonanrufen ausgefüllt. Zum Üblichen kam das Unübliche. Am Telefon meldeten sich zwei Bekannte aus Prag: Theo Balk und Lenka Reiner. Zuletzt hatte ich sie in Mexiko gesehen. Seitdem waren zehn Jahre vergangen. Das Ehepaar hatte inzwischen manches erlebt. Lenka, deren Familie die SS in Auschwitz vergast hatte, war 1953 in Prag verhaftet worden. Man beschuldigte sie, Agentin westlicher Geheimdienste zu sein. Nach dem XX. Parteitag der KPdSU war sie wieder freigelassen worden. Theo, von Beruf Arzt, hatte ich in Spanien kennengelernt, als Frontarzt der Internationalen Brigaden. In Mexiko hatte ich sein Buch «Das verlorene Manuskript» in deutscher Sprache verlegt. Theo hatte das Buch zweimal schreiben müssen. Die erste Fassung war 1933 den Nazis in die Hände gefallen. Sein neues Unglück war, daß er ein Buch über Tito geschrieben hatte. Dieses Buch war zuerst in spanischer und englischer Sprache verlegt worden. Ein großer Erfolg. Die ganze Welt interessierte sich für Tito.

1948, als es zum Bruch zwischen Stalin und Tito kam, fiel Theo mit seinem Buch in Ungnade. Erst in Jugoslawien, dann in Prag. Nach der Verhaftung seiner Frau bekam der unliebsam gewordene Autor Zwangsaufenthalt in der Provinz. Dort ging es ihm so schlecht, daß er sich und seine Tochter nur schwer durchbringen konnte. Er wurde wie seine Frau aus der Partei ausgeschlossen, der er seit der Gründung angehört hatte. Seine Bücher durften nicht mehr gedruckt werden. Aber jetzt hatten die Balks das Ärgste hinter sich. Sie konnten wieder in Prag leben. Um mit ausländischen Verlegern zu verhandeln, erlaubte man ihnen eine Reise in die DDR. Nach Ankunft in Berlin sollte ich sie beraten. Außerdem wollten sie mit mir über André Simone sprechen.

Die vom ZK der SED in der DDR entfachte Kampagne gegen Simone, der 1933 durch die Mitarbeit am Braunbuch bekannt wurde, hatte ich nicht mitgemacht und seine Bücher, «J'accuse» und «Neun Männer im Eis», im Aufbau-Verlag erscheinen lassen. Die Balks wollten mit mir auch über Paul Merker reden, der 1950 aus dem Politbüro ausgestoßen, aus der SED ausgeschlossen, mit Zwangsaufenthalt nach Luckenwalde verbannt und 1952, im Anschluß an den Slánský-Prozeß, als Trotzkist und Noel Field-Agent verhaftet worden war.

Da der Tag bis zur letzten Minute ausgefüllt war, konnte ich die Gäste nicht sofort empfangen. Ich versprach, den Abend mit ihnen zu verbringen. Um die Zeit bis dahin zu überbrücken, rief ich meine Frau an und bat sie, nach Berlin zu kommen, um sich mit den Balks zu treffen. Die Sekretärin beauftragte ich, im Hotel Newa einen Tisch reservieren zu lassen.

Nach 17 Uhr wurde es ruhig im Verlag. Nur die Sekretärin, Frau Bernhardt, blieb. Sie war es gewöhnt, daß der Arbeitstag nicht pünktlich zu Ende ging. Die Abendstunden wurden für die Korrespondenz genutzt. Oft kamen auch dann noch Besucher.

Gegen 18 Uhr läutete das Telefon. Am anderen Ende der Leitung sprach die Rechtsanwältin Gentz. Ich hatte sie am Vormittag gebeten, nach dem Verbleib von Wolfgang Harich zu forschen.

Harich, Dozent an der Humboldt-Universität, Chefredakteur der Akademie-Zeitschrift für Philosophie, Lektor für philosophische Schriften im Aufbau-Verlag, wurde vom Zentralkomitee der SED oder dem Kulturministerium oft als Delegierter oder Referent zu Tagungen im In- und Ausland geschickt. Als Theaterkritiker hatte er sich gleich nach 1945 einen Namen gemacht.

Vor einer Woche, Mitte November 1956, hatte er sich bei mir abgemeldet. Er wollte wieder einmal auf Reisen gehen. Diesmal nach Hamburg, um an Gesprächen mit westdeutschen Intellektuellen teilzunehmen.

Da Harich für seine Tätigkeit außerhalb des Verlages von mir weder Aufträge empfing, mir dafür auch keine Rechenschaft schuldig war, solche Reisen nicht vom Verlag finanziert oder honoriert wurden, bedurften sie meiner Zustimmung nicht. Ich hatte nur Kenntnis von seiner Abwesenheit zu nehmen. Alle diese Reisen wurden vom ZK der SED oder vom Minister für Kultur veranlaßt. Gelegentlich auch von der Akademie der Wissenschaften.

Aber gegen die sonst übliche Gewohnheit gab mir Harich diesmal Auskunft über die Veranstalter und Teilnehmer der Gespräche in Hamburg. Die schriftliche Einladung war vom Herausgeber der Zeitschrift «Constanze» unterzeichnet. Huffzky schien nach den Äußerungen von Harich ein alter Bekannter zu sein. Der Einladung war auch ein Flugbillett von Berlin-Tempelhof nach Hamburg beigefügt. Zu den Gesprächspartnern zählten die Herausgeber und Redakteure von «Die Andere Zeitung», Herr Augstein vom «Spiegel», Schriftsteller, die in Hamburg ansässig waren, wie Günther Weisenborn, Intellektuelle, die sich hauptsächlich um den Verleger Ernst Rowohlt gruppierten. In der Einladung war auch das Thema benannt: «Einschätzung der Ereignisse in Polen und Ungarn». Harich war aufgefordert, den Standpunkt der SED zu vertreten.

Für mich bestand kein Zweifel, daß Harich die Reise mit Genehmigung von Ulbricht oder Hager beziehungsweise Becher absolvierte. Ich mußte auch annehmen, daß sie mit dem sowjetischen Botschafter Puschkin abgesprochen war. Alle vier Personen sowie «Vertreter» anderer Dienststellen waren in den Tagen vor Antritt der Reise von Harich aufgesucht worden. Die Besprechungen hatten viele Stunden gedauert. Einzelheiten darüber waren mir nicht bekannt geworden.

Aus Hamburg zurück, war er am 29. November 1956 in seiner Wohnung von der Staatssicherheit verhaftet worden. Zugegen waren seine Mutter und die Studentin Irene Giersch.

Kein Mensch kannte die Gründe, die Anlaß zur Verhaftung gegeben hatten. Alle waren erstaunt, wenn nicht empört. Während des ganzen Tages war ich angerufen und um Auskunft gebeten worden. Becher, der über einen direkten Draht zu Ulbricht und zur Staatssicherheit verfügte, rief an. Empörte sich, daß es wieder Verhaftungen gäbe. Anna Seghers, Ernst Bloch, Arnold Zweig, Willi Bredel, Hanns Eisler, sein Bruder Gerhart, Helene Weigel-Brecht, Bodo Uhse und andere wollten wissen, warum Harich verhaftet worden sei. Ich mußte sie alle damit abspeisen, daß ich nicht mehr wisse als sie. Nur Becher machte ich darauf aufmerksam, daß er doch die Leitung zur Staatssicherheit in Anspruch nehmen könne, wenn er Genaueres erfahren wolle.

Frau Gentz sprach verschlüsselt. Die Staatsanwaltschaft verweigere die Auskunft. Man habe ihr nur den Hinweis gegeben, daß die Presse ein Kommuniqué veröffentlicht habe, in dem alles gesagt sei. Um unsere Bemühungen fortzusetzen, schlug sie vor, Rechtsanwalt Friedrich Kaul aufzusuchen. Der könne mehr erreichen.

Dieser Vorschlag war mir unangenehm. Kauls Benehmen vor westdeutschen Gerichten hatte immer mein Mißfallen erregt. Daß er in den Nachkriegsjahren erfolgreich war, besagte ja nicht unbedingt, daß er ein guter Anwalt war. Er wußte nur die Komplexe der Juristen in der Bundesrepublik zu nutzen, die sich in der Nazizeit kompromittiert hatten und sich wieder daran gewöhnen mußten, bürgerliche Rechtspflege zu üben. «Die haben alle Dreck am Stecken, so daß sie es sich nicht leisten können, frech zu werden», so sagte er mir einmal.

Ich antwortete ihm: «Sie sollten Ihren Ruf auch vor DDR-Gerichten unter Beweis stellen. Wie wäre es, wenn Sie bei uns politische Prozesse übernehmen würden?»

«Das wäre fatal», war seine Antwort. «Unsere Gerichte kämen in schlimme Bedrängnis. Nein, nein, ich bleibe bei meinen westdeutschen Gerichten.»

Meine Skepsis gegen ein Gespräch mit Kaul entkräftete Frau Gentz mit dem Hinweis: «Er verfügt über gute Verbindungen zur Staatssicherheit und kann bestimmt etwas erreichen.»

Wir mußten warten. Die Sekretärin sagte uns: «Ein Mandant ist noch beim Chef.» Als der Mandant das Zimmer verließ, fragte mich Frau Gentz: «Weißt du, wer der Mann war?»

«Nie gesehen.»

«Mischa», sagte sie leise. «Ein Sohn von Friedrich Wolf. Staatssicherheit.»

Einigermaßen überrascht, antwortete ich: «So ein Zufall.»

Das Gespräch mit Kaul dauerte eine Viertelstunde. Er tat ahnungslos. Als ich ihn fragte: «Werden Sie die Verteidigung übernehmen?» lautete die Antwort: «Nein! Ich sehe keine Möglichkeit, etwas für Harich zu tun. So harmlos, wie Sie die Dinge darstellen, sind sie nicht.

Politische Differenzen sind kein Anlaß, um jemanden zu verhaften. Dahinter stehen andere Dinge...»

Auf der Straße überlegten wir, was man noch tun könnte. Wir kamen zu keinem Ergebnis. Da ich im Hotel Newa erwartet wurde, fragte ich Frau Gentz: «Kennst du das Schriftsteller-Ehepaar Balk?»

«Ich kenne nur einen Roman von Balk.»

«Dann komm mit. Für einen Anwalt sind die beiden ein interessanter Fall.»

Auf der Fahrt ins Newa sagte ich: «Die Balks wurden wie André Simone fälschlich beschuldigt.»

Kurz vor dem Hotel fragte Frau Gentz: «Bist du sicher, daß die Beschuldigungen auf unwahren Behauptungen bestehen?»

«Ganz sicher.»

«Aber Simone hat doch selber gefordert, daß er für seinen Verrat mit dem Tode bestraft werden muß.»

«Was will das besagen? In den Moskauer Prozessen haben sich die abgebrühtesten Bolschewiken alle schuldig bekannt. Auch Rajk in Budapest und Kostoff in Sofia. Inzwischen wissen wir durch Chruschtschow, wie es zu den Selbstanklagen kam.»

Bei aller Freude über das Wiedersehen war der Abend im Newa durch das, was die Gäste aus Prag erzählten, bedrückend.

Da Mantel und Aktentasche im Büro geblieben waren, fuhr ich zurück in die Französische Straße. Zu meinem Erstaunen wurde nicht geöffnet. Ich mußte energisch klopfen, bis der Pförtner die Tür einen Spalt öffnete. Auf die Frage: «Warum werde ich nicht eingelassen?» antwortete der Pförtner: «Ich darf heute niemanden hereinlassen. Gehen Sie schnell weg.» In der Annahme, daß es sich um einen Scherz handele, sagte ich: «Was soll der Blödsinn? Machen Sie auf! Ich bin in Eile.»

Widerwillig öffnete der Pförtner die Tür. Dann verschloß er sie sofort wieder. Auch das war ungewöhnlich. Schließlich hatte er gesehen, daß meine Frau und die Anwältin Gentz im Wagen saßen. Erstaunt über das Benehmen, fragte ich: «Was ist los? Irgend etwas stimmt doch nicht. Erzählen Sie schon!»

Mit einem Blick auf die Uhr berichtete der Pförtner, was sich am

Morgen zugetragen hatte. Als ich in der Loge eine Frau sitzen sah, sagte der Pförtner: «Meine Frau. Ich will nicht allein sein, wenn die Staatssicherheit kommt.»

Um den alten Mann zu beruhigen, bagatellisierte ich das Vorgehen der Staatssicherheit und sagte: «Sie müssen die Leute hereinlassen. Kontrollieren Sie die Ausweise, bevor Sie die Kette von der Tür abnehmen. Wahrscheinlich wollen sie das Büro von Harich durchsuchen. Aber Ihre Frau kann nicht hierbleiben, sonst bekommen Sie Ärger.» Ich bat die Frau, im Wagen Platz zu nehmen. Ich würde sie in ihre Wohnung bringen.

Im Büro schloß ich alles sorgfältig ab. Die Druckbogen und Unterschriftenmappen auf dem Schreibtisch ordnete ich so an, daß sofort erkennbar sein würde, wenn sich jemand daran zu schaffen gemacht hätte. Die Übersetzung der großen Rede von Tito, in der die Ereignisse in Polen und Ungarn analysiert wurden, nahm ich mit. Jugoslawische Reden und Zeitungen wurden scharf unterdrückt.

Als ich den Verlag verließ, bat ich den Pförtner anzurufen, sobald die Staatssicherheit das Haus verließe.

Auf der Heimfahrt wurde gerätselt, was das alles zu bedeuten habe. Klar war, daß die Ereignisse in Polen und Ungarn als Vorwand dienten, jede Diskussion über den XX. Parteitag der KPdSU zu unterdrücken. Das Politbüro hatte erklärt, in der DDR habe es keinen Personenkult gegeben, und unter Ulbricht würden weder Fehler noch Verbrechen begangen. Wer also den Versuch wagte, Beschlüsse des XX. Parteitages auf die Verhältnisse in der DDR anzuwenden, machte sich zum Parteifeind. Die Parteiführung ging so weit, das Chruschtschow-Referat über die Verbrechen in der Stalin-Ära geheimzuhalten. Wer darüber etwas erfahren wollte, mußte nach Westberlin gehen und sich den dort veröffentlichten Text besorgen.

Genauso wurde mit den Geschehnissen in Polen und Ungarn verfahren. Anstatt selbst wahrheitsgemäß zu informieren, entfesselte die Parteiführung eine wilde Kampagne gegen alle westlichen Medien.

Frau Gentz sagte plötzlich: «Ich glaube, dein Telefon wird abgehört. Wie wäre es sonst zu erklären, daß Mischa Wolf vor uns bei Kaul war. Es sei denn, Kaul hat ihn selbst gerufen.»

Meine Frau bemerkte ziemlich verärgert: «Du mußt endlich etwas vorsichtiger werden. Deine Offenheit wird dir sonst noch zum Verhängnis.»

«Was heißt vorsichtiger? Wenn sie es zu bunt treiben, lasse ich wieder eine Beschwerde los. Wie vor einem Jahr, als sie dich belagerten.»

Frau Gentz fragte: «Wer war denn in eurer Wohnung?»

«Die Staatssicherheit. Sie wollten, daß ich Walter auf seinen Reisen in die Bundesrepublik oder ins übrige Ausland begleite. Als Gegenleistung verlangten sie Informationen. Ich bin natürlich nicht darauf eingegangen. Sie wieder loszuwerden, war gar nicht so einfach.»

Frau Gentz schüttelte den Kopf: «Eine unglaubliche Unverschämtheit, so ein Ansinnen.» Zu mir gewandt, fügte sie hinzu: «Vielleicht solltest du mir eine Vollmacht geben. Falls nötig, könnte ich doch versuchen, dir zu helfen. Wer hätte denn geglaubt, daß sie Harich holen. Von Merker und allen anderen nicht zu reden. Manchmal wundere ich mich sogar, daß sie dich noch herumlaufen lassen. Von den Westemigranten sind doch nur wenige geblieben, die Einfluß haben. Und du hast so viel Umgang mit Intellektuellen. Das sehen sie nicht gern.»

«Warten wir ab, was der Pförtner berichtet. Vielleicht komme ich morgen in dein Büro.»

«Wo ist denn die Rede von Tito?» fragte meine Frau.

«In der Aktentasche. Wenn du willst, kannst du sie zerreißen. Ich brauche sie nicht mehr.»

Sie nahm die Rede aus der Tasche, zerriß sie und warf die Fetzen aus dem Wagenfenster.

Mitternacht war vorbei, als wir unsere Wohnung erreichten. Die Kinder schliefen. Auch die Hausangestellte. Bis wir selbst zur Ruhe kamen, verging noch eine gute Stunde.

Um fünf Uhr morgens – es war der 6. Dezember – läutete das Telefon. Der Pförtner berichtete: «Gegen 23 Uhr kamen vier Männer. Sie haben nur die Schlüssel zu Ihren Räumen genommen. Drei sind nach oben gegangen. Einer blieb bei mir. Das Telefon durfte ich nicht mehr abnehmen. Später holten sie noch die Schlüssel zur Buchhaltung. In das Zimmer von Harich sind sie nicht gegangen. Vor fünf Minuten haben sie das Haus verlassen. Ob sie etwas mitgenommen haben, weiß ich nicht.»

Ich fragte, ob er den «Besuch» ins Kontrollbuch eingetragen habe. Der Pförtner verneinte. Sie hätten es untersagt. Mit diesem Anruf war die Nacht zu Ende.

Im Verlag empfing mich die Sekretärin mit Ungeduld. Sie sprach sofort von Anmeldungen und Dingen, die mich an diesem Morgen nicht interessierten. Um ihrer Rede ein Ende zu bereiten, sagte ich: «Das hat Zeit. Kommen Sie. Wir haben zu schreiben.»

Ein Blick auf den Schreibtisch genügte. Die Manuskripte und Fahnen lagen anders, als ich sie hinterlassen hatte. Schreibtisch und Safe waren mit Nachschlüsseln geöffnet worden. Mein Zorn über das beleidigende Verhalten war maßlos. Ich mußte mich zusammennehmen, um nicht die Nerven zu verlieren. Um mir Luft zu machen, rief ich meine Frau an. Sie fragte: «Was willst du jetzt unternehmen?»

«Becher aufsuchen. Mal sehen, was er sagt.»

«Ist es nicht besser, die Partei zu informieren? Du könntest mit Wandel sprechen.»

«Nein! Zur Partei gehe ich nicht. Die Staatssicherheit würde sich solche Unverschämtheiten nicht erlauben, wenn nicht Ulbricht den Auftrag dazu gegeben hätte.» Hier wurde das Gespräch unterbrochen. Auch später bekam ich keine Verbindung mehr mit meiner Frau. Das Amt antwortete auf Rückfragen: «Die Leitung ist gestört.»

Um neun Uhr war ich beim Minister angemeldet. In der verbleibenden Zeit schrieb die Sekretärin meine Beschwerde in die Maschine. Gleich nach den ersten Sätzen zitterten ihr die Hände so sehr, daß sie nicht weiterschreiben konnte. Unter Tränen sagte sie: «Mein Schreibtisch wurde auch geöffnet. Ich dachte, Sie hätten etwas gesucht.»

«Unterbrechen wir einen Moment und beruhigen Sie sich. Sie haben keinen Grund, ängstlich zu werden. Das gilt nur mir.»

Der Minister unterbrach das Diktat eines Gedichtes und schickte die Sekretärin hinaus, als ich kam. Da er nicht wußte, warum ich hier war, las er das nicht zu Ende diktierte Gedicht vor. Dann sah er mich an und wartete auf eine Äußerung. Ich wußte nicht, ob ich lachen oder einen

Tobsuchtsanfall bekommen sollte. Dann sagte ich aber: «Die Poesie ist mir heute verleidet. Ich habe andere Sorgen.»

«Kommst du wegen Harich? Ich kann nicht mehr sagen als was die Zeitungen berichten. Hier, sieh dir die Westpresse an.» Dabei schob der Minister einen Berg Zeitungen über den Tisch. «Oder hast du etwas erfahren?» Ohne eine Antwort abzuwarten, sagte er noch: «Paul Wandel wollte dich sprechen. Hast du ihn gesehen?»

Ich legte den Bericht auf den Tisch und sagte: «Nein. Lesen Sie bitte. Das kürzt unser Gespräch ab. Und wenn Sie den Bericht gelesen haben, hätte ich gerne eine Antwort auf die Frage, ob ich die Leitung des Verlages niederlegen kann?»

Die Hände des Ministers zitterten beim Umblättern der Seiten. Als er fertig war, sah er verlegen über den Tisch. Der redegewandte Poet fand keine Worte. Schließlich stand er auf und ging in seinem großen Zimmer auf und ab. Nach längerem Schweigen sagte er: «Laß den Bericht hier. Ich werde mit Ulbricht sprechen oder mit Wollweber.»

«Inzwischen gehe ich zum Anwalt. Er soll Anzeige erstatten. Die Erpressung eines Angestellten, das illegale Eindringen in den Verlag ohne Zeugen sind ungesetzlich.»

Der Minister erwiderte: «Damit wirst du nichts ausrichten. Die Staatssicherheit kann machen, was sie will. Mich interessiert, was dahintersteckt.»

«Das ist unschwer zu erraten. Wie Sie wissen, diskutieren wir im Verlag über Ungarn und Polen. Auch über den Personenkult, den es in der DDR nicht gibt. Gewissen Leuten paßt das nicht. Hinzu kommt, daß ich als Westemigrant längst fällig bin...»

«Ob die Westemigration eine Rolle spielt, weiß ich nicht.» Dann brach der Minister ab. Machte keinen Versuch, mich zu beruhigen. Das hatte er auch früher nie getan. Unter vier Augen sprachen wir oft über Probleme, die ihn oder mich beschäftigten.

In den vergangenen Jahren, besonders nach dem XX. Parteitag der KPdSU, auch in den Monaten nach dem 17. Juni 1953, hatten wir viele Gespräche, in denen sich unsere Standpunkte nahe kamen. Aber über die Folgen der Stalin-Politik, die sich von der Politik Ulbrichts nur insofern unterschied, daß die Dimensionen unterschiedlich waren,

Ulbricht immer Gefolgsmann bleiben mußte, gingen unsere Standpunkte scharf auseinander. Der Minister erklärte die Exzesse der Vergangenheit mit der Theorie vom Sozialismus in einem von Imperialisten umringten Lande. Was nach 1945 passierte, waren die Folgen der Nachkriegszeit. Kritik und Selbstkritik dürften nicht Wasser auf die Mühlen der Gegner geben. Den Personenkult müsse man behutsam überwinden. Eine Trennung von denen, die dafür die Verantwortung trugen, zog er nicht in Erwägung. Nach seiner Meinung war Ulbricht nicht ein Mitschuldiger am Personenkult, eher ein Opfer, dem man helfen mußte. Unvorstellbar war ihm die Vorstellung einer Partei ohne Ulbricht. Gelegentlich sagte er sogar: «Es ist ein Glück, daß wir Ulbricht haben.»

Die widerspruchsvollen Gespräche mit Becher ließen oft Zweifel entstehen, ob ich mich einem solchen Minister überhaupt noch weiter unterordnen dürfe, ob es nicht charaktervoller wäre, die Konsequenzen zu ziehen. Nur welche? Die einzig mögliche wäre gewesen, die Partei zu verlassen, aus der DDR fortzugehen. Aber dazu war ich nicht bereit. Die Partei, für die ich seit meinem vierzehnten Lebensjahr alles eingesetzt hatte, unzählige Male mein Leben aufs Spiel gesetzt hatte, und die DDR, die mir ja doch zu einer neuen politischen Heimat geworden war, konnte und wollte ich nicht verlassen. Ich mochte sie mir auch durch nichts und niemanden vermiesen lassen. Im Gegenteil. Ich wollte mithelfen, sie zu dem zu machen, wovon ich jahrzehntelang geträumt hatte. Außerdem wollte ich die Jahre Gefängnis, Konzentrationslager, Emigration in der Nazizeit nicht noch einmal erleben. Und ich wollte essen, meine Familie ernähren, nicht mehr hungern. Was also blieb? Ich tat, was alle getan haben. Ich suchte nach Rechtfertigungen für Fehler der Partei. Entschuldigte die Haltung des Ministers, um mich selbst zu rechtfertigen. Trotz der Unterschiede gab es doch Gemeinsames. Und das half, die toten Punkte zu überwinden. Beide mühten wir uns um die Literatur. Er als Dichter und Minister. Ich als Verleger.

Damit soll das Trennende nicht verwischt werden. Für mich gab es keine Tabus. Ich hatte auch niemals die Ambition, Machtpositionen einzunehmen. Im Jahre 1948 gab ich meine Tätigkeit im Apparat des

Parteivorstandes der SED bedenkenlos auf, weil ich den Bürokratismus nicht ertragen konnte.

Der Minister dachte anders. Nach seiner Überzeugung mußte er handeln, wie er es in der Emigration und dann in Deutschland getan hat. Er hätte sich sonst in unlösbare Widersprüche verstrickt. Auf dem Gebiet der Kultur- und Literaturpolitik trug er ein gerütteltes Maß Mitverantwortung an der staatlichen und parteipolitischen Gängelei. Im übrigen war er kein mutiger Mann. Angst vor Ungelegenheiten, Angst um sein Leben, Angst um den Verlust des materiellen Wohlstandes und seine Ambitionen als Dichter waren bestimmende Faktoren für sein persönliches und politisches Verhalten. Der ausgeprägte Drang nach Geltung und Macht, die Huldigungen an den «Dichter der Nation», der Ministersessel und die vielen Privilegien ließen ihn wiederholt Vergleiche zu Goethe ziehen. Des Ministers Nachruhm durfte in keinem Falle gefährdet werden. In den letzten Jahren sprach er oft über den Tod. Ahnend, daß er ihn früher erleiden würde als das große Vorbild in Weimar.

Im Verlag überfiel mich die Sekretärin mit Anmeldungen und Anrufen. Alle wollten mich sprechen. Mit einem Blick zur Tür des Arbeitszimmers flüsterte sie: «Frau Harich wartet.»

Ich sah sie böse an und sagte: «Sie wissen doch, daß ich es nicht leiden kann, wenn Besucher im Zimmer sitzen, bevor ich den Mantel abgelegt habe.» Zur Entschuldigung erwiderte die Sekretärin: «Sie hat geweint. Ich wollte nicht, daß sie in diesem Zustand gesehen wird.» Ich nickte. «Welche Frau Harich will mich denn sprechen?» Kurz antwortete sie: «Die Mutter.»

Die über Fünfzigjährige machte einen beklagenswerten Eindruck. Sie hatte schon schwere Schläge hinnehmen müssen. Erst hatte sie ihren Mann verloren. Woran er gestorben war, habe ich nie erfahren. Ein paar Jahre nach Kriegsende hatte sich Susanne Kerkhoff, Harichs Halbschwester, vergiftet.

Als ich eintrat, trocknete Frau Harich die Tränen. Dann fragte sie: «Warum wurde mein Sohn verhaftet?» Ich antwortete: «Keine Ahnung. Hat denn die Staatsanwaltschaft keine Gründe angegeben?»

«Ja, natürlich. Sie behauptet, er wollte Ulbricht stürzen. Aber diesen

Unsinn kann doch niemand ernst nehmen.» Nach einer Weile fragte sie: «Kann der Verlag meinem Sohn helfen?»

Wenn ich Zeit für eine Antwort benötigte, rief ich die Sekretärin und bestellte Kaffee.

Womit sollte ich die Frau auch trösten? Ich wußte, daß es keinen Trost gab. Auch keine Hilfe. Die Situation war geradezu verrückt. Ich sollte helfen und brauchte jetzt selbst Hilfe. Aber davon sprach ich nicht. Sagte nur: «Ich werde mich bemühen, einen Rechtsanwalt zu finden, der die Verteidigung übernimmt. Mehr ist vorerst nicht möglich.»

Die Mutter machte mich darauf aufmerksam, daß sie mit dem Geld knapp sei. Einen Anwalt könne sie selbst nicht bezahlen.

«Ihr Sohn hatte doch beachtliche Einkünfte. Geld müßte eigentlich vorhanden sein.»

«Ja, schon. Aber Wolfgang hat nie Auskunft über seine Konten gegeben. Ich weiß nicht einmal, auf welchen Banken sein Geld liegt. Er hat immer mehrere Konten unterhalten. Wenn er lange wegbleibt, muß ich die große Wohnung aufgeben. Von meinem Gehalt kann ich die Miete nicht bezahlen.»

«Wegen des Geldes machen Sie sich keine Sorgen. Die Anwaltskosten übernimmt der Verlag. Und sein Gehalt lasse ich bis auf weiteres an Sie überweisen.» Dann gab ich ihr den Rat, sich auch an andere Personen zu wenden, die mehr erreichen könnten.

Bitter antwortete sie: «Das habe ich schon versucht. Aber wo ich vorspreche, lassen sich die Herren verleugnen. Im Zentralkomitee der SED wurde ich schon in der Anmeldung abgewiesen. Staatsanwalt Jahnke sagte, ich soll von unnötigen Rückfragen Abstand nehmen.»

«Und Ihr Chef, Fritz Erpenbeck? Der stand doch recht gut mit Ihrem Sohn?»

«Er hat versprochen, daß ich weiter bei ihm arbeiten darf.»

«Wie großmütig», warf ich ein. Dann fügte ich hinzu: «Mehr nicht?»

«Nein. Er könne nichts tun, weil er nicht wisse, worum es gehe.»

«Und der Minister?»

«Dasselbe», antwortete sie enttäuscht. «Er ist nicht einmal an den

Apparat gekommen. Durch die Sekretärin ließ er ausrichten, daß ich mich an die Staatsanwaltschaft wenden müsse. Er sei nicht zuständig.»

Eine halbe Stunde später kam Ysot. Sie war mit Harich verheiratet gewesen. Vor einem Jahr hatte sie sich von ihm scheiden lassen. Aber trotz Scheidung war es nicht zum völligen Bruch gekommen. Aus der Ehe war eine Tochter hervorgegangen, an der beide hingen.

Jetzt kam Ysot im Auftrag von Helene Weigel zu mir. Sie sagte: «Ich wäre ohnehin gekommen. Du bist doch der einzige, der etwas für Wolfgang unternehmen wird. Heli ist über die Verhaftung empört.»

«Empörung nutzt nichts. Die Frage ist, was getan werden kann und wer etwas tut.» Ysot fiel mir ins Wort und sagte: «Gerade darüber will Heli mit dir reden. Du sollst sie heute nachmittag in der Chausseestraße besuchen.»

Ich gab ihr die gleiche Antwort wie der Mutter von Harich und versprach, am Nachmittag zu kommen. Als das Gespräch beendet war, sagte Ysot: «Sei vorsichtig. Sonst lassen sie dich auch verschwinden. Ohne Brecht sind wir schwach geworden. Schade, daß er nicht mehr lebt.»

Im Vorzimmer wartete inzwischen Willi Bredel. Er wollte wissen, was passiert sei. Noch bevor ich etwas sagen konnte, fragte er: «Steht die Verhaftung Harichs mit der Reise nach Hamburg in Verbindung? Ich habe merkwürdige Dinge gehört.»

«Dann weißt du mehr als ich. Von wem hast du denn die merkwürdigen Dinge erfahren?» Eine klare Antwort war nicht zu bekommen. Bredel sprach vom RIAS, der die Reise kommentiert habe. Im weiteren Verlauf des Gesprächs wurde aber klar, daß sich die Informationen nicht auf den RIAS stützten.

Um eine Verlegenheitspause zu überbrücken, erzählte der gebürtige Hamburger gepfefferte Witze, die er am Vortag gehört hatte. Ein Minister hätte ihn nach der ZK-Sitzung in seinem Wagen mit nach Hause genommen und die neuesten Witze zum besten gegeben.

Ich konnte über die Witze nicht lachen. Einfache Leute werden dafür bestraft. Jene aber, die Strafen veranlassen, dürfen politische

Witze kolportieren, wenn der mächtige Mann angeschlagen ist. Wie nach dem 17. Juni 1953. Oder nach dem XX. Parteitag der KPdSU, als sich Bredel über einen auf Ulbricht bezogenen Witz amüsierte.

Ich ließ ihn die Durchschrift des Berichtes an den Minister lesen. Bredels Erregung wurde sichtbar. Als ihm die Sekretärin Kaffee brachte, konnte er die Tasse kaum halten. Der geschilderte Vorgang war gewiß nicht der alleinige Anlaß für die Erregung. Er wird an sich selbst gedacht haben. Kontakte zu Personen, für die sich die Staatssicherheit interessiert, bringen immer Ärger. Niemand weiß, was sich daraus entwickelt. Zumal bekannt war, daß er und seine Frau zu mir enge Kontakte pflegten.

In den letzten Jahren hatte mich Bredel regelmäßig besucht. Er lud mich auch oft zu sich ein. An seinem Kaffeetisch erzählte er die vertraulichsten Dinge. Und weil er ein amüsanter Erzähler war, hörte ich mit Interesse zu. Seine Erlebnisse mit hohen Funktionären waren bemerkenswert. Mit den inneren Konflikten, die er besonders nach dem XX. Parteitag auszutragen hatte, kam er anfangs schwer, später leichter ins reine. Warum er mich immer häufiger als Gesprächspartner suchte, mag gute Gründe gehabt haben: die gemeinsame Vergangenheit als Spanienkämpfer und die Herausgabe seiner Bücher im Aufbau-Verlag.

Um ihn zu beruhigen, sagte ich: «Mach dir keine Sorgen. Ich gebe nichts preis. Ich ahne doch, was sie vorhaben. Und ich kenne die Methoden. Aber mich machen sie nicht weich. Weder im Guten noch im Bösen. Und Freude sollen sie mit mir auch nicht haben.»

Bredel drückte mir die Hand und sagte: «Ich kann nicht glauben, daß sie dich verhaften.»

Die Sekretärin hatte Ernst Bloch aus Leipzig am Apparat. Der Philosoph schien die Nerven zu verlieren. Er schimpfte und forderte, daß sein Protest gegen die Verhaftung Harichs im «Sonntag» abgedruckt wird. Ich beruhigte ihn halbwegs und vereinbarte, daß wir uns am nächsten Tag in Berlin treffen würden, um alles zu besprechen.

Das Gespräch war kaum beendet, da rief die Abteilung für Internationale Verbindungen im ZK der SED an. Der Leiter der Abteilung sagte: «Ich gebe den Hörer an einen guten Freund aus Paris weiter. Er wird dir Vorschläge machen, die unsere Zustimmung finden. Sprich noch heute mit ihm. Er muß morgen zurückfahren. Du weißt ja, daß es um Pläne geht, über die du dich im Juli mit Louis Aragon in Paris verständigt hast.»

Der Vertreter der französischen KP war für Finanzen und technische Probleme zuständig, die sich aus der geplanten verlegerischen Zusammenarbeit ergaben. Nach kurzem Hin und Her wurde eine Verabredung für 17 Uhr im Verlag getroffen.

Der nächste Anruf kam von Anna Seghers. Sie fragte: «Hast du Nachricht von Georg Lukács?»

«Nein.»

«Weißt du etwas über Harich?»

«Nein.»

«Kannst du es einrichten, mit mir zu essen? Ich muß dich sprechen.»

«Ja. Wo und wann?»

«Ich fahre jetzt zu Jeanne und Kurt Stern, danach können wir uns im Pankower Ratskeller treffen.»

«Um wieviel Uhr?»

«Um ein Uhr.»

«Ich komme.»

Nachdem ich aufgelegt hatte, ließ ich Kurt Stern hereinkommen. Er kam selten in den Verlag. Sein Hauptinteresse galt dem Film. Nur gelegentlich machte er Übersetzungen aus dem Französischen. Sehr gute sogar. Diesmal aber war er gekommen, Vorschläge zu machen, um sein Buch «Stärker als die Nacht» zu propagieren. Ich hörte geduldig zu und versprach, den Werbeleiter zu interessieren. Dann wechselte Stern das Thema. Er berichtete über einen Krach im Schriftstellerverband, wo man sich nicht über die vom Vorstand eingebrachte Ungarn-Resolution einigen konnte. Sie würde die Motive für die Kämpfe in Ungarn auf die verräterische Rolle der Intellektuellen reduzieren. Lukács, Hay und Déry seien Wortführer der Konterrevolution. Bei diesen Beschuldigungen sei der wildeste Mann der Kantatensänger auf Stalin: Kuba (Kurt Barthel).

«Das ist nicht verwunderlich», bemerkte ich. «Uns hat er eine Zuschrift für den ‹Sonntag› geschickt. Darin behauptet er, daß auch unsere Schriftsteller im Sumpf des Petöfi-Kreises schwimmen und die

Konterrevolution in der DDR vorbereiten. Wir werden diesen Unsinn natürlich nicht veröffentlichen.»

Stern unterbrach mich und sagte: «Genau die Kuba-Theorie möchte man uns aufzwingen. Aber da machen wir nicht mit. Wir haben einen eigenen Entwurf ausgearbeitet, den wir heute zur Abstimmung bringen. Darf ich ihn dir vorlesen?»

Der Text zeugte von mehr Verständnis für das Geschehen in Ungarn. «Wenn du mich so direkt fragst, muß ich antworten, daß mich auch eure Haltung nicht ganz befriedigt. Immerhin. So, wie die Dinge liegen, ist nicht mehr durchzusetzen. Die ganze Wahrheit läßt sich leider nicht sagen. Bleibt nur die Möglichkeit, wenigstens keine Unwahrheiten zu verbreiten. Und was das betrifft, ist eure Entschließung vertretbar.»

Jetzt erkundigte sich Stern nach Harich. Ich gab ihm den Bericht an Becher und sagte: «Lies das. Dann wird dir klar, was sich tut.»

Sein hageres Gesicht wurde noch blasser, als es ohnehin war. Und seine Augen wurden sehr traurig. Nach der Lektüre des Berichtes sagte er lange nichts. Dann mit Verbitterung: «Das ist die größte Unverschämtheit. Was wirst du tun?»

«Das weiß ich nicht. Nur soviel steht fest: in keinem Fall nachgeben.» Damit beendete ich den Besuch.

Auf der Treppe trat mir der Abteilungsleiter für innere Verwaltung, Horst Klatt, in den Weg. Trotz meiner Eile ließ er sich nicht abweisen. Er sagte einfach: «Der Pförtner wurde in die psychiatrische Abteilung der Charité eingeliefert. Seine Frau erzählt unverständliches wirres Zeug.»

«Sagen Sie ihr, daß ich mich um ihren Mann kümmern werde. Bis ich zurückkomme, besorgen Sie mir eine Flasche Wein und ein paar Apfelsinen. Das will ich mitnehmen. Gegen fünfzehn Uhr komme ich. Den Nachtdienst muß ein anderer Pförtner übernehmen.»

Das Essen im Ratskeller war miserabel. Vielleicht war es nur die Nervosität, die den Appetit verdorben hatte. Jedenfalls rührte ich kaum etwas an. Der Ober ärgerte sich darüber.

Zuerst fragte mich Anna Seghers, warum ich nicht nach Budapest gefahren sei, um nach Lukács zu forschen. Ich antwortete: «Es war alles vorbereitet. Becher hat aber noch mit Ulbricht gesprochen. Der hat die Reise untersagt.»

«Mit welcher Begründung?»

«Ulbricht ist kein Freund von Lukács. Er dürfte kaum ein Interesse haben, daß wir uns für Lukács verwenden.»

Plötzlich fragte Anna Seghers, ob ich mit ihr zum sowjetischen Botschafter gehen würde. Sie kenne Puschkin gut. Er habe ihr wiederholt angeboten zu helfen, wenn es nötig sei. «Das Schicksal von Harich kann ihm nicht gleichgültig sein. Er hat erst kürzlich lange mit ihm gesprochen.»

«Das ist mir bekannt. Harich hat es erzählt. Trotzdem. Ich möchte nicht zu Puschkin gehen.»

«Warum nicht?»

«Weil ich selbst mit Überraschungen rechnen muß.» Und jetzt erzählte ich ihr, was in der vergangenen Nacht geschehen war. Da ich erregt und etwas lauter zu sprechen begann, sagte Anna Seghers: «Was sind denn das für Leute am Nachbartisch? Sie beobachten uns.»

Nach kurzem Hinschauen sagte ich: «Staatssicherheit. Die Gesichter sind danach.» Daß meine Vermutung richtig war, sollte sich bald bestätigen. Ich rief den Ober und zahlte die Rechnung. Als wir den Ratskeller verließen, erhoben sich auch die Beobachter am Nachbartisch.

Auf dem Weg zum Parkplatz sagte Anna Seghers: «Ich halte es für ausgeschlossen, daß sie mit dir so verfahren wie mit Harich. Du bist seit dreißig Jahren in der Partei und genau das, wovon wir so viel reden: ein Arbeiter mit Vergangenheit und Vertrauen. Und du hast Freunde. Auch außerhalb der DDR. Die Manns, Feuchtwanger, Laxness, Frank. Auch Aragon und Fedin werden sich für dich einsetzen. Sogar der Baron in München, Johannes von Guenther.»

Ich schüttelte den Kopf und erwiderte: «Glaubst du wirklich, daß sich Ulbricht darum schert?»

Anna Seghers antwortete nicht. Als ich mich verabschiedete, sagte ich: «Wenn es zum Schlimmsten kommen sollte, wäre es an der Zeit, daß sich unsere Schriftsteller entschlossener für die Wahrheit einsetzen.»

Beim Anfahren des Wagens beobachtete ich im Rückspiegel, wie die Späher vom Nachbartisch den Ratskeller verließen und einen schwarzen BMW bestiegen. Ich hatte mich also nicht geirrt. Ob sie mir gefolgt sind, weiß ich nicht. Wenn sie es taten, müssen sie ihre Mühe gehabt haben. Ich fuhr mit großer Geschwindigkeit in den Verlag zurück.

Auf dem Schreibtisch waren viele Vorgänge bereitgelegt. Wieder gab es Terminbitten. Alle dringend. Ich kümmerte mich nicht darum. Es gab Wichtigeres. Nur der Werbeleiter, Herbert Placzek, ließ sich nicht abweisen. Zwei Minuten wollte er beanspruchen. Nachdem die Tür geschlossen war, sagte er: «Ich komme im Auftrage vieler Mitarbeiter. Wir sind in Unruhe. Wir möchten wissen, was wir für Sie tun können?»

«Was glauben Sie denn, was ihr tun könnt?»

«Darf ich offen sprechen?»

«Bitte. Aber sprechen Sie leise. Mein Telefon hört mit.»

«Wir sind der Meinung, daß Sie für ein paar Tage verschwinden müssen.»

Ich fiel ihm ins Wort: «Lieber Freund, solche Vorschläge will ich nicht hören. Sie sind falsch. Ein derartiger Schritt wäre genau das, was gewisse Leute wünschen. Nein, kommt nicht in Frage.»

«Wir schlagen keine Republikflucht vor. Sie sollen sich nur in Sicherheit bringen. Ich stelle Ihnen gern meine Wohnung zur Verfügung.»

«Sie haben Mut. Aber auch davon werde ich keinen Gebrauch machen. Das wäre der erste Schritt zur Illegalität. Mit solchen Mitteln will ich nichts mehr zu tun haben. Ich würde mich ungewollt ins Unrecht setzen. Außerdem habe ich genug davon. Die Hitlerzeit hat mir gereicht. Und damals war das etwas anderes.»

«Aber was können wir tun, wenn man Sie verhaftet?»

«Nichts, lieber Freund. Oder doch. Etwas könnt ihr tun. Etwas sehr Wertvolles. Auf Verleumdungen nicht hereinfallen.»

Die zwei Minuten waren überschritten. Die Sekretärin stellte ein Gespräch durch. Die Redaktion des «Sonntag» ließ sich nicht mehr abweisen. Am Apparat war der stellvertretende Chefredakteur Gustav Just: «Wir müssen dich sprechen. Heute ist Redaktionsschluß. Da sind noch ein paar Fragen zu klären.»

«Könnt ihr das nicht mit Klaus Gysi machen? Den hat doch das ZK als Zensor eingesetzt.»

«Mach keine Witze. Genau darum geht es.»

«Gut. Komm um siebzehn Uhr. Jetzt muß ich in die Nervenklinik und feststellen, was mit unserem Pförtner Linkewicz ist.»

«Ohne Erlaubnis dürfen Patienten der Nervenklinik keinen Besuch empfangen. Außerhalb der Besuchszeit schon gar nicht.» Die Oberschwester fügte durch ein vergittertes Fensterchen noch hinzu: «Wenden Sie sich an das Sekretariat. Morgen. Heute ist es zu spät.»

Die letzten Worte konnte ich nur erraten, weil das Fenster schnell zuklappte. Aber so leicht ließ ich mich nicht wegschicken. Ich drückte den Finger auf den Klingelknopf und zog ihn erst wieder zurück, als die verärgerte Schwester die Tür öffnete und energisch auf mich losging.

Ich lächelte und sagte: «Oberschwester, ich verfüge über einen Ausweis, der mir alle Türen öffnet. Bitte.» Ob nun das Wort Ausweis oder das Lächeln Wunder bewirkte, weiß ich nicht. Mit einem flüchtigen Blick auf den vorgehaltenen Ausweis gab sie den Eingang frei. Und das war mein Glück. Ich besaß nämlich nur den Betriebsausweis des Verlages. Außerhalb war er ohne Wert. Machte auf die Flasche und den Korb mit Apfelsinen aufmerksam und sagte: «Ich habe den Auftrag, mit Herrn Linkewicz zu sprechen. Sie wissen doch, worum es geht.» Weniger aggressiv erwiderte die stämmige Dame: «Ich weiß nichts. Kommen Sie.» Dabei wird sie gedacht haben, daß der Besucher von der Staatssicherheit ist. Und gegen die kann sie nichts ausrichten.

Die Unterhaltung mit dem Pförtner war traurig. Fast glaubte ich, der Mann sei wirklich irre geworden. Die Angst saß ihm so sehr im Nacken, daß er an allen Gliedern zitterte. Zusammenhängend konnte er überhaupt nichts sagen. Der Versuch, ihn zu beruhigen, gelang nicht. Er sah sich schon im Gefängnis. Und schuld war mein Bericht an den Minister.

Auf die Frage, wie und wann er denn hierhergekommen sei, antwortete der Pförtner: «Die Genossen von gestern sind wiedergekommen und haben gesagt, ich sei krank und müsse sofort in eine Klinik. Mit einer Ambulanz haben sie mich dann hierhergebracht.»

Es blieb keine andere Möglichkeit, als dem armen Mann zu versprechen, daß er bald nach Hause gehen könnte. Aber er hörte gar nicht hin. Geistesabwesend betrachtete er die Apfelsinen. Als wären sie ein neues Übel. Etwas Unerlaubtes. Dann nahm er meine Hand und ließ sie lange nicht los. Er weinte wie ein Kind.

Entschlossen, alles aufzudecken, nichts und niemanden zu schonen, fuhr ich zu Helene Weigel. In der Chausseestraße führte mich die Hausangestellte in das Schlafzimmer. Frau Weigel lag, wie es in den Nachmittagsstunden ihre Gewohnheit war, in ihrem requisitenartigen Bett. Zu beiden Seiten waren auf herangeschobenen Tischen Bücher, Manuskripte und Zeitungen ausgebreitet. An den Wänden standen vollgestopfte Bücherregale und ein riesiger Kleiderschrank. Die herumstehenden unbequemen Sessel erinnerten auch an Requisiten. Teppiche bedeckten die knarrenden Dielen. Nachdem Tee und Gebäck gebracht, eine Mitarbeiterin verabschiedet war, blieben wir ungestört.

Im Unterschied zu anderen Prominenten, die sich immer uninformiert stellten oder ratlos zeigten, war sie gut unterrichtet. Auch bei Brecht war das der Fall gewesen. Das lag nicht nur daran, daß er überall Freunde hatte, die ihm Mitteilungen machten. Wenn es nur dieser Umstand gewesen wäre, hätte es genug Leute gegeben, die über weitaus bessere Informationsquellen verfügten. Brecht hatte nur etwas mehr Mut zum Informiertsein. Und das traf auch auf seine Frau zu.

Heli blieb bis zu ihrem Tode, trotz ihres Austritts aus der SED nach dem XX. Parteitag der KPdSU, parteiverbunden. Die Austrittserklärung hatte angeblich Brecht selbst formuliert. Und soweit ich weiß, hat er auf ihrem Austritt bestanden. Für Heli war das ein formaler Schritt. In der Praxis blieb sie Genossin.

Beim Einschenken des Tees sagte sie ohne Umschweife: «Diese Schweinerei mit Harich ist ein Rückfall in die schlimmste Zeit. Man darf sie nicht widerstandslos hinnehmen.»

«Wie stellst du dir Widerstand vor?»

«Brecht sagte nach dem XX. Parteitag, daß man bei Wiederholung solcher Erscheinungen die Arbeiter in den Streik führen müsse. Das sei die einzige Möglichkeit, den Terror der Bürokratie wirksam zu bekämpfen.» Nach einer kurzen Pause fügte sie hinzu: «Laß den Verlag in den Streik treten. Deine Leute stehen doch hinter dir. Wir brauchen jetzt ein Beispiel.»

«Heli, ich weiß, was Brecht gesagt hat. Und beide wissen wir, daß er eine Vorstellung hatte, was man tun kann. Aber er ist tot.»

«Das ist kein Grund, seinen Gedanken nicht zu folgen.»

«Gewiß nicht. Aber wir müssen uns hüten, naive Schlußfolgerungen zu ziehen. Brecht hätte niemals geglaubt, daß wir mit einem Streik von zweihundert Verlagsangestellten auch nur das geringste erreichen könnten. Er würde gelacht haben, wenn wir uns zu einem solchen Kurzschluß hinreißen ließen. Wenn er an Streik dachte, meinte er Arbeiter in Großbetrieben. Und dabei konnte er sich auf Lenin berufen.» Nach einer Weile ergänzte ich: «Dein Vorschlag wäre sinnvoll, wenn er sich an den Direktor der Leuna-Werke richten würde...»

Als ich ging, sagte Heli: «Unser Dilemma ist die Hilflosigkeit der Arbeiter.»

«Nein», unterbrach ich, «die Isolierung der Intellektuellen von den Arbeitern. Wenn wir hier nicht einen Wandel schaffen, wird sich nichts ändern.»

Sie erhob sich und begleitete mich zur Tür: «Du hast sicher recht. Aber wehren müssen wir uns schon jetzt. Gerade wir Künstler müssen etwas tun.»

Drei Stunden später stand sie auf der Bühne. Das Berliner Ensemble spielte «Mutter Courage».

Vor dem Verlag parkte ein neuer Mercedes mit Westberliner Kennzeichen. Ich wußte sofort, wer da wartete: der Fahrer von J. R. Becher. Um den sonstigen Besuchern auszuweichen, die schon im Vorzimmer saßen, ging ich in die Kantine. Über den Hausapparat bat ich die Sekretärin, Herrn Zeller in die Kantine zu schicken.

Zeller revanchierte sich für die Einladung zum Kaffee mit amerikanischen Zigaretten. Er wußte, daß ich sie durch den langen Aufenthalt in Mexiko besonders mochte.

Sein Interesse an mir war geschäftlicher Natur. Und was die Geschäfte betraf, war er zuverlässig. Auf die Frage nach dem Fortgang der Verhandlungen mit dem Senat in Hamburg, eine Filiale des Aufbau-Verlages einzurichten, antwortete ich: «Wir müssen das alles zurückstellen. Ulbricht hat untersagt, daß wir vom Angebot des Hamburger Senats Gebrauch machen.»

«Warum das? Ihr Minister hatte Sie doch beauftragt, die Verhandlungen zu führen.»

«Ja, das hatte er. Aber die Berater Ulbrichts haben anders entschieden. Sie befürchten, daß der Frankfurter Börsenverein auf die Idee kommen könnte, als Gegenleistung eine Lizenz für einen westdeutschen Verlag in der DDR zu beantragen.»

«Na und?»

«Das habe ich auch gesagt. Aber davon wollen Partei und Minister nichts wissen. Noch weniger Ulbricht. Wir werden später auf den Plan zurückkommen. Heute hat es keinen Sinn, darüber zu reden.»

Die ganze Wahrheit konnte ich ihm nicht sagen. Die Verantwortlichen im ZK der SED hatten mich tatsächlich über den Minister mit den Verhandlungen beauftragt. Zugleich angenommen, daß der Senat alle Anträge auf Zulassung einer Filiale ablehnen würde. Eine solche Ablehnung wäre willkommener Anlaß für Polemiken in der Presse gewesen. Den letzten Ausschlag für die Wendung um hundertachtzig Grad aber gab das Geld. Ich beantragte, zweihunderttausend Mark von den Konten des Verlages bei der Deutschen Notenbank als Betriebskapital auf eine Bank in Hamburg zu überweisen. Zu meiner Überraschung erklärte aber der Minister: «Überweisungen sind nicht nötig. Geld bekommen wir dort genug.»

«Wer will denn sein Geld für die Herausgabe von DDR-Autoren in der Bundesrepublik zur Verfügung stellen?

«Es gibt Fischhändler, die froh sind, wenn sie ihre Gewinne anlegen können.»

«Mit Fischhändlern oder Strohmännern mache ich keine Geschäfte. Ich lege Wert auf einen legalen Nachweis des Betriebskapitals. Sonst ist die Existenz einer solchen Filiale sofort gefährdet. Außerdem haben wir selber genug Geld.»

Für eine Aufbau-Filiale in Hamburg entwickelte auch Harich Interesse. Als er von meinen Verhandlungen mit dem Senat erfuhr, schlug er sofort Herrn Huffzky als Leiter der Filiale vor. Dieser Mann habe als Herausgeber der «Constanze» die besten Geschäftsverbindungen im Westen. Er sei auch der qualifizierteste Manager für ein solches Unternehmen.

Daß Harichs Vorschlag kein Zufall war, wurde mir erst viel später bewußt. Damals nahm ich an, er sei ein Produkt fixer Ideen. Da ich aber von fixen Ideen nichts hielt, Herrn Huffzky überhaupt nicht kannte, zog ich seinen Vorschlag nicht in Erwägung. So wenig wie den Vorschlag des Ministers, die Filiale durch Fischhändler finanzieren zu lassen. Zu Ulbrichts Machtwort kam es erst, als ich erklärte: «In Hamburg werden wir nichts anderes tun als das, was der Aufbau-Verlag auch in Berlin bewirkt. Und die gesetzlichen Bestimmungen werden eingehalten.» Offenbar war das zuwenig oder etwas, wofür sich meine Auftraggeber nicht interessierten.

Zeller reagierte auf meine Auskunft enttäuscht. Um vom Thema abzukommen, sprach er begeistert von seinem neuen Wagen.

Gelangweilt über das Geplauder fiel mir auf, daß die Mitarbeiterin der «Sonntag»-Redaktion, Anni Voigtländer, zum zweitenmal in die Kantine kam und neugierig umherblickte. Wegen ihrer Klatschsucht und Schnüffelei war sie allen Mitarbeitern schon lange lästig.

Als wir die in Westberlin wohnenden Mitarbeiter in den Jahren 1953/54 entlassen mußten, wollte ich die Gelegenheit nutzen, sie loszuwerden. Sie hatte ja ihren Wohnsitz ebenfalls in Westberlin. Aber sofort erhob die Kaderleiterin, Frau Klückmann, Einspruch. Auch die Betriebsgewerkschaftsleitung, die ihre Zustimmung zur Entlassung aller anderen Westberliner gegeben hatte, verweigerte die Zustimmung. Die Kaderleiterin hatte da schon vorgearbeitet. Und so gelang es mir nicht, Frau Voigtländer loszuwerden. Zu meinem Erstaunen wurde ihr auch noch der schon nicht mehr übliche Geldumtausch in Westberlin weiter gewährt.

Zeller war noch nicht verabschiedet, als der Leiter für innere Verwaltung, Horst Klatt, an den Tisch trat. Erregt sagte er: «Soeben haben ein paar Herren das Haus betreten. Sie benehmen sich merkwürdig.»

«Wieso merkwürdig? Sind es Ausländer?»

«Nein. Sie tragen Ledermäntel. Den Pförtner haben sie einfach auf die Seite geschoben, als er die Ausweise sehen wollte.»

Die Männer in Ledermänteln kamen mir auf halber Treppe in großer Hast entgegen. Ein paar Stufen hinter ihnen folgte die Mitarbeiterin der «Sonntag»-Redaktion, Anni Voigtländer.

«Mitkommen!» Das war alles, was die Herren zu sagen wußten. Eine Reaktion von mir erwarteten sie nicht. Sie nahmen mich in die Mitte und drängten die Treppe hinauf. Der vorausgehende Mann stieß die Tür zu meinen Räumen geräuschvoll auf. Der Mann hinter mir schob mich unsanft ins Zimmer.

Die Sekretärin stand kreidebleich an ihrem Schreibtisch. Sie sagte kein Wort. Um mir die Chance des Entkommens zu geben, hatte sie den Sicherheitsleuten nicht gesagt, daß ich in der Kantine war. Erst die Mitarbeiterin beim «Sonntag» hatte diese Nachricht den Herren in Ledermänteln verkündet.

Nachdem die Tür geschlossen war, stellte sich der eine zwischen mich und den Schreibtisch. Verächtlich, die Lippen kaum bewegend, sagte er: «Sie sind verhaftet!»

In diesem Augenblick läutete das Telefon. Als ich den Hörer abnehmen wollte, kam der andere mir zuvor. Er legte die Hand auf den Apparat: «Telefoniert wird nicht mehr. Nehmen Sie den Mantel und folgen Sie uns.»

Ich sah die beiden an. «Wollen Sie sich nicht ausweisen?»

Wortlos zeigten sie jetzt ihre Ausweise. Nehmen durfte ich sie nicht. Sie hielten sie nur so, daß ich sie sehen konnte. Kein Zweifel. Die Ausweise waren echt. So echt wie die Mäntel aus gutem Rindsleder.

«Wo ist der Haftbefehl?»

Wieder wortlos nahm der eine, der die Hand auf dem Hörer hatte, die andere aus der Tasche und zeigte ein zerknittertes Stück Papier in Postkartengröße. Darauf stand fettgedruckt: «Haftbefehl». Hinter dem Wort «Grund» war mit Schreibmaschine eingesetzt: «Leitung einer staatsfeindlichen Gruppe, die das Ziel verfolgt, die Regierung Otto Grotewohl, Walter Ulbricht und Johannes Dieckmann zu stürzen, das Politbüro der SED unter Führung von Walter Ulbricht, Otto Grotewohl, Karl Schirdewan und Hermann Matern gewaltsam zu beseitigen.»

Wieder läutete das Telefon. Wieder durfte ich den Hörer nicht abnehmen. Die Sekretärin kam ins Zimmer: «Der Minister will Sie sprechen.»

Ich fragte die Männer: «Verbieten Sie, mit dem Minister zu sprechen?»

«Sie sprechen mit niemandem.»

An die Sekretärin gerichtet sagte ich: «Frau Bernhardt, ich bin verhaftet. Fragen Sie den Minister, ob er auf eine Minute in den Verlag kommen kann. Ich möchte ihm in Gegenwart dieser Herren etwas sagen. Und dann versuchen Sie, meine Frau zu benachrichtigen.»

Der schrankbreite Mann trat drohend an die Sekretärin heran. «Sie haben nichts auszurichten und niemanden zu benachrichtigen. Verstanden? Und jetzt verlassen Sie das Zimmer!»

Ich unterbrach den forschen Mann und sagte: «Sie würden gut daran tun, sich auf Ihre Aufgaben zu beschränken. Meiner Sekretärin haben Sie keine Anweisungen zu geben. Frau Bernhardt, tun Sie, was ich Ihnen gesagt habe.» Und so geschah es. Sehr zum Zorn der Sicherheitsleute. Schon nach einer Minute trat die Sekretärin wieder ins Zimmer. «Der Minister läßt die Herren fragen, ob sie Bedenken gegen sein Erscheinen haben?»

«Sagen Sie dem Genossen Minister, daß wir sein Erscheinen nicht wünschen.» An meine Adresse gerichtet sagte der andere im Kommandoton: «Kommen Sie! Und damit Sie Bescheid wissen, bei Fluchtversuch wird geschossen.» Um diesem Hinweis Nachdruck zu verleihen, zeigten beide die in den Manteltaschen verborgenen Pistolen.

«Wenn ich Ihnen nichts zutrauen würde, das glaube ich aufs Wort.»

Bevor das Zimmer verlassen wurde, riß der Anführer das Fenster auf und gab mit einer Taschenlampe den auf der Straße wartenden Autos Blinkzeichen.

Im Vorzimmer nickte ich der Sekretärin zu. Die Hand durfte ich ihr nicht geben. Ein Stoß in den Rücken. Und ich war draußen.

Auf der Treppe hatten sich viele Mitarbeiter eingefunden. Alle Lektoren und Redakteure. Stumm verabschiedeten sie sich von ihrem

Chef. Unverkennbar war die Empörung gegen die Männer, die mich in die Mitte genommen hatten.

Bevor man mich auf die Straße schob, mußte ich die Ärmel zurückschieben, um Platz für die Handschellen zu machen. Ein Mitarbeiter trat heran und wollte noch etwas sagen. Er kam nicht dazu. Die Männer stießen ihn zurück. Auf der Straße standen schwarze Limousinen bereit. Sie bildeten den Konvoi, der mich ins Gefängnis brachte.

Die Durchsuchung

Zur gleichen Stunde, als ich im Verlag verhaftet wurde, fuhren zwei Wagen vor mein Haus in Kleinmachnow. Von den Insassen hasteten sieben zur Tür. Sechs verschafften sich Zutritt. Der siebente postierte sich vor der Tür. Der achte blieb bei den Autos.

Als meine Frau öffnete, drängten die Männer ins Haus. Auf die Frage: «Was wollen Sie?» antwortete einer: «Das werden Sie gleich sehen. Führen Sie uns ins Wohnzimmer. Und rufen Sie die Kinder. Wenn andere Personen da sind, auch diese.»

Die Hausangestellte Ingrid und eine Frau aus der Nachbarschaft brauchte meine Frau nicht zu rufen. Sie kamen von selbst. Auch die aufgeschreckten Kinder.

Der Anführer des Kommandos setzte sich in einen Sessel und forderte auch meine Frau auf: «Nehmen Sie Platz!»

«Wenn ich mich in meinem Haus setzen will, bedarf es nicht Ihrer Aufforderung. Sagen Sie jetzt, warum Sie in mein Haus eindringen?»

Der Sitzende zog ein Schriftstück aus der Tasche: «Staatsanwalt Jahnke. Vertrete den Herrn Generalstaatsanwalt. Die Herren haben den Auftrag, Ihre Wohnung zu durchsuchen. Hier ist der Durchsuchungsbefehl.»

Meine Frau warf einen Blick auf das Papier und fragte: «Was ist der Grund für diese unglaubliche Maßnahme?»

«Ihr Mann wurde verhaftet. Das ist der Grund.»

Während des Dialogs waren die Männer an die Arbeit gegangen. Drei übernahmen die unteren Räume. Die anderen machten sich im ersten Stock zu schaffen.

Die Frau aus der Nachbarschaft bekam Angst und sagte: «Frau

Janka, ich werde jetzt gehen. Wegen der Bezahlung komme ich ein anderes Mal.» Die Hausangestellte, die wie die Kinder vor Staunen kaum ein Wort herausbrachte, stammelte: «Kann ich auch gehen? Ich möchte zu meinen Verwandten.»

Der Staatsanwalt fuhr die Frauen an: «Sie müssen bleiben. Niemand verläßt das Haus.»

Meine Frau unterbrach den Staatsanwalt: «Sie können gehen, Frau Casagranda. Sie haben mit der Durchsuchung nichts zu tun.» Zum Staatsanwalt gewandt: «Auf Ihrem Durchsuchungsbefehl steht nicht, daß Sie Besucher festhalten dürfen.»

Der Streit, ob die Frauen gehen können oder bleiben müssen, wurde durch einen Tumult an der Tür unterbrochen. Der Cheflektor für Slawistik, Wolf Düwel, hatte sich von einem Wagen nach Kleinmachnow bringen lassen, um meine Frau über das Geschehen im Verlag zu informieren. Er hatte gehofft, schneller zu sein als die Staatssicherheit. Als der Posten ihn kurzerhand fortjagen und durch den Garten hinausdrängen wollte, schrie ihn der Lektor an. Staatsanwalt Jahnke mußte herbeieilen, um Handgreiflichkeiten zu verhindern. Jahnke gab nach und ließ ihn mit meiner Frau sprechen.

Auf der Straße waren Passanten stehengeblieben. Der Mann bei den Autos zerstreute die Ansammlung. Die Frau aus der Nachbarschaft nutzte den Zwischenfall und machte sich davon.

Als meine Frau ins Wohnzimmer zurückkam, hatte sich der große Raum in ein Trümmerfeld verwandelt. Bücher waren auf den Boden geworfen und jedes einzelne durchgeblättert. Auch die Schutzumschläge nahmen sie ab. Sogar die Buchrücken wurden kontrolliert.

Eine Gardine war halb heruntergerissen, weil sie beim Schließen hängenblieb. Die Leute auf der Straße sollten nicht sehen, was im Haus geschah.

Meine Frau wollte die Kinder zu Bett bringen, damit sie das gebotene Schauspiel nicht mitansehen müßten. Jahnke fuhr sie an: «Sie müssen warten, bis die Schlafzimmer durchsucht sind.» André sagte zu einem der Männer, der den Bücherschrank ausräumte: «Wenn mein Vater nach Hause kommt, werden Sie was erleben. Das erlaubt er nicht.» Jahnke und die Männer waren verdutzt. Gaben keine Antwort. Aber

Jahnke schien zu begreifen, daß dieses Schauspiel den Kindern angst machte. Mit der Hausangestellten durften sie in die Küche gehen. Nach einer Stunde ging er in die Küche und sagte: «Das Kinderzimmer kann ich freigeben. Schicken Sie jetzt die Kinder ins Bett.»

«Freigeben, wie schön. Haben Sie denn gefunden, was Sie im Zimmer meiner Kinder gesucht haben?»

Jahnke antwortete nicht. Er tat, als hätte er nichts gehört. Das Kinderzimmer sah wie nach einer Bettenschlacht aus. Die gewohnte Ordnung war in totale Unordnung gebracht. Yvonne begann zu weinen, als sie ihre Puppen aufsammelte. André rief: «Mutti, komm mal her! Der Mann schraubt den Lichtschalter ab. Das darf er doch nicht.» Meine Frau beruhigte ihn und sagte: «Diese Männer dürfen alles. Komm, laß uns dein Bett machen. Du mußt jetzt gleich schlafen. Aufgeräumt wird morgen. Zieh dich aus.»

Nach sechs Stunden Durchsuchung, vom Keller bis zum Dachboden, zogen die Männer wieder ab. Zettel, die als Lesezeichen benutzt wurden, Adreß- und Notizbücher, westliche Zeitschriften, Fotos und Korrespondenz nahmen sie mit. Nichts davon war verbotenes Material, staatsfeindlich oder verdächtig. Auch die Bücher über den Krieg in Spanien nicht, die vor 1945 in Deutschland erschienen waren. Ich benutzte sie als Material für eine Arbeit über den Krieg. Als Verleger hatte ich ohnehin Zugang zu Büchern, die auf dem Index standen. Es war eine klägliche Ausbeute, die sie abschleppten.

Die viertausend Bücher hatten sie ungeordnet wieder in die Regale zurückgestellt, Teppiche und Läufer wieder ausgerollt, abmontierte Lichtschalter angebracht.

In Bautzen klärte mich ein inhaftierter ehemaliger Hauptmann der Staatssicherheit, der als Kalfaktor tätig war, auf. Er behauptete: «Lichtschalter werden als Versteck für Mikrofilme benutzt. Wo derartige Maßnahmen ergriffen werden, steht der Beschuldigte unter Spionageverdacht...»

Als die Männer das Haus verließen, hatte meine Frau den Eindruck, daß sie mit dem Ergebnis unzufrieden waren. Und das mit gutem Grund. Es gab ja nichts Staatsfeindliches in unserem Haus.

Die Kopie eines Briefes an meinen Bruder Otto, der in Korea beim

Wiederaufbau der Stadt Ham-Hung tätig war, sollte noch eine Rolle spielen. Der Brief wurde als Beweis für Antisowjethetze, Verleumdung der Staatsmacht und parteifeindliches Verhalten der Anklageschrift beigefügt. In diesem Brief vom 11. Mai 1956, den ich erst 1990 abschriftlich wieder in die Hände bekam, als die Prozeßprotokolle gegen Janka veröffentlicht werden konnten, heißt es u. a.:

«... Den Stalin-Kult muß man mit Stumpf und Stiel ausrotten, und alle, die sich das Gewissen oder die Hände mit dem Blut unserer Genossen beschmutzt haben, soll man wie gemeine Verbrecher zur Rechenschaft ziehen. Jeder Kompromiß schadet nur und nutzt nichts. Schließlich geht es um politische Probleme und nicht um persönliche Verbrechen. Wir werden aber die großen politischen Probleme auf die Dauer gesehen nur lösen, wenn man den Leuten mit falschen Ambitionen und hinterhältigen Absichten das Handwerk legt. Es ist falsch, wenn man meint, daß diese Aufgabe nur in der Sowjetunion zu lösen ist... Worum es geht, sind, wenn ich mich auf Deutschland beschränke, ein paar grundsätzliche Fragen:

a) unser Verhältnis zu den sozialdemokratischen Arbeitern;
b) das Flüchtlingsproblem;
c) die Rechtssicherheit und Demokratisierung;
d) die Schaffung eines echten Vertrauensverhältnisses sowohl zu unseren Genossen als erst recht zu den breiten Massen.

... Meine persönliche Ansicht ist, daß es nichts schaden würde, wenn wir wenigstens dieses Mal dem Beispiel der sowjetischen Genossen nacheifern würden. Wir haben es früher ja so oft getan, wo es nicht immer nötig und manchmal sogar falsch war. Jetzt, wo es bitter nötig wäre, spricht man sehr viel vom eigenen Weg, und gewisse Leute behaupten kühn, daß bei uns alles in bester Ordnung sei, so daß wir uns wohlgefällig der Selbstzufriedenheit hingeben können...»

Verständnislos für die Enthüllungen der Verbrechen Stalins auf dem XX. Parteitag der KPdSU, hatte mein Bruder geschrieben, «daß er sich seinen Stalin auch von Chruschtschow nicht nehmen lassen» würde. Stalin bleibe der «große und geliebte Führer des Weltproletariats». Verärgert über soviel Dummheit, antwortete ich mit dem zitierten Brief. In der Einleitung erwähnte ich noch, daß gerade er Grund habe, sein Stalinbild zu korrigieren. Er habe elf Jahre im Exil in der Sowjetunion verbracht und beobachten können, was in den dreißiger Jahren und danach passiert sei. Sein eigener Schwiegervater, der alte Genosse Weidmüller, als Schriftsetzer in der Sowjetunion tätig, war 1938 als trotzkistischer Agent gebrandmarkt, verurteilt und erschossen worden. Jeder wußte, daß er, Mitbegründer der KPD in Chemnitz, nichts mit den Trotzkisten zu tun hatte.

Politische Häftlinge galten als kriminelle Verbrecher. Wie sich das auf die Familien auswirken konnte, erzählte mir Willi Bredel nach dem XX. Parteitag, wenige Wochen vor meiner Verhaftung, bei Kaffee und Kuchen in seinem Haus in Pankow.

Aus Spanien zurückgekehrt, wo er einige Zeit im Thälmann-Bataillon als Politkommissar an den Kämpfen gegen Franco teilgenommen hatte, begegnete er 1938 in Moskau einer Frau, die sich als Prostituierte anbot. Obwohl er nicht das erste Mal in Moskau war, überraschte es ihn, daß es das noch gab. Laut Gesetz stand das unter Strafe. Sein Erstaunen wurde um so größer, weil die Frau gebrochen Russisch sprach. Unter der Laterne erkannte er dann ein ihm bekanntes Gesicht: die Frau eines kommunistischen Redakteurs, der mit Bredel bis 1933 befreundet gewesen war und lange Jahre in der gleichen Redaktion in Hamburg gearbeitet hatte.

Entsetzt fragte Bredel: «Wie kommst du dazu, dich auf der Straße anzubieten?» Die Frau antwortete: «Ich habe dich nicht erkannt. Sonst hätte ich dich nicht angesprochen. Aber vielleicht kannst du mir sagen, was ich tun soll? Ich kann doch mein Kind nicht einfach verhungern lassen.»

«Wieso verhungern? Habt ihr euch getrennt?»

«Warum verstellst du dich, Willi? Du weißt doch, daß mein Mann verhaftet wurde.»

«Nein, das weiß ich nicht. Ich bin soeben aus Spanien zurückgekommen. Ich höre zum erstenmal davon.»

Tief erschrocken begleitete er die Frau in ihre Wohnung, um mehr über das Schicksal des alten Freundes zu erfahren. Ein düsteres Zimmer, mit einem Vorhang unterteilt, war die ganze Wohnung. Der Vorhang, eine Baumwolldecke, war erst nach der Verhaftung ihres Mannes angebracht worden, nachdem alle Versuche, Arbeit zu finden, ohne Erfolg geblieben waren. Überall, wo sie vorsprach, war sie abgewiesen worden. Der Frau eines Verräters und Spions gab man weder Arbeit noch Unterstützung.

Von solchen Vorkommnissen in der Sowjetunion will Bredel bis dahin keine Ahnung gehabt haben. Die bisherigen Prozesse gegen namhafte Personen hatten ihn offenbar nicht sonderlich beeindruckt. Bucharin, Sinowjew, Kamenew, Pjatakow, Radek, Rykow, Tuchatschewski usw. hielt er – wie die übrigen Emigranten in der Sowjetunion – für Verräter, die man verurteilen mußte. Er selbst lebte ja unbehelligt und unter guten Bedingungen. Seine Bücher wurden gedruckt und honoriert. Von seiner ersten Frau hatte er sich in Moskau scheiden lassen. Die neue Frau machte ihn glücklich. Und, was noch wichtiger war, er durfte sich als Freund vom Wilhelm Pieck und Walter Ulbricht betrachten.

Bredel wußte nicht einmal, daß die Frau seines Freundes inzwischen eine Tochter hatte, die hinter dem Vorhang schlief, wenn die Mutter vor dem Vorhang ein paar Rubel für Milch und Brot verdiente. Was er aber genau wußte, war die Tatsache, daß die Frau und ihr Mann schon immer ein schweres Leben gehabt hatten. In Deutschland hatte der Redakteur schon vor 1933 oft ins Gefängnis gehen müssen, weil er für Artikel zeichnete, die gegen die Gesetze der Weimarer Republik verstießen. Und da hatte es natürlich auch Zeiten gegeben, wo das Brot knapp geworden war. Soweit war es allerdings nie gekommen, daß die Frau auf die Straße gehen mußte. In der schlimmsten Not hatten die Genossen geholfen. Außerdem war die Frau tüchtig. Arbeit – und sei es als Putzfrau – hatte sie in Deutschland allemal gefunden. Als Hitler an die Macht kam, gelang es den beiden, nach Moskau zu entkommen.

Bredel war ratlos. Dieses Erlebnis paßte nicht in sein sozialistisches Weltbild. Einen Augenblick war er richtig böse, daß er ausgerechnet jetzt dieser Frau begegnen mußte. Sie störte seine Hochstimmung, die er aus Spanien mitgebracht hatte.

Mehr zu seinem eigenen Trost sagte er der Frau: «Da hat der Klassenfeind die Hand im Spiel. Der setzt falsche Nachrichten in Umlauf, um Verwirrung zu stiften. Aber das wird sich aufklären. Die Untersuchungen werden beweisen, daß dein Mann unschuldig ist. Er kommt bestimmt bald wieder...»

Bevor Bredel die Frau verließ, versprach er, mit Ulbricht zu reden. Er werde ihr auch helfen, über die schwere Zeit hinwegzukommen. Alles Geld, was er bei sich hatte, überließ er der Frau. Das Kind nahm er gleich mit. Seine Wohnung sei groß genug. Solange es nötig sei, könne das Kind bei ihm bleiben. Zumal er eine Hausangestellte habe, die sich um das Kind kümmern könne.

Die Frau war für die Hilfe dankbar. Sie gewann wieder Vertrauen.

Zwei Tage später wurde Bredel zu Ulbricht gerufen. Er nahm an, daß es sich um eine der üblichen Unterredungen handelte. Gutgelaunt machte er sich auf den Weg. Er wollte die Gelegenheit nutzen, um mit Ulbricht auch über den verhafteten Genossen zu sprechen, das Mißverständnis seinen Freund betreffend aufklären. Wenigstens müsse man der Frau Arbeit verschaffen, damit sie sich über Wasser halten könne.

Ulbricht empfing Bredel mit den Worten: «Wie ich höre, hast du ein Kind bei dir. Bist du dir klar, was du da tust?»

«Ja, Genosse Ulbricht.» Dann erzählte Bredel, welcher Zufall ihn mit der Mutter des Kindes zusammengeführt habe. Er schloß mit den Worten: «Ich übernehme jede Garantie für den verhafteten Genossen. Ich kenne ihn seit meiner Jugend. Es ist ausgeschlossen, daß er etwas gegen die Partei oder gegen die Sowjetunion getan haben kann. Und ich bitte dich, bei den sowjetischen Genossen zu intervenieren. Du kannst mich als Zeugen benennen.»

Ulbricht versprach nichts und machte nicht viele Worte. Er stellte nur ein Ultimatum: «In die Maßnahmen der sowjetischen Sicherheitsorgane mischen wir uns nicht ein. Das Kind wirst du noch heute dort abliefern, wo du es geholt hast. Es täte mir sonst leid, wenn du dich in den Verdacht bringst, gemeinsame Sache mit Spionen zu machen.»

Bredel erwiderte verzweifelt: «Aber das Kind hat doch mit Spionage nichts zu tun. Laß mich wenigstens für das Kind sorgen.»

Ulbricht wischte den Einwand vom Tisch: «Für Gefühlsausbrüche bin ich nicht zuständig. Schon gar nicht für Familien von Verrätern und Spionen...» Damit war Bredel vor eine folgenschwere Entscheidung gestellt. Er ging nach Hause und brachte das Kind noch am gleichen Tag zurück. Der Mutter gab er abermals Geld. Und er versprach, auch in Zukunft zu helfen. Heimlich natürlich, weil es nicht anders ginge. Dieser Vorsatz war mutig. Wenn er nicht zur Ausführung kam, traf nicht Bredel die Schuld. Einen Tag später wurde die Frau mit ihrer kleinen Tochter deportiert. Bredel hat nie wieder etwas von ihr gehört. Auch von der Tochter nicht. Nur über den Mann bekam er Auskunft. Von Ulbricht persönlich. Das Urteil lautete: Todesstrafe durch Erschießen. Und der alte Freund wurde erschossen.

Nach dem XX. Parteitag wurde der langjährige Redakteur der Hamburger Zeitung rehabilitiert. Die Frau, so berichteten Genossen, die aus der Verbannung zurückkamen, sei an Typhus gestorben. Die Spur des Mädchens habe sich verloren.

Diese Tragödie hatte mir Bredel ein paar Wochen vor meiner Verhaftung erzählt. Auch seine erste Frau war zugegen. Als ich mich verabschiedete, fragte ich Bredel: «Wirst du irgendwann darüber schreiben? Die Geschichte ist ein faszinierender Stoff.» Bredel sah mich lange an, bis er mit «Nein» antwortete.

Mit der Durchsuchung meiner Wohnung begann ein langer Leidensweg für meine Familie. Drohungen gegen meine Frau, Vernehmungen durch die Staatssicherheit, Befragung der Einwohner, Aushorchen der Hausangestellten (die bald danach ihre Stellung aufkündigte), Schikanen durch eifrige Genossen in der Nachbarschaft, die meiner Frau sofort das Wohnhaus wegnehmen und das Wohnrecht in Kleinmachnow entziehen wollten, wurden zu schweren Belastungen. Selbst robuste Naturen halten einen solchen Nervenkrieg nicht lange aus. Und meine Frau war nicht von robuster Natur.

In vielen vergleichbaren Fällen wurden die Ehefrauen mit in Haft genommen. Aber auch dann, wenn den Frauen das Gefängnis erspart blieb, kamen die Familien immer in Bedrängnis.

Als der Schriftsteller Erich Loest 1957 mit anderen Intellektuellen in Leipzig verhaftet wurde, mußte seine Frau trotz ihrer drei Kinder, darunter ein Säugling, auch ins Gefängnis. Fünf Monate blieb sie in Haft. Nachgewiesen wurde ihr nichts. Ihr Mann bekam sieben Jahre Zuchthaus. Mitangeklagte neun und zwölf Jahre. Mit Konterrevolution hatten die Leipziger so wenig zu tun wie meine Mitangeklagten und ich in Berlin.

Meiner Frau blieb das Gefängnis erspart. Nicht, weil sie ohne «Schuld» war. Die Frau von Loest war genauso schuldlos. Den Unterschied machte nur, daß sich namhafte Persönlichkeiten in der DDR und besonders außerhalb für mich und meine Frau einsetzten. Daher konnte man nicht ganz so hemmungslos mit uns umgehen wie mit Erich Loest.

Nachdem meine Verhaftung in der Presse gemeldet worden war, schrieb Erika Mann am 17. Dezember 1956 an Becher den nachfolgenden Brief, auf den sie keine Antwort bekam, und der in der DDR geheimgehalten wurde.

«Sehr geehrter Herr Minister,
zu meinem wahren Entsetzen höre ich, daß Walter Janka verhaftet worden ist.

Wie Sie wissen, bin ich im Laufe der letzten fünf Jahre häufig in Berlin gewesen und zwar hauptsächlich, um – in Sachen meines Vaters – mit Janka zu verhandeln. Ich habe den Leiter des Aufbau-Verlages bei all diesen Gelegenheiten, auch anläßlich seiner wiederholten Besuche in Kilchberg, sehr genau kennen gelernt und wäre bereit, meine Hände dafür ins Feuer zu legen, daß er nichts gesagt oder gar getan hat, was seine Verhaftung auch nur halbwegs verständlich erscheinen lassen könnte.

Ich selbst – Sie wissen es – bin nie Kommunistin gewesen. Um so eindrucksvoller und ergreifender war mir die unbedingte Treue und Gläubigkeit, die absolute Loyalität des jetzt Verstoßenen… Daß er überdies ein hervorragender Arbeiter im Dienste der Sache war, beweisen die glänzenden Leistungen des Verlages, unter denen die vorbildlich publizierte Gesamtausgabe der Werke von Thomas Mann wohl nicht am leichtesten wiegt.

Warum mußte dieser Mann entfernt werden, – auf Grund wovon und zu welchem Zweck?

Es kann da, sehr verehrter Herr Minister, nur ein Mißverständnis vorliegen; Erwägungen, die nur scheinbar stichhaltig waren, haben zu diesem Fehlgriff geführt, – einem Irrtum von schlimmstem Rang und sehr erschreckender Bedeutung.

Unsere persönlichen Angelegenheiten möchte ich zu diesem Zeitpunkt aus dem Spiele lassen. Daß es aber Walter Janka war, der sämtliche Aufbau-Verträge mit Thomas Mann abschloß, – ja, daß selbst das Projekt des ‹Buddenbrooks›-Films auf seine Initiative zurückgeht, will immerhin erwähnt sein.

Wie hätte Thomas Mann die Absetzung und Verhaftung seines Verlegers hingenommen, – gesetzt denn, er hätte sie überhaupt ‹hingenommen›?

Als Kultur-Minister haben Sie, verehrter Herr Dr. Becher, mit dem Verhaftungswesen natürlich direkt nichts zu schaffen. Wo es sich aber um einen so unentbehrlichen Wahrer und Betreuer der Literatur handelt, wie wir ihn in Walter Janka besaßen, können und werden Sie dennoch dem Gefangenen Ihre Hilfe nicht versagen.

Doch, was rede ich? Scheint es mir doch im Grunde noch immer undenkbar, daß selbst diejenigen Autoritäten (wer immer sie seien), auf deren Veranlassung Janka abgetan wurde, sich dem wahren Sachverhalt auf die Dauer verschließen könnten. Und was nun gar Sie betrifft, der Sie in stetem politisch-beruflichen Umgang die Integrität des Inhaftierten bis zur Neige erprobt haben müssen, so glaube ich meiner guten Sache sicher zu sein: Sie werden – nicht wahr? – Ihr Äußerstes tun für die Aufhebung einer Maßnahme, die, weit über alles Individuelle hinaus, geeignet ist, das Ansehen Ihrer Republik bei allen Gutgesinnten auf das schwerste zu schädigen, die Advokaten der Uneinigkeit und des Hasses zu stärken und die ‹westlichen› Vorkämpfer für die Wiedervereinigung Deutschlands, das Ende des ‹Kalten Krieges› und eine friedliche Koexistenz aufs Haupt zu schlagen.

Ich bin, verehrter Herr Minister,

Ihre sehr ergebene   Erika Mann»

Nach diesem Brief erfolgten Eingaben, Interventionen und Briefe von Katia Mann, Lion Feuchtwanger, Leonhard Frank, Hermann Hesse, Halldór Laxness, Günther Weisenborn, Johannes von Guenther, Arnold Zweig und anderen. Und so hilfreich auch alle diese Briefe an Pieck, Ulbricht, Grotewohl und Becher waren, blieb meine Frau doch nicht ungeschoren. Auch meine Kinder nicht.

André, neun Jahre alt, flog 1957 von der Schule. Ein Zwischenfall, der unter Kindern auftreten muß, wenn Vater oder Mutter im Gefängnis sitzen, gab den Anlaß. Aufgehetzte Mitschüler beschimpften seinen Vater als Zuchthäusler. Das ließ er sich natürlich nicht gefallen. Überzeugt, daß sein Vater unschuldig sei, verprügelte er die schlimmsten Schreier vor dem Schulgebäude. Dem hundertprozentigen Schuldirektor genügte das. Er erklärte: «An meiner Schule werden Kinder von Staatsfeinden, die sich wie Rowdies benehmen, nicht geduldet.»

Zum Glück waren nicht alle Schulleiter und Lehrer so borniert wie der Genosse Direktor. Die Eigenherd-Schule in Kleinmachnow nahm André ohne Vorbehalte auf. Seine neue Lehrerin, Frau Warmer, erleichterte ihm den Schulwechsel sogar erheblich. Für sie war dieser Fall kein pädagogisches, sondern ein politisches Problem. Sie war auch Mitglied der SED.

Mit ihrer Haltung erwies sie der sozialistischen Erziehung einen weit besseren Dienst als der wachsame Direktor. Daß André das Abitur mit «Gut» bestand, die Hochschule für Architektur in Weimar absolvieren und sein Diplom als Architekt erwerben konnte, verdankte er auch dieser verständnisvollen Lehrerin.

Von größerem Übel für die Kinder war der Umstand, daß die Mutter infolge der fortgesetzten Aufregungen schwer erkrankte. Dr. Joachim Camrath, Oberarzt und stellvertretender Chef im Krankenhaus Mahlow, nahm sie auf. Ein Herzleiden, dem sich später ein Gallenleiden anschloß, fesselte meine Frau lange Monate ans Krankenbett. Dem hervorragenden Arzt, der sich über Monate mit Hingabe um sie kümmerte, war es zu danken, daß sie sich allmählich erholte. Kein Zweifel, auch er ließ sich nicht nur von seinem ärztlichen Gewissen leiten, sondern von zutiefst menschlichen Gefühlen. Er war kein Mitglied der SED. Dafür ein Mann mit Charakter.

Als ich ihn, nach der Entlassung aus der Haft, 1961 selbst aufsuchen mußte, erinnerte er mich an die Ärzte, die in der Hitlerzeit jüdischen und antifaschistischen Menschen geholfen und keine Furcht vor persönlichen Nachteilen gehabt hatten.

Es gab noch andere, die in diesen Jahren geholfen haben. Es geschah sogar etwas, was man als ganz ungewöhnlich bezeichnen mußte.

Zum Weihnachtsfest 1956 schickten oder brachten Anna Seghers, Helene Weigel, Elisabeth Hauptmann, Lilly Becher und Mitarbeiter des Aufbau-Verlages Geschenke. Fast alle Autoren, die sich mir verpflichtet fühlten, auch solche, die ich schlecht behandelt hatte, wie Arnolt Bronnen, bekundeten Beistand. Das war viel. Sehr viel sogar. Früher hatte man immer das Gegenteil erlebt. Verhaftete waren gefährlich. Um nicht selbst in Schwierigkeiten zu kommen, distanzierte man sich sofort. Auch von den Familien. Gleichgültig, ob die Beschuldigungen bewiesen waren oder nicht. Verhaftete waren Feinde, die man meidet. Und ihre Familien verdienten weder Hilfe noch Schonung.

Das Verhör

In schneller Fahrt ging es am Weihnachtsmarkt auf dem Marx-Engels-Platz vorbei. Es regnete in Strömen. Viele Menschen kamen von der Arbeit. Mattes Licht verlieh dem Gewimmel eine düstere Atmosphäre. Das durch Pfützen fahrende Auto bespritzte die Fußgänger. Der Fahrer scherte sich nicht darum.

Die Luft im Wagen war zum Ersticken. Unter ihren Mänteln dampften die Männer. Schwitzwasser beschlug die Scheiben. Immer wieder mußte der Fahrer die Windschutzscheibe freiwischen.

An der Endstation der Straßenbahn ging es nach rechts. Hinter einem rot-weißen Schlagbaum stoppte der Konvoi. Das Auto, in dem ich mich befand, setzte die Fahrt fort. Zu beiden Seiten der Straße Villen, offenbar für die Offiziere. Weiter zurück waren Neubauten im Entstehen. Wohnungen für die niederen Dienstgrade. Alles streng bewacht.

Am Ende des Wohnkomplexes zeichnete sich eine hohe Betonmauer ab. Das Tor öffnete sich automatisch. Hinter der Mauer, hell angestrahlt, befand sich ein Sicherungsgürtel. Absolut undurchlässig. In aneinandergereihten hohen Stahldrahtkäfigen kläfften Schäferhunde. Zwischen Mauer und Hundesperre noch eine elektrische Alarmanlage.

Hinter dem Wagen schloß sich das Tor. Nach einem Rechtsschwenk um das Hauptgebäude bog der Wagen links ab. Nach einem zweiten Tor war die Fahrt zu Ende. In dem kleinen Hof warteten Uniformierte. Gesprochen wurde nicht. Den Weg wiesen sie mit Gesten. An der linken Seite einer Laderampe führten Stufen aufwärts.

Vor Zeiten hatte die Rampe besseren Zwecken gedient. Viele Millionen Tonnen Butter und Käse und Millionen Eier waren eingelagert und wieder verladen worden. Bolle hatte hier sein Kühlhaus. Bis es nichts mehr zum Kühlen und Einlagern in Deutschland gab.

In einer geräumigen Halle, von der Türen und Gänge abgingen, mußte ich stehenbleiben. Sie war hell ausgeleuchtet. An der Wand hing ein überdimensionales Stalinbild. Nie zuvor hatte ich einen solchen Stalin gesehen. Seit drei Jahren tot, wegen zügellosen Terrors von Chruschtschow verdammt, hatte er an dieser Wand noch immer seinen Platz. Draußen waren Stalinbilder, Büsten und Bücher längst entfernt worden. Sogar das Marx-Engels-Lenin-Stalin-Institut wurde umbenannt. Nur hier war alles offenbar noch beim alten geblieben.

Die argwöhnischen Augen, der schwarze Schnurrbart, größer als ein Besen, die gestutzte Frisur, der strenge Gesichtsausdruck, die niedrige Stirn, all das verlieh dem Porträt etwas Unheimliches. Sein Geist war hier gegenwärtig geblieben. Nach seinem Willen war das Kühlhaus umfunktioniert worden. Ohne sein Erbe könnte dieses Gefängnis nicht bestehen.

Ich wollte den Blick abwenden. Ich durfte es nicht. Ein Posten fuhr mich an: «Stehenbleiben! Den Blick zur Wand!» Als ich den Kopf senkte, um das Bild nicht sehen zu müssen, trat ein anderer heran und sagte mit gespielter Ironie: «Kopf hoch!» Obgleich ich das Gesicht des Mannes nicht sehen konnte, der von hinten herangetreten war, verriet seine Stimme, daß es der Staatssekretär Erich Mielke war.

Nachdem ich das Stalinbild lange genug gesehen hatte, kam ein Offizier und nahm die Handschellen ab. Dann sagte er: «Ausziehen!»

Es blieb keine Wahl. Ich mußte mich ausziehen. Die Garderobe legte ich auf den Boden.

«Ganz ausziehen! Auch die Socken!» Ein anderer nahm die Kleider an sich und ging damit in einen Nebenraum.

Nun stand ich splitternackt vor Stalin. Der Offizier deutete auf das Handgelenk und sagte: «Die Uhr!»

Ein weiterer Leutnant mit einer Stablampe trat heran und sagte: «Mund auf!» Ich öffnete den Mund und ließ mir in den Rachen sehen. «Arme hoch!» Beide Achselhöhlen wurden ausgeleuchtet und durch ein Vergrößerungsglas betrachtet.

Meine Empörung war maßlos. Trotz des Vorsatzes, an diese Menschen kein Wort zu richten, sagte ich: «Wer erlaubt Ihnen, mich wie einen Landstreicher zu behandeln?»

Der Offizier, der die Uhr in der Hand hielt, trat heran, blickte mir in die Augen und sagte: «Hier stellen nur wir Fragen. Verstanden!»

Ich schwieg und sah an ihm vorbei.

Nach einer Sekunde wiederholte er: «Verstanden?»

Ich sah ihn kurz an und antwortete: «Ich bin nicht taub.» Aber damit war die Prozedur nicht zu Ende. Der Leutnant mit der Stablampe sagte: «Bücken... noch tiefer... Mit beiden Händen die Arschbacken auseinanderziehen!»

Das war zuviel. Ich richtete mich auf und blieb stehen. Reagierte nicht mehr.

Der Offizier, nachdem er mich eine Weile angesehen hatte: «Wohl doch schwerhörig, was?»

Ich antwortete nicht.

Er sagte noch einmal: «Ich sagte, wohl doch schwerhörig!»

Jetzt reizte es mich zu antworten. Ich entgegnete: «Nein! Noch nicht, Herr.»

In diesem Augenblick kam der andere zurück, der die Kleider fortgenommen hatte. Warf sie auf den Boden und sagte forsch: «Herr Leutnant, heißt es. Sie sprechen mit einem Leutnant. Merken Sie sich das.» Dann trat er zurück.

Der Herr Leutnant muß sich ziemlich blöd vorgekommen sein. Sagte kein Wort mehr. Ging einfach weg. Auch die anderen, die herumstanden, kamen um das Vergnügen, mir in den Hintern zu sehen.

Der Wachtmeister, der mir die Kleider vor die Füße geworfen hatte, sagte im Befehlston: «Sachen aufnehmen und mitkommen!»

Ich nahm die Kleidungsstücke über den Arm, schlüpfte in die Halbschuhe, jetzt ohne Schnürsenkel. Zehn Meter weiter wurde ich in eine Zelle eingeschlossen. Sie war so lang, daß eine Holzpritsche darin Platz hatte. Daneben blieb ein Gang von einem halben Meter Breite. In der oberen Ecke stand ein hoher Eisenkübel. Sonst war nichts vorhanden. Kein Fenster, kein Heizkörper. In der Wand, über der eisernen Tür, glimmte hinter Drahtgitter eine Glühbirne.

Ich begann mich anzukleiden. Bis auf mein Taschentuch waren alle

315

Gegenstände fortgenommen. Auch die Krawatte, der Gürtel, der Mantel, das Halstuch. An vielen Stellen war das Futter aufgetrennt. Was sie unter dem Futter gesucht hatten, blieb ein Rätsel. Viel Zeit zum Nachdenken blieb nicht. Die Tür wurde geräuschvoll aufgerissen. Wieder stand der Leutnant mit der Stablampe vor der Zelle und zischte: «Mitkommen!»

Am Ende des Ganges eine weitere Gittertür. Ich bemerkte eine rote Signallampe. Über allen Türen leuchteten von nun an rote Lichter auf, wenn ich geholt wurde. Erst wenn ich wieder eingeschlossen war, gingen grüne Lichter an.

Hinter der Tür lagen Matratzen und Decken. Der Leutnant, von zwei Posten begleitet, sagte, nachdem er die Tür verschlossen hatte: «Zwei Decken aufnehmen! Und eine Matratze!» Seine Stimme wurde schärfer.

Nachdem ich Decken und Matratze über die Schulter geworfen hatte, umgab mich Modergeruch. Über eine steinerne Treppe ging es hinunter. Dreißig oder mehr Stufen. Mit jeder Stufe wurde der Geruch penetranter. Durch ein schweres Gittertor wurde ich in den Keller geschoben. Feuchtkalte Stille umfing mich. Eine gespenstische Welt. Unterwelt.

In Abständen von drei bis vier Metern eisenbeschlagene Türen. Die Gänge fünf Meter breit. Zu beiden Seiten abgetretene Läufer. In der Annahme, daß man darauf zu gehen hat, tat ich zwei Schritte. Sofort stieß mich der Posten herunter. Knurrte dabei durch die Zähne: «Verrückt geworden!»

Ich folgerte, daß Häftlinge nicht darauf gehen dürfen. Also ging ich auf der Mitte des Ganges, auf feuchten Ziegelsteinen. Ich ärgerte mich, weil ich es nicht gleich getan hatte. Hier kann es ja nichts geben, was beiden dient. Die Läufer sind nur für die Posten. In den Zellen soll der Stiefeltritt nicht gehört werden, wenn sie sich nähern und die Häftlinge durch den Spion beobachten.

Die fünfte Tür auf der linken Seite des Ganges schloß der Leutnant auf. Mit einer Kopfbewegung wies er mich hinein. Die Zelle war fünf Schritt lang, vier Schritt breit. Zwei Holzpritschen und ein eiserner Kübel. Sonst nichts. Kein Wasserkrug, kein Handtuch, keine Schüssel, kein Becher. Kein Fenster, kein Heizkörper, kein Luftschacht. Auch in den Zellen war der Boden mit Ziegelsteinen ausgelegt. In der Decke entdeckte ich eine Rohrmündung von fünf Zentimetern Durchmesser. Von Zeit zu Zeit wurde durch dieses Rohr Luft hereingedrückt.

Ich saß auf einer Pritsche, als das Schloß wieder krachend geöffnet wurde. Ein junger Mann in grauer Uniform sah mich böse an und sagte: «Raus!» Durch ein Labyrinth von Gängen, über eine Treppe nach oben, führte er mich zur ersten Vernehmung. Es mag gegen 20 Uhr gewesen sein. Es war immer derselbe Posten, der mich von nun an zweimal am Tage holen und nach Beendigung der Vernehmungen in die Zelle zurückbringen mußte. Das Wort «Raus!» war das einzige, was er über seine Lippen brachte.

Wer den Weg durch solche Keller noch nicht gegangen ist, kann sich keine Vorstellung von den psychischen Belastungen machen, denen die Häftlinge ausgesetzt sind, bevor sie von den Vernehmern in die Mache genommen werden. Man muß ihn gegangen sein, um zu begreifen, warum Häftlinge fast immer Geständnisse ablegen. Die meisten tun es sofort oder nach wenigen Tagen.

Was mir auf dem Weg zur ersten Vernehmung durch den Kopf gegangen ist, hat sich aus meinen Erinnerungen verloren. Nur das eine weiß ich noch sehr genau. Ich bekam weder Angst noch begriff ich den ganzen Ernst der Situation. Mir kam alles wie ein grausamer Spuk vor. Und eigentlich gab es nichts, was mich wirklich noch überraschte. Andere hatten mir schon erzählt, was sie in diesem Keller erlebt hatten. Zuletzt Paul Merker, der über zwei Jahre hier unten verbringen mußte.

Namhafte Persönlichkeiten würden sich für mich einsetzen. So jedenfalls hoffte ich. Denkbar war auch, daß es in der Parteiführung schon Differenzen gab. Es war doch ausgeschlossen, daß mich plötzlich alle für einen Verräter hielten.

Fünf Jahre später erfuhr ich, daß meine Vermutungen richtig waren. Sogar im Politbüro, was wir an der Basis noch nicht wußten, hatte der innere Kampf um Reformen längst begonnen. Im Protokoll des 35. Plenums des ZK der SED, vom 3. bis 6. Februar 1958, läßt sich in der Rede von Ulbricht unter anderem nachlesen: «... Wie hat diese

Entwicklung begonnen? Sie hat damit begonnen, daß schon 1955 Erscheinungen des Größenwahns beim Genossen Schirdewan sichtbar waren. Das war der Anfang... Aber dann hat sich das zu einem prinzipienlosen Kampf und zu guter Letzt zum Fraktionskampf entwikkelt... Schon Ende 1956 sprach Schirdewan sehr geduldig mit dem stellvertretenden Generalstaatsanwalt Bruno Haid. Sofort nach dieser Aussprache erhielt ich einen Brief vom Genossen Haid, in dem er mir darlegte, daß er keine genügenden Gründe habe, bestimmte Mitglieder der konterrevolutionären Gruppe Harich in Haft zu halten. Wie kommt es, daß Genosse Schirdewan nicht versucht hat, Haid zu überzeugen? Ich teilte Haid mit, daß ich keine Veranlassung sehe, mich mit dieser Angelegenheit zu beschäftigen. Das Beweismaterial gegen die Gruppe Harich lag eindeutig vor. Offenkundig wollte Haid einige Mitglieder der Gruppe retten. Das ist ihm nicht gelungen...»

Im Diskussionsbeitrag von Willi Stoph heißt es: «Genossen! Haid hatte die Freilassung von Harich gefordert...»

Matern rief dazwischen: «Nicht Harich. Es war Janka!»

Stoph: «Ich werde korrigiert. Es war nicht die Freilassung von Harich gefordert, sondern die Freilassung von Janka...»

Bleibt anzumerken, daß der stellvertretende Generalstaatsanwalt Haid sofort von seinem Amt entbunden und nach Karl-Marx-Stadt verbannt wurde. Und das auf direkten Befehl von Ulbricht, unterstützt von dem soeben ins Politbüro kooptierten Erich Honecker.

Es wurden noch ein paar eiserne Türen auf- und zugeschlossen. Dann steuerte der Posten in den ersten Stock. In einem langen Gang, von dem rechts und links braungestrichene Holztüren abgehen, brachte er mich mit seinem Schlüsselbund zum Stehen. Klopfte an eine Tür, machte durch den geöffneten Spalt Meldung und schob mich in das Zimmer.

Hinter dem Schreibtisch saß, mit dem Rücken zum Fenster, ein bleichgesichtiger Mann in Zivil. Dreißig Jahre alt. Vor dem Schreibtisch drei Männer. Auch in diesem Alter. Alle vier rauchten Zigaretten. Neben dem Schreibtisch stand ein pausbäckiger Mann, der eine Strickjacke trug. Die Daumen in die Achselhöhlen bohrend. Er rauchte nicht. Ihn erkannte ich sofort. Es war Erich Mielke.

Ich blieb an der Tür stehen. Keiner sagte etwas. Sie sahen mich nur an. Als wäre ich ein Gespenst. Dann sprach Mielke. Er trat heran und sagte: «Sie wissen doch, warum wir Sie geholt haben?»

«Nein.»

«Haben Sie den Haftbefehl nicht gelesen?»

«Doch.»

«Also, dann kennen Sie die Gründe!»

«Ich sagte nein.»

«Wieso nein? Haftbefehle geben die Gründe an.»

«Auf dem Zettel, den Sie als Haftbefehl bezeichnen, habe ich nur Verleumdungen gelesen.»

«So... Verleumdungen... Hm... Und wer sind die Verleumder?»

«Diese Frage können nur Sie beantworten.»

Mielke ging hinter den Schreibtisch zurück, ließ sich in einen Sessel fallen und steckte auch eine Zigarette an. «Anfangen!»

Der Mann hinter dem Schreibtisch beugte sich über die Tischplatte, deutete mit einem Bleistift in die Ecke neben der Tür. «Da steht ein Schemel. Setzen!»

Ich drehte den Kopf zur Ecke und sah den aus rohem Holz gezimmerten Schemel. Setzte mich und schlug die Beine übereinander. Was hätte ich sonst tun sollen?

Wieder vergingen Minuten, bis der Schreibtischmann, den ich von nun an in den kommenden acht Monaten täglich vor mir haben sollte, das Wort an mich richtete: «Sie haben mit anderen eine staatsfeindliche Konzeption entwickelt. Damit wollten Sie die Regierung der DDR und das Politbüro der SED stürzen. Antworten Sie!»

«Was Sie sagen, ist lächerlich.»

«Wieso lächerlich?»

«Weil ich mir nicht vorstellen kann, daß sich eine Regierung durch eine Konzeption stürzen läßt. Und was wäre ein Politbüro wert, wenn es durch eine Konzeption stürzt. Wirklich. Ihre Behauptung ist lächerlich. Im übrigen habe ich keine Konzeption entwickelt.»

«Das Ziel Ihrer Gruppe war die Konterrevolution. Sie wollten den Kapitalismus wiederherstellen. Nennen Sie die Namen der Mitglieder Ihrer staatsfeindlichen Gruppe.»

«Ich habe schon erklärt, daß ich auf Verleumdungen nicht antworten werde.»

Mielke, in eine Rauchwolke hineinsprechend: «Sie verkennen Ihre Lage und unsere Geduld. Spielen Sie nicht den starken Mann. Hier sind wir schon mit ganz anderen Leuten fertig geworden.»

«Das weiß ich.»

«Was bezeichnen Sie als Verleumdung?»

«Ihre Beschuldigungen.»

«Bestreiten Sie, daß Harich unter Ihrer Leitung eine staatsfeindliche Konzeption ausgearbeitet hat? Daß Sie die Partei zwingen wollten, diese Konzeption in der theoretischen Zeitschrift des Zentralkomitees ‹Einheit› zu veröffentlichen? Und wenn sie das nicht tut, daß Sie dann die Konzeption über den RIAS verbreiten wollten?»

«Diese Fragen sollten sie an Herrn Harich richten. Sie haben ihn ja seit acht Tagen in der Mache.»

«Haben Sie Harich aufgefordert, eine Konzeption zu schreiben?»

«Nein!»

«Haben Sie mit Harich über politische Fragen diskutiert?»

«Es wird Sie nicht überraschen, wenn ich antworte, daß ich nicht nur mit Harich diskutiert habe. Es ist meine Art, mit jedermann zu sprechen und meine Ansichten zu vertreten.»

«Welche Ansichten haben Sie in den letzten Monaten vertreten?»

«Es ist nicht mein Wunsch, mit Ihnen über meine Ansichten zu sprechen.»

«Aber Sie haben Ansichten? Und Sie haben sie vertreten?»

«Ich habe Ansichten. Und es hat mir nie an Mut gefehlt, sie zu vertreten.»

«Warum sind Sie dann zu feige, Ihre Ansichten hier zu vertreten?»

«Weil ich Ihre Praktiken kenne. Wir begegnen uns doch nicht zum erstenmal. Außerdem liegt mir nichts daran, Leute wie Sie überzeugen zu wollen.»

Mielke sprang auf, warf die Zigarette weg und kam bis auf einen Schritt heran. Erregt schrie er mir ins Gesicht: «Sie wollten die Staatssicherheit abschaffen. Bestreiten Sie das?»

«Abschaffen ist zuviel gesagt. Verändern würde ich sie, wenn ich es könnte, um genau zu sein. Ich würde sie nicht gegen die Partei einsetzen. Gegen die eigenen Genossen.»

«Erzählen Sie keinen Blödsinn. Die Konterrevolution wollten Sie. Wie in Ungarn. Dort der Petöfi-Kreis, hier der Aufbau-Verlag. Wollen Sie das bestreiten?»

Ich wischte mit dem Handrücken den Speichel aus dem Gesicht und sagte: «Treten Sie bitte einen Schritt zurück. Ich habe es nicht gern, wenn man mir ins Gesicht spuckt.»

Ich wußte, daß ich mit dieser Bemerkung den mächtigen Mann vor seinen Untergebenen lächerlich machte. Daß er das nicht hinnehmen würde. Aber das war mir gleichgültig. Ich betrachtete ihn schon seit Spanien nicht mehr als meinen Genossen.

Mielke verlor die Selbstbeherrschung und schrie mir die fürchterlichsten Behauptungen ins Gesicht. Vom RIAS-Agenten bis zum Spion des Ostbüros der SPD, vom Organisator der Konterrevolution bis zum Ehrgeizling, der Ulbricht aus dem Sattel stoßen wollte, um selbst darauf Platz zu nehmen...

Da ich nicht antwortete, beruhigte er sich allmählich. Sah wohl ein, daß solcher Unsinn keine Wirkung hatte. Danach versuchte er es mit einer anderen Taktik. Er appellierte an mein Gewissen: «Als alter Kommunist, ehemaliger Spanienkämpfer, mußt du doch deine Verantwortung fühlen. Es ist noch nicht zu spät, um alles wiedergutzumachen. Hilf jetzt der Partei. Es liegt in deinem Interesse, die Verschwörung aufzudecken. Du solltest uns dankbar sein, daß wir dich vor dem Abgrund bewahrt haben. Es ist ein großes Glück, auch für dich, daß die Staatssicherheit rechtzeitig zugeschlagen hat...»

Als er wieder eine Pause einlegte, sagte ich: «Ich zweifle nicht an Ihrem Glück. Nicht einmal an Ihrer Tüchtigkeit. Ich weiß, wie oft Sie Ihre Fähigkeiten unter Beweis gestellt haben. Selbst so alte Kommunisten wie Paul Merker haben Sie zu Agenten gestempelt. Daß Sie es jetzt mit mir versuchen, überrascht mich nicht. Das wollten Sie ja schon vor Jahren. Nur da hat es nicht geklappt. Und jetzt ist die Zeit danach. Sie brauchen das Geschrei von der Konterrevolution. Ich brauche dieses Geschrei nicht. Aber ich verspreche Ihnen, daß Sie mit mir auch diesmal kein Glück haben werden.»

Das war wieder zu viel. Mit der Linken packte er meinen Kragen und ballte die Rechte zur Faust. Ich war sicher, daß ich ins Gesicht geschlagen werden würde. Ich erhob mich und sagte: «Lassen Sie meinen Rock los. Sie wissen doch, daß mich Drohungen nicht beeindrucken.»

Zwei Vernehmer, die bisher nicht zu Wort gekommen waren, stürzten herbei und flankierten den großen Chef. Aber ganz plötzlich machte der einen ratlosen Eindruck. Wütend stieß er mich in die Ecke und verließ das Zimmer. Die Tür schlug heftig zu.

Die zurückgebliebenen Vernehmer verwendeten den Rest der Nacht auf die Frage nach der Konzeption, die Harich unter meiner Anleitung geschrieben haben sollte. Die Konzeption sei das Programm der konterrevolutionären Gruppe. Da ich aber weder den Auftrag zur Ausarbeitung einer Konzeption gegeben, noch eine solche gelesen hatte, konnte ich – selbst wenn ich guten Willens gewesen wäre – diese Fragen nicht bejahen. Alles, was ich wußte, war, daß Harich einen Artikel für die «Einheit» hatte schreiben wollen. Nach Fertigstellung sollte ich ihm meine Meinung dazu sagen. Daß es nicht dazu kam, war Schuld der Staatssicherheit. Sie hatte Harich verhaftet, bevor ich den Artikel lesen konnte.

Mitternacht war längst vorbei, als sich ein Hauptmann, Leiter der «Aufklärungs»-Gruppe in Sachen Harich–Janka, vorstellte. Nach dessen Anspielung auf meine Intelligenz bekam er die Antwort: «Was meine Intelligenz betrifft, mögen Sie recht haben. Etwas davon würde auch Ihnen guttun. Ihre Informanten haben nämlich nicht gut gearbeitet. Sonst hätten Sie Harich so lange laufenlassen müssen, bis er mir seine staatsfeindliche Konzeption übergeben hat. Ihre Behauptungen wären dann glaubhafter. Aber das ist nicht meine Sache. Wie es auch nicht meine Sache ist, Artikel zu verantworten, die andere schreiben. Wenn mir aber Mitarbeiter Artikel zum Lesen geben und meine Meinung wissen wollen, ist das eine Angelegenheit, die Sie nichts angeht. Und die Behauptung, ich sei Chef einer konterrevolutionären Gruppe, ist eine absurde Lüge. Ich bin Verleger, Leiter des größten literarischen Verlages der DDR. In dieser Eigenschaft pflege ich Kontakte mit Autoren, Lektoren und vielen freien Mitarbeitern. Und es versteht sich von selbst, daß ich Einfluß auf sie nehme.»

Der Schreibtischmann lachte: «Ja, natürlich gegen die Linie der Partei. Das haben wir lange genug toleriert. Konspiriert haben Sie. Deshalb sitzen Sie hier.»

In den letzten Stunden der Nacht verfaßten sie ein Protokoll. An die zehn Seiten Umfang hatte es. Auch der bleichgesichtige Vernehmer unterschrieb. Nach mir, damit ich seinen Namen nicht erfahre.

Gegen sechs Uhr morgens brachte der junge Mann mich in die Zelle zurück. Die Wachtposten waren gerade damit beschäftigt, Brot und Malzkaffee an die Häftlinge auszuteilen. Als ich durch den Keller geführt wurde, unterbrachen sie ihre Tätigkeit. Die Türen durften nicht geöffnet werden.

Ob und mit wieviel Mann eine Zelle belegt ist, ließ sich an den Handtüchern abzählen, die vor den Türen hingen und nur in die Zellen gegeben wurden, wenn die Häftlinge eine Schüssel mit Wasser zum Waschen bekamen.

Kaum war ich eingeschlossen, da wurde die Tür wieder geöffnet. Ein Posten reichte einen Brotkanten und einen Blechbecher mit schwarzer Brühe herein. Bevor er die Tür abschloß, sagte er: «Sie können jetzt schlafen.»

Brot und Becher legte ich auf den Boden neben der Tür. Ich war zu erschöpft, um auch nur einen Bissen oder einen Schluck zu nehmen. Trotz des Schlagens von Türen auf den Gängen und der heftigen Kopfschmerzen schlief ich schnell ein. Nicht der Geruch der Decken konnte den Schlaf verhindern, auch nicht das elektrische Licht über der Tür.

Lange ließen sie mich nicht schlafen. Ein paar Stunden. Dann wurde ich mit Getöse geweckt. «Mitkommen», rief der Leutnant. Es war derselbe, der mich in den Keller geführt hatte.

In einem fensterlosen Raum setzte er mich auf einen ferngesteuerten Stuhl. Den Kopf in eine Haltung gedrückt, ein Schild mit Nummer auf der Brust, fotografierte er mich von vorn, von der linken und von der rechten Seite. Dabei ruckte der Stuhl, durch eine Hebelbewegung des Leutnants, jeweils um eine Vierteldrehung. Dann nahm er meine Hand, zuerst die rechte, drückte sie auf eine Glasplatte mit schwarzer

Farbe und bestempelte ein großes Formular mit Finger- und Handabdrücken. Das gleiche geschah mit der linken Hand. Danach mußte ich den Mund öffnen. Mit einem Bleistift zählte er die Zähne. Vier Goldbrücken wurden auf einem besonderen Formular registriert. Zum Schluß mußte ich mich wieder vollkommen ausziehen. Von Kopf bis Fuß suchte der gewissenhafte Leutnant nach besonderen Kennzeichen. Alle Narben wurden auf einem dritten Formular vermerkt. Auch Gewicht, Größe, Haar- und Augenfarbe wurden eingetragen. Nach dieser Prozedur wurde ich in einen zweiten Raum geschoben. Auch fensterlos. Er war mit medizinischen Geräten vollgestopft. Mehrere Höhensonnen standen herum. Ich fragte mich, wofür sie in diesem Keller benötigt würden.

Hinter einem Schreibtisch wartete ein Mann im weißen Kittel. Im Unterschied zu allen anderen Personen stellte er sich vor: «Arzt der Haftanstalt.» Sein Ton war normal, fast höflich. Auch das Wort «Bitte» kam von seinen Lippen, als ich den Arm freimachen mußte, damit er den Blutdruck messen konnte. Ziemlich lange hörte er Herz und Lunge ab. Nach ein paar Eintragungen auf einem mehrseitigen Formular fragte er nach Krankheiten in den letzten Jahren. Ich gab Auskunft: «1956 Tbc, behandelnder Arzt Prof. Dr. Brugsch. 1952, 1950 und 1949 Amöbiasis der Leber und Leberabszesse, behandelnde Ärzte die Professoren Unverricht, Gorbandt, Krautwald. 1943 Amöbenruhr in Mexiko, behandelnder Arzt Dr. Rudolf Zuckermann. 1938 und 1937 Lungensteckschüsse. Behandelnder Arzt ein Spanier.»

Der vielleicht fünfunddreißigjährige Arzt sagte: «Das ist genug.» Nach kurzem Nachdenken fragte er: «Von wann bis wann und wo waren Sie wegen der Tbc in Behandlung?»

«Zuletzt vom 15. Juni bis 15. Juli 1956 in der Charité. Danach war ich zur Kur.»

«Wo?» fragte der Arzt.

«Auf der Insel Sylt.»

«Sylt? Die Insel liegt doch im Westen.»

«Ja, es gibt nur eine Insel dieses Namens.»

Dem Leutnant ging die Fragerei zu weit. Wortlos, nur mit einer Handbewegung, beendete er die Untersuchung. Er dirigierte mich über eine Treppe nach oben in einen dritten Raum. Diesmal schob er mich nur durch die geöffnete Tür. Er blieb draußen.

Im Zimmer saß ein Mann in Zivil. Er forderte mich auf, vor seinem Schreibtisch Platz zu nehmen. Dann stellte er sich als Untersuchungsrichter vor. Nachdem er den Text vorgelesen hatte, der schon auf dem Haftbefehl vermerkt war, fragte er: «Was haben Sie zu erklären?»

«Nichts.»

«Wieso nichts? Sie wurden in der vergangenen Nacht einvernommen. Mir liegt das Protokoll vor.»

«Dann ist ja alles klar.»

«Nichts ist klar. Sie bestreiten Ihre Verbrechen. Wenn Sie alles bestreiten, erschweren Sie Ihre Lage.»

«Was soll sich hier noch erschweren? Sie sperren mich wie eine Ratte ein. Dazu haben Sie kein Recht.»

«Ich bin nicht hier, um mit Ihnen über unsere Rechte zu diskutieren. Antworten Sie jetzt auf meine Fragen: Bestreiten Sie, daß Sie im Verlag eine konterrevolutionäre Gruppe gebildet haben, die das Ziel verfolgte, die Regierung Otto Grotewohl und das Politbüro der SED unter Führung des Ersten Sekretärs, Walter Ulbricht, zu stürzen?»

«Ich bestreite diese verlogenen Behauptungen.»

«Mäßigen Sie Ihren Ton und achten Sie auf Ihre Formulierungen. Die Behauptung, daß wir verlogen sind, ist strafwürdig.»

«Strafwürdig ist die Behandlung, die mir hier zuteil wird. Und meine politischen Ansichten dürfen nicht Gegenstand gerichtlicher Verfahren sein. Dafür ist die Partei zuständig.»

«Wir vertreten hier die Partei, das müssen Sie doch als langjähriges Mitglied wissen. Also sagen Sie schon über Ihre Ansichten aus. Vielleicht kommen wir dann weiter. Gerade weil Sie ein Genosse waren, sollten Sie Vertrauen in die Sicherheitsorgane haben.»

«Von Vertrauen kann keine Rede sein. Und in diesem Keller kann niemand die Partei vertreten. Nur kompromittieren. Außerdem war ich nicht Genosse, ich bin es. Ob Ihnen das gefällt oder nicht. Ich bin auch nicht gewillt, unter solchen Bedingungen über meine Ansichten zu sprechen.»

«Dann kann ich das Protokoll schließen», erklärte der Untersuchungsrichter, halb fragend, halb zweifelnd.

«Ja, das können Sie. Weitere Fragen sind sinnlos.»

«Wollen Sie Haftbeschwerde einlegen?»

«Ja, das will ich.»

Der Untersuchungsrichter schob ein Blatt über den Tisch und sagte: «Hier, schreiben Sie Ihre Haftbeschwerde. Tinte und Feder finden Sie auf dem anderen Tisch in der Ecke.»

Mehr als zwei Minuten benötigte ich nicht. Ich erklärte: «Die mir schriftlich und mündlich bekanntgemachten Beschuldigungen sind von Anfang an falsch und unbegründet. Ich protestiere gegen die Inhaftierung und fordere die sofortige Entlassung aus der Haft. Berlin, 7. Dezember 1956.»

Der Untersuchungsrichter sagte nichts mehr. Warf nur einen Blick auf den zurückgegebenen Bogen. Der Text schien ihn nicht zu überraschen. Er zeigte auch keine Lust, mehr von mir hören zu wollen. Offenbar handelte es sich um eine Formsache. Das Gesetz schrieb vor, daß Häftlinge innerhalb von soundsoviel Stunden dem Untersuchungsrichter vorzuführen sind.

Wortlos erhob sich der Untersuchungsrichter und öffnete die Tür. Dem davor wartenden Leutnant sagte er nichts. Machte nur eine Bewegung mit dem Kopf. Während der Haft in Hohenschönhausen bekam ich ihn nie wieder zu sehen.

Die Zellentür war kaum ins Schloß gefallen, da öffnete der Posten vom Vorabend. Bevor er das Wort «Raus» zischte, gab er mir eine strenge Belehrung: «Wenn die Zellentür geöffnet wird, haben Sie mit dem Gesicht zur hinteren Wand zu treten. Erst wenn Sie angesprochen werden, drehen Sie sich um. Verstanden?» Da ich nicht antwortete und nicht reagierte, schrie er: «Wird's bald! Gesicht zur Wand!»

Ich trat mit dem Gesicht zur Wand und wartete. Dann kommandierte der Posten: «Raus!»

Als ich zur Tür kam, stieß er mich zurück und sagte: «Noch einmal!» Und dann wiederholte er das Spiel weitere zwei Male. Schließlich, zufrieden mit seinem Erfolg, dirigierte er mich nach oben in das mir schon bekannte Zimmer im ersten Stock.

Hier waren die Männer aus der vergangenen Nacht wieder versammelt. Mielke fehlte. Natürlich kein Gruß, keine Anrede, nur das Wort: «Setzen!» Damit war der Holzschemel in der Ecke gemeint.

Einer von den Vernehmern, der in der vergangenen Nacht nichts gesagt hatte, begann: «Ich bin Staatsanwalt Jahnke. Vertrete den Herrn Generalstaatsanwalt. Nach Ermessen werde ich an den Befragungen teilnehmen.» Nach einer kleinen Pause fuhr er fort: «Von Ihnen wird es abhängen, wie lange wir Sie hier behalten. Wenn Sie Ihre Verbrechen leugnen, verlängern Sie die Untersuchungshaft. Und Sie erschweren Ihre Lage. Vergünstigungen werde ich entziehen. So lange, bis Sie ein Geständnis ablegen.»

Dann nahm der Bleichgesichtige wieder das Wort. Anfangs mit Zurückhaltung, später erregter. Gezielt und suggestiv kamen die Fragen. Dabei lösten sich die Vernehmer untereinander ab. Von der angeblich geplanten Absetzung Grotewohls und Ulbrichts sprachen sie nicht mehr. Später kamen sie wieder darauf zurück. Heute und in den nächsten Tagen wollten sie nur Antwort auf die Fragen: «Wann, wie oft, mit welchen Absichten, mit welchen Personen haben Sie Verbindung zum Ostbüro der SPD in Westberlin oder in Westdeutschland aufgenommen?»

Diese Fragen überraschten mich. Sie heizten die Vernehmungen, die täglich zehn bis zwölf Stunden dauerten, bis zum Siedepunkt an. Kein Tag wurde ausgesetzt. Auch an Sonn- und Feiertagen nicht. Nicht einmal Weihnachten, Neujahr, Ostern oder Pfingsten. Nur am 1. Mai und ein paar Tage Ende Februar, Anfang März verschonten sie mich.

Wenn ich von solchen Fragen überrascht war, dann deshalb, weil ich nicht glauben wollte, daß sie in meinem Falle mit so plumpen und dummen Verdächtigungen vorgehen würden. Ausgerechnet das Ostbüro. Niemand, nicht einmal sie selbst konnten glauben, daß ich etwas mit dem Ostbüro der SPD zu tun hatte. Warum also die absurde Verdächtigung?

Das Ostbüro der SPD war – nach Politbüro-Version – die gefährlichste Agentenzentrale gegen die SED. Seine Aufgaben seien vielfältiger Art. Neben Sammlung von internen und geheimen Angelegenheiten über und aus der SED habe es falsche und verwirrende Informationen über die Entwicklung in der DDR zu verbreiten, Zersetzung, Demoralisierung und Widerstand zu organisieren. Und natürlich würde das Ostbüro mit allen westlichen Geheimdiensten zusammenarbeiten.

Spionieren, Denunzieren, Provozieren, und was immer, war mir genauso zuwider wie Verräter, Überläufer oder Strohmänner. Ob sie sich dafür bezahlen ließen oder nicht, für den Osten oder Westen tätig waren, machte für mich keinen Unterschied. Bemerkte ich Verbindungen zu Geheimdiensten, brach ich jede Beziehung ab.

Was das Ostbüro der SPD betraf, so lehnte ich schon aus dem Grund jeden Kontakt ab, weil ich der Auffassung war, daß Meinungsverschiedenheiten bei uns in der eigenen Partei ausgetragen werden müßten. Sie mit politischen Gegnern zu erörtern, hielt ich für gänzlich verfehlt. Aber mit Sozialdemokraten zu streiten, das war etwas anderes. Dazu war ich stets bereit. Und dazu bedurfte es für mich keiner Ost- oder Westbüros.

Meine Haltung zu solchen Fragen war der Partei wohl bekannt. Und durch ihre «Aufklärer» wußten die sogenannten Sicherheitsorgane, daß ich zu keiner Zeit Verbindung zum Ostbüro gesucht oder unterhalten hatte. Warum also nötigten sie mich, über Verbindungen zum Ostbüro auszusagen?

Der Versuch, mir ein Geständnis zum Ostbüro der SPD zu entlocken, kann – so glaubte ich jedenfalls – nur dem Zweck gedient haben, mich zu erschüttern. So wie das in der Stalin-Ära immer praktiziert wurde. Alle Prozesse gegen Genossen endeten mit der Behauptung und dem Geständnis, sie seien Agenten irgendwelcher Geheimdienste oder Agenten des Imperialismus gewesen.

Bei aller Unterschiedlichkeit zu anderen politischen Prozessen war das auch unter Ulbricht die Praxis. Und 1956 mußten abermals Opfer für Schauprozesse bestimmt werden. So begann das in Berlin mit Harich und Janka. Dann folgten Leipzig, Halle, Jena, Dresden, Rostock. In fast allen Bezirkshauptstädten mußten Schriftsteller, Journalisten, Ärzte, Studenten, Intellektuelle auf die Anklagebank.

Am elften Vernehmungstag erschien wieder Erich Mielke. Rasiert, rosiges Gesicht, offenbar gut gefrühstückt, sagte er spöttisch: «Alle Welt scheint zu glauben, daß wir Unmenschen sind. Macht mal Pause.» Zum Stablampenleutnant gewandt: «Bring ihn zum Arzt.»

Der Arzt horchte wieder Herz und Lunge ab, fühlte den Puls, tastete Magen und Leber ab, dann ließ er mich auf eine Waage treten. Alles wortlos. Endlich sagte er: «Setzen Sie sich.» Nach einer Weile: «Sie waren beim alten Brugsch in Behandlung?»

«Ja, das sagte ich schon.»

«Ich war bei ihm Student. Er hat mir ein Gutachten geschickt. Der Professor bestätigt Ihre Angaben.» Dabei blätterte er in einer Akte und überlegte, was er noch sagen könnte.

Ich mußte sofort an meine Frau denken. Sie wird Brugsch um das Gutachten gebeten haben. Und ich folgerte sogleich, daß sie in Freiheit sein mußte.

Der Arzt holte mich von meinem Gedankenflug zurück. Noch immer in den Akten blätternd, fuhr er fort: «Wenn Sie sich weiter so verhalten wie bisher, sieht es schlecht für Sie aus. Sie haben abgenommen.» Der hinter mir stehende Leutnant unterbrach den Arzt: «Keine konkreten Angaben, Doktor.» Der Arzt sah mißbilligend auf. Dann fragte er: «Warum essen Sie nichts?»

Was sollte ich antworten? Der Arzt mußte doch wissen, warum man hier den Appetit verlor.

«Sie kommen in eine andere Zelle. Zusatzverpflegung erhalten Sie auch. Von jetzt an müssen Sie essen. Sonst bringen Sie sich selber um. Medikamente bekommen Sie auch. Mehr kann ich nicht tun.»

Der Leutnant dirigierte mich über die Treppe, auf der ich am ersten Tag mit Strohsack und Decken hatte hinabsteigen müssen, nach oben. In dem schmalen Gang, der zur Halle mit dem Stalinbild führte, mußte ich warten. Mit dem Gesicht zur Wand neben einer kleinen Tür stehenbleiben. Sie war von besonderer Konstruktion. Mit einer Betonschwelle von fünfzig Zentimetern Höhe. Die darüber befindliche Tür mit «Spion» entsprechend kleiner als andere Türen. Und sie war auch schmaler. Zwei Meter weiter befand sich noch so eine Tür. Ebenfalls mit Betonschwelle in gleicher Höhe.

In Bautzen erfuhr ich, was es mit diesen Zellen für eine Bewandtnis hatte. Ein Kalfaktor, ehemals Angehöriger der Staatssicherheit, der in Hohenschönhausen Dienst gemacht hatte, erzählte mir beim Rasieren, daß er heimlich seinen Bruder in Westberlin besucht habe und dafür zwei Jahre absitzen mußte. Als er mich wieder rasierte, fragte ich ihn, warum die Zellen gleich neben dem Stalinbild so hohe Betonschwellen hätten.

«Das sind Baños», lautete die Antwort.

«Was ist damit gemeint?»

«Zellen, in die Wasser eingelassen wird. Das steht keiner lange durch. Außer Wasser gibt es nichts.»

«Hör auf! Mehr will ich nicht wissen.» Wiederholt hatte ich von solchen Einrichtungen gehört. Nur glauben wollte ich es nicht. Jetzt schämte ich mich, widersprochen zu haben, wenn von solchen Dingen die Rede gewesen war.

Der Leutnant ließ mich ziemlich lange vor dieser Zelle stehen. Weglaufen konnte ich ja nicht. Ein paar Schritte weiter standen die Posten. Dann kam er mit einem Lederkoffer zurück. Es war einer meiner Reisekoffer. Meine Frau mußte ihn gebracht haben. Der Leutnant setzte ihn vor meinen Füßen ab und sagte: «Aufnehmen!» Mit der Stablampe deutete er in die Richtung einer Holztreppe, die nach oben führte. Im ersten Stock befanden sich fünf Türen. Ein Posten patrouillierte auf und ab. Geräuschvoll öffnete der Leutnant die letzte Tür. Dann schob er mich in die neue Zelle.

Den Koffer noch in der Hand, begann ich zu staunen. Ein nach oben geöffnetes Klappfenster. Vergittert. Trotz Eisenblende fiel etwas Licht ein. In der Ecke ein Eisenbett mit Matratze. Frische Bettwäsche aufgezogen. Unter dem Fenster ein Tisch mit Wachstuchdecke. Davor ein Stuhl. In der Ecke ein Kübel. Er war nur halb so hoch wie die im Keller. Der Geruch weniger penetrant. Auch die Wände unterschieden sich. Im Keller waren sie dunkelgrau. Hier grün. Die Decke weiß.

Im Koffer fand ich einen warmen Mantel, einen Anzug, Unterwäsche, Schlafanzüge, Zigaretten, Apfelsinen, Schokolade. Noch in Gedanken über die Veränderung, öffnete sich die Tür. «Raus!» rief der mir schon bekannte junge Mann.

Von nun an marschierte ich täglich viermal – zweimal hin und zweimal zurück – an den Betonschwellen und dem Stalinbild vorbei. Immer wenn ich zu Vernehmungen geholt oder zurückgebracht wurde.

Trotz der Erleichterungen in der Krankenzelle wollte es mir nicht bessergehen. Ich weiß nicht mehr, wie oft ich in den Nächten von Träumen geplagt wurde: Stalin, Ulbricht, Mielke, Matern, seine leitende Mitarbeiterin Geffke saßen zu Gericht, gestikulierten und schrien auf mich ein. Schweißgebadet erwachte ich und verbrachte den Rest der Nacht ohne Schlaf. Entsetzliche Kopfschmerzen machten das Wachsein unerträglich. Und immer wieder mußte ich über unsere Vergangenheit nachdenken. Wie unsere Genossen in den Kellern der Gestapo standhaft geblieben waren, sich foltern ließen, aber ihre Genossen nicht verraten hatten. Sich gar selbst zu beschuldigen, fälschlich zu belasten, wäre – wenn wir von Ausnahmen absehen – undenkbar gewesen. Aber in den Kellern der Staatssicherheit brachen sie zusammen. Nicht nur, weil sie Mißhandlungen oder Einzelhaft fürchteten. Oft glaubten sie, durch erpreßte Geständnisse der Partei zu helfen.

So ein Fall war Anne Fischer-Schlotterbeck. 1952 war sie als «Field-Agentin» in Dresden verhaftet worden. In der Schweiz war sie lange Jahre mit dem verdienstvollen Arzt Dr. Fischer verheiratet, der die Flüchtlingshilfe organisiert hatte. Ihren Prozeß in Rostock bekam sie erst, nachdem Noel Field schon wieder rehabilitiert war. Trotzdem lautete das Urteil auf fünf Jahre Zuchthaus, die sie bis auf ein paar Monate absitzen mußte. In ihrem nicht veröffentlichten Manuskript beschrieb sie, wie sie Mithäftlinge für die SED agitierte, zu höheren Arbeitsleistungen anspornte, 1953 «über den Tod des geliebten Genossen Stalin» in Tränen ausbrach. Nach eigener Schilderung legte sie den Kopf auf das im «Neuen Deutschland» abgedruckte, schwarzumrandete, ganzseitige Stalinbild und weinte in ihrer Zelle, bis die Tränen versiegten. Daß sie ein Opfer Stalins war, unschuldig saß, schien sie vergessen zu haben.

Zu den schändlichsten Dokumenten gegen politisch Andersdenkende, die bei uns erschienen, zählt die vom Dietz-Verlag Berlin 1953 herausgegebene Broschüre von Hermann Matern (Mitglied des Politbüros des ZK der SED) «Über die Durchführung des Beschlusses des ZK der SED – Lehren aus dem Prozeß gegen das Verschwörerzentrum Slansky».

Alles, aber auch alles war konstruiert, was Matern in dieser mörderischen Schrift veröffentlichte. Dahlem, Merker, Ende, Sperling, Kugler, Müller, Kreikemeyer, Goldhammer, Simone, Bauer, Rajk, Slánský, Tito und viele andere, die aus dem Exil oder aus den Konzentrationslagern gekommen waren und politische, wirtschaftliche oder kulturelle Funktionen übernommen hatten (zum Teil keine Mitglieder der SED waren), wurden zu Spionen, Agenten, Trotzkisten oder Parteifeinden erklärt. Er tat es im Auftrag von Ulbricht, unter Duldung von Pieck, in Zusammenarbeit mit sowjetischen NKWD-Vertretern. Und wer da behauptete, daß ihm die Hintergründe verborgen blieben, er sie nicht erkennen konnte, sagte die Unwahrheit. Nachweisbar ist, daß Kurella, Abusch, Hager, Axen, Norden, Neumann, Honecker, Stoph, und wie die Karrieristen in der Parteiführung alle hießen, tatkräftig an diesem Lügengewebe mitgewirkt haben. Genau wie Zaisser und Mielke machten sie sich vorsätzlich und wissentlich zu Verbrechern gegen die sozialistische Gesetzlichkeit.

Den Fall Merker, der Modell für andere steht, mich belastete und mir zum Verhängnis wurde, stellte Matern wie folgt dar: «Es unterliegt keinem Zweifel mehr, daß Merker ein Subjekt der USA-Finanzoligarchie ist, der die Entschädigung der jüdischen Vermögen nur forderte, um dem USA-Finanzkapital das Eindringen in Deutschland zu ermöglichen.» Merker wurde des «Zionismus» geziehen, der die Schaffung eines jüdischen Nationalstaates gefordert habe, «in der gleichen Weise wie die Verbrecher in der ČSR». Ferner sei er eingetreten für die «Verschiebung von deutschem Volksvermögen», für «Entschädigung des den jüdischen Staatsbürgern zugefügten Schadens» und habe damit die aus den deutschen und ausländischen Arbeitern herausgepreßten Maximalprofite der Monopolkapitalisten in angebliches Eigentum des jüdischen Volkes «umgefälscht».

Angefangen hatte es mit dem 3. Parteitag der SED 1950. Ohne Angabe von Gründen durfte Paul Merker nicht mehr für das Zentralkomitee kandidieren. Erst am Aufgang zum Präsidium teilte ihm ein Mann vom «Ordnungsdienst» mit, er dürfe nicht mehr unter den Mitgliedern des Politbüros Platz nehmen. Grußlos gingen alle an ihm vorbei. Als Merker Ulbricht um Aufklärung bat, antwortete dieser: «Ich habe jetzt keine Zeit. Such dir unten einen Platz.»

Noch größere Überraschung bereitete der Rechenschaftsbericht von Wilhelm Pieck. Mit beschwörender Stimme rief der alte Mann zum Kampf gegen Trotzkisten, Titoisten und Spione auf. Im Auftrag der Imperialisten versuchten sie, den sozialistischen Aufbau zu verhindern, das Bündnis mit der Sowjetunion zu zerstören. Die Prozesse gegen Kostoff in Bulgarien, Rajk in Ungarn, Kurt Müller, Stellvertreter des Vorsitzenden der KPD in Westdeutschland, hätten Beweise erbracht, daß diese Verräter schon in der Emigration von dem amerikanischen Agenten Noel H. Field angeworben worden und die Verpflichtung eingegangen seien, die Geschlossenheit der Partei von innen heraus zu zerstören. Wo und wann der Prozeß gegen Müller stattfand, gab Pieck nicht bekannt. Er hätte sonst angeben müssen, daß Müller in der DDR verurteilt und nach Sibirien abgeschoben worden war.

Am 1. September 1950 veröffentlichte das «Neue Deutschland» unter der Überschrift: «Das ZK der SED zur Verbindung von Funktionären der SED mit amerikanischen Agenten» den Beschluß der 2. Tagung des ZK vom 24. August 1950.

In diesem Beschluß wurden die Gefahren eines Dritten Weltkrieges, der Verrat Titos, das Schreckgespenst imperialistischer und trotzkistischer Agenten beschworen. Paul Merker, ehemals Mitglied des Politbüros und ZK, Leo Bauer (Chefredakteur am Berliner Rundfunk), Bruno Goldhammer (Chefredakteur), Willi Kreikemeier (Staatssekretär im Ministerium für Verkehr), Lex Ende (Chefredakteur des «ND»), Maria Weiterer (Ehefrau des von den Nazis hingerichteten Reichstagsabgeordneten der KPD, Siegfried Rädel) und der kurz zuvor verstorbene Paul Berz (Staatssekretär im Justizministerium) wurden der Agententätigkeit für Noel H. Field bezichtigt und aus der Partei ausgeschlossen. Des weiteren wurde die Funktionsenthebung von Bruno Fuhrmann, Hans Teubner, Walter Beling und Wolfgang Langhoff verkündet. Daß diese Namen nur den Anfang darstellten, war unverkennbar.

Alle Beschuldigten wurden sofort mit Zwangsaufenthalt in die Provinz abgeschoben. Merker durfte Luckenwalde nicht mehr verlassen. In der «Turmklause» erlaubte man ihm, als Gaststättenleiter den Unterhalt für sich und seine Frau zu verdienen. Nicht lange. Als der Slánský-Prozeß in Prag begann, besuchte ich ihn mit meiner Frau zum letztenmal. Seit Tagen schon saß er in seiner bescheidenen Wohnung wie ein Gefangener. Wenige Tage zuvor hatten ihn «junge Männer» aus der «Turmklause» verjagt. Im Lokal und auf der Straße riefen sie: «Von Verrätern wollen wir nicht bedient werden. Weg mit dem Trotzkisten! Ins Gefängnis mit dem amerikanischen Agenten Merker!» Unter Anrempelungen verließ er fluchtartig das Lokal.

Einen Tag nach Hinrichtung der im Slánský-Prozeß zum Tode verurteilten kommunistischen Spitzenfunktionäre wurde Merker verhaftet. Seine Wohnung wurde schon seit Monaten überwacht. Er machte keinen Versuch zu entkommen.

Kurt Müller und Leo Bauer waren schon in Geheimprozessen verurteilt und nach Sibirien abgeschoben worden.

Bruno Goldhammer saß mit zwanzig Jahren Zuchthaus in Brandenburg.

Willi Kreikemeier war im Zuchthaus Brandenburg elend zugrunde gegangen.

Lex Ende wartete in Freiberg auf die Verhaftung. Es kam nicht mehr dazu. Er beging Selbstmord.

Rudolf Feistmann, stellvertretender Chefredakteur im «Neuen Deutschland», beging wie Lex Ende Selbstmord. Die Zeitung, für die er lange geschrieben hatte, berichtete: «Unser Mitarbeiter ist an einer Fischvergiftung verstorben.»

Fritz Sperling, zweiter Stellvertreter des Vorsitzenden der KPD in der Bundesrepublik, starb kurz nach seiner Entlassung 1956 an den Haftfolgen.

Ich mußte bei meinen Verhören oft an Merker denken. Ich will mir kein Urteil über andere anmaßen. Da ich aber jetzt eigene Erfahrungen machte, muß es erlaubt sein, mich von falscher Nachgiebigkeit zu distanzieren. Die Folgen eines Zusammenbruchs hatte ich bei Merker kennengelernt. Natürlich gab es zwischen ihm und mir erhebliche Unterschiede. Er stand lange Jahre im ersten Glied der Parteiführung. Ich marschierte in der Gefolgschaft. Stalin lebte, als er in Haft genommen wurde. In Hohenschönhausen dominierten noch immer die Vertreter des NKWD. Ich erlebte die Keller der Staatssicherheit nach dem XX. Parteitag der KPdSU. Offiziell waren die Offiziere des NKWD abgezogen. Mielke regierte scheinbar allein und selbstherrlich.

Die Verantwortlichen von Partei und Staatssicherheit betrachtete ich nicht mehr als meine Genossen. Ich war auch nicht bereit, auf ihre Ratschläge zu hören. Von dem Augenblick an, wo ich ihnen als Angeklagter gegenüberstand, gab es nichts mehr, was mich noch mit ihnen verband und eine Verständigung möglich machen konnte.

Zweitens ließ ich mich davon bestimmen, daß ein zu Unrecht Beschuldigter seiner Ehre nur gerecht wird, wenn er sich mit aller Konsequenz zur Wehr setzt.

Und drittens glaubte ich, daß die Solidarität mit politisch Verfolgten nach dem XX. Parteitag wieder wirksam werden müßte. Das durch Arbeit erworbene Vertrauen kann doch durch ein Lügengewebe nicht von einem Tag zum anderen plötzlich zerstört werden.

Im Gutachten von Professor Brugsch, Chefarzt der I. Med. Klinik der Charité, Präsident des Kulturbundes und Abgeordneter der Volkskammer, und dem Koffer von meiner Frau sah ich die ersten Beweise für neue Solidarität. Und die Zeit war vorbei, wo man Ehefrauen und Kinder verleiten konnte, sich von ihren Männern und Vätern loszusagen.

Wie immer man den XX. Parteitag einschätzen mochte, einen Wandel hatte er auf jeden Fall bewirkt. Es fanden sich wieder Menschen, die gegen willkürliche Verhaftungen protestierten.

Halldór Laxness, 1955 mit dem Nobelpreis ausgezeichnet, ließ Wilhelm Pieck ein Schreiben überreichen. Darin bezeichnete er mich als seinen einzigen Freund in Deutschland. Er forderte die sofortige Entlassung aus dem Gefängnis. Katia Mann schrieb einen Brief an Chruschtschow und bat um Intervention in Sachen Janka. Der sowjetische Botschafter in Bern besuchte sie in Kilchberg und erklärte, die Regierung der UdSSR dürfe sich nicht in die inneren Angelegenheiten eines souveränen Staates einmischen. Katia Mann antwortete: «Die Regierung der UdSSR ist doch sonst nicht so zimperlich. Warum sollte sie dann nicht einmal für eine gerechte Sache intervenieren?»

Die Entlassung aus der Haft bewirkten solche Solidaritätsbeweise nicht. Aber hilfreich waren sie doch. Die Parteiführung mußte zur Kenntnis nehmen, daß mein Schicksal der Öffentlichkeit nicht gleichgültig war. Und daß die in Umlauf gesetzten Lügen über meine Verbrechen nicht geglaubt wurden.

Um den Protesten etwas entgegenzusetzen, ließ Ulbricht sofort ein paar Schriftsteller zur Feder greifen. Bestimmte dafür Autoren, die bis zu meiner Verhaftung ein gutes Verhältnis zu mir gehabt hatten. Willi Bredel, Bodo Uhse, Johannes R. Becher, Alexander Abusch und andere.

Bei Abusch war die Beflissenheit nichts Neues. Viele Jahre hatte er im Exil mit André Simone zusammengearbeitet und dessen materielle Hilfe in Frankreich und Mexiko bedenkenlos angenommen. Als aber Simone zum Tode verurteilt und hingerichtet wurde, beeilte er sich, auf schändliche Weise von ihm abzurücken. Genauso bei Merker. Gleich nach dessen Ausschluß aus der Partei distanzierte er sich in scharfer Weise. Und als Merker vom Obersten Gericht der DDR zu acht Jahren Zuchthaus verurteilt wurde, belasteten ihn die «Zeugen» Anton Ackermann, Erich Jungmann und Alexander Abusch. Alle drei haben wissentlich die Unwahrheit gesagt. Nachdem Merker 1956, in einem Wiederaufnahmeverfahren, in allen Punkten von der Anklage freigesprochen werden mußte, erlitt Abusch keine Nachteile. Im Gegenteil. Ulbricht beförderte ihn zum Staatssekretär, später zum Stellvertreter des Ministerpräsidenten.

Auch Verlegerkollegen mußten aktiv werden. Sie wurden in die Bundesrepublik und ins Ausland geschickt, um jene Schriftsteller, die für mich eintraten, aufzuklären. Es zeigte sich aber, daß alle diese Versuche erfolglos blieben. Louis Aragon in Paris empfing sie nicht einmal. Fedin in Moskau gab sich nicht dazu her, Erklärungen gegen mich abzugeben.

Trotz der etwas erleichterten Haftbedingungen besserte sich mein Zustand nicht. Obgleich ich begonnen hatte, alles zu essen, was ich bekam. Für mein Geld konnte ich mir sogar hin und wieder ein paar Äpfel kaufen. Aber die Schmerzen im Rücken nahmen zu. Gallenanfälle und Erbrechen lösten einander ab. Am schlimmsten war die Schlaflosigkeit. Oft konnte ich mich kaum noch auf den Beinen halten. Das fiel sogar den Wachhabenden auf. Als ich beim zwanzigminütigen Rundgang in den Hofkäfigen einen Schwächeanfall bekam, brachte mir ein älterer Posten einen Stuhl und sagte: «Setzen Sie sich, wenn Ihnen das Gehen zu schwer fällt.» Die Art, wie er mich zum Ausruhen aufforderte, ließ erkennen, daß er die Behandlung mißbilligte. Andere Posten müssen ihn beobachtet haben. In den folgenden Monaten ist er mir nicht wieder begegnet. Es kam auch nicht wieder vor, daß mir ein Stuhl angeboten wurde.

Eine ältere Frau von der Wache brachte mir einmal am frühen Morgen eine Schüssel mit warmem Wasser. Dabei sagte sie: «Ihnen geht es ja so schlecht. Waschen Sie sich mal mit warmem Wasser.» Das war natürlich streng verboten. Und einzelne Posten durften die Zellen überhaupt nicht betreten. Schon gar nicht mit Häftlingen sprechen. Wasser und Essen wurde immer vor den Türen abgestellt. Nach dieser menschlichen Geste ist mir die Frau in Hohenschönhausen nie wieder begegnet.

Auf Beschluß des Politbüros wurde das Verfahren gegen Wolfgang Harich von dem meinen abgetrennt. Warum? Harich war geständig. Seine Aussagen entsprachen genau dem, was von einem funktionierenden Prozeß erwartet wurde.

Von Reue, wie Harich sie zeigte, gar von Dankbarkeit an die Adresse der Staatssicherheit konnte bei mir keine Rede sein. Dies alles vorausahnend hatte Ulbricht veranlaßt, den ursprünglich gegen Harich und mich geplanten Prozeß aufzuspalten und getrennt führen zu lassen. Denn schon die Voruntersuchung machte deutlich, daß sich meine Haltung mit der von Harich nicht auf einen Nenner bringen ließ.

Harichs Selbstanklage und Schlußwort erinnerten auf makabre Weise an Prozesse, in denen sich die Angeklagten immer schuldig bekannt und «reif für den Galgen» erklärt haben. In Harichs Schlußwort heißt es u. a.: «...ich möchte einen Dank abstatten, und zwar an die Staatssicherheit der DDR... und ich habe da die Feststellung gemacht, sie sind sehr korrekt und anständig... ich war nämlich nicht mehr aufzuhalten... Ich war ein politisch durchgebranntes Pferd, das mit Zurufen nicht mehr aufzuhalten war... Wenn man mich nicht festgenommen hätte, dann wäre ich heute nicht reif für die zehn Jahre, die der Herr Generalstaatsanwalt beantragt hat, sondern für den Galgen, und deshalb sage ich der Staatssicherheit dafür, für deren Wachsamkeit, meinen Dank.»

Diesmal hatte es das Politbüro besonders eilig. Es gab zu viele Genossen, die kein Verständnis für die neuen Verhaftungen zeigten. Um die Zweifler zu «überzeugen», mußte der Prozeß gegen Harich so früh wie möglich, also schon Anfang März stattfinden. Seine Selbstanklage erwies sich dabei als durchaus hilfreich, auch für die Verfahren gegen Mitglieder des Politbüros und zahlreiche Intellektuelle, die mangelnder Wachsamkeit beschuldigt wurden. Zumal er nicht nur sich selbst beschuldigte. Keinen Genossen oder Mitarbeiter, mit dem er zu tun hatte, ließ er aus. Direkt oder indirekt beschuldigte er alle. Mindestens der Mitwisserschaft. Und so endeten alle Verfahren in der Partei, im Schriftstellerverband, im Ministerium für Kultur, im Kulturbund, in der Akademie, an den Universitäten, im Aufbau-Verlag und in verschiedenen Redaktionen mit Selbstkritik, Selbstbeschuldigung, Verurteilung der Konterrevolutionäre. Wer die «Verräter» nicht verurteilte, wurde von den Leutnants «befragt». Und wer in die Normannenstraße bestellt wurde, war froh, wenn es bei Befragungen blieb.

Wie die angeschlagene Parteiführung Harichs schriftliche «Zeugenaussage gegen Janka» ausbeutete, liest sich im Referat von Erich Honecker, den Ulbricht ins Politbüro kooptiert hatte, so: «Die Partei und die Arbeiterklasse sollten zur Wachsamkeit aufgerufen werden. Auf diese der Lage entsprechenden Vorschläge antwortete Schirdewan provokatorisch mit der Bemerkung: ‹Das ist ein Rückfall in die alte Zeit› und fügte hinzu: ‹Beweise kannst du für deine Behauptungen nicht bringen.› In der Tat war es damals noch nicht ganz klar, wer die Organisatoren der feindlichen Gruppierungen waren, aber daß es sie gab, war offensichtlich. In einer Reihe Zeitschriften und Zeitungen, zum Beispiel im ‹Sonntag›, in der ‹Wochenpost› und anderen, wurden Konzeptionen dieser feindlichen Gruppierungen zur damaligen Zeit offen oder getarnt vertreten... Es gelang unserer Partei und den staatlichen Organen, feindliche Gruppierungen aufzudecken, und die Tatsachen haben gezeigt, daß sich einige dieser Gruppierungen, zum Beispiel die Harich-Janka-Gruppe, schon zu einem konterrevolutionären Zentrum entwickelt hatten...» Und genau diese Behauptung hatte der inzwischen verurteilte Wolfgang Harich bestätigt.

Man darf annehmen, daß schon die uferlose Selbstanklage in seinem Prozeß das Ergebnis der ihm zuvor angedrohten oder zumindest angedeuteten Todesstrafe war. Warum hätte er sich sonst bedanken müssen, nicht gehängt, sondern «nur» mit zehn Jahren Zuchthaus davongekommen zu sein? Und mit Versprechungen ließ er sich dann noch von der Staatssicherheit verleiten, nach seiner Verurteilung, eine achtzig Seiten lange «Zeugenaussage» gegen Janka, Lukács, Bloch und alle ehemaligen Mitarbeiter im Aufbau-Verlag zu verfassen, sicherlich in der Hoffnung, damit seine Haftbedingungen zu erleichtern, wenigstens durch einen Gnadenakt abkürzen zu können. Ohne seine Aussagen wäre die Staatssicherheit nicht imstande gewesen, eine einigermaßen überzeugende Anklage gegen mich und die anderen Mitangeklagten Just, Zöger und Wolf zu formulieren. Bestimmt glaubte Harich, daß dieses von ihm angefertigte Dokument niemals an die Öffentlichkeit gelangen würde. Aber auch diese Hoffnung erfüllte sich nicht. Durch die Ereignisse der unblutigen Revolution 1989/90 öffneten sich die Archive der «Staatssicherheit», und die Zeugenaussage gelangte auf meinen Schreibtisch. Darin ist nachlesbar, wie Harich die kritischen Diskussionen im Aufbau-Verlag, einschließlich der Gespräche mit Lukács, Bloch und mir, in eine organisierte Konterrevolution ummünzte, wie er zum «Mittäter» der Staatssicherheit wurde und nicht zuletzt durch seine Aussage sechs Menschen auf lange Jahre ins Zuchthaus gehen mußten. Da er weder naiv noch dumm war, muß er sich der Konsequenzen der nachfolgenden Aussage bewußt gewesen sein:

«... in genau der gleichen Richtung wirkte der Einfluß, den drei der bedeutendsten und angesehensten Autoren des Verlages auf dessen leitende Mitarbeiter ausübten, und zwar Bertolt Brecht, Ernst Bloch und Georg Lukács... Brecht hat in den letzten Monaten seines Lebens... auf Janka... einen unheilvollen Einfluß ausgeübt. Er hat Janka... zu der Auffassung gebracht, das ganze bei uns herrschende System beruhe darauf, daß ‹ein Arbeiter gegen den anderen ausgespielt› werde... Lukács hat Janka infiziert und einen negativen Einfluß ausgeübt... Ernst Bloch hat von der 3. Parteikonferenz der SED an, also seit März 1956, auf mich ununterbrochen in einem Sinne eingewirkt, daß ich heute sagen muß: Ich bin von ihm systematisch gegen die Führung der Partei, insbesondere gegen Walter Ulbricht aufgehetzt worden... Lukács hat mehrfach zum Ausdruck gebracht, Janka müßte eine führende politische Funktion in der SED bekleiden, er hätte das Zeug zu einem hervorragenden politischen Führer... Von der ganzen Gruppe im Aufbau-Verlag war Janka am stärksten über die Enthüllungen des XX. Parteitages auf dem Gebiet des Rechtswesens und über die Rehabilitierung unschuldig verfolgter Kommunisten erregt. Janka war der Ansicht, daß es gelte, aus diesen Dingen die drastischsten Konsequenzen zu ziehen. Insbesondere lehnte er es ab, daß in der DDR solche Dinge wie der Rajkprozeß nicht vorgekommen seien. Er behauptete, auch in der DDR sei ein ebensolcher Prozeß systematisch vorbereitet worden und nur durch das Ableben Stalins im Jahre 1953 nicht mehr zustande gekommen. Er behauptete weiter, Walter Ulbricht hätte seinerzeit eine Liste mit sämtlichen prominenten Westemigranten zusammengestellt, die ausnahmslos hätten ermordet werden sollen, Erich Mielke hätte zahllose ehrliche deutsche Kommunisten ermordet oder ihre Ermordung vorbereitet. Dementsprechend forderte Janka bereits in einem sehr frühen Stadium der Entwicklung des Jahres 1956, daß Justizminister Hilde Benjamin und Generalstaatsanwalt Dr. Melsheimer gestürzt werden müßten; den General Mielke müßte man sogar an die Wand stellen und erschießen. An Reformen im Rechtsleben der DDR glaubte Janka nicht, solange diese Personen noch in ihren Ämtern seien und solange nicht die Staatssicherheit vollständig durchkämmt worden sei... So entstand bei ihm alsbald ein einfacher grober Antisowjetismus, etwa sozialdemokratischer Provenienz... Wenn Janka mir rechtzeitig entgegengetreten wäre und das große Ansehen, das er genoß, mir gegenüber rechtzeitig im Sinne einer positiven Parteierziehung geltend gemacht hätte, so hätte ich nicht die politischen Verbrechen begangen, deretwegen ich mit zehn Jahren Zuchthaus bestraft werden mußte...»

Es ist richtig, daß ich in einem frühen Stadium begonnen habe, bestimmten Entwicklungen entgegenzuwirken. Und es ist durchaus möglich, daß ich in vertraulichen Gesprächen geäußert habe, Mielke müsse erschossen werden. Im übrigen hatte ich nicht erst nach dem XX. Parteitag begonnen, für radikale Veränderungen unserer Rechtsprechung einzutreten. Melsheimer und Benjamin betrachtete ich als Rechtsbrecher. Ganz bestimmt habe ich das auch bei unseren Gesprächen klar zum Ausdruck gebracht. Insofern unterschied ich mich von Harich und anderen Persönlichkeiten, die damals mit Wort und Schrift die Rechtspraktiken unter Ulbricht verteidigt haben. (Bleibt zu fragen, ob ich mir – wenn ich mich solcher Denunziationen und wissentlicher Unwahrheiten, wie sie sich Harich in seiner Zeugenaussage schuldig machte – nicht auch einen Bart hätte wachsen lassen müssen? Ganz sicher könnte ich mich dann beim Rasieren nicht ohne Scham im Spiegel betrachten. Ich danke Gott dafür, daß ich niemals in meinem Leben andere Menschen denunziert habe, auch dann nicht, wenn sie mich – wie Harich – hemmungslos beschuldigten.)

Zu meinem Leidwesen blieb es nicht bei Harich. Auch ehemalige Spanienkämpfer entdeckten, daß der entlarvte «Parteifeind» Janka schon als Kommandant in Spanien gefährliche Ansichten vertreten hatte. Und zu Amt und Würden gekommene Emigranten wußten auf einmal, daß Janka auch als Widerstandskämpfer – und als Verleger in Mexiko – mit zweifelhaften Personen konspiriert hatte. Und es fehlte nicht an ehemaligen Mitarbeitern, die sich von der «Schädlingsarbeit» Jankas distanzierten.

In einem Schreiben der Betriebsparteiorganisation «An das Büro der Kreisleitung Mitte der SED, Berlin, Friedrichstraße» vom 19. März 1957 heißt es: «Die Betriebsparteiorganisation des Aufbau-Verlages beschloß am 18. März 1957 den Ausschluß von Walter Janka (abwesend) aus der Sozialistischen Einheitspartei Deutschlands einstimmig... Janka hat sich parteifeindlich betätigt und gehört nicht in die Reihen unserer Partei.»

Nur der todkranke Cheflektor Max Schroeder ließ sich durch nichts erschüttern. Er schrieb nach meiner Verhaftung an die Mitarbeiter im Aufbau-Verlag: «Liebe Kollegen, die Vorgänge zu Anfang Dezember waren für uns alle schmerzlich, aber es zeigte sich auch, daß der Verlag einen weiten Kreis eifriger und fähiger Mitarbeiter gewonnen hat, die sich durch solche Zwischenfälle nicht lahmlegen lassen. Dazu gehören gerade auch die Kollegen des Lektorats, wie mir zu meiner Freude berichtet wird.

Das Vertrauen zu unserm Verlagsleiter wurde nicht erschüttert. Wir können in das schwebende Verfahren nicht eingreifen, wir dürfen aber erwarten, daß die Angelegenheit in nicht allzu langer Frist unmißverständlich aufgeklärt wird...»

Die Leutnants der «Staatssicherheit» mußten über meine «Verbrechen» außer Rand und Band geraten. Zumal ich nicht leugnete, schon in Spanien Befehle verweigert und in der Emigration mit Juden und bürgerlichen Emigranten in der «Bewegung Freies Deutschland» zusammengearbeitet zu haben. Und ich blieb dabei, alle Verleumdungen gegen Merker, Dahlem und andere als Unwahrheiten zurückzuweisen.

Die Zeugen

Eine Woche später holten sie mich wieder zu einem Transport. Diesmal ging die Fahrt bis Lichtenberg in die Normannenstraße. Der bleichgesichtige Vernehmer erwartete mich im Flur und führte mich in den ersten Stock. Das Büro war wie in Hohenschönhausen eingerichtet. Auf den Holzschemel deutend sagte er: «Sie werden jetzt einem Zeugen gegenübergestellt. Sprechen nur, wenn ich Sie auffordere.»

Es dauerte ein paar Minuten, bis ein alter Mann hereingeführt wurde. Ängstlich, gebeugt, nicht links noch rechts blickend, schlich er auf den Schreibtisch zu, vor dem er mit dem Rücken zu mir Platz nahm. Hinter dem Schreibtisch saß schon das Bleichgesicht. Seitlich noch zwei weitere Vernehmer.

Ich erkannte den Mann sofort: Paul Merker. Daß er mich in der Ecke sitzen gesehen hatte, war zu vermuten. Aber er nahm keine Notiz von mir. Da ich aber Merker noch als Freund betrachtete, sagte ich: «Tag, Paul. Wie geht es?» Er antwortete nicht. Drehte sich auch nicht um. Der Vernehmer sprang auf: «Ich habe gesagt, daß Sie nur sprechen, wenn ich Sie dazu auffordere.»

Noch wußte ich nicht, daß der Prozeß gegen Harich schon stattgefunden hatte und Merker wichtigster Zeuge war. Seine Aussagen hörte ich mit wachsendem Erstaunen an, traute meinen Ohren nicht. Er antwortete, wie es verlangt wurde, belastete Harich und mich auf das schwerste. Und er sprach so, als hätte er alles auswendig gelernt. In einem mir völlig unbekannten Ton, ohne Klang in der Stimme. Merker hatte offenbar alles vergessen, was wir vor meiner Verhaftung noch verabredet hatten.

Als Merker von Harichs Verhaftung erfuhr, hatte er mich von seiner

343

Frau anrufen und in die Berliner Wohnung seiner Schwägerin kommen lassen. Hier bat er mich, falls ich in die Harich-Affäre einbezogen werden sollte, nichts über unsere Gespräche auszusagen. Sein Prozeß sei geheim gewesen, und er habe mit niemandem darüber sprechen dürfen. Würde ich auch nur das geringste darüber aussagen, müsse er mit abermaliger Verhaftung rechnen.

«Darum mußt du mich nicht bitten.»

Merker war das nicht genug. Er ließ sich noch das Ehrenwort geben, daß ich in keinem Falle preisgeben würde, worüber wir gesprochen hatten. Ich mußte lachen, weil ich das komisch fand. Um aber Merker zu beruhigen, gab ich das Ehrenwort: «Ich werde nichts tun, was dir jemals Schwierigkeiten bereiten könnte. Ich schwöre es!»

Jetzt fragte Merker: «Was werden wir über die Begegnung am Bußtag sagen? Das Zusammentreffen mit Harich, Just, Zöger und euren Frauen könnte zur Sprache kommen.»

«Die Wahrheit, Paul. Wenn sie wissen wollen, worüber wir gesprochen haben, werden wir es ihnen sagen. Es ist über Dinge gesprochen worden, die jetzt in allen Gesprächen eine Rolle spielen: der XX. Parteitag, die Ereignisse in Ungarn, die Situation in der DDR. Im Aufbau-Verlag halten wir Konferenzen darüber ab. Sogar der Minister Becher und Autoren wie Uhse, Bredel, Lukács, Bloch und viele andere nehmen daran teil. Daß wir kritisch reden, ist doch selbstverständlich. Und worüber in meiner Wohnung diskutiert wird, geht doch niemanden etwas an. Es ist außerdem kein Verbrechen, wenn dich Genossen wieder sprechen wollen. Du bist in allen Punkten rehabilitiert, in die Partei zurückgekehrt, sogar materiell entschädigt worden. Das ‹Neue Deutschland› hat deine Rehabilitierung auf der ersten Seite veröffentlicht. Also steht dir das Recht zu, mit jedermann zu reden.»

Nach dieser Aufmunterung beruhigte sich Merker. Zum Schluß sagte er: «Vielleicht hast du recht.» Nach kurzem Nachdenken fügte er hinzu: «Nur mußt du bedenken: recht zu haben, genügt nicht. Ein angeschossener Eber kann noch sehr gefährlich werden.»

Während Merker aussagte, erinnerte ich mich an jedes Wort, was in der Wohnung seiner Schwägerin gewechselt worden war. Und natürlich erinnerte ich mich an die Gespräche am Bußtag in meinem Haus.

In meinen endlosen Vernehmungen hatte der Bußtag schließlich immer eine entscheidende Rolle gespielt. Immer wieder sollte ich auf vier Punkte festgelegt werden. Erstens: Das Zusammentreffen hätte geheimen Charakter gehabt. Zweitens: Merker sei mit der von Harich ausgearbeiteten konterrevolutionären Konzeption vertraut gemacht worden. Drittens: Wir hätten die Absetzung Ulbrichts beschlossen, und viertens: Merker sei aufgefordert worden, die Funktion von Ulbricht zu übernehmen.

Alle diese Behauptungen hatte ich energisch zurückgewiesen. Und daß sich jemand finden konnte, der so faustdicke Unwahrheiten bezeugen würde, konnte ich mir überhaupt nicht vorstellen. Wie sehr ich mich in diesem Punkt irrte, bewiesen jetzt die Aussagen von Merker.

Indirekt gab er zu, daß das Zusammentreffen am Bußtag konspirativen Charakter gehabt habe. Leider habe er das erst bemerkt, als es zu spät war. Vielleicht sei diese Ahnung der Grund gewesen, warum seine Frau nicht habe mitkommen wollen. Ihr Fernbleiben habe sie damit entschuldigt, daß es ihr gesundheitlich nicht gutgehe.

Zur «konterrevolutionären Konzeption» machte Merker die gleichen Aussagen, die mir schon seit Tagen vorgehalten wurden. Ich war geradezu überrascht, was Merker plötzlich alles wußte. Aus den Diskussionen am Bußtag hatte kein Mensch folgern können, daß wir den Sturz des Politbüros beabsichtigten. Er sprach so leise, daß ich es kaum hören konnte. Das Bleichgesicht mußte ihn auffordern, lauter zu sprechen und die Antwort zu wiederholen. Das tat Merker: «Ja, es wurde dann darüber gesprochen, den Genossen Ulbricht zu stürzen.» Auf die Zusatzfrage, ob ihn Janka oder Harich aufgefordert habe, die Funktion von Ulbricht zu übernehmen, antwortete er: «Ich kann mich nicht mehr erinnern, wer mich gefragt hat. Ich glaube aber, daß es Harich war. Gefragt wurde ich jedenfalls.»

Bevor die Vernehmer mich auffordern konnten, zu diesen Aussagen Stellung zu nehmen, rief ich empört: «Machen Sie Schluß mit dem Theater. Durch bestellte Aussagen lasse ich mich nicht zur Strecke bringen. Was ich zu antworten habe, wurde schon hundertmal zu Protokoll genommen.» Für Merker bestimmt, fügte ich hinzu: «Und du, Paul, bist eine große Enttäuschung. Aber du kannst sicher sein, mich wird niemand zu so verlogenen Geständnissen bringen.» Einer der Vernehmer schob Merker sofort zur Tür hinaus, und das Bleichgesicht hinderte mich am Weitersprechen.

Nach diesem Wiedersehen mit Merker war ich unsagbar deprimiert und müde. Ich weiß nicht, warum ich so erschöpft war. Wahrscheinlich war es die Enttäuschung, die mir der alte Genosse und Freund bereitet hatte, für den ich so lange gearbeitet und für den ich mich selbstlos eingesetzt hatte.

Merker hatte drei Jahre lang im Keller von Hohenschönhausen gesessen. Nach zweijähriger Standhaftigkeit hatte er dann ein «umfassendes Geständnis» abgelegt. Ein Geständnis, das so falsch war wie jetzt die Aussagen gegen seinen ehemaligen Mitarbeiter Janka. Und genau so falsch waren die Aussagen der Zeugen, die gegen Merker vor dem Obersten Gericht antreten mußten.

Seit der Zeit in den Internierungslagern in Frankreich, von 1939 bis 1941, kannte ich Merker sehr genau. Nach Beginn des deutsch-sowjetischen Krieges waren wir gemeinsam aus dem Lager Les Milles geflohen und in Marseille untergetaucht. Ende 1941 waren wir nach Mexiko emigriert.

In Mexiko zählte ich zu den engen Mitarbeitern von Merker. Als Mitglied des Politbüros der KPD leitete er die Aktivitäten der «Bewegung Freies Deutschland». Und die Zusammenarbeit hatte auch freundschaftliche Beziehungen zur Folge. Wir wohnten nahe beieinander. Jeder wußte, was im Haus des anderen vor sich geht. Das hatte sich bis zur Rückkehr nach Deutschland nicht geändert. Obwohl es auch hin und wieder ernsthafte Differenzen zwischen uns gab.

1947, nach der Rückkehr, wurde ich sein persönlicher Mitarbeiter im Parteivorstand der SED. Gegen den Willen von Merker hatte ich diese Tätigkeit 1948 aufgegeben.

1950 entfachten Pieck und Ulbricht die Kampagne gegen Merker und Genossen. Ich wußte, daß alle Beschuldigungen gegen Merker verlogen waren. Und ich war immer der Meinung, daß man Unwahrheiten nicht unterstützen darf. Egal, von wem sie verbreitet wurden. Folglich lehnte ich es konsequent ab, die Beschlüsse gegen Merker zu respektieren.

Nach Merkers Ausschluß aus der Partei und seiner Verbannung nach Luckenwalde unterstützte ich ihn materiell und moralisch. Bis er 1952 nach dem Slánský-Prozeß verhaftet wurde. Niemand, nicht einmal seine Ehefrau, erfuhr etwas über sein Schicksal. Nur in der Parteipresse erschienen Artikel und Erklärungen, die Merker als Agenten der imperialistischen Westmächte brandmarkten.

Nachdem drei Jahre vergangen waren, noch immer nichts über einen Prozeß bekannt wurde, veranlaßte ich Merkers Frau nachzuforschen, ob ihr Mann noch lebte. Wenn ja, wo er sich befand. Ich vermittelte einen Anwalt, der ohne Honorarleistung die Schriftsätze an die Staatsanwaltschaft anfertigte. Grete Merker mußte nur unterschreiben. Ein paar Wochen vor dem XX. Parteitag der KPdSU bekam sie die Mitteilung, daß ihr Mann 1955 vom Obersten Gericht der DDR zu acht Jahren Zuchthaus verurteilt und nach Brandenburg überstellt worden war.

1953, als die Staatssicherheit auch mich in Sachen Merker befragte, bot ich mich als Entlastungszeuge an. Die Befragung sollte im Ministerium stattfinden. Da ich diesen Ort ablehnte, kamen die Befrager in den Aufbau-Verlag. Einen ganzen Tag dauerte die Vernehmung. Ich wies viele Behauptungen sofort zurück und erklärte mich bereit, vor Gericht falsche Behauptungen zu widerlegen. Später erfuhr ich von Merker, daß es niemals dazu gekommen wäre, weil auch ich selbst in das geplante große Verfahren gegen Merker und Genossen einbezogen werden sollte. Daß es dann doch nicht dazu kam, war einem Zufall zu danken. Stalin starb 1953. Bald danach wurde Berija erschossen. Hätte Stalin länger gelebt, wäre auch in der DDR ein gigantischer Schauprozeß über die Bühne gegangen.

Als Merker nach dem XX. Parteitag ohne Begründung in aller Stille aus dem Zuchthaus Brandenburg nach Luckenwalde entlassen wurde, erzählte er mir und meiner Frau seine Erlebnisse in der Haft. Soweit ich weiß, sind wir die einzigen, denen Merker alles berichtete. Anderen traute er nicht mehr. Und außer uns gab es auch keine Genossen, die von Merker die Wahrheit erfahren wollten. Sei es aus Furcht vor den Konsequenzen, die ein solches Wissen nach sich zieht, oder sei es, daß man in seiner Ruhe empfindlich gestört wird. Und wir waren auch die einzigen, die den mutlos gewordenen und völlig demoralisierten Merker veranlaßten, eine gerichtliche Rehabilitierung durchzusetzen. Das alles konnte natürlich Ulbricht nicht verborgen bleiben. Und so war zu erwarten, daß ich früher oder später dafür büßen sollte. Dennoch: Mich nicht um Merker zu kümmern, wäre für mich nicht in Frage gekommen. Hätte ich Merker in dieser Zeit allein gelassen, so wie das die anderen taten, würde ich mich zutiefst schämen.

Die Beschuldigungen gegen Merker waren grenzenlos, wie das auch in Schauprozessen anderer sozialistischer Länder zu der Zeit üblich war.

Die erste unwahre Behauptung war, Merker sei ein Agent von Noel Field. Um das Absurde dieser Lüge zu begreifen, muß man wissen, wofür dieser Name stand. Der Amerikaner Noel Field mußte nämlich jahrelang herhalten, um führende Parteifunktionäre und Intellektuelle, die aus dem westlichen Exil zurückgekehrt waren, auszuschalten: zu hängen, zu erschießen, ins Zuchthaus zu bringen, zumindest aber zu diskriminieren. Und zwar nur deshalb, weil Stalin und seine Gefolgschaft, einschließlich Pieck, Ulbricht, Matern usw., der Auffassung waren, daß alle Kommunisten, die in westlichen Emigrationsländern die Hitlerzeit überlebt hatten, zu Agenten des Kapitalismus geworden waren.

Während des Krieges in Spanien war Field durch die von ihm in den USA organisierte Solidaritätskampagne bekannt geworden. Er hatte es verstanden, viele Millionen Dollar zur Unterstützung der spanischen Volksfrontregierung zu sammeln. Nach Ende des Krieges setzte er die Hilfe für die spanischen Flüchtlinge fort. Und während des Zweiten Weltkrieges half er auch zahlreichen Emigranten aus anderen Ländern, die sich in Frankreich, der Schweiz, in Mexiko, Südamerika oder den USA, legal oder illegal, interniert oder in Freiheit, durchschlagen mußten.

Field war kein Mitglied der Kommunistischen Partei. Wenigstens nicht offiziell. Sein Hilfskomitee hatte kirchlichen Charakter. Gerade das war für seinen Erfolg ausschlaggebend. Als deklarierter Kommunist hätte er nichts oder weit weniger bewirken können. Kein Zweifel bestand jedoch, daß Fields Aktivitäten im Zusammenwirken mit den

Kommunisten erfolgten und daß er hohes Ansehen erworben hatte. Viele Emigranten verdanken nur ihm, daß sie das Exil überleben konnten.

Als die von McCarthy in Szene gesetzte Hetzjagd gegen alle begann, die als Kommunisten verdächtig waren oder irgendwann mit den Kommunisten etwas zu tun hatten, kam auch Field in den Sog der Verfolgung. Da er weder bestreiten konnte noch wollte, Kommunisten unterstützt zu haben, mußte er aus den USA flüchten. Sonst wäre er auf Jahre ins Zuchthaus geschickt worden.

Field ging zuerst nach Prag. Von hier aus wollte er seine Zukunft aufbauen. Alte Freunde, denen er geholfen oder mit denen er zusammengearbeitet hatte, empfingen ihn ohne jeden Vorbehalt. Denn jetzt war er es, der Hilfe nötig hatte. Da er nicht von Unterstützung leben, sondern wieder seinen beruflichen Interessen als Hochschullehrer nachgehen wollte, bemühte er sich um einen Lehrstuhl. Vielleicht waren es seine Sprachkenntnisse, die ihn veranlaßten, sich zunächst in der DDR zu bewerben. Jedenfalls schrieb er von Prag aus an Paul Merker. In diesem Brief bat er zu prüfen, ob in Leipzig oder Berlin eine Berufung möglich sei. Nach Erhalt des Briefes suchte Paul Merker sofort Wilhelm Pieck auf, um Fields Anliegen vorzutragen. Pieck war nach einigen Informationen sogleich einverstanden, den prominenten Emigranten einzuladen und an die Leipziger Universität zu empfehlen. Alles wäre reibungslos gegangen, wenn nicht zur gleichen Zeit der sowjetische Sicherheitsdienst die Legende vom amerikanischen Agenten Field erfunden hätte. Field sei gekommen, um den Preis für die vermeintliche Hilfe in der Vergangenheit einzulösen. Und dieser Preis war nach Meinung der Berija-Leute kein anderer, als den sozialistischen Aufbau in den Volksdemokratien zu verhindern. Nur deshalb habe Field im Auftrag des amerikanischen Geheimdienstes den Emigranten geholfen. Nicht genug damit: Die Geldempfänger hätten sich schon in der Emigration zur späteren Agententätigkeit verpflichtet. Kein Wunder also, daß Field sofort verhaftet wurde. Unmittelbar darauf begann in Ungarn, der ČSSR, Polen, Rumänien, Bulgarien und schließlich in der DDR die Verfolgung jener, die in der Emigration oder während des Krieges mit Field zu tun gehabt hatten. Durch alle Länder und Parteien geisterte das Gespenst vom Agenten Field, der ein gefährliches Netz geknüpft habe, bis in die Parteispitzen vorgedrungen sei und besonders die Intellektuellen korrumpiert und angeworben habe.

Als dieses schauerliche Märchen bekannt wurde, reiste Fields Bruder nach Prag und Warschau, um dem Verhafteten zu helfen. Auch er wurde verhaftet.

Was die Fields im Gefängnis durchzustehen hatten, ist mir nicht bekannt. Soviel aber weiß ich, zu einem Prozeß ist es nicht gekommen. Nach Berijas Tod wurden die Fields sofort freigelassen. Der Bruder bekam sogar eine Abfindung in US-Dollar. Zusätzlich Erholungsurlaub in der Schweiz. Danach ging er in die Vereinigten Staaten zurück. Noel Field aber verließ das sozialistische Lager nicht mehr. Bis zu seinem Tod lebte er mit einer staatlichen Rente in Budapest. In allen Punkten wurde er rehabilitiert. Die Presse, die ihn als Agenten des Imperialismus angeprangert hatte, brachte darüber keinen Hinweis. Bleibt die Frage, warum er nach den gemachten Erfahrungen trotzdem in Ungarn blieb? Die Vermutung, daß man ihn an der Ausreise gehindert habe, kann nicht zutreffen. Spätestens während der Ereignisse in Ungarn 1956 hätte er gehen können. Es muß also andere Gründe gegeben haben, die ihn zum Bleiben veranlaßten.

Öffentlich bekannt und breit kommentiert wurden die Urteile gegen Rajk und Genossen in Ungarn, Slánský und Genossen in der ČSSR und andere. Alle bezogen sich auf die Agententätigkeit der «Field-Konspiration». Auch über die Hinrichtung der Verurteilten wurde berichtet. Wenig oder nichts erfuhr man über die vielen «kleineren» Prozesse, die nur mit Zuchthaus endeten. Über die später erfolgte Rehabilitierung der Verurteilten schwieg sich die Presse wieder aus.

Als Merker 1953 in Haft genommen wurde, war er schon ein gebrochener Mann. Der Zwangsaufenthalt in Luckenwalde, die Überwachung seit dem Ausschluß aus der Partei, die materielle Notlage (sein Sparkonto wurde gesperrt) hatten sein Selbstgefühl schon zerstört.

Am meisten litt er durch die Veröffentlichung im Zentralorgan der SED. In den Reden und Erklärungen von Pieck und Ulbricht wurde er als Trotzkist, Verräter, Spion und Agent des Judentums gebrandmarkt. Da er lange genug in den Führungsgremien gesessen hatte, ahnte er natürlich, wie diese Kampagne enden würde. Trotzdem wollte er sich nicht in Sicherheit bringen. Die Überwachung zu dieser Zeit hätte vielleicht eine organisierte Flucht nicht verhindern können. Berlin war ja noch nicht eingemauert.

Warum ergab er sich dann doch ohne Widerstand? Ich kann das nur so erklären, daß Merker von seiner Unschuld überzeugt war. Irgendwie glaubte er doch noch, daß sein Fall anders ausgehen würde als bei den Genossen, die vor ihm in die Mangel genommen worden waren. Und auch das muß gesagt werden: Die Schuld der anderen hatte auch Merker niemals ganz in Zweifel gezogen. «Auch den besten Freunden», so sein Credo, «kann man nicht ins Herz sehen.» Mit dieser Skepsis war dann auch der erste Schritt zur Rechtfertigung der schändlichen Urteile getan. Wie hätte er sonst die Zeit überdauern können, als er selbst noch Einfluß nahm.

Noch etwas: Merker wußte sehr wohl, daß eine Flucht nicht Sicherheit bedeutete. Leute seiner Kategorie wurden irgendwie und irgendwann zur Strecke gebracht. Gleichgültig, wohin sie sich flüchteten. Wenn in Ausnahmefällen eine «Rückführung» nicht möglich war, wurden sie da, wo sie sich befanden, «zur Verantwortung gezogen». Willi Münzenberg erlitt vermutlich dieses Schicksal, als er sich in Paris weigerte, nach Moskau zu kommen, wo die «Säuberungen» der dreißiger Jahre im Gange waren. Trotzki wurde nach legaler Ausreise aus der Sowjetunion ein paar Jahre später in Mexiko ermordet. Trotzkis Persönlichkeit und Situation war gewiß eine völlig andere als die von Münzenberg. Und beide lassen sich mit Merker überhaupt nicht vergleichen. Nur das ihnen zugedachte Schicksal war allen drei gemeinsam.

Merkers Passivität in der Verbannung hatte noch einen Grund. Er wollte nicht glauben, daß ihn seine Freunde Pieck und Ulbricht wirklich ans Messer liefern würden. Er war doch der diszipliniertste und treueste Parteigänger. Niemals dachte er daran, sie zu verdrängen. Zu keiner Zeit hatte er sie unter Kritik gestellt. Zudem wußte er, daß solche Bestrebungen zum Scheitern verurteilt waren. Wenigstens so lange, wie Pieck und Ulbricht das Vertrauen Stalins besaßen. Außerdem kannte er seine Grenzen. Als Mitglied des Politbüros war er zufriedengestellt. Die erste Führungsrolle traute er sich ohnehin nicht zu. Er hätte sich auch niemals dazu bestimmen lassen. Schon aus Bequemlichkeit nicht. Er selbst hielt sich für einen guten dritten oder vierten Mann. Aber selbst die dritte Rolle überließ er noch seinem Freund Franz Dahlem. Die vierte reichte ihm aus. Soviel Bescheidenheit konnten doch die alten Freunde aus dem Politbüro nicht vergessen haben. In der größten Not würden sie ihm schon helfen. Wie sehr er sich da geirrt hat, wurde ihm später bewußt. Gerade die Drittrangigen müssen den Kopf zuerst hinhalten, wenn in Krisensituationen Schuldige gesucht werden.

Seinem Bericht zufolge hat er in den ersten zwei Jahren der Untersuchungshaft standgehalten. Das war in seinem Falle viel schwerer als bei mir. Schon deshalb, weil er noch vor Stalins Tod in Haft genommen wurde. Hinzu kam, daß er überhaupt keine Gefängniserfahrungen besaß. Nie zuvor war er in Haft gewesen. Auch in der Nazizeit nicht. Und die Internierung in Frankreich fällt hier nicht ins Gewicht.

Zusätzlich erschwerend war für Merker, daß alle Beschuldigungen internationale Dimensionen hatten. Die angebliche Agententätigkeit bezog sich auf «Konspiration mit dem amerikanischen Superagenten Field», auf die Gestapo und auf den französischen Geheimdienst. Mit dem «Weltjudentum» habe er in Mexiko Absprachen getroffen. Ihm sei die Aufgabe zugefallen, die sozialistische Entwicklung in Deutschland zu verhindern und – falls dies nicht gelänge – Deutschland dem Einfluß der Sowjetunion zu entziehen.

Frei erfunden war auch die Behauptung, Merker habe gemeinsam mit Dahlem Emigranten veranlaßt, nach Deutschland zurückzukehren. Und das nur zu dem Zweck, um sie der Gestapo auszuliefern.

Wahr ist, daß Merker, Dahlem und Siegfried Rädel 1941 einer Weisung der Komintern gefolgt sind. Sie besagte, daß alle Emigranten, die nicht mit der Todesstrafe rechnen mußten, nach Deutschland zurückkehren sollten. Diese Direktive aus Moskau, wo Pieck und Ulbricht die deutsche Politik steuerten, wurde über die französischen Komintern-Vertreter an die Mitglieder des deutschen Politbüros in Frankreich gegeben. Und die befanden sich zu jener Zeit alle im Internierungslager Vernet.

Ich erinnere mich an die heftigen Diskussionen, die nach Erhalt dieser Anweisung geführt wurden. Die Mehrheit der ehemaligen Spanienkämpfer, auch die übrigen Emigranten, war zur Flucht und zum Widerstand gegen die deutschen Besatzer bereit. Einfach deshalb, weil wir wußten, was uns nach Rückkehr in Deutschland erwartete. Wenn wir uns dennoch nicht durchsetzen konnten, dann deshalb, weil wir von den Genossen des Politbüros, unter Berufung auf die Beschlüsse der Komintern, zur Parteidisziplin gezwungen wurden. Eine Ablehnung hätte zum Ausschluß aus der Partei geführt. Damit wäre das Ausstoßen aus dem Lagerkollektiv verbunden gewesen. Alle schreckten davor zurück. Merker spielte bei diesem Streit keine Rolle. Er lag im Lazarett und nahm kaum noch Einfluß auf das Geschehen im Lager.

Von den zahllosen Beschuldigungen muß noch eine genannt werden: Merker sei Agent des französischen Geheimdienstes gewesen. Begründung: Er habe sich nach Kriegsbeginn – wie Dahlem, Rädel und andere – freiwillig in die Internierung begeben. Später sei er nach Mexiko geflüchtet, um dem Widerstandskampf auszuweichen.

Wahr ist, daß sich diese Genossen tatsächlich ins Lager begeben haben. Auch dabei folgten sie einer Weisung aus Moskau. Denn 1939 trat der Kampf gegen Hitler in den Hintergrund. Die Sowjetunion hatte in geheimen Verhandlungen mit Deutschland einen Nichtangriffs- und Freundschaftspakt geschlossen. Zum Hauptfeind wurden nunmehr die Westmächte England und Frankreich erklärt. Und wenn Hitler nicht mehr der Hauptfeind war, mit ihm «Freundschaft» vereinbart wurde, mußte der unversöhnliche Widerstandskampf ausgesetzt werden.

Nicht genug: Nichtangriff und Freundschaft verlangten ihren Preis. Nach Unterzeichnung des Paktes lieferte die Sowjetunion bis in die Kriegsjahre hinein mehr Erz, Kohle, Erdöl und Weizen an Deutschland als schon zuvor. Noch immer nicht genug. Hitler und Stalin verständigten sich über die Teilung des polnischen Territoriums und die Vernichtung des polnischen Staates. Die in Moskau lebenden Mitglieder des polnischen Zentralkomitees, die aus verständlichen Gründen gegen eine solche «Vereinbarung» waren, wurden wegen ihres Widerspruchs zum Tode verurteilt und erschossen. Erst als Hitler die Sowjetunion zum Krieg zwang, wurde der Widerstand reaktiviert. Die «Hauptfeinde» England, Frankreich und die USA wurden über Nacht Verbündete der Sowjetunion.

Ein Jahr lang war Merker als Field-Agent vernommen worden. Im zweiten Jahr begann er sich zu wundern. Field fand keine Erwähnung mehr. Gegenstand der täglichen Vernehmungen wurden Aktivitäten prominenter Westemigranten: Gerhart Eisler in den USA, Wilhelm Koenen in England, Franz Dahlem in Frankreich und Spanien. Im dritten Jahr ging es um Mitarbeiter, mit denen Merker im Exil und nach Rückkehr zu tun hatte: Schriftsteller, Journalisten, Künstler: André Simone, Lex Ende, Ludwig Renn, Theo Balk, Rudi Feistmann, Leo Zuckermann, Wolfgang Langhoff und andere. Sie alle waren der Agententätigkeit verdächtig. Und da begriff Merker, daß es nicht nur um ihn ging. Auf die Anklagebank sollten maßgebende Westemigranten. Ganz nach dem Vorbild der Prozesse in den anderen Ländern.

Dennoch war er der Meinung, er müsse die jungen und unwissenden Genossen der Staatssicherheit über die komplizierten Zusammenhänge des Kampfes in der Emigration aufklären und beantwortete willig alle Fragen. Falsche Behauptungen wies er zurück.

Nach den endlosen Vernehmungen verlor er schließlich jede Hoffnung, nicht wissend, daß Stalin längst verstorben, Berija erschossen, Bulganin und Chruschtschow Veränderungen in der Innen- und Außenpolitik vornahmen, Field in allen Punkten rehabilitiert war.

Physisch geschwächt, psychisch erschöpft, vor die Wahl gestellt, entweder im Keller zu enden oder sich schuldig zu bekennen, in der Hoffnung auf Gnade, vielleicht noch einmal das Tageslicht zu erblicken, die Freiheit wieder zu erleben, brach Merker zusammen. Er bekannte sich als vierfacher Agent: für die Gestapo, die Franzosen, die Amerikaner, die Juden. Genau so, wie es verlangt wurde.

Im Prozeß, der 1955 vor dem Obersten Gericht geheim und ohne Rechtsbeistand geführt wurde, fand der Name Noel Field keine Erwähnung mehr. Und Merker wußte noch immer nicht, daß Field längst wieder in Freiheit lebte, Stalin und Berija tot waren. Während der dreijährigen Untersuchungshaft hatte er keine Zeitungen erhalten, keine Besuche empfangen, keinen Anwalt gesprochen. Nach der Verurteilung überstellten sie ihn ins Zuchthaus Brandenburg. Auch dort blieb er in Einzelhaft. Erst viel später erfuhr er, warum der große Prozeß nicht stattfand. Stalins Tod und der neuen Situation in der Sowjetunion war es zu danken, daß es nicht dazu kam. Für Ulbricht war diese Wende ein schwerer Schlag. Er hätte Merker, Dahlem, Eisler, Koenen und die anderen bedenkenlos beseitigt. Um die Aufdeckung des schändlichen Vorhabens zu verhindern, mußte wenigstens Merker in der Versenkung bleiben. In der Hoffnung, daß es mit ihm, in Anbetracht seines Alters und seiner geschwächten Gesundheit, so oder so zu Ende ginge. Aber auch diese Hoffnung ging nicht auf.

Auf mein Drängen hin hatte Merker Mitte 1956 ein Wiederaufnahmenverfahren beantragt. Das gleiche Gericht, in der gleichen Zusammensetzung, mußte ihn nun freisprechen. Das neue Verfahren dauerte eine Stunde. Wieder ohne Rechtsbeistand und geheim. Die Zeugen, die ihn belastet hatten, wurden nicht zur Rechenschaft gezogen. Die Mitglieder des Politbüros, die den Prozeß veranlaßten, blieben in ihren Ämtern. Keiner übte Selbstkritik. Sie schwiegen sich aus. Niemand wurde für die von Merker erpreßten Geständnisse verantwortlich gemacht. Im ZK gab es keine personellen Korrekturen.

Keiner meiner kritischen Mitarbeiter im Aufbau-Verlag war so größenwahnsinnig oder vermessen gewesen zu glauben, wir könnten eine Partei- oder Staatsführung stürzen und durch einen Mann ersetzen, der völlig gebrochen aus dem Gefängnis zurückgekommen war; der selbst niemals daran dachte, eine neue Rolle im politischen Leben zu spielen. Nicht einmal dann, wenn er durch Ulbricht selbst dazu aufgefordert worden wäre.

Wodurch sich Merker abermals, wie schon in seinem eigenen Prozeß 1955, wieder zu falschen Geständnissen zwingen ließ, kann wahrscheinlich nur ein Psychoanalytiker erklären. Fest steht aber, daß die am 27. März 1957 zu Papier gebrachte «Zeugenaussage» Harichs der «Staatssicherheit» das Material lieferte, das den alten Kommunisten zum Verrat an seinem alten Freund Janka nötigte.

Ein paar Tage nach der Gegenüberstellung mit Merker kam es in Hohenschönhausen zu weiteren «Zeugenaussagen». Erst mit Steinberger, dann mit Hertwig. Nie zuvor waren mir diese Personen begegnet. Nur aus der ersten Pressemitteilung über die Verhaftung Harichs erfuhr ich, daß es sich um Mitangeklagte handelte. Im Unterschied zu mir trugen sie schon Gefängniskleidung. Und natürlich wußte ich noch immer nicht, daß sie mit Harich schon verurteilt worden waren. Bei Merker war ich der Überzeugung, daß er aus Furcht ausgesagt hatte. Steinberger und Hertwig hielt ich für Provokateure. Sie bestätigten nicht nur die Behauptungen der Vernehmer. Sie gingen noch darüber hinaus. Unbefangen erzählten sie Einzelheiten über die geplante Konterrevolution. In Harich sahen sie das theoretische Oberhaupt der Bewegung. In mir den Altkommunisten, der die organisatorische Führung übernommen habe. Anfänglich kam mir das völlig verrückt vor. Ich sagte: «Unterlassen Sie die Tricks. Die kommen bei mir nicht an.» Dann aber gewann ich den Eindruck, daß es sich bei Steinberger und Hertwig nicht um Verrückte handelte. Ich wies ihre Aussagen in allen Punkten zurück. Auf Einzelheiten antwortete ich überhaupt nicht. Gab mir auch keine Mühe, Unwahrheiten zu widerlegen.

Nach Merker, Steinberger und Hertwig rechnete ich mit Harich. Aber das unterblieb. Harich wurde – was ich nicht ahnen konnte – als Kronzeuge aufgespart.

Daß der Prozeß gegen Harich schon von den Medien in Ost und West ausgebeutet worden war, wußte ich natürlich auch nicht. Die «staatsfeindliche Harich-Janka-Gruppe» beherrschte die Schlagzeilen.

In der Bundesrepublik gab der «Spiegel» den Ton an. In seiner Ausgabe vom 19. Dezember 1956 – drei Wochen nach der Verhaftung Harichs und drei Monate vor seinem Prozeß – nahm er die Anklage auf zehn Druckseiten vorweg. Während der acht Monate, in denen ich in Hohenschönhausen vernommen wurde, lag er aufgeschlagen auf dem Tisch der Vernehmer. Ich bemerkte es durch einen Zufall. Viele Stellen des Artikels waren mit Rot-, Blau- oder Grünstift angestrichen. Natürlich wunderte ich mich, warum die Vernehmer so oft ihren Stift auf eine Stelle im «Spiegel» drückten und bestimmte Fragen stellten. Wie hätte ich auch auf die Idee kommen sollen, daß sich die Vernehmer ausgerechnet einer westdeutschen Zeitschrift bedienen würden, um mich in die Enge zu treiben? Im «Spiegel» hieß es:

«Der Clou aller Harichschen Aktivitäten in den letzten Wochen war seine Idee, Walter Ulbricht müsse sich von seinem Posten zurückziehen...

Wie weiland in Mexiko wollten sich wieder einmal Intellektuelle hinter seinem Rücken verschanzen. Wolfgang Harich und seine Freunde liebäugelten mit dem Gedanken, den Paul Merker als ‹deutschen Gomulka› auf den Schild zu heben...»

Im «Neuen Deutschland» versuchte Dr. Günter Kertzscher, stellvertretender Chefredakteur, Harich als gefährlichen Agenten des Ostbüros der SPD zu entlarven. Und wie konnte es nach einem Prozeß anders sein: Kertzscher stützte sich in seinem Bericht vom 9. März 1957 auf sogenannte «Beweise»:

«Als Beweismittel wird ein von Harich verfaßtes Schriftstück vorgelegt, das er bei seiner Festnahme zu vernichten versuchte und das Aufschluß über die damals von Harich verfolgten Ziele gibt. Es handelt sich dabei um eine Vortragsdisposition, die er am 2. November 1956 angefertigt hat und die er auch später bei Besprechungen mit Mitarbeitern des Ostbüros der SPD benutzte. In dieser Disposition wird die konsequente Liquidierung der bestehenden Ordnung der DDR gefordert. Der zu organisierende Kampf gegen die Staatsmacht wird als revolutionärer Klassenkampf und der 17. Juni 1953 als ein Muster für einen solchen Kampf angesehen. Es wird ausdrücklich betont, daß bei diesem Kampf mit konspirativen und fraktionellen Mitteln gearbeitet werden müsse. Ein ausbrechender Aufstand, so heißt es in dieser Disposition, solle vom Westen aus gelenkt werden mit dem Ziel des Sturzes der Regierung...»

Dieser Auszug aus den langen Berichten hätte genügt, um die Anklage zu rechtfertigen. Die Intellektuellen mußten beim Lesen dieser Zeilen eine Gänsehaut bekommen.

Kertzscher tat aber noch ein weiteres. Er zündete gleich die Lunte für einen weiteren Prozeß, der nicht nur Intellektuelle, sondern auch Arbeiter, alte Genossen und Widerstandskämpfer treffen sollte. Am 10. März 1957 schrieb er:

«Die Grundgedanken der Konzeption Harichs wurden im Aufbau-Verlag eifrig diskutiert, besonders den ehemaligen Leiter des Aufbau-

Verlages, Walter Janka, bezeichnete Harich als seinen hauptsächlichen Rückhalt... Am gleichen Tage – als Harich sich nach Westberlin zum Ostbüro der SPD begab – ist Janka nach Österreich gefahren, um von dort nach Ungarn zu gelangen und Lukács zu retten...»

Lassen wir die wissentliche Unwahrheit beiseite, die Kertzscher gegen mich verbreitete. Auch die tendenziösen Meldungen des «Spiegel» will ich nicht deuten. Mögen es die Leser tun, wenn sie den zynischen Beitrag von Herrn Augstein im «Spiegel» vom 15. März 1957 nachlesen. In dem handschriftlich signierten «Nachruf» auf den zu zehn Jahren Zuchthaus verurteilten Harich heißt es: «Harich, mein Guter, du mein Schlüsselloch in eine andere fremde Welt, hoffentlich werden sie dir im Zuchthaus Schonkost und Arznei für deinen kranken Magen bewilligen, und hoffentlich wirst du Kalfaktor oder kommst gar in eine Bibliothek. Unser Trost ist, daß die Suppe, die auch du hast mit anrichten helfen, nicht mehr so heiß gegessen wird, wie ehedem...»

Zu fragen wäre, warum Kertzscher die unwahre Behauptung veröffentlichen durfte, ich sei nach Ungarn gefahren, obwohl längst erwiesen war, daß ich nicht gefahren war; zu fragen wäre auch, warum Augstein, der über eines der besten Archive verfügt, in seiner Zeitschrift Merker zu einem Juden machen ließ, der «während der Emigrationsjahre in Mexiko für die zionistische Loge Menorah Mitglieder geworben hat» (siehe «Spiegel» vom 19. Dezember 1956). Merker war weder Jude, noch hat er zu irgendeiner Zeit «Mitglieder für die Menorah geworben». Warum verbreitete der «Spiegel» eine so grobe Falschmeldung? War ihm vielleicht von V-Männern hinterbracht worden, daß man Merker in den Verhören von 1953 bis 1955 in Hohenschönhausen zynischerweise als «König der Juden» betitelt und des Zionismus beschuldigt hatte?

Aber es gibt Wichtigeres, worauf Augstein und Kertzscher, die ich stellvertretend für andere zitiere, noch zu antworten hätten.

Wir wissen heute, wie es zu den sogenannten «Geständnissen» in den politischen Prozessen gekommen ist. Von Bucharin (UdSSR) bis Slánský (ČSR), oder von Merker bis Harich (DDR) haben sich alle der Spionage, des Verrats und der Konterrevolution beschuldigt. Auch die Zeugen haben, oft aus Angst, immer wissentlich falsche Aussagen gemacht. Wie in gut inszenierten Dramen haben sich die Angeklagten gegenseitig belastet. Artur London – Mitangeklagter im Slánský-Prozeß – hat das in seinem Buch «Ich gestehe» dokumentiert.

Der Fall Harich würde sich von diesen Prozessen kaum unterscheiden, wenn die Ausgangspositionen nicht grundverschieden gewesen wären. Bucharin und Genossen, Slánský und Genossen, Merker und viele andere namhafte Verurteilte in den sozialistischen Ländern waren führende, durchweg bewährte, zumeist erfahrene und gebildete Marxisten, die des Verrats gar nicht fähig waren. Sie wurden ausgeschaltet, weil sie für Stalin und die anderen Parteiführer unbequem waren, theoretisch und praktisch Alternativen zum Kurs der jeweiligen Parteiführungen anbieten konnten oder angeboten haben. Auf Harich traf nichts davon zu.

Die vom «Spiegel» in Umlauf gesetzte Legende von Harich als dem «einzigen Intellektuellen der Sowjetischen Besatzungszone, der in der Lage war, die jetzigen Grundlagen des kommunistischen Staates in Frage zu stellen», diente dem Zweck, der öffentlichen Meinung in der Bundesrepublik vorzutäuschen, daß sich in der DDR eine theoretisch fundierte Bewegung gegen die SED entwickelt habe. Und er diente – wenn auch sicher ungewollt – dem, was sich Ulbricht durch westliche Medien gern bescheinigen ließ und eifrig zitierte: «Seht, Genossen, sogar die Westpresse bestätigt die konterrevolutionären Pläne der Parteifeinde...»

Was Harichs persönliches Verhältnis zu Ulbricht betrifft, mußte man ihm bescheinigen, daß sein Respekt nicht allzu groß war. Schon wegen des sächsischen Dialektes und der Unfähigkeit, auch nur zwei Sätze frei sprechen zu können. Jeder wußte um Harichs Spöttelei gegen Ulbricht. Seit dem 17. Juni 1953 nutzte er jede Gelegenheit dazu. Bedenkt man das zur Blüte gekommene Denunziantentum in der DDR, darf es nicht wundern, wenn Ulbricht davon zu hören bekam. Die Grenze der Erträglichkeit war aber erst erreicht, als zu den längst bekannten Kritteleien ein gefährliches Wagnis hinzukam.

Dabei war es kein anderer als Ulbricht selbst gewesen, der am 3. Mai 1945, als noch in und um Berlin gekämpft wurde, den aus Moskau mitgebrachten und durch die Schule des Geheimdienstes gegangenen dreiundzwanzigjährigen Wolfgang Leonhard in die Podbielski-Allee geschickt hatte, um Harich aus seinem damaligen Versteck zu holen.

Er übergab ihn den «zuständigen Genossen», die mit dem Aufbau eines Apparates begannen und sich auf die zeitweise Zusammenarbeit mit den westlichen Besatzungsmächten einstellten. In ihrem Auftrag und mit Unterstützung versierter Fachleute entfaltete der damals vierundzwanzigjährige Harich eine rege journalistische Tätigkeit in den Westberliner Zeitungen «Tagesspiegel» und «Kurier», die von Anfang an einen scharfen antikommunistischen Kurs einschlugen. Und er fand Verbindung zu Offizieren der Besatzungsmächte.

Erich Wendt, bis 1951 Leiter des Aufbau-Verlages, danach Sekretär im Kulturbund, später Staatssekretär im Ministerium für Kultur, während des Krieges Emigrant in der Sowjetunion, dort Ende der dreißiger Jahre zu fünfjähriger Verbannung verurteilt, vorzeitig begnadigt, wurde zu seinem «väterlichen Berater». Zu den ersten Maßnahmen Wendts zählte Harichs Anstellung als Lektor für Philosophie im Aufbau-Verlag. Um die gleiche Zeit wurde er auf Betreiben des ZK der SED als Dozent für Philosophie an der Humboldt-Universität verpflichtet. Etwas später übertrug man ihm noch die Chefredaktion der «Deutschen Zeitschrift für Philosophie», die von der Deutschen Akademie der Wissenschaften herausgegeben wurde. Alle diese Funktionen übte er gleichzeitig aus. Zu erwähnen bleibt, daß Harich auch als Referent und Delegierter auf Tagungen im In- und Ausland eingesetzt wurde, ständig mit der Kulturabteilung im ZK, mit Johannes R. Becher, Ministerium für Kultur, und Erich Wendt im Kulturbund in Verbindung stand. Nur in deren Auftrag übte er seine diversen Tätigkeiten aus. Harich unterhielt in diesen Jahren zahlreiche Kontakte zu Personen und Institutionen in Westberlin und der Bundesrepublik. Er pflegte diese Verbindungen mit Wissen und Willen der Partei. Sowohl Wendt wie Becher hatten Kenntnis davon. Und natürlich auch Walter Ulbricht.

Wenn Harich nach Westberlin oder Hamburg fuhr, handelte er im Auftrag der Partei oder der Offiziere, die ihn «betreuten». Auch bei den Reisen unmittelbar vor seiner Verhaftung hatte er den Auftrag zu erkunden, unter welchen Bedingungen die Führung der SPD bereit sei, mit der SED gemeinsam für die Wiedervereinigung Deutschlands zu kämpfen. Und um bei der SPD Interesse zu wecken, mußte er ein paar Angebote in die Gespräche einbringen. Angebote, die dann von Ulbricht und Melsheimer als sogenannte Harich-Konzeption zur Vorbereitung der Konterrevolution verfälscht wurden.

Die sowjetische Deutschlandpolitik war zu jener Zeit noch auf Wiedervereinigung ausgerichtet. Und weil Ulbricht einer solchen Deutschlandpolitik im Wege stand, spielte zumindest eine Gruppe im Kreml mit dem Gedanken, auf ihn zu verzichten und Männer an die Macht zu bringen, die flexibler waren. Die Sowjetunion hätte damals ihren Preis für die Beendigung des Kalten Krieges gezahlt. Sie war aus wirtschaftlichen Gründen daran interessiert.

Harich hatte ausgesagt, er sei monatelang zwischen Ost- und Westberlin hin und her gependelt, um mit Hilfe der SPD und drei Mitarbeitern im Aufbau-Verlag die Parteiführung zu stürzen, den ganzen Staat der DDR aus den Angeln zu heben. Das ist so lächerlich wie unglaubwürdig. Selbst oberflächliche Beobachter der Szenerie können darüber nur lachen. Aber mit dem Lachen ist es nicht getan. Ulbricht hatte diesen Betrug zu einem politischen Drama gemacht.

1990 empfing ich vom Vorsitzenden des Rostocker Unabhängigen Untersuchungsausschusses, der mit der Auflösung des Bezirksamtes des MfS befaßt war, «Studienmaterial zur Geschichte des Ministeriums für Staatssicherheit», Teil IV. In diesem Material werden mehrere Druckseiten auf die «Verschwörung im Aufbau-Verlag» verschwendet. Und auf Seite 44 heißt es wörtlich: «Dem MfS gelang es, mit Hilfe seiner inoffiziellen Mitarbeiter in die Konspiration dieser Gruppe einzudringen und sie unschädlich zu machen, noch bevor diese feindlichen Kräfte ihre beabsichtigte Wirksamkeit unter den Werktätigen entfalten konnten...»

Ich beschrieb schon meine Begegnung mit Anna Seghers im Pankower Ratskeller. Da wurden wir gleich von drei Spähern beobachtet. Als ich dem ständigen Vernehmer in Hohenschönhausen – dem Bleichgesicht – entgegentreten mußte, erkannte ich sofort den Mann, der mir auch an der Haustür von Anna Seghers aufgefallen war, als ich sie besuchte. Es ist also ausgeschlossen, daß Harich nicht auch aufs Korn genommen wurde.

Als er nach Hamburg flog, saßen die «Aufklärer» gleich mit im Flugzeug. Denn auch die Einladung von Huffzky mit Flugkarte war kein Zufall. Die «politischen Gespräche über Polen und Ungarn» in Hamburg waren inszeniert worden. Harich mußte «beweiskräftig entlarvt werden». Dazu brauchte Ulbricht Dokumente. Und seine Leute haben diese Aufgabe gut erfüllt.

1990 wurde mir von einem ehemaligen Angehörigen der Staatssicherheit bestätigt, daß an allen Gesprächen, die Harich mit Vertretern des Ostbüros der SPD in Westberlin geführt hatte, von Beginn an immer ein «eingebauter Spitzen-Informant» beteiligt war, der fortlaufend Berichte an die Staatssicherheit geliefert habe.

In den Erinnerungen des ehemaligen Ministers für Staatssicherheit, Ernst Wollweber, die mir nach der Wende 1989 zugeschickt wurden, läßt sich über die Observation Harichs und die Gespräche zwischen Ulbricht und Wollweber nachlesen:

«Eines Tages ging ich zu Walter Ulbricht und teilte ihm mit, daß wir durch Beobachtung von Harich in Westberlin festgestellt haben, daß er Verbindung zum Ostbüro der SPD hat, also eine Agententätigkeit ausübt und damit staatsfeindlich ist. Er fragte mich sofort: ‹Wer weiß davon?› Ich sagte ihm: ‹Außer mir der zuständige Abteilungsleiter und dessen Beauftragter, der die operativen Schritte eingeleitet hat. Sonst niemand, nicht einmal das Kollegium des MfS, auch nicht einmal mein 1. Stellvertreter...› Er ordnete sofort als erstes, ohne etwas anderes zu wissen, an: ‹Niemand erfährt etwas davon, nur deinen 1. Stellvertreter kannst du informieren.› Ich wies ihn darauf hin, daß Harich den Auftrag des Ostbüros hat, bei Politbüro-Mitgliedern zu sondieren, welche Möglichkeiten in bezug auf eventuelle Verbindungen zu ihnen bestehen. Ich sagte: ‹Nach meiner Meinung muß man das Politbüro informieren.› – ‹Ja›, sagte er, ‹ich werde das selber machen.› Und dann legte er los und sagte zu mir: ‹Heute morgen war Harich bei mir und hat seine Pläne entwickelt. Das ist das Programm der Konterrevolution... Seine Agententätigkeit ist gefährlich.› Ich bat um die Genehmigung, noch 14 Tage bis zur Festnahme zu warten, ihn ruhig noch nach Westberlin fahren zu lassen, die von ihm beabsichtigte Reise nach Hamburg vornehmen zu lassen. Er sei unter Kontrolle, für uns sei das wichtig, um noch mehr einwandfreies Material über seine Agententätigkeit zu bekommen. Harich hatte einen plumpen Schachzug zur Legalisierung seiner feindlichen Tätigkeit unternommen. Er hatte dem sowjetischen Botschafter Puschkin ein sogenanntes Memorandum übersandt, das seine konterrevolutionären Auffassungen enthielt... Dann kam ihm (Ulbricht, W. J.) der Gedanke: ‹Die Frage ist nicht aktuell, muß aber mal geklärt werden, damit nicht der Eindruck entsteht, als wären wir gegen die sehr wertvolle Beratung der sowjetischen Freunde...› Ich wußte also, worauf er hinauswollte. Er wollte alle wichtigen Informationen auf seine Person kanalisieren...»

An anderer Stelle steht in diesem Zusammenhang: «Am selben Tag kam mein sowjetischer Chefberater zu mir. Er erklärte, er komme zwar nicht heute schon, um sich zu verabschieden, aber bald werde er kommen. Er habe nämlich zusammen mit dem Genossen Puschkin in einer Aussprache mit dem 1. Sekretär (Walter Ulbricht, W. J.) einen heftigen Zusammenstoß gehabt...»

Die Anklage

Die Vernehmer waren gewöhnt, daß Beschuldigte den Suggestivfragen erlagen. Blieben sie erfolglos, steigerte sich ihr Zorn. Acht Monate lang versuchten sie, mir ein Geständnis abzupressen. Sie waren empört, weil ich nicht erlag. Ich konnte es gar nicht. Und ich wollte es nicht. Um keinen Preis. Aber ich begann zu fühlen, wie meine Kräfte nachließen. Wie sich mein Befinden verschlechterte. Müdigkeit, schlaflose Nächte. Die Kopfschmerzen wurden immer quälender.

Es gab Tage, an denen ich völlig apathisch wurde, beinahe jede Hoffnung verlor. Nur die Gedanken an meine Frau und meine Kinder ließen mich davor zurückschrecken, allem ein radikales Ende zu bereiten. Dann folgten wieder Tage, an denen ich ganz zu mir zurückfand. Besonders dann, wenn ich einen Brief von meiner Frau empfangen durfte. Das waren Briefe, die wieder Hoffnung weckten. Aber auch Bedrückendes war dabei. Ich mußte die Briefe in Gegenwart der Vernehmer lesen. Einmal im Monat fünfundzwanzig Zeilen – mehr durfte sie nicht schreiben –, es waren schöne Bekenntnisse. Zwischen den Zeilen erfuhr ich, was den Vernehmern verborgen blieb. Wenn mich dabei die höhnischen Blicke der Vernehmer nicht gehindert hätten, wäre ich in Tränen ausgebrochen. Unendlich viel haben diese Briefe dazu beigetragen, mir immer wieder Mut zu machen.

Um mein Selbstgefühl nicht zu verlieren, nahm ich auch immer wieder Zuflucht zu Spott und Verachtung. Alle, die mir gegenübersaßen, trugen den gleichen Haarschnitt, ausrasierte Nacken, schwarze Schuhe, Konfektionsanzüge, rochen nach Nikotin, sprachen sächsischen oder Berliner Dialekt. Wenn ich ihnen nicht mit Spott antwortete, dann mit Geringschätzung. Natürlich haben sie sich dafür gerächt. Aber das war mir gleichgültig. Zu verlieren gab es nichts mehr. Nur noch mein Selbstgefühl. Und das wollte ich mir nicht nehmen lassen.

Eines Tages führten sie mich am frühen Morgen in einen Raum mit Dusche und Toilette. An der Wand hing ein Spiegel. Die Wache blieb vor der offenen Tür stehen. Der Sanitätsoffizier schnitt mir die Haare und rasierte mich. Ich durfte dabei sogar in den Spiegel sehen. Zum erstenmal seit vielen Monaten. Der Anblick ließ mich erschrecken. Das Gesicht war blaß und abgemagert. Unter den Augen dunkle Ränder. Nach dieser Prozedur konnte ich duschen. Das war eine Wohltat. Ich nahm mir Zeit dabei und machte reichlich Gebrauch vom heißen Wasser. Als ich noch einmal in den Spiegel sah, rann mir Schweiß von der Stirn. Meine Wangen hatten Farbe bekommen. Und als mich der Offizier in die Zelle brachte, sagte er: «Frische Wäsche anziehen!»

Wozu der Aufwand? Es mußte etwas Besonderes bevorstehen. Zwei Stunden später holte mich der Offizier vom Dienst. Wie an jedem Tag wurde ich am Stalinbild vorbeigeführt, über Treppen und Gänge hinab und hinauf, bis vor eine Tür. Eine andere als sonst.

Das Zimmer, das wir betraten, war sehr groß. Hinter einem Schreibtisch saß der Generalstaatsanwalt Melsheimer höchstpersönlich.

Zwei Jahre zuvor hatte ich ihn noch beim Spaziergang in Schierke beobachten können. Auf Leibwächter gestützt, von Begleitern gefolgt, schlurfte er nach dem Frühstück durch den nahe gelegenen Wald. Immer auf den gleichen Wegen. Er muß damals schon gewußt haben, daß es nicht gut um seine Gesundheit steht. Er litt an Krebs. Nach dem Prozeß, in den fünfziger Jahren, erschoß er sich, wohl weil ihn die Schmerzen zu sehr quälten.

In Schierke allerdings befand er sich noch auf der Höhe seiner Macht. Er bewohnte mit Hilde Benjamin einen Flügel im Hotel «Heinrich Heine». Bewacht und für andere Gäste gesperrt.

Zu dieser Zeit machte ich mit meiner Familie im selben Hotel Urlaub. Im Speisesaal oder in den Aufenthaltsräumen bekamen wir Melsheimer und Benjamin nicht zu sehen. Nur auf den Spaziergängen. Wenn sie kamen, schlugen wir einen anderen Weg ein. Auch die sonstigen Urlauber hielten sich fern.

Rechts vom Schreibtisch saß ein schwergewichtiger Mann. Er trug einen hellbraunen Konfektionsanzug. Während der folgenden Stunden sprach er kein Wort. Er machte nur Notizen. Sonst nichts. Sein Gesicht ließ mich vermuten, daß er vom sowjetischen Sicherheitsdienst war.

An der Wand, links vom Schreibtisch, saßen die Vernehmer, mit denen ich es bisher zu tun gehabt hatte. Auch Staatsanwalt Jahnke. Vor dem Schreibtisch stand ein Holzschemel.

Ich trat grußlos ein – wie immer, wenn ich vorgeführt wurde. Und grußlos wurde ich erwartet. Alle Anwesenden starrten mich an. Der Generalstaatsanwalt nicht. Er war damit beschäftigt, eine Zigarette anzuzünden. Nachdem der Leutnant entlassen war, trat Jahnke an mich heran und sagte: «Sie werden jetzt vom Herrn Generalstaatsanwalt befragt. Zu Ihrer Belehrung mache ich darauf aufmerksam, daß Sie endlich die Wahrheit sagen müssen. Es ist sinnlos, noch immer alles zu leugnen. Sie verschlechtern damit Ihre Lage. Und jetzt –» mit einer Handbewegung auf den Schemel – «dürfen Sie sich setzen.»

Nach dieser Belehrung langes Schweigen. Der Generalstaatsanwalt zog an seiner Zigarette, blätterte in den Unterlagen, die vor ihm lagen. Dann sah er mich an und stieß erregt hervor: «Warum bestreiten Sie Ihre Verbrechen? Halten Sie uns für dumm?»

Wieder Schweigen. Nach einer kleinen Pause mahnte Jahnke mit den Worten: «Antworten Sie auf die Fragen des Herrn Generalstaatsanwaltes.»

Jedes Wort wägend, antwortete ich: «Es wäre töricht, wenn ich Sie für dumm halten würde.»

«Antworten Sie auf meine Frage! Warum leugnen Sie alles?»

«Ihre Frage, Herr Generalstaatsanwalt, zwingt mich zu einer Gegenfrage. Warum beschuldigen Sie mich zahlloser Verbrechen, die ich nicht begangen habe?»

«Zuviel! Diese Unverschämtheit ist zuviel», überschlug sich der fettleibige, kurzatmige, schon am frühen Morgen schwitzende und nervös an seiner Zigarette ziehende Generalstaatsanwalt. Sich über den Tisch beugend, tief Luft holend, fuhr er böse fort: «Ich verbiete Ihnen, Fragen zu stellen... Sie... Sie sind ein verschlagener Lügner... ein Feigling, der sich nicht zu seinen Verbrechen bekennt... Sie werden die Strafe erleiden, die Sie verdienen... Sie Verräter...» Und darauf folgte in Kurzfassung die ganze Skala von Beschuldigungen, die ich schon die ganze Zeit anhören und beantworten mußte. Nach etwa zwei Stunden verlor Melsheimer jede Fassung. Er rang nach Atem, riß sich die Krawatte auf, erhob sich aus dem Sessel, und als wolle er mich über den Tisch ziehen, schrie er: «Ein Sowjetfeind sind Sie, ein hinter-hältiger NATO-Agent, ein Agent des Ostbüros der SPD, ein RIAS-Agent...» Und da verlor er den Faden seiner Rede. Ermattet ließ er sich zurückfallen.

Nachdem er wieder saß, erhob ich mich und rückte meinen Schemel einen Meter zurück. Dann zog ich das Taschentuch und wischte mir den Speichel aus dem Gesicht, den mir der erregte Melsheimer entge-gengeschleudert hatte. Sofort stürzte Jahnke herbei und fragte zornig: «Warum rücken Sie Ihre Sitzgelegenheit zurück?»

«Herr Staatsanwalt, ich habe es nicht gern, wenn man mir ins Ge-sicht spuckt. Deshalb möchte ich mich zurück setzen.»

«Sind Sie wahnsinnig? Sie... Sie nehmen sofort den alten Platz ein! Sofort!» Zwei Vernehmer hatten sich erhoben, eine drohende, aber abwartende Haltung angenommen.

Es blieb keine Wahl. Ich mußte wieder heranrücken. Aber ich ant-wortete zunächst nicht. Erst als mich der Generalstaatsanwalt, mit einem Seitenblick zum schweigsamen Vertreter des sowjetischen Si-cherheitsdienstes, abermals einen Sowjetfeind nannte, erwiderte ich: «Darauf muß ich nicht antworten. Jedermann weiß, daß ich mich zu den Deutschen zählen darf, die von Anfang an gegen Faschismus und Krieg gekämpft haben. Und mein Verhältnis zur Sowjetunion mußte nach der Niederlage Hitlers nicht korrigiert werden. Ich wollte, daß alle hier Versammelten das gleiche von sich sagen können.»

«So viel Unverschämtheit habe ich noch nicht erlebt», ereiferte sich abermals Melsheimer. Wütend schrie er seinen Assistenten zu: «Öff-net das Fenster! Ich ersticke!» Jahnke sprang sofort auf und öffnete eines der Fenster im Rücken des erregten Generalstaatsanwaltes.

Draußen schien die Sonne. Der Wind drückte den weißen Vorhang etwas zurück. Für Sekunden konnte ich in den Hof sehen. Und was ich da sah, schien wie ein Traum. In der Ecke, unweit der Betonmauer, hinter einem Drahtzaun, stand ein wunderschönes Reh. Gleich im Nachbarzwinger pendelte ein Schäferhund hin und her. Reh und Hund schienen aneinander gewöhnt. Darüber, auf einem Wachturm, ein Posten hinter einem MG. Eine Weile hörte ich nicht mehr zu. Das Gesehene nahm mich gefangen. Ein friedliches Reh. Ein lechzender Wolfshund. Ein Maschinengewehr. Ein Kopf unter eisernem Helm. Komisch war das.

Mittag war längst überschritten. Die Vernehmer starrten mich böse an. Dem Generalstaatsanwalt rann der Schweiß von der Stirn. Es schien, daß alle auf das Mittagessen warteten. Wieder erregt, schrie Melsheimer den Namen Lukács in den Raum. Dabei verzog er den Mund, als wäre ihm übel: «Den wollten Sie doch retten, nicht wahr? Wofür? Antworten Sie!»

«Ob ich ihn hätte retten können, weiß ich nicht, Herr Generalstaatsanwalt. Ich bin nämlich nicht dazu gekommen. Der Erste Sekretär der SED, Herr Ulbricht, hat die Reise nach Ungarn untersagt.»

«Warum wollten Sie nach Budapest fahren?»

«Um Lukács zu suchen. Wir waren um sein Schicksal besorgt.»

«Wer ist wir?»

«Anna Seghers, Johannes R. Becher, ich, viele Schriftsteller. Für uns ist Lukács ein bedeutender Marxist, Philosoph, Literaturwissenschaftler und ein guter Freund.»

«Marxist... daß ich nicht lache. Ein Revisionist ist Lukács. Die NATO hat er nach Ungarn gerufen, gegen die Sowjetarmee...»

«Das ist eine Lüge, Herr Generalstaatsanwalt. Sein Werk und seine Erklärungen widerlegen solche Behauptungen.»

«Schweigen Sie!»

Nach einer Weile fragte er, im Ton etwas ruhiger: «Warum wollten Sie Lukács in die DDR holen?»

«Ich wollte ihn nicht in die DDR holen. Falls ich ihn gefunden hätte, vielleicht nach Wien oder Jugoslawien. Wo er in Sicherheit gewesen wäre. Übrigens war das nicht meine Idee, nach Ungarn zu fahren. Anna Seghers und Johannes R. Becher haben mich dazu aufgefordert. Und der Minister für Kultur wollte die erforderlichen Mittel besorgen, sogar sein Westberliner Auto mit Fahrer zur Verfügung stellen. Ernst Fischer in Wien sollte bei der Weiterreise nach Ungarn behilflich sein. Ich erwarte, daß Anna Seghers und Becher als Zeugen vernommen werden.»

«Das würde Ihnen so passen. Minister als Zeugen... Eine Regierungskrise provozieren... Lenin-Preisträger ins Spiel bringen.»

Mit einem Ruck erhob sich der nach Luft ringende Generalstaatsanwalt. Und als wäre er auf seine eigenen Leute böse, schrie er zum Fenster hin: «Abführen!»

Ein paar Tage später kam wieder Abwechslung in den Tagesablauf. Diesmal wurde ich nicht rasiert. Frische Wäsche wurde auch nicht verlangt.

Unter dem Stalinbild warteten drei Posten. Der Kommandoführer legte mir Handschellen an. Dann schob er mich auf die Rampe. Von der Rampe in einen Transportwagen. Eingezwängt in eine der dunklen Kisten begann die Fahrt. Sie dauerte nicht lange. Vielleicht eine halbe Stunde. In Lichtenberg, gegenüber der Staatssicherheit, holten sie mich heraus. Wortlos wurden die Handschellen abgenommen. Dann dirigierte mich der ständige Vernehmer in den ersten Stock. Vor einer Tür sagte er: «Sie dürfen jetzt mit Ihrem Anwalt sprechen.» Danach öffnete er die Tür. Er blieb draußen.

Hinter dem Schreibtisch saß ein freundlich lächelnder Mann. Vielleicht vierzig Jahre alt. Er begrüßte mich mit Handschlag und sagte: «Guten Tag, Herr Janka. Ich bin Rechtsanwalt Friedrich Wolff. Ihre Frau hat mich mit Ihrer Verteidigung beauftragt. Ich hoffe, Sie sind damit einverstanden? Nehmen Sie doch Platz.» Dabei wies er auf einen Sessel vor dem Schreibtisch. Der übliche Holzschemel in der Ecke war nicht vorhanden. Sie hatten ihn wohl für die Dauer dieser Begegnung entfernt.

Nachdem ich mich gesetzt hatte, berichtete Wolff: «Ihrer Frau und den Kindern geht es gut. Sie sollen sich um sie keine Sorgen machen. Es gäbe keinen Anlaß dazu.» Dabei gewann ich den Eindruck, daß er genau das sagte, was ihm von meiner Frau aufgetragen worden war. Fünf Jahre später bekam ich die Bestätigung für die Richtigkeit meiner

Vermutung. Meine Frau war nämlich zu dieser Zeit schon krank. Aber damit wollte sie mich nicht belasten. Deshalb veranlaßte sie auch den Anwalt, nichts über ihr Befinden zu sagen.

Nach einer Pause fügte der Anwalt hinzu: «Auch Frau Gentz läßt grüßen. Sie kann die Verteidigung leider nicht übernehmen. Beim Obersten Gericht ist sie nicht zugelassen. Aber trotzdem arbeiten wir zusammen. Das ist eine große Hilfe für mich. Viele Dinge übersieht sie besser, als ich es kann.»

Durch die Haft mißtrauisch gegen jedermann geworden, beschränkte ich mich aufs Zuhören. Außerdem war ich überzeugt, daß im Nebenzimmer mitgehört wurde. Ich vermutete sogar, daß sie den Anwalt benutzten, um mich gesprächig zu machen. Denn eine Anklageschrift lag noch nicht vor. Die Regel war, Anwälte erst zuzulassen, wenn die Anklage vorlag. Und das geschah immer erst ein paar Tage vor Prozeßbeginn.

Dann fragte ich doch: «Haben Sie die Protokolle einsehen können?»

«Nein. Aber ich weiß, was Ihnen zur Last gelegt wird.»

«Wieso wissen Sie das?»

Um die Antwort aufzuschieben, schob er mir eine Schachtel Zigaretten über den Tisch und sagte: «Ihre Frau hat mir die Zigaretten mitgegeben. Rauchen Sie nur, wenn Sie möchten.» Dann antwortete er: «Gegen Harich hat der Prozeß schon im März stattgefunden. Ich nahm als Verteidiger eines Mitangeklagten teil. Daher weiß ich, wie schwer Sie in diesem Verfahren belastet wurden. Der Prozeß ist vom Verfahren gegen Sie abgetrennt worden, weil Harich in allen Punkten der Anklage geständig war. Ihnen wird vorgeworfen, daß Sie nicht geständig sind. Da ich ahne, was auf Sie zukommt, habe ich den Generalstaatsanwalt gebeten, mir schon jetzt eine Rücksprache mit Ihnen zu erlauben. Das war nicht leicht. Aber ich habe es durchgesetzt.»

«Wie ist denn das Urteil gegen Harich ausgefallen?»

«Zehn Jahre Zuchthaus. Die Mitangeklagten vier beziehungsweise zwei Jahre.»

«Und wofür haben die drei sechzehn Jahre bekommen?»

«Staatsverrat. Artikel 6 der Verfassung.»

Ich zündete mir eine zweite Zigarette an und schwieg. Der Anwalt auch. Dann fragte er: «Wie wollen wir denn verfahren? Oder wie gedenken Sie die Verteidigung aufzubauen?»

Bevor ich antwortete, dachte ich darüber nach, warum mich der Anwalt nicht aufgefordert hatte, wenigstens ihm die Wahrheit zu sagen. Hätte er es getan, wäre ich sofort mißtrauisch geworden. Wahrscheinlich hätte ich ihn als Verteidiger abgelehnt.

Schließlich antwortete ich: «Politisch, Herr Anwalt. Von Verteidigung kann keine Rede sein. Ich weiß nicht, was ich verteidigen soll. Ich werde verleumdet. Für Dinge verantwortlich gemacht, die ich nicht zu verantworten habe. Aber warten wir die Anklageschrift ab. Dann können wir weitersehen.»

«Gewiß. Nur in einem Punkt müssen wir uns klar verständigen. Eine politische Verteidigung gibt es vor unseren Gerichten nicht. Wir kennen nur kriminelle Verbrechen. Keine politischen. Falls Sie darauf bestehen, die Verteidigung politisch aufzubauen, muß ich sie niederlegen. Und Sie werden keinen Anwalt finden, der sich eine politische Konzeption für die Verteidigung zu eigen macht. Das ist vor unseren Gerichten einfach unmöglich.»

«Aber es geht um einen politischen Prozeß», unterbrach ich. «Wie sollten wir argumentieren, wenn nicht politisch?»

«Mich müssen Sie nicht überzeugen. Worum es geht, weiß ich sehr wohl.» Nach einer kleinen Pause fügte er hinzu: «Ich kann nur darauf achten, daß die formalen Bestimmungen eingehalten werden. Ob sie mir als richtig erscheinen oder nicht, ist ohne Belang. Und ich darf nur auf die vom Ankläger erhobenen Beschuldigungen antworten. Wenn möglich mit Gegenbeweisen, aber nicht mit politischen Argumenten.»

«Das ist eine merkwürdige Rechtsprechung», sagte ich. Dann fuhr ich fort: «Zumindest muß mir erlaubt sein, falsche Beschuldigungen zurückzuweisen.»

«Natürlich, das dürfen Sie. Ob Sie aber Erfolg haben, ist zweifelhaft. Sie müssen mit Zeugen rechnen, die schon im Prozeß gegen Harich ausgesagt haben. Deren Aussagen sind nicht mehr zu erschüttern.»

«Dann ist das Urteil schon gesprochen, Herr Anwalt?»

«Darauf darf ich nicht antworten. Nur soviel kann ich sagen: Sie müssen mit einer Verurteilung rechnen.»

«Das hat man mir hier schon hundertmal gesagt. Trotzdem muß ich darauf bestehen, daß Sie auf Freispruch plädieren. Eine andere Haltung könnte ich nicht akzeptieren. Wenn Sie darin mit mir übereinstimmen, bitte ich Sie um Ihren Beistand.»

Der Anwalt gab mir über den Tisch die Hand, sagte aber kein Wort. Er nickte nur, was sein Einverständnis erklären sollte. Wohl deshalb, weil auch er annahm, daß nebenan mitgehört wurde. Nach diesem Händedruck und ein paar Belanglosigkeiten griff er zum Telefon und meldete der Wache, daß die Aussprache beendet sei. Laut sagte er, nachdem er den Hörer aufgelegt hatte: «Sie werden es schwer haben. Ich komme wieder, wenn mir die Anklageschrift zugestellt wird. Wahrscheinlich kommt es bald dazu. Ihnen wünsche ich, daß Sie die Zeit so gut wie möglich überstehen. Zählen Sie auf mich. Ihre Haltung hat mich beeindruckt.»

Ein paar Tage später bekam ich die Anklageschrift. Staatsanwalt Jahnke händigte sie mir aus. Im Büro, gegenüber den Zellen mit Betonschwellen. Das Stalinbild hing noch immer an der Wand. Um der Form Genüge zu tun, mußte ich den Empfang mit Unterschrift und Datum bestätigen.

Sie hatte einen Umfang von etwa fünfzig Maschinenseiten. Durch sie erfuhr ich, wer meine Mitangeklagten waren. Harich, Steinberger und Hertwig zählten nicht mehr dazu. Dafür die Chefredakteure Heinz Zöger und Gustav Just. Und der mir unbekannte ehemalige Redakteur am Staatlichen Rundfunk der DDR, Richard Wolf.

Den jungen Redakteur Wolf lernte ich erst im Zuchthaus Bautzen richtig kennen. Er lag zwei Jahre in der Nachbarzelle. Durch Klopfzeichen berichtete er mir seine Geschichte. Sie war von besonderer Art. Wie überhaupt seine Verwicklung in diesen Prozeß. Mit Harich oder mir hatte er nichts zu tun. Sein Unglück war nur der Zufall, daß er seinen Freund Steinberger, den er in der Schweizer Emigration kennengelernt hatte und der ihn zum Eintritt in die Kommunistische Partei veranlaßt hatte, in dessen Berliner Wohnung besuchte. Harich sprach gerade mit Steinberger über seinen Artikel für die «Einheit». Während der Unterredung hatte Wolf kaum ein Wort zu Harichs Artikel – oder wie es in der Anklage hieß, zu dessen «staatsfeindlicher

Konzeption» – gesagt. Nur auf die von Harich an Wolf gerichtete Frage, ob er seinen Artikel eventuell in einer Westzeitung abdrucken lassen soll, falls die «Einheit» die Veröffentlichung ablehne, erwiderte Wolf: «Das würde ich nicht tun. Du kommst dann in den Verdacht, mit dem Westen gemeinsame Sache zu machen. Wenn er hier nicht gedruckt wird, dann versuche es in einem anderen sozialistischen Land. Vielleicht in Polen oder Ungarn.» Welche Folgen diese Antwort haben sollte, ahnte er freilich nicht. In der Anklageschrift wurde er dafür zum Mitschuldigen erklärt. Zudem habe er es unterlassen, die Verschwörung der «Staatssicherheit» zu melden. Was hätte er denn melden sollen? Daß Harich einen Artikel für die «Einheit» schrieb? Das wäre lächerlich gewesen. Die Redaktion der «Einheit» war doch von Harichs Absicht informiert. Melden sollte er, was angeblich von ihm gefordert wurde. In der Anklageschrift hieß es dazu:

«Ebenso wie bei den Unterhaltungen mit dem dem Ostbüro der SPD angehörenden Siegfried, wurde auch bei der Besprechung zwischen Harich, Steinberger und Wolf die Notwendigkeit festgestellt, den Kreis der Gleichgesinnten zu vergrößern, insbesondere auch in verschiedenen SED-Betriebsgruppen Fuß zu fassen. Dazu forderte Harich den Zeugen Wolf auf zu prüfen, welche Möglichkeiten hierfür beim Staatlichen Rundfunkkomitee bestünden. Harich selbst wollte versuchen, im Verlag Rütten & Loening, im Museum für Deutsche Geschichte, im Gesellschaftswissenschaftlichen Institut beim ZK der SED sowie im Philosophischen Institut der Humboldt-Universität für die Gründung oppositioneller Gruppen zu sorgen. Bei der Erörterung der Frage, ob es zweckmäßig sei, mit Mitgliedern der SPD Kontakte aufzunehmen, erklärte Harich, daß eine derartige Verbindung unweigerlich zum Ostbüro der SPD führen würde und dies nicht angebracht sei. Bevor Harich an diesem Abend Steinberger verließ, sagte er ihm noch zu, daß er ihn sowohl mit Janka in Verbindung bringen als auch dafür sorgen werde, daß Steinberger die Überarbeitung des Programms der Sekretärin Harichs im Aufbau-Verlag diktieren kann...»

Wolfs Beteuerungen, nichts von der Bildung oppositioneller Gruppen gewußt zu haben, wurde zurückgewiesen. Sein Besuch bei Steinberger machte ihn schuldig.

Seine Geschichte hatte aber noch eine Vorgeschichte. Und wahrscheinlich wurde gerade sie ihm zum Verhängnis. Als er noch Redakteur beim Rundfunk war, wurde er eines Tages zum Generalintendanten Gerhart Eisler gerufen. Dieser beauftragte Wolf, die letzte Rede von Harry Pollitt, Vorsitzender der KP Großbritanniens, zu kommentieren.

Wolf übernahm den Auftrag. Teilte genau mit, was Pollitt über die Bedeutung des XX. Parteitages der KPdSU und den Aufstand in Ungarn gesagt hatte. Als dann Eisler den Kommentar abzeichnen sollte, ließ er Wolf noch einmal zu sich kommen. Schroff beauftragte er ihn, den Absatz über die Ereignisse in Ungarn zu streichen. «Für uns ist nur Pollitts positive Einschätzung des Parteitages von Interesse. Alles, was er zu Ungarn gesagt hat, muß weggelassen werden.»

Dazu erklärte Wolf: «Einen verfälschten Kommentar schreibe ich nicht. Wenn wir die Stellungnahme zu Ungarn weglassen, machen wir die Rede bedeutungslos.»

Eisler wischte den Einwand weg: «Entweder schreibst du den Kommentar, wie es die Partei erwartet, oder du kannst nicht Redakteur sein.»

Wolf erwiderte: «Die Partei kann nicht die Unwahrheit fordern.»

Eisler: «Red keinen Unsinn. Ungarn kommt raus, oder du kannst dir deine Papiere geben lassen.»

Damit war er entlassen. Als Redakteur fand er in der DDR keine neue Anstellung. Und um gleich allen anderen Redakteuren eine Lektion zu erteilen, wurde er flugs zum Mitverschworenen der «konterrevolutionären Gruppe Harich–Janka» erklärt. Und man kann sagen, daß diese Lektion ihre Wirkung nicht verfehlte.

Die Anklageschrift gab mir viele Rätsel auf. Ich begriff nicht, warum Nebensächlichkeiten, die nach meiner Meinung mit der Sache überhaupt nichts zu tun hatten, herausgestellt wurden. Zum Beispiel Harichs geplante Reise nach Polen. Mit dem Philosophen Adam Schaff mußten strittige Korrekturen an dessen Manuskript besprochen werden. Der Verlag hatte Schaffs Arbeit vor dem XX. Parteitag unter Vertrag genommen. Die Drucklegung lange vorbereitet. Da Schaff nicht nach Berlin kam, mußte sein Lektor irgendwann nach Warschau fahren. Und sein Lektor war Harich.

Behauptet wurde, Harich habe diesen Besuch als Vorwand benutzen wollen, um sich mit konterrevolutionären Intellektuellen zu besprechen und sein Programm von Polen aus zu propagieren. Mich habe er von dieser Absicht unterrichtet. Ich soll ihn dazu ermuntert haben.

Ich erinnere mich, wie Harich mit den Druckfahnen zu mir kam, auf die ungeklärten Stellen in der Übersetzung aufmerksam machte und darum bat, Schaff aufsuchen zu dürfen. Wahr ist, daß wir mit Schaff zu einem abschließenden Gespräch kommen mußten. Und wenn eine solche Begegnung mit dem einflußreichen Intellektuellen weitere Gespräche mit anderen polnischen Freunden zur Folge gehabt hätte, würde ich das als ganz selbstverständlich und völlig gerechtfertigt betrachtet haben.

Das war lange vor seinen Gesprächen mit den Vertretern der SPD in Westberlin und dem Gespräch mit Steinberger. Anhand der Unterlagen im Aufbau-Verlag und im Kulturministerium wäre leicht zu prüfen gewesen, wann der von mir für Harich befürwortete Reiseantrag an das Ministerium weitergeleitet worden war. Die Bearbeitung solcher Anträge dauerte in der Regel sechs bis acht Wochen.

Die Begegnung Harichs mit Steinberger fand am 25. November 1956 statt. Am 26. November reiste er nach Hamburg, und am 29. November wurde Harich verhaftet. Es ist also ausgeschlossen, daß ich nach seinem Gespräch vom 25. den Reiseantrag gestellt haben kann. An diesem Tag hatte es zwischen Harich und mir kein Gespräch gegeben.

In der Anklage wurde noch vermerkt: «Als Harich von Hamburg aus am 29. November 1956 wieder auf dem Flugplatz Tempelhof ankam, erkundigte er sich nach Möglichkeiten einer Flugreise nach Polen. Er notierte die Flugzeiten und Flugkosten. Diese Feststellung traf er, weil er damit rechnete, eventuell illegal nach Polen reisen zu müssen. Danach begab er sich in seine Wohnung und kurz darauf zu Janka wegen seiner Reisegenehmigung nach Polen.»

Ob sich Harich in Tempelhof über einen Flug nach Warschau informiert hat, weiß ich nicht. Mich hat er in der höchstens fünf Minuten dauernden Begegnung im Verlag davon nicht informiert. Und die Polenreise wurde in einem einzigen Satz von Harich angesprochen. Er fragte nur: «Wurde der Reiseantrag nach Polen schon genehmigt?» Er hätte diese Frage niemals stellen können, wenn wir den Antrag erst nach seiner Begegnung mit Steinberger ans Ministerium weitergeleitet hätten. Ich antwortete auf seine Frage: «Nein, es wird noch dauern.»

Über seine Gespräche in Hamburg sagte er mir: «Die Diskussionen waren interessant. Ich werde noch erzählen.» Und damit war das Gespräch beendet. Im Vorzimmer warteten die nächsten Besucher.

Wie schon in den Vernehmungen, spielte die von Studenten der Veterinärmedizinischen Fakultät an der Humboldt-Universität angeblich geplante Demonstration Unter den Linden eine Rolle. Gewaltsamer Widerstand gegen die Polizei sollte als Auftakt für eine Rebellion dienen. Es war nicht Harich, der mich über diese Demonstration informierte, sondern der Produktionschef Eichel, zu jener Zeit Kampfgruppenkommandeur in Berlin-Mitte. Er kam an einem Spätnachmittag im November 1956 ins Büro und erklärte: «Ich wurde zum Nachteinsatz der Kampfgruppen befohlen. Demzufolge kann ich den Dienst morgen erst später antreten.» Dann fügte er hinzu: «Die Studenten wollen Krawalle provozieren. Die Kampfgruppen haben den Befehl erhalten, jeden Versuch im Keim zu ersticken. Wenn nötig, niederzuprügeln.»

Während dieser Mitteilung trat zufällig Harich in mein Büro. Er war über die Äußerungen des sonst so friedlichen Produktionsleiters Eichel erstaunt. Zwei Stunden später, gegen 19 Uhr, kam Harich abermals in mein Büro. Er fragte: «Kannst du mich mitnehmen, wenn du nach Hause fährst? Mir geht der Spuk Unter den Linden durch den Kopf. Vielleicht können wir einmal an der Universität vorbeifahren und feststellen, ob wirklich etwas im Gange ist.» Ich antwortete ohne Bedenken: «Das können wir. Im übrigen glaube ich nicht an eine solche Demonstration. Aber wir werden ja sehen.»

Als wir dann die Linden entlangfuhren, war nichts zu bemerken. Es herrschte völlige Ruhe. Die breite Allee war menschenleer. Am nächsten Tag berichtete mir der Produktionsleiter: «Die Nacht ist ohne Zwischenfälle verlaufen.»

Ich setzte Harich vor seiner Wohnung ab. Ohne jeden Bezug sagte er plötzlich: «Ich habe Angst. Immer denke ich, daß man mich aus meiner Wohnung holt und an der nächsten Laterne aufhängt. Wie in Ungarn. Vielleicht muß ich mich nach einer zweiten Wohnung umsehen. Hast du keine Angst?»

«Nein, keine Angst. Ich brauche auch keine zweite Wohnung. Und du hast ebensowenig Grund dazu. Schlag dir solchen Blödsinn aus dem Kopf.»

Gänzlich anders stellte die Anklageschrift den Vorgang dar. In ihr wurde behauptet, Harich habe mit mir beschlossen, an den geplanten Krawallen teilzunehmen; unsere Absicht sei gewesen, an die Spitze der Demonstration zu treten, sie zu einer Massenaktion zu machen. Auf Harichs Frage nach einer zweiten Wohnung hätte ich geantwortet: «Vielleicht müssen wir das später in Betracht ziehen, wenn es zu offenen Auseinandersetzungen kommt.»

Die Anklageschrift ging davon aus, daß ich die alleinige Verantwortung für das «verräterische Treiben» Harichs zu tragen hätte. Ich wäre über seine «staatsfeindliche Konzeption» unterrichtet gewesen und hätte ihn aufgefordert, sie schriftlich auszuarbeiten. Daß diese Behauptung falsch ist, wurde schon gesagt. Aber worum ging es wirklich?

Harich hatte mich wiederholt wissen lassen, daß er einen Artikel für das theoretische Organ der SED, die «Einheit», schreibe und fügte hinzu: «Wenn ich fertig bin, bekommst du ihn zu lesen.» Und diese Absicht fand ich völlig berechtigt. Es gab nichts, was dagegen sprach. Dann aber wurden die Dinge verlogen auf den Kopf gestellt.

Obwohl ich nachweisen konnte, niemals eine «Konzeption» gelesen zu haben, wurde mir die alleinige Verantwortung für Harichs «konterrevolutionäre Konzeption» aufgebürdet. Wem und wozu dienten diese durchsichtigen Entstellungen und Machenschaften?

Von den Vorgängen in anderen sozialistischen Ländern beeinflußt, ging es in der Partei – auch in der Führung – wieder turbulent zu. Aufgetretene Meinungsverschiedenheiten drängten zu politischen Lösungen. Und weil Ulbricht dazu unfähig war, endeten sie mit neuen Ausschlüssen, zwangen zu Selbstmorden, zu Flucht aus der DDR und neuen Justizverbrechen. Über das Schicksal des damals dritten Mannes im Politbüro, Gerhard Ziller, läßt sich im «Biographischen Lexikon der Geschichte der deutschen Arbeiterbewegung», 1970 vom Dietz Verlag

Berlin herausgegeben – gleich darauf wieder auf Veranlassung von Ulbricht eingestampft –, nachlesen:

«Im November 1950 wurde Ziller zum Minister für Maschinenbau der DDR berufen. Seit Februar 1953 leitete er das Ministerium für Schwermaschinenbau. Im Juli 1953 wurde er zum Sekretär des Zentralkomitees der SED gewählt. Seit 1953 gehörte er der Volkskammer der DDR an. In der Situation äußerst zugespitzten Klassenkampfes in der Welt und in Deutschland im Herbst 1956 erhob Ziller gemeinsam mit anderen die revisionistische Forderung, die sozialistische Entwicklung in der DDR zu verlangsamen, was schließlich zur Preisgabe der Errungenschaften des sozialistischen Aufbaus geführt hätte. Diese revisionistische Konzeption wurde von der gesamten Partei zurückgewiesen und der Versuch, mit fraktionellen Methoden die Führung der SED und des Staates an sich zu reißen, vereitelt.»

Wer mit den anderen «Revisionisten» im ZK gemeint war, hat man bald danach erfahren: zum Beispiel Karl Schirdewan, Mitglied des Politbüros und Zweiter Sekretär im ZK, Ernst Wollweber, Minister für Staatssicherheit und Mitglied des ZK, Kurt Vieweg, Mitglied des ZK und Präsident der Akademie der Landwirtschaftswissenschaften. Sie alle wurden nach internen Machtkämpfen gemaßregelt, von sämtlichen Funktionen entbunden beziehungsweise ausgeschlossen.

Ziller beging Selbstmord. Wollweber stellte sich unter den Schutz der sowjetischen Besatzungsmacht. Aufgrund treuer Dienste in früheren Jahren hat sie ihn bis zu seinem Tode geschützt. Einigen Mitarbeitern, die Wollweber weder decken noch schützen konnte, empfahl er die Flucht in die Bundesrepublik. Darunter Seigewasser, Sohn des damaligen Staatssekretärs für Kirchenfragen. Nach seiner Flucht wurde er in die DDR «zurückgeholt». Mit zehn Jahren Zuchthaus ging er dann nach Bautzen.

Vieweg entzog sich der Verhaftung durch Flucht. Ihn mußte man nicht zurückholen. Er kam von selbst. Weder die Amerikaner in Frankfurt noch Herbert Wehner zeigten Interesse für ihn. Sie horchten Vieweg nur gründlich aus. Danach schickten sie ihn nach Westberlin zurück. Dort erwartete ihn schon ein Abgesandter von Ulbricht. Er brachte das Ehrenwort mit, daß ihm nichts passieren würde, wenn er freiwillig in die DDR zurückkehre. Der Glaube an das Ehrenwort wurde mit fünfzehn Jahren Zuchthaus belohnt.

Bleibt noch das Mysterium, warum der Mitwisser Erich Wendt, den Harich fortlaufend über seine Gespräche mit der SPD informierte, nicht unter Anklage gestellt wurde. Wenn überhaupt jemand für Harichs Verbindungen zur SPD, zumindest als Mitwisser, verantwortlich gemacht werden konnte, dann Wendt. Seine widerspruchsvolle Rolle ist mir lange durch den Kopf gegangen. Zur letzten Begegnung mit ihm kam es wenige Tage vor meiner Verhaftung.

Aus Anlaß des 65. Geburtstages von Karl Grünberg gab der Kulturbund ein Essen. Als der Abend zu Ende ging, fragte mich Wendt: «Kannst du mich mitnehmen? Ich habe zur Zeit keinen Dienstwagen.» Ich bejahte natürlich. Gegen Mitternacht fuhren wir bis vor seine Wohnung in Friedrichshagen. Unterwegs fragte Wendt: «Sind dir die Gründe für Harichs Verhaftung bekannt?»

«Nein.»

Dann fuhr Wendt fort: «Bist du dir klar darüber, daß der Fall Harich für dich Folgen haben kann?»

«Warum sollte er für mich Folgen haben?»

«Harich war bei dir angestellt. Sein Verhalten wird dir nicht entgangen sein. Außerdem hast du eine hohe Stellung im Verlagswesen. Ohne Einfluß auf die Schriftsteller bist du auch nicht. Dazu ein Freund von Paul Merker. Das kommt alles hinzu...»

«Na und?»

Mit keinem Wort sprach Wendt davon, daß er von Harich über dessen Verbindung zur SPD unterrichtet war. Er tat so, als wisse er überhaupt nichts. Bei der Verabschiedung, schon auf der Straße stehend, sagte er noch: «Sei nicht so selbstsicher. Überleg dir, wie du dich absichern kannst.»

«Mal den Teufel nicht an die Wand. Es gibt nichts abzusichern.»

Auf der Fahrt nach Kleinmachnow dachte ich darüber nach, was Wendt mit «Absicherung» gemeint haben konnte. Vielleicht hatte er mich zur Flucht anregen wollen. Heute folgere ich, daß Wendt nur in Erfahrung bringen sollte, ob Harich mit mir über seine Verbindung zur SPD gesprochen hatte.

Der Prozeß

23. Juli 1957. Mit einem Polizeiaufgebot höchster Alarmstufe begann der Prozeß. Und einem Publikum, wie ich es nicht erwartet hatte. Er dauerte eine Woche, täglich von acht Uhr bis in die Abendstunden. Für sozialistische Verhältnisse ein langer Prozeß.

Die Nacht zuvor hatte ich nicht geschlafen, obwohl mir der Haftarzt einen Schlaftrunk gebracht hatte. Ich mußte ihn in seiner Gegenwart schlucken. Als er mich verließ, sagte er: «Jetzt werden Sie gut schlafen.» Sein Medikament bewirkte das Gegenteil.

Früher als sonst holten sie mich: Rasieren, Haare schneiden, frische Wäsche, Krawatte, Schnürsenkel, geputzte Schuhe, gebügelte Garderobe, alles von noch peinlicherer Korrektheit als bei der Vernehmung durch den Generalstaatsanwalt. Zuvor acht Tage «Höhensonne». Also braungebrannt wie nach einer Kur, reif für die Öffentlichkeit.

Der ständige Vernehmer, das Bleichgesicht, erwartete mich vor dem Stalinbild. Er zog mich auf die Seite, direkt unter das Bild, und sagte: «Ich empfehle, über die Höhe der zu erwartenden Strafe nachzudenken. Auf den Putz hauen, den Volkstribun spielen, heißt die Jahre verdoppeln. Überlegen Sie sich das. Es ist ein Unterschied, ob man fünf oder zehn Jahre einfängt.»

Ich antwortete nicht. Was hätte ich auch sagen sollen? Das Bleichgesicht schien auch keine Antwort zu erwarten. Aber ganz ohne Wirkung blieb sein «Rat» nicht. In den folgenden Tagen spukte diese Drohung in meinem Kopf herum. Besonders in den Nächten, die ich schlaflos verbrachte. Ich wurde richtig wütend auf mich selbst, weil ich mich von dem Druck, fünf oder zehn Jahre, nicht freimachen konnte.

Nach diesem «Rat» schob er mich in die Gruppe der grün unifor-

380

mierten Sicherheitsleute. Sonst tragen sie graue Uniformen. Wenn sie aber Häftlinge vor Gericht bringen, zeigen sie sich in Uniformen der Volkspolizei. Auch der Leutnant, der mich stets begleitet hatte, wenn ich auf Transport kam, trug grüne Uniform. Er empfing mich mit der Aufforderung: «Hände vorhalten!» Handschellen wurden angelegt. Danach schob er mich auf die Rampe und dann in den Kastenwagen. Nach mir wurden weitere Häftlinge gebracht: Just, Zöger, Wolf.

Als der Motor angelassen wurde, hörte ich, wie noch andere Autos gestartet wurden. Offenbar Begleitwagen. Auf dem Hof des Obersten Gerichtes in der Scharnhorststraße, direkt an der Grenze zu Westberlin, endete die Fahrt. Uniformierte Posten bildeten Spalier. Bis vor die Wartezellen im ersten Stock. Die waren wie Löwenkäfige ausgestattet. Für die vier Kommunisten, die als Verräter abgeurteilt werden sollten, war das ein erstaunliches Aufgebot. Ulbricht ließ gleich mehrere Kompanien aufmarschieren. Auch die Straße war in ein Heerlager verwandelt worden. Das konnte natürlich nicht ohne Wirkung bleiben. Waffengeklirr beeindruckt immer. Es macht die Gefährlichkeit der Staatsverbrecher anschaulich. Und für die Öffentlichkeit war das ja gedacht. Ich muß gestehen, daß mich dieser Aufwand überraschte.

Da nur zwei Zellen zur Verfügung standen, sperrten sie mich mit Wolf zusammen. Unterhaltung war verboten. Um die Häftlinge nicht aus den Augen zu lassen, wurde ein Hauptwachtmeister gleich mit in die Zelle gesperrt. Er postierte sich so, daß er alles beobachten konnte. Sitz- oder Liegegelegenheiten waren nicht vorhanden. Vor dem Eisengitter, auf dem Flur, zahllose Posten. Auch die Vernehmer standen herum.

Wolf fand dennoch Gelegenheit, mir etwas zuzuflüstern: «Freut mich, mit dir in einer Zelle zu sein.»

«Wieso freust du dich?»

Es verging eine Weile, bis er antworten konnte: «Ich mag dich.» Er ahnte sicher nicht, wie gerührt ich war.

Schließlich war es soweit. Die Angeklagten wurden herausgeholt und in eine Reihe gestellt. Erst Wolf, dann Zöger und Just. Ich machte den Letzten. Auf der Anklagebank nahm ich den ersten Platz ein. Zwischen den Angeklagten jeweils ein Uniformierter. Hinter ihnen noch weitere sieben.

Der Gerichtssaal. Gewaltig in seinen Ausmaßen. Die Einrichtung aus Eichenholz. Völlig neu. Weißgestrichene Wände. Die Decke stuckverziert. Hohe Fenster. Weiße Gardinen und dunkelrote Vorhänge. Spiegelblankes Parkett. Vorn, auf einem Podest, über die ganze Breite, das Pult für das Präsidium. Links davon ein langes Pult mit großartigen Sitzgelegenheiten für den Ankläger. Zur Rechten eine Tür, durch die die Angeklagten hereingeführt werden. Gleich daneben eine Loge mit harten Bänken. Hier mußten die Angeklagten Platz nehmen. Davor einfache Tische mit Stühlen für die Verteidiger. In einem Abstand von zehn Metern, dem Präsidium gegenüber, eine Tischreihe mit bequemen Sitzgelegenheiten, für Presse und Berichterstatter. Dahinter Bestuhlung. Je nach Anordnung fanden dort hundert bis dreihundert Zuhörer Platz. Zwischen dem Präsidium und der Presse blieb eine große Fläche frei. Drei Meter vor dem Präsidium, in der Mitte, das Mikrofon für Zeugen oder Angeklagte.

Beim Eintreten herrschte absolute Stille. Presse und Publikum hatten schon vorher ihre Plätze eingenommen. Ich traute meinen Augen nicht. Viele bekannte Gesichter. Der Vorstand des Schriftstellerverbandes. Die Künstlerverbände und der Kulturbund mit Spitzenfunktionären. Ministerien und Großbetriebe durch Abgesandte vertreten. Verlegerkollegen waren auch da. Alle aufgefordert, als Zuhörer teilzunehmen. Sogar die Humboldt-Universität mußte ein paar Professoren abkommandieren. Wie in einer Klausurtagung durfte keiner den Saal während der Verhandlung verlassen. In den Pausen auch das Gebäude nicht. Um die Zuhörer zu sättigen und ihren Durst zu stillen, war im Foyer ein Buffet eingerichtet. Bezahlt werden mußte nicht. Bei solchen Schauspielen durfte auf Kosten der Gesellschaft gegessen werden.

Meine Frau war nicht zu entdecken. Der Staatsanwalt hatte ihr den Zutritt verweigert. Als sie trotzdem darauf bestanden hatte, wurde ihr die Vorladung als Zeugin angedroht. Mit dem Hinweis, daß einige Zeugen im vorausgegangenen Harich-Prozeß den Saal nach ihren Aussagen nur noch als Verhaftete hätten verlassen können.

Unter den Zuhörern entdeckte ich eine große Anzahl Gesichter, die trotz Zivilkleidung erkennen ließen, daß sie vom Sicherheitsdienst waren. Stramme Burschen im Alter von zwanzig bis dreißig Jahren. Schön verteilt, damit sie auf ein Zeichen hin für Stimmungsmache sorgen konnten. Die Krawalle ließen dann auch nicht lange auf sich warten.

Nach Einzug der Angeklagten trat der Generalstaatsanwalt in den Saal. Er kam durch eine Tür auf der anderen Seite. Gefolgt von seinem Mitarbeiter Jahnke und einem Justizangestellten, der einen Berg Akten auf das Pult legte und wieder verschwand. Wenige Minuten später trugen Justizangestellte einen Polstersessel herein. Sie stellten ihn ein paar Meter seitlich vom Staatsanwalt, aber mit genügend Abstand von der Presse, genau der Anklagebank gegenüber, ab. Alle Anwesenden verfolgten den Vorgang mit Interesse. Jeder fragte sich, wem wohl der Sessel zugedacht sei. Die Antwort folgte augenblicklich. Durch die Tür, durch die die Angeklagten in den Saal geführt worden waren, trat keine Geringere als Hilde Benjamin, Minister für Justiz. Und nahm in dem bereitgestellten Sessel Platz.

Frau Benjamin, scheinbar gelangweilt, war von seltsamer Wirkung. Ich mochte sie schon vor dem Prozeß nicht. Mir hatte immer schon ihr Geschrei in den Schauprozessen gegen Spione und Agenten, in denen sie noch die Funktion des Anklägers hatte, mißfallen. Die maßlosen Beschimpfungen der Beschuldigten erinnerten an alte Praktiken.

In diesem Prozeß aber zeigte sie sich ganz anders. Als stille Beobachterin auf einem gepolsterten Sessel. Ihren Platz hatte sie genau den Angeklagten gegenüber gewählt. In Melsheimers Nähe. Ihre Gegenwart spornte ihn zu höchster Leistung an. Eine ganze Woche lang. Meist lag sie wie eine erschöpfte Frau in ihrem Sessel. Nur die Augen zeigten keine Müdigkeit. Immer starr auf die Angeklagten gerichtet. Wenn sie kam oder ging, schleppte sie sich dahin.

Nachdem sie sich niedergelassen hatte, öffnete sich die Tür an der Stirnseite des Saales. In schwarzen Anzügen traten die Richter ein. Vizepräsident Ziegler als Vorsitzender, Oberrichter Dr. Löwenthal und Richter Reinwarth als beisitzende Richter. Alle Anwesenden erhoben sich. Der Vorsitzende verkündete stehend: «Die Verhandlung gegen Janka, Just, Zöger und Wolf ist eröffnet.»

Der erste Tag war mit den Vernehmungen zur Person ausgefüllt. Der zweite mit dem Plädoyer des Generalstaatsanwaltes. Der dritte mit Beweisaufnahmen und Zeugenaussagen. Der vierte mit den Verteidigern. Der Schlußtag mit der Verkündung der Urteile. Über das schon zu den Voruntersuchungen Gesagte hinaus bleibt wenig über den Gang des Prozesses zu berichten. Aber es lohnt, die Rede von Ulbricht auf dem 30. Plenum des ZK der SED, Februar 1957, nachzulesen. Da wurden die Hauptpunkte der Anklage schon vorweggenommen:

«... unsere Partei ist im letzten Jahr, das von komplizierten Ereignissen erfüllt war, festen Schrittes vorwärtsgeschritten. Die Genossen haben eine gute Arbeit geleistet und die wütenden Angriffe des Gegners gegen unsere Partei und gegen die Arbeiter-und-Bauern-Macht gemeinsam mit den Blockparteien und den anderen Kräften der Nationalen Front zurückgeschlagen. Und jetzt gehen wir zur Gegenoffensive über...»

Die Rede von Ulbricht beweist, daß es um weit mehr ging als um den Aufbau-Verlag. Der Verlag wurde nur zum Auslöser der «Gegenoffensive» gemacht. Die Kritiker in allen Parteiorganisationen und Institutionen sollten abgeschreckt werden. Und natürlich auch die Kritiker im ZK und Politbüro selbst. Harich bot dafür den äußeren Anlaß. Die Gespräche mit SPD-Vertretern in Westberlin und die Diskussion in Hamburg wie auch die schriftlichen Aufzeichnungen für einen Artikel, der in der «Einheit» erscheinen sollte, waren genau das, was für ein großangelegtes Gerichtsverfahren ausgebeutet werden konnte.

In seinem Plädoyer verlas Melsheimer einen vorbereiteten Text gegen Georg Lukács: An der Spitze der ungarischen Intellektuellen habe Lukács mit Tibor Déry und Julius Hay seine Partei verraten und die Konterrevolution in Ungarn angeführt... Aufrechte, der Partei ergebene Schriftsteller, die sich den Marxismus-Leninismus zu eigen gemacht hätten, seien von ihm verleumdet worden...

All das durfte Melsheimer in Gegenwart vieler Schriftsteller sagen, die den weltweit bekannten Literaturwissenschaftler immer geschätzt hatten. Noch wütender fuhr Melsheimer fort: «Und diesen Mann, der westlichen Korrespondenten gegenüber die Erklärung abgab, daß die Kommunistische Partei bei freien Wahlen jetzt noch fünf Prozent der Stimmen erhalten würde, wollte der hier auf der Anklagebank sitzende Janka in die Deutsche Demokratische Republik holen und zum geistigen Oberhaupt der Konterrevolution im Ersten deutschen Arbeiter- und-Bauern-Staat machen...»

Mein abermaliger Zwischenruf: «Diese Behauptungen sind Verleumdungen», wurde vom Vorsitzenden wieder unterdrückt: «Falls der Angeklagte Janka solche Ausfälle nicht unterläßt, muß er mit zusätzlicher Bestrafung rechnen.»

Ziegler hatte die Verwarnung noch nicht zu Ende gesprochen, da brachte die Rede Melsheimers gegen Lukács und mich den Zuschauerraum außer Rand und Band. Die abkommandierten Schreier riefen: «Nieder mit den Verrätern!... Ins Gefängnis mit den Verbrechern!»

Der Vorsitzende ließ die Randalierer gewähren. Erst als sich die Schreier beruhigt hatten, bat er, von Zurufen Abstand zu nehmen.

Die anwesenden Schriftsteller von Anna Seghers, Willi Bredel bis Bodo Uhse hatten sich an der Schreierei nicht beteiligt. Sie blieben stumm. Ihre Gesichter wurden fahl. Anders reagierten die Berichterstatter des «Neuen Deutschland», «Sonntag» und anderer Zeitungen. Sie trommelten mit den Fäusten auf die Tischplatten. Wie Studenten nach einer wohlgefälligen Vorlesung.

Auch Heli Weigel, die Witwe von Brecht, die mir ihre Sympathie durch Zuwinken bekundet hatte, war blaß geworden. Betroffen sah sie vor sich hin. Daß sich keiner der hier vertretenen Freunde von Lukács dazu aufschwang, gegen die unwahren Behauptungen zu protestieren, war die schlimmste Enttäuschung für mich während des ganzen Prozesses. Anna Seghers, die mich aufgefordert hatte, den bedeutendsten Autor des Verlages zu suchen, ihm wenn möglich zu helfen, damit der siebzigjährige Freund nicht ein Opfer der Aufständischen in Ungarn würde, blieb stumm. Als hätten sich die Worte des Herrn Melsheimer gegen Lukács nicht auch gegen sie gerichtet. Gerade sie hätte sich der Mitverantwortung nicht entziehen dürfen. Schon deshalb nicht, weil sie die namhafteste Frau war, die es sich leisten konnte, ihre Stimme der Wahrheit zu leihen. Ein wenig Mut hätte ihrem Ruf nicht geschadet und ihre Position nicht gefährdet. Selbst Ulbricht hätte es nicht gewagt, sie verhaften oder auch nur belästigen zu lassen. Alles das wußte sie. Trotzdem blieb sie stumm.

Manipuliert wie die Beschuldigungen gegen Lukács war auch die Zeugenvernehmung. Und natürlich nahm die Presse keine Notiz davon, daß alle Entlastungszeugen, die sich von selbst dem Gericht angeboten hatten, wie Erika Mann, Johannes von Guenther, Leonhard Frank, Günther Weisenborn, nicht zugelassen wurden. Ich selbst hatte Johannes R. Becher und Anna Seghers als Zeugen benannt. Auch sie wurden nicht zugelassen. Dabei hätten gerade sie zur Aufklärung der Sachverhalte beitragen können.

Das «Neue Deutschland» übertraf sogar noch die Behauptungen des Generalstaatsanwaltes. Was Melsheimer nicht gelang, vollbrachte das ND. Es machte alle Angeklagten geständig. Und es überführte auch mich: «Alle Versuche des Angeklagten Janka, durch ständiges Lügen sein aktives Mitwirken an der Ausarbeitung der verbrecherischen Pläne abzustreiten, wurden durch die Aussagen der Zeugen zunichte gemacht...»

Die Wahrheit ist, daß sich weder Just noch Wolf und schon gar nicht ich schuldig erklärt haben.

Auch Zöger bestätigte nicht, daß das Zusammensein am 21. November in meiner Wohnung «ein staatsfeindlicher Akt» gewesen sei. Auf die Fragen Melsheimers antwortete er, sich nicht erinnern zu können. Er habe zuviel Cognac getrunken. Was nicht stimmte – es war so gut wie kein Alkohol getrunken worden.

Und der stille Wolf machte überhaupt keine Konzessionen an den Ankläger. Mit keinem Wort seiner einsilbigen Verteidigung bekannte er sich schuldig oder war – wie das ND behauptete – «weitgehend geständig». Er nahm den Prozeß überhaupt nicht ernst. An so unerhörte Verdrehungen wollte er einfach nicht glauben. Vielleicht war er auch der Überzeugung, daß man gegen Verleumdungen von Staats wegen ohnehin nichts machen könne.

Einer gewissen Komik entbehrte die Zeugenvernehmung nicht. Die vorgeladenen Lektoren und Redakteure aus dem Verlag – mit einer

Ausnahme – legten gute Zeugnisse für die Angeklagten ab. Zu Wolf konnten sie nichts sagen, weil sie ihn nie gesehen hatten. Auch gegen Harich sagten sie nichts Belastendes. Das konnten sie auch nicht, weil er im Verlag nichts getan hatte, was strafbar gewesen wäre. Und von seinen Gesprächen mit der SPD in Westberlin hatten sie keine Ahnung. Melsheimer sah sich durch die Aussagen enttäuscht. Den letzten Zeugen ließ er aus Ärger darüber nicht mehr rufen. Man wisse schon, was der zu sagen habe. Für den Fortgang der Verhandlung sei seine Aussage ohne Bedeutung.

Anders war das mit der «Ausnahme». Sie bestätigte alle Beschuldigungen. Harich habe täglich mit Janka konferiert. Bestimmt auch mit ihm über die ausgearbeitete Konzeption gesprochen. Meine Frage, wie der Zeuge diese Behauptung beweisen könne, mußte er nicht beantworten. Der Generalstaatsanwalt erhob Einspruch. Die Frage diene nur der Verwirrung des Zeugen. Und so verabschiedete er ihn mit Lob und Dank für seine Aussagen. Darauf durfte die «Ausnahme» stolz sein. War sie doch der einzige Zeuge, der Lob und Dank mit nach Hause nehmen konnte.

Dramatisch hingegen war die Vernehmung der Kronzeugen. Melsheimer ließ sie zuletzt auftreten. Braungebrannt – höhensonnengebräunt – trat der zu zehn Jahren Zuchthaus verurteilte Harich ans Mikrofon. Bevor ihm das Wort zuteil wurde, belehrte ihn der Vorsitzende: Als Verurteilter dürfe er die Aussage nicht verweigern. Und er müsse die ganze Wahrheit sagen. Andernfalls habe er mit zusätzlicher Strafe zu rechnen.

Damit er gleich auf die Fragen zu sprechen kam, um die es in diesem Prozeß ging, erinnerte ihn der Generalstaatsanwalt an die Verbrechen, für die er verurteilt worden sei. Dabei lobte Melsheimer die Geständnisfreudigkeit Harichs, durch die erst die Verbrechen des Janka und der Mitverschworenen hatten aufgedeckt werden können.

Dann begann Harich. Melsheimer, die Richter, die Zuhörer hörten gespannt zu. Er sprach wie in seinen besten Zeiten. Jedes Wort, jeder Satz mit Emphase formuliert. Die Stimme ungebrochen. Mit Gesten wie an einem Katheder. Völlig unbefangen. Gelegentlich ein Lächeln, dann wieder tiefer Ernst auf seinem Gesicht. Immer mit höchster Bedeutsamkeit. Wie nach einem gewissenhaft ausgearbeiteten Konzept. Bis ins letzte Detail überlegt. Sein Eifer war grenzenlos. Auch seine ganze körperliche Kraft ging in den Redefluß ein. Bis ihm plötzlich die Beine versagen wollten. Der Vorsitzende ließ sofort einen Stuhl bringen. Er sollte die bedeutsame Rede im Sitzen vortragen. Doch Harich setzte sich nicht. Er griff nur nach dem Mikrofon, als Stütze für die schwindenden physischen Kräfte. Er mußte stehend sprechen, weil er anders nicht ungehemmt reden konnte. Vielleicht fürchtete er auch, im Sitzen den Faden zu verlieren. Aber der Faden ging nicht verloren. Er wiederholte alle seine Selbstbeschuldigungen. Keine Einzelheit wurde ausgelassen. Genauso, wie er es schon in seinem eigenen Prozeß getan hatte. Rechtsanwalt Wolff flüsterte mir ins Ohr: «Harich ist heute noch besser als im März, wo er zum erstenmal vor diesem Mikrofon stand. Erstaunlich, wie er sich auf diesen Tag vorbereitet hat.»

Melsheimer war sichtlich zufrieden. So einen Zeugen fand er nicht alle Tage. Er tat wahrlich mehr, als erwartet wurde. Und er wußte perfekt auf Zwischenfragen des Generalstaatsanwaltes zu antworten. Wirklich großartig. Zunächst sagte er gegen sich selbst aus. Und durch seine Selbstanklage erfuhr ich zum erstenmal, was er vorgehabt haben will. Um die Brücke zu mir und den anderen Angeklagten zu schlagen, stellte Melsheimer – immer zum richtigen Zeitpunkt – gezielte Fragen: «Haben Sie Janka und die anderen über ihre Gespräche mit der SPD informiert?»

«Nein. Nicht direkt.»

«Was heißt nicht direkt?»

«Ich machte nur Andeutungen, daß ich mit wichtigen Leuten Verbindung habe.»

«Konnte Janka ahnen, daß Sie mit der SPD verhandelt haben?»

«Ich weiß nicht, ob er es erfahren hat.»

«Haben Sie Janka informiert, daß Sie Ihre Konzeption zum Aufstand in der DDR über den RIAS verbreiten wollten?»

«Nicht so deutlich.»

«Warum nicht so deutlich?»

«Weil ich bei Janka unsicher war, ob er da zustimmen würde.»

«Aber Janka wußte, daß Sie Ihre Konzeption im Westen und in Polen veröffentlichen wollten?»

«Er mußte es vermuten.»

«Als Sie mit Janka zur Humboldt-Universität fuhren, in der Hoffnung, daß Studenten gegen unseren Staat demonstrieren, wollten Sie sich an die Spitze dieser Demonstration stellen? Stimmt das?»

«Ja, das stimmt.»

«Und Janka? War er über Ihre Absicht informiert? Wollte er auch an die Spitze einer solchen Demonstration treten?»

«Ich hoffte es. Aber über meine Absicht habe ich nicht mit ihm gesprochen. Nur darüber, daß ich Furcht habe und eine andere Wohnung benutzen wollte.»

«Als Sie am 21. November in der Wohnung von Janka Ihre Pläne zum Umsturz darlegten und Merker aufforderten, an Ulbrichts Stelle zu treten, billigten Janka und die anderen Ihre Konzeption?»

«Ich war mir damals noch nicht bewußt, daß meine Konzeption zum Umsturz führen könnte.»

«Ich fragte, ob Janka, Just und Zöger Ihren Vorschlägen zugestimmt haben?»

«Sie haben nicht widersprochen.»

«Haben Sie Merker gefragt, ob er sich wieder in die Politik einschalten und die Rolle des Gomulka in der DDR übernehmen würde?»

«Ja.»

«Und Janka unterstützte Ihre Frage an Merker?»

«Er hat nicht widersprochen. Auch Just und Zöger haben nicht widersprochen.»

«Sie haben Janka aufgefordert, eine Reisegenehmigung nach Polen zu beantragen?»

«Ja, das ist richtig.»

«Hat Janka gewußt, welchem Zweck diese Reise dienen sollte?»

«Ich begründete meinen Antrag damit, daß ich mit Professor Adam Schaff sprechen müsse.»

«Wollten Sie auch mit anderen Personen über Ihre Umsturzkonzeption sprechen?»

«Ja, das war der eigentliche Grund.»

«Und Janka haben Sie davon verständigt?»

«Darüber habe ich nicht mit Janka gesprochen.»

«Aber Janka wußte, daß Sie nicht nur mit Schaff sprechen werden?»

«Er mußte es vermuten.»

«Haben Sie Janka über Ihre illegale Reise nach Hamburg informiert?»

«Ja, ich zeigte ihm die schriftliche Einladung vom Herausgeber der Zeitschrift ‹Constanze› und meldete mich für ein paar Tage ab.»

«Und Sie haben Janka über den Zweck Ihrer Reise unterrichtet?»

«Ja.»

«Was war der Zweck?»

«Ich suchte im Westen Verbündete für meine Pläne.»

«Und das haben Sie Janka gesagt?»

«Nicht so deutlich. Ich sagte nur, daß ich die Politik der SED in der Polen- und Ungarnfrage erläutern soll.»

«Aber Janka wußte, daß Sie noch andere Absichten verfolgten?»

«Das mußte er vermuten. Er kannte ja meine Einstellung.»

«Wußten Sie, warum Janka nach Ungarn fahren wollte?»

«Ja. Alle wußten es. Er wollte sich um Professor Lukács bemühen.»

«Was heißt bemühen? Er wollte Lukács in die DDR holen?»

«Das war seine Absicht.»

«Waren Sie auch dafür, daß Janka nach Ungarn fährt, um Lukács zu retten und in die DDR zu holen?»

«Ich wäre dafür gewesen, daß Lukács nach Berlin kommt. Aber ich war dagegen, daß Janka in dieser Situation Berlin verläßt.»

«Warum sollte Janka Berlin nicht verlassen?»

«Weil ich in ihm meine wichtigste Stütze sah. Und ich rechnete damit, daß auch in der DDR etwas passiert. In einer solchen Situation wäre Janka für mich unentbehrlich gewesen.»

«Wieso unentbehrlich?»

«Als erfahrener Organisator und alter Kommunist war er für die von mir angestrebte Opposition der wichtigste Mann...»

Nach diesem Auftritt des sichtlich selbstzufriedenen Harich trat Merker ans Mikrofon. Ganz anders als sein Vorredner. Das Gesicht aschfahl. Keine Bräune. Er kam ja nicht aus der Haft. Also überflüssig, Wohlbefinden vorzutäuschen. Schweren Schrittes, scheu um sich blickend, ging er wie ein Tastender zum Mikrofon.

Beim Eintreten wird er daran gedacht haben, daß erst zwei Jahre vergangen waren, seit er diesen Saal das erste Mal betreten hatte. Mit acht Jahren Zuchthaus hatte er ihn dann verlassen. Das war im Jahre 1955 gewesen. Vielleicht dachte Merker auch an den Tag vor einem Jahr, 1956. In diesem Saal hatten ihn dieselben Richter rehabilitieren müssen. Wieder unter Ausschluß der Öffentlichkeit. Ohne Presse. In aller Stille. Öffentlich durften sie ihn verleumden, den Freispruch mußten sie totschweigen. Eine knappe Stunde hatte das Wiederaufnahmeverfahren gedauert. Freispruch und Anspruch auf Wiedergutmachung konnte er mit nach Hause nehmen. Daran war ich schuld. Denn Merker allein hätte nicht mehr den Mut gehabt, eine Revision zu beantragen. Ich mußte ihn dazu überreden, den Antrag zu stellen und materielle Wiedergutmachung zu fordern.

Der Generalstaatsanwalt, der nun Merkers Freund anklagte, hatte ihn damals in der ersten Verhandlung als Agenten der imperialistischen Westmächte und des Weltjudentums gebrandmarkt. In der zweiten Verhandlung hatte er sich auf die Feststellung beschränkt: «Der Anklage haben bedauerliche Irrtümer zugrunde gelegen.» Auf wessen Konto die bedauerlichen Irrtümer gingen, war nicht gesagt worden. Aber das wenige, was er sagte, war wie ein neuer Vorwurf gegen Merker. Worte der Entschuldigung für die verantwortungslose Verurteilung hatte er nicht gefunden. Wozu auch? Die Revanche für die erlittene Niederlage ließ dann nicht lange auf sich warten. Wann sie kommen sollte, konnte Melsheimer damals noch nicht ahnen. Daß der Tag aber kommen würde, mit diesem Gedanken wird er damals nach Hause gegangen sein.

Und jetzt war er da. Ein Tag der Genugtuung. Er wird Merker fertigmachen. Die Worte müssen ihm im Halse steckenbleiben. Leider hatte er ihn nicht auf der Anklagebank. Sein Spiel wäre dann noch leichter gewesen, würde wieder mit Zuchthaus enden. Nicht, weil Merker schuldig war. Das war er 1955 auch nicht. Er hätte ihn diesmal schuldig gesprochen, weil er ihn einmal hatte unschuldig sprechen müssen.

So etwa werden die Gedanken von Melsheimer gewesen sein, als der Zeuge Merker ans Mikrofon trat. Einen Vorgeschmack auf den Gang der Dinge hatte ja Merker schon im März bekommen, als er gegen Harich hatte aussagen müssen. Heute aber mußte Merker gegen einen alten Freund aussagen. Einen Freund, dem er viel zu verdanken hatte. In der Zeit der Emigration, der Illegalität, später in Deutschland, wo nur ich ihm die Treue hielt, als er ausgeschlossen, verfolgt, verhöhnt, wie ein Verbrecher ins Zuchthaus geworfen worden war. Übel genug war schon die Gegenüberstellung im April während meiner Untersuchungshaft. Wider Willen hatte er in meinem Beisein die schrecklichsten Behauptungen bestätigt. Heute sollte sich das in aller Öffentlichkeit wiederholen. Vielleicht ging Merker deshalb so gebeugt zum Mikrofon.

Aber was ging das Melsheimer an? Nichts. Solche Freundschaften sind verdächtig. Man muß sie zerstören. Ins Gegenteil verwandeln. Und das wird jetzt vor großem Publikum besorgt. Wenn er ihn schon nicht ins Zuchthaus bringen kann, so soll er den Saal zumindest wie ein geschlagener Hund verlassen.

Und so kam es. Gleich nach dem ersten Ansatz Merkers, seine Aussagen in der Voruntersuchung ein wenig zu korrigieren, schlug Melsheimer zu.

Merker begann damit, die verantwortungsvolle Tätigkeit des Angeklagten Janka zu schildern. Er hob hervor, wie groß dessen Verdienste während des Krieges in Spanien waren, wo sich Janka trotz schwerer Verwundungen tapfer mit seinem Bataillon geschlagen, die Front bis zum letzten Tag nicht verlassen hatte. Dann berichtete er über die Zuverlässigkeit in den französischen Internierungslagern. Als Mitglied der illegalen Parteileitung habe er bis zur bevorstehenden Auslieferung an die Gestapo und der von der Partei beschlossenen Flucht seine Aufgaben gewissenhaft erfüllt. In Mexiko habe er als Leiter des antifaschistischen Verlages «El Libro Libre» entscheidende Beiträge geleistet, um die Herausgabe deutscher und spanischer Bücher zu ermöglichen. Er sei ihm noch heute dankbar, daß er die von ihm verfaßten

Bände «Deutschland Sein oder Nichtsein» verlegt und in allen Ländern verbreitet habe, die nicht von Hitlerdeutschland besetzt waren. Auch nach der Rückkehr aus dem Exil habe Janka als enger Mitarbeiter seine Tätigkeit im Parteivorstand erleichtert...

Melsheimer wurde das zuviel. Wiederholt hatte er böse Blicke mit der links von ihm sitzenden Hilde Benjamin gewechselt. Sie brachten Mißbilligung zum Ausdruck. Auch dem Vorsitzenden warf er wütende Blicke zu. Der hätte längst ins Wort fallen müssen. Da es aber der Vorsitzende nicht tat, mußte er selbst dreinschlagen. Erregt schrie er: «Das wissen wir zur Genüge. Sie sind nicht geladen, um eine Hymne auf den Verräter anzustimmen. Berichten Sie, was sich am 21. November in dessen Wohnung abgespielt hat und wie es dazu kam.»

Merker zuckte zusammen. Es dauerte Minuten, bis er sich wieder faßte. Dann fuhr er mit gesenkter Stimme fort: «Janka hatte mich und meine Frau schon vor dem 21. November wiederholt eingeladen oder in Luckenwalde besucht.»

«Worüber haben Sie bei diesen Zusammenkünften gesprochen?»

«Es waren persönliche Angelegenheiten. Gelegentlich sprachen wir auch über die Tätigkeit des Verlages. Da ich keine Arbeit und keine Einnahmen hatte, machte Janka einen Vertrag mit mir für Übersetzungen aus dem Spanischen. Dafür zahlte mir der Verlag einen monatlichen Vorschuß in Höhe von fünfhundert Mark, wovon ich in den letzten Monaten gelebt habe.»

«Also für Geld hat Janka auch gesorgt. Wofür noch?»

«Für Kaffee, Butter und Lebensmittel.»

«Das wollen wir nicht wissen. Sagen Sie jetzt, was er Ihnen für Vorschläge gemacht hat. Wie Sie sich wieder in die Politik einschalten sollten.»

«Solche Vorschläge hat Janka nicht gemacht.»

«Ihre Aussagen stehen im Widerspruch zu den Aussagen in der Voruntersuchung. Die Protokolle tragen Ihre Unterschrift. Und da sagten Sie über die Zusammenkunft am 21. November aus, daß Sie aufgefordert wurden, den Ersten Sekretär des ZK der SED zu verdrängen, die Rolle Gomulkas in der DDR zu spielen. Stimmt das?»

«Das hat Janka nicht gesagt.»

«Wer hat es dann gesagt, wenn nicht Janka?»

«Ich erinnere mich nicht mehr.»

«Ach was! Vielleicht erinnern Sie sich wenigstens an die Protokolle, die Sie unterschrieben haben. Haben Sie zugegeben, daß Sie in Jankas Wohnung aufgefordert wurden, den deutschen Gomulka zu spielen?»

«Ja.»

«Na, endlich! Und wer hat Sie dazu aufgefordert? Harich oder Janka?»

«Ich glaube Harich.»

«Und Janka hat diese Aufforderung von Harich unterstützt?»

«Nein, daran kann ich mich nicht erinnern. Ich weiß nicht einmal mehr, ob Janka im Zimmer war, als Harich seine Gedanken zur Parteiführung vortrug.»

«Ich werde Ihrem Erinnerungsvermögen nachhelfen, Zeuge Merker. Wissen Sie überhaupt, daß Sie eigentlich auf die Anklagebank gehören? Daß Sie nur ein Haar von dem Verräter Janka trennt. Sie gehören auf den Platz neben ihm. Und wenn Sie hier nicht die Wahrheit sagen, dann müssen Sie damit rechnen, den Platz neben ihm doch noch einzunehmen.»

Mit dieser Drohung hatte Melsheimer sein Spiel gewonnen. Merker war zu Tode erschrocken. Die Worte blieben ihm buchstäblich im Halse stecken. Minutenlang brachte er kein Wort heraus. Verschämt wischte sich der alte Kommunist Tränen aus den Augen. Erst als der Vorsitzende ihn wiederholt ermahnte weiterzusprechen, fuhr er mit kaum hörbarer Stimme in seinen Aussagen fort. Sie endeten nun genauso wie in Lichtenberg bei der Staatssicherheit. Auf die Fragen, die ich an den Zeugen Merker stellen ließ, mußte er nicht antworten. Der Vorsitzende befreite ihn davon. Als Merker wie ein hilfloses Kind weinte, entließ ihn der Vorsitzende. Ein Justizangestellter mußte ihn beim Verlassen des Saales stützen, damit er nicht zusammenbrach.

Jahre später, als ich die in Prag lebende Witwe des im Slánský-Prozeß zum Tode verurteilten André Simone wiedertraf, berichtete sie, daß sie Merker gesprochen habe. Aus diesem Gespräch habe sie den Eindruck gewonnen, daß er ein schlechtes Gewissen hätte und noch immer unter der Last seiner Aussagen leiden würde, darum brächte er nicht den Mut auf, mich wieder zu besuchen. Noch später erfuhr ich vom ehemaligen Stellvertreter des verstorbenen Generalstaatsanwaltes, Bruno Haid, daß Merker allen Grund dazu gehabt haben muß. Gleich nach meiner Verhaftung wäre Merker auf Drängen seiner überängstlichen Frau und wohl auch aus eigener Furcht zum Zentralkomitee gelaufen, um über die Begegnungen mit mir zu berichten. Sicher nicht mit der Absicht, mich zu belasten. Aber bestimmt in der Hoffnung, sich selbst zu entlasten, falls seine Person in dem Verfahren gegen mich eine Rolle spielen sollte. Und da eben begann die Inszenierung. Die Männer im ZK ermunterten Merker, auszusagen. Er müsse der Partei helfen, die feindliche Tätigkeit der konterrevolutionären Gruppe aufzudecken. Dann würde ihm selbst nichts geschehen.

Wer den Keller in Hohenschönhausen nicht kennengelernt hat, wird für das Nachgeben kein Verständnis aufbringen. Aber so traurig das auch sein mag, die Angst vor neuer Haft zerbricht sogar starke Charaktere. Kommunisten sind nicht ausgenommen. Im übrigen war Merker kein starker Charakter. Wer sich nämlich einmal schuldig erklärt, wenn er unschuldig ist, wird immer wieder erliegen, wenn er sich bewähren muß. Sein Leben ist zerstört.

Wie alle Prozesse, so ging auch der Prozeß gegen mich zu Ende: schuldig. Trotz des Plädoyers meines Anwaltes auf Freispruch. Das Gericht nahm von den Anträgen des Anwalts keine Notiz. So ist das eben: Wenn die Partei Weisung gibt, folgen die Richter.

Das Gericht diktierte fünf Jahre Zuchthaus für mich und bestätigte die Anträge des Generalstaatsanwaltes gegen die Mitangeklagten. Nur Wolf, der während des Prozesses alles seinem Anwalt, Dr. Friedrich Wolff, überließ, kam mit sechs Monaten weniger davon. Damit aber die geforderten Jahre ausgeschöpft wurden, bekam Just die sechs Monate dazu. Das war die einzige Abweichung von den Anträgen des Herrn Melsheimer.

Zur Ehre der Anwälte sei gesagt, daß sie alle Möglichkeiten genutzt haben, die vor DDR-Gerichten denkbar waren. Das ist nicht viel. Aber es ist schon mutig, bis an die Grenzen zu gehen. Als mein Verteidiger, Rechtsanwalt Dr. Friedrich Wolff, die Anklage in allen Punkten zurückwies und Freispruch forderte, wurde er von den abkommandierten

Schreiern im Zuschauerraum in seinem Plädoyer ständig unterbrochen. Dennoch ließ er sich nicht einschüchtern. Er blieb bei der Forderung auf Freispruch. Das war Haltung. Man muß sie hoch einschätzen.

Die Richter hatten nach dem Prozeß eine Menge Ärger. Die Urteilsbegründung gegen mich und meine Mitangeklagten fiel, im Unterschied zu Harich, zu lahm aus. Informierte Genossen erzählten später, Ulbricht sei sehr ungehalten gewesen. Der Vorsitzende Ziegler wurde nach Frankfurt/Oder versetzt, um sich zu bewähren. Die Beisitzer ereilte Schlimmeres. Sie wurden wirklich krank und verstarben sehr bald. Melsheimer konnte noch zwei Jahre Strafanträge stellen, dann ließ ihn der Krebs ein schmerzvolles Ende erleiden.

Nach dem Prozeß war ich wie ausgebrannt. Ich fühlte überhaupt nichts mehr. Ich war nur müde, legte mich auf die Pritsche und schlief sofort ein. Diesmal ohne Schlafmittel, die ich so reichlich bekommen hatte und die immer das Gegenteil bewirkten. Ich schlief lange und traumlos. Der Lärm auf dem Flur, das entsetzliche Hundegebell auf dem Hof, das Klopfen der Wachposten an die Tür vermochten nicht, mich aus dem Schlaf zu holen. Der Stablampenleutnant rüttelte mich irgendwann wach. Und erst da bemerkte ich, daß ich mich nicht einmal entkleidet hatte. Auf dem Tisch standen Schüsseln mit Suppe und Blechtöpfe mit Gerstenkaffee, dazu ein Berg Brotschnitten, die bei der Essensausgabe hereingegeben wurden. Wohl in der Annahme, daß der Verurteilte irgendwann Hunger bekommen würde. Wenn sie mich nicht mit Gewalt aus dem Schlaf gerissen hätten, hätte ich noch lange weitergeschlafen.

Der Leutnant kam nicht, um mich zum Essen zu ermuntern. Er verlangte nur die Zivilkleider und alles, was meine Frau geschickt hatte. Dafür schmiß er eine Drillichhose, eine alte Jacke und grobe Unterwäsche auf die Pritsche. Stofflatschen und verfilzte, hundertmal gestopfte Socken lagen auf dem Boden. Das war die Ausrüstung für eine Reise in die nächsten Jahre. Drei Tage später wurde ich nach Lichtenberg abgeschoben.

Die Zelle

Das Gefängnis in Lichtenberg ist eine Erbschaft aus der Vergangenheit. 1945, nach der Machtübertragung durch die sowjetische Besatzungsmacht an Ulbricht, wurde es ohne Bedenken von Mielke übernommen. Und alles, was ich da in den folgenden Monaten erleben mußte, war kafkaesk.

Alle, die in Lichtenberg Dienst machten, wußten nichts von Kafka. Auch die meisten Gefangenen werden wenig oder nichts von ihm gelesen haben, obwohl sie so gelebt haben, wie es Kafka beschrieben hat. Und das gleich so genial, wie es keiner kann, der Lichtenberg nicht selbst erlebt hat.

Als ich von Hohenschönhausen nach Lichtenberg überstellt wurde, brachte das hundert Jahre alte Stadtgefängnis keine Veränderung in mein Haftleben. Hier wie dort war mein Leben kein Leben mehr. Nur die Schließer erinnerten mich daran, daß ich noch lebte. Ob sie mir stumm oder schreiend entgegentraten, machte keinen Unterschied.

Der Leser muß wissen, daß in Lichtenberg nur politische Gefangene einsaßen. Aber das Attribut «politisch» wurde ihnen verweigert. Nach den Gesetzen der DDR gab es nur kriminelle Verbrechen. Demzufolge galten politische Vergehen immer als kriminelle Verbrechen. Und so nahm es nicht wunder, daß politische Gefangene wie ganz gewöhnliche Verbrecher behandelt wurden. Oft noch schlechter.

Die öffentliche Meinung hatte sich mit diesem Mißstand abgefunden. Von dem Kampf, den die Arbeiterbewegung bis in die dreißiger Jahre geführt hatte, um politischen Gefangenen die «Täterschaft aus Überzeugung» zuzuerkennen, war nichts mehr zu spüren. Wer noch solche Forderungen stellte, machte sich verdächtig. Verbreitet war auch die Meinung, daß die, die im Gefängnis waren, völlig zu Recht saßen. Die Beschuldigungen waren immer erschreckend. Und wer wußte schon, wie Gefangene dahinvegetierten, wie belastend die Einsamkeit war.

Fünf Jahre sind genug, um die Zustände in unseren Gefängnissen beurteilen zu können. Zumal mir nicht erspart blieb, alle «Stufen» des Strafvollzugs zu absolvieren. Vielleicht weil ich widerspenstig war? Den Weisungen der Wärter nicht folgte? Nein! Das war nicht der Grund. Ich habe alle Weisungen befolgt. Was mir schwerfiel.

Die ersten Wochen in Lichtenberg verbrachte ich in einer Zelle, die eine Breite von zwei Metern und einen Auslauf von 120 Zentimeter Länge hatte. Der restliche Teil der Zelle war mit einer fünfzig Zentimeter hohen Holzpritsche über die ganze Breite ausgefüllt. Auf der Pritsche befand sich ein Strohsack mit zwei leichten Decken. Pritsche und Strohsack durften nur nachts benutzt werden. In der Ecke, neben der Zellentür, stand noch ein Kübel. Handtuch und Blechschüssel wurden am frühen Morgen mit Wasser zum Waschen auf ein paar Minuten hereingegeben. Das vergitterte Fenster war mit Glasziegeln ausgemauert.

Nach vier Wochen wurde ich in eine Krankenzelle verlegt. Sie unterschied sich von der bisherigen erheblich. Statt der Holzpritsche war eine eiserne Bettstelle vorhanden. Auch ein Stuhl und ein kleiner Tisch.

Der Gefängnisdirektor brachte mich persönlich in diese Zelle. Nachdem er aufgeschlossen hatte, zeigte er mit dem Schlüsselbund auf das Fenster. Der obere Teil war aufklappbar. Etwas frische Luft konnte einströmen. Ironisch sagte er: «Die Fensterklappe verfügt über einen eisernen Haken. Eine Kette zum Aufziehen ist auch da. Probieren Sie mal den Haken. Er ist absolut zuverlässig.» Nach dieser Rede schlug er die Tür zu.

Ich probierte tatsächlich den dreißig Zentimeter langen Haken. Er war wirklich von solider Beschaffenheit. Auch die Kette. Aber der Versuchung, mich daran aufzuhängen, erlag ich nicht. Ich nutzte den Haken, um täglich ein paar Klimmzüge zu machen. Was mir gut bekam. Und da die Zeit lang wurde, dachte ich viel darüber nach, warum es mir

Ulbricht und Mielke so leicht machen wollten, mich aufzuhängen. War das der Grund für die Verlegung? Ein abscheulicher Gedanke.

Fünf Monate lag ich unter diesem Haken, der nachts im Scheinwerferlicht in die Zelle hineinragte. Am Tage machte ich sechs Schritte hin und sechs Schritte her, bis mir schwindlig wurde, ich mich eine Weile ausruhte und dann wieder auf und ab ging, immer darüber nachdenkend, warum ich mich aufhängen sollte.

Zweimal durfte mich meine Frau sprechen. Zum erstenmal nach dem Prozeß – dreißig Minuten. Dann noch einmal dreißig Minuten vor dem Abtransport nach Bautzen. Das Bleichgesicht überwachte die Besuche. Zur Begrüßung durfte ich ihr die Hand geben. Während des Gesprächs stand ein Tisch zwischen uns. Meine Frau begegnete mir immer sehr gefaßt, ohne Anzeichen von Schwäche. Und immer war sie gut angezogen. Als hätte sie sich für einen festlichen Anlaß zurechtgemacht.

Vier Jahre später erfuhr ich, daß sie damals schon sehr krank war, aus dem Krankenhaus in Mahlow zu mir kam. Der Arzt hatte ihr für die Besuche Stärkungsmittel gegeben, damit sie durchhielt. Aber davon sagte sie mir natürlich nichts.

In Lichtenberg hatte ich in der «Berliner Zeitung», die mir hin und wieder in die Zelle gereicht wurde, gelesen, daß Ulbricht Honecker ins Politbüro kooptiert hatte – wohl um Schirdewan zu verdrängen, der sehr behutsam, aber doch mit einer klaren Konzeption Veränderungen einzuleiten versucht hatte.

Die inneren Auseinandersetzungen im ZK der SED endeten mit dem Ausschluß von Karl Schirdewan aus dem Politbüro, dem Selbstmord des Sekretärs im ZK, Gerhart Ziller, und der Absetzung Wollwebers, Minister für Staatssicherheit. Für mich begann damit ein neues Kapitel der Strafhaft.

Am 7. Februar 1958 wurde ich nach Bautzen abgeschoben. Zuvor hatten sie mich noch zum Inspirator der «staatsfeindlichen Gruppe Ralph Schröder und Erich Loest» stempeln wollen. Aber dieser Versuch scheiterte. Die Konstruktion war zu dumm.

Bei strengem Frost, in Drillichhose, Jacke, Stofflatschen, Handschellen, in eine eiserne Kiste gezwängt, begann am frühen Morgen die

Fahrt über vereiste Straßen. Unterwegs, im Gefängnis Luckau, stoppte der Transport für einige Zeit. Durchgefroren, kreuzlahm, hungrig wurde ich am späten Nachmittag in das Sondergefängnis in Bautzen eingeliefert. Acht oder zehn Stunden hatte die Fahrt gedauert.

Den Wachposten, in Pelzmäntel gehüllt, mit Filzstiefeln ausgestattet, mag die Fahrt nicht so beschwerlich gewesen sein. Wiederholt griffen sie zu ihren Vorräten. Und wie der Geruch des Proviants vermuten ließ, waren sie gut versorgt.

Obwohl ich schon miserable Dinge erlebt hatte, eine solche Fahrt war mir nie zuvor zugemutet worden. Aus den Berichten über die Hitlerzeit weiß man, daß sich die SS noch schlimmerer Mittel bedient hatte. Trotzdem empfand ich Scham darüber, daß solche Prozeduren im Sozialismus möglich sind.

Im ehemaligen Amtsgerichtsgebäude der Stadt Bautzen, eingebettet in das Straßenviereck Mättigstraße, Lessingstraße, Siegfried-Rädel-Straße und Taucherstraße, unweit der Maria-Marten-Kirche,. auf der sich wieder ein vergoldeter Hahn im Winde dreht, wurde unser Transport erwartet. Vom Schnee geblendet, den Rücken verkrampft, Beine und Füße gefühllos, die Hände angeschwollen – noch immer in Handschellen –, lief ich durch das Spalier der Wärter. Sie müssen mich für einen gefährlichen Verbrecher gehalten haben. Sonst hätten sie nicht so drohend die Maschinenpistolen auf mich und die Mitgefangenen gerichtet. Warum sie wohl überhaupt mit Waffen angetreten waren? Alles spielte sich doch schon wieder hinter den hohen Mauern ab.

Im Erdgeschoß wartete der Direktor. Er trug die Uniform eines Oberleutnants. Da ich als letzter hereingeführt wurde, mußte ich sofort auf einem Schemel Platz nehmen. Ohne ein Wort zu verlieren, winkte der Direktor einen Kalfaktor heran. Mit seinen Aufgaben vertraut, griff dieser mit der Linken in mein Haar, und mit der Schere in der Rechten begann er meine Haare nach dem vorgeschriebenen Schnitt zu stutzen. Da er nicht kurz genug geschnitten hatte, erhielt er die Weisung: «Kürzer!» Zum Schluß blieb eine Bürste. Die Seiten und der Hinterkopf blieben kahl. Ich mußte an die Haftjahre in der Nazizeit denken. Immer begann es damit, die Köpfe zu verunstalten. Danach dirigierten mich zwei Wärter die Treppe hinauf. Ins letzte Stockwerk des rechten Flügels. Die reservierte Zelle stand mit offener Tür bereit. Nachdem ich eingetreten war, fiel die Tür ins Schloß. Dann beobachteten sie mich durch den Spion.

Die Zelle starrte vor Schmutz. Die Fenster waren undurchsichtig. Jahrelang nicht geputzt. Wo ich hinsah, Spinnweben. Das Klappbett, die muffige Matratze, das an der Wand befestigte Tisch- und Sitzbrett, alles war mit dickem Staub bedeckt. Und die Luft war zum Ersticken. Das Atmen wurde schwer. Was tun? Wie sollte ich in diesem Dreck überleben? Mir wurde regelrecht bange. Es lagen ja noch Jahre vor mir.

Plötzlich wurde die Tür aufgerissen. Die Wärter traten zurück. Vor der offenen Tür stand der Direktor. Neben ihm Staatsanwalt Jahnke. Ein paar Minuten sagte niemand etwas. Sie sahen mich nur an. Ihre Blicke waren eiskalt. Schließlich richtete der Staatsanwalt das Wort an den Direktor: «Dieser Strafgefangene ist ein gefährlicher Intellektueller. Er hat die Partei verraten. Unseren Staat bekämpft. Er wollte die sozialistischen Errungenschaften rückgängig machen, wieder kapitalistische Verhältnisse einführen. Für die Dauer der Strafhaft ordne ich die härtesten Haftbedingungen an. Strenge Einzelhaft. Entzug aller Vergünstigungen.»

Nach dieser Rede trat er zurück. Der Oberleutnant nahm nun das Wort. Gleich mit scharfer Stimme sagte er: «Sie haben beim Öffnen der Tür die Fensterklappe zu schließen. Danach nehmen Sie unter dem Fenster Haltung an. Hände an der Hosennaht. Und dann machen Sie Meldung. Sie lautet: ‹Herr Oberleutnant, Zelle 305 mit einem Strafgefangenen belegt. Es meldet Strafgefangener Nummer 3/58.› Handelt es sich um einen anderen Dienstgrad, haben Sie diesen zu benennen. Singen, Pfeifen, Sprechen sind verboten. Auch das Beschmieren der Wände. Ihren Namen dürfen Sie bei keiner Gelegenheit nennen. Hier sind Sie nur Nummer 3/58. Zuwiderhandlungen werden bestraft. Die Liege wird nur des Nachts benutzt.»

Als ich den Eindruck gewann, daß die Begräbnisreden beendet sind, weil niemand etwas hinzufügte, sagte ich: «Sie würden mir einen Gefallen erweisen, wenn Sie einen Besen und einen Eimer mit Wasser hereingeben lassen. Ich möchte den reichlich vorhandenen Schmutz beseitigen.» Der Direktor fiel mir ins Wort und schrie: «Wenn Sie das

Wort an mich richten, haben Sie mit ‹Herr Oberleutnant› zu beginnen. Haltung anzunehmen. Merken Sie sich das!» Dann schlug die Tür zu.

Nachdem ich lange auf der Bank gesessen hatte, durfte ich den vor der Tür abgestellten Besen und einen Eimer mit Wasser hereinholen. Und damit nahm ich den Kampf gegen Dreck und Spinnen auf. Da mit einem Eimer Wasser nicht viel auszurichten war, nur einmal wöchentlich Wasser zum Reinigen hereingegeben wurde, dauerte es Wochen, bis ich die Zelle gesäubert hatte. Das Fenster blieb noch lange undurchsichtig. Es durfte nur unter Kontrolle der Wachhabenden geputzt werden. Bis es dazu kam, verging noch ein Vierteljahr.

«Fenster» ist auch keine zutreffende Bezeichnung. In der sechzig mal achtzig Zentimeter großen, in zwei Meter Höhe mit Mattglas ausgefüllten Wandöffnung befand sich eine Klappe, zwölf mal fünfundzwanzig Zentimeter. Und nur diese Klappe durfte geöffnet werden. Vorausgesetzt, daß sie nicht auch vom Wachpersonal verschlossen wurde. Dazu kam es, wenn sich der Häftling hochzog und beim Hinaussehen erwischt wurde.

Da durch die Klappe nur wenig Luft einströmte, ließ ich sie immer geöffnet. Auch in der kalten Jahreszeit. Das Atmen wäre sonst noch beschwerlicher gewesen. Nicht nur, weil der Kübel in der Ecke einen penetranten Gestank verbreitete. Die feuchte Kälte in der Zelle war ebenso schwer zu ertragen.

Gleich am ersten Tag stellte ich fest, daß der Heizkörper kalt blieb. Nach ein paar Tagen machte ich Meldung. Aber der Schließer nahm keine Kenntnis davon. Erst durch den Kalfaktor erfuhr ich, daß sich Häftlinge zum Direktor melden müssen, wenn sie etwas vorzubringen haben. Und das sei nur an jedem Montag beim ersten Öffnen der Zelle möglich. Auch wenn man sich zum Arzt meldet, muß das am Montag geschehen. Auf die Frage: «Was ist, wenn ich am Dienstag Zahnschmerzen bekomme?» antwortete der Kalfaktor: «Dann hast du bis Montag zu warten. Mit oder ohne Zahnschmerzen.» Das war schon so, als ich in den dreißiger Jahren im «Gelben Elend» saß. In der großen Haftanstalt. Am Rande der Stadt.

Mir blieb nichts anderes übrig, als den nächsten Montag abzuwarten. Und wie es die Vorschrift besagte, meldete ich mich zum Direktor.

Es vergingen aber noch ein paar Tage, bis mich der Direktor in meiner Zelle aufsuchte. Das war sonst nicht üblich. Die Häftlinge wurden in sein Zimmer geführt. Warum in meinem Falle von dieser Regel abgewichen wurde, weiß ich nicht. Wahrscheinlich sollte ich die Zelle nicht verlassen. Oder nur, wenn ich auf den Hof zur sogenannten «Freistunde» geführt wurde, die ganze zwanzig Minuten dauerte. Dabei blieb es auch in den folgenden Jahren.

Der Oberleutnant wippte vor der geöffneten Tür, von zwei Wachposten flankiert, dreimal auf seinen Stiefelspitzen. Dann sagte er: «Keine vier Wochen hier und schon Beschwerden.»

«So ist es, Herr Oberleutnant. Ich muß Sie darauf aufmerksam machen, daß die Zelle ungeheizt ist. In Anbetracht der Jahreszeit bestehe ich darauf, daß dieser Zustand abgestellt wird. Außerdem benötige ich eine zusätzliche Decke. Die Nächte sind zu kalt.»

Der Oberleutnant trat in die Zelle, berührte das Dampfrohr, zeigte kein Erstaunen. Mit unverhohlener Ironie sagte er: «Zusätzliche Decken sind nicht erforderlich. Zwei Decken entsprechen der Vorschrift. Was die Heizung betrifft, werde ich sehen, was sich machen läßt.»

Da die Heizung trotz Beschwerde weiterhin kalt blieb, fragte ich den Kalfaktor beim nächsten Rasieren, ob die anderen Zellen auch ungeheizt blieben. «Nein», war die Antwort. «Viel Dampf geben sie nicht. Aber es geht. Wenn es bei dir kalt ist, mußt du dich nicht wundern. Deine Zelle liegt im obersten Stockwerk. Solange ich hier bin, kam da noch nie Dampf hin. Vielleicht haben sie dich und deine Genossen gerade darum in diese Abteilung gesteckt. In den letzten Jahren wurde sie nämlich nicht mehr belegt.»

Eine Woche später, als der Kalfaktor mich wieder rasierte, flüsterte er mir zu: «Du scheinst beim Alten eine besondere Nummer zu haben. Wenn er seinen Dienst antritt, besteht die erste Amtshandlung in der Kontrolle deiner Zelle. Er muß Angst haben, daß du nicht mehr da bist.»

«Wieso? Hier kommt doch keiner raus», erwiderte ich. «Im übrigen habe ich solche Kontrollen noch nicht bemerkt.»

«Kannst du auch nicht», antwortete der Kalfaktor. «Er schleicht sich leise heran. Den Spion öffnet er nur einen ganz kleinen Spalt. Aber dann schaut er lange hinein. Danach schleicht er wieder davon. Achte mal darauf. Er kommt immer gegen acht Uhr. Du hörst doch die Turmuhr schlagen?»

«Ja, die kann ich hören. Ich sehe sogar den Wetterhahn durch die Fensterklappe. Das einzige, was ich sehen kann.»

«Und die Dohlen auf dem Dach siehst du nicht?»

«Ich höre sie», erwiderte ich.

Bevor er ging, sagte er noch: «Zieh dich mal am Fenster hoch, dann siehst du auch die Dohlen. Sie nisten in Scharen in den Luftschächten auf dem Hauptgebäude. Macht Spaß, ihnen zuzuschauen.»

Von diesem Tage an machte ich es mir kurz vor acht Uhr auf dem Kübel bequem. Und da ich jedes Geräusch vermied, bemerkte ich auch, wie der Spion zur Seite rückte. Und genau da zeigte ich meine vier Buchstaben in schöner Ungehemmtheit. Drei Tage später unterließ ich es. Ich achtete nicht mehr auf die Kontrollen.

Ob der Anblick meines Gesäßes den Anlaß gab, mich so oft strengen Kontrollen zu unterziehen, konnte ich nicht ergründen. Jedenfalls mußte ich mich mit Regelmäßigkeit entkleiden und von oben bis unten untersuchen lassen. Zwei Hauptwachtmeister kamen zu diesem Zweck in die Zelle, wühlten in meinen Haaren, unter den Achselhöhlen, bohrten im Bauchnabel, und da ich die Gesäßbacken nicht auseinanderzog, taten sie es mit gräßlicher Schamlosigkeit. Der Anstaltsleiter stand in der offenen Tür immer dabei. Ich gestehe, daß mir diese Prozeduren sehr unangenehm waren. Es dauerte dann Tage, bis ich mich wieder beruhigte.

Trotz mehrmaliger Beschwerde vergingen noch zwei Jahre, bis ich endlich in eine andere Zelle verlegt wurde. Und das nur, weil meine Frau beim Staatsanwalt protestiert hatte.

Das Leben in einer ungeheizten Zelle ist schwer zu beschreiben. Die ständige Kälte war eine lautlose Folter. Zumal die Bekleidung völlig unzulänglich war. Richtig erwärmen konnte ich mich in der kalten Jahreszeit überhaupt nicht. So oft ich auch die fünf Schritte in der Zelle auf und ab ging, gymnastische Übungen machte, mir wurde nicht warm. Selbst wenn ich bis zur Erschöpfung Kniebeugen oder Armstützen machte, schlug das ins Gegenteil um. Das schweißnasse Hemd erkaltete sofort wieder. Und die feuchte Kälte auf der Haut machte alles noch schlimmer. Wenn man das über Monate ertragen muß, keiner Beschäftigung nachgehen darf, kein Buch bekommt, keine Zeitung lesen kann, verliert das Leben jeden Sinn.

Was unterschied eigentlich meine Zelle von einem mittelalterlichen Verlies? Nichts. Die Wände waren dunkelgrau, fast schwarz gestrichen. Die matte Beleuchtung wurde am Morgen zu früh ab- und am Abend zu spät eingeschaltet. Bald wieder ganz gelöscht. Auch am Tage kam wenig Licht durch das Fenster. Die ständige Dämmerung wechselte mit völliger Finsternis. Wenn ich mich am Abend hinlegen durfte, empfand ich das als Erleichterung. Wieder war ein Tag zu Ende. Hin und wieder erwärmte ich mich für kurze Zeit unter den Decken. Aber nicht lange. Bald hinderte mich die Kälte wieder am Schlafen. Das Stilliegen und Frieren auf der sechzig Zentimeter breiten Pritsche war so qualvoll wie das ewige Aufundabgehen am Tage.

Wäre wenigstens die Verpflegung besser gewesen. Ich hätte mich dann von innen heraus etwas erwärmen können. Aber auch das Essen war miserabel. Eine zusätzliche Strafe. Arbeiten durfte ich auch nicht, weil Arbeit eine Vergünstigung war. Und wer nicht arbeitete, bekam nur die Hälfte der üblichen Zuteilung. Bedenkt man, daß die normale Ration schon quantitativ gering und qualitativ mager war, läßt sich ermessen, wie die Ernährung war: Brot, Suppe, ein paar Gramm Margarine, jeden zweiten Tag eine Scheibe Leber- oder Blutwurst. Immer von der gleichen Sorte. Sonst gab es nichts. Halt! Doch. Dreimal im Jahr eine winzige Ration Fleisch mit Kartoffeln. An den übrigen Sonn- und Feiertagen ein paar Fettgrieben oder Heringsmilch mit Pellkartoffeln. Die angerührte graue Heringsmilch konnte ich beim besten Willen nicht herunterbringen. Obschon ich mich daran gewöhnt hatte, alles zu essen, was in die Blechschüssel geschöpft wurde. Auch mit dem Brot hatte es seine Bewandtnis. Die Verdauung machte üblen Ärger. Ekelhaft war das alles.

Was tat ich in den Jahren, die ich unter solchen Bedingungen verbringen mußte? Welche Möglichkeiten gab es überhaupt, um nicht auf das Niveau eines Tieres herabzusinken? Ein Jahr zählt immerhin 365 Tage. Jeder Tag vierundzwanzig Stunden. Und jede Stunde wird zur

Ewigkeit. Kann denn ein Mensch solche Jahre überdauern, ohne physische und psychische Schäden mitzunehmen? In der Regel jedenfalls nicht. Eine Folge bleibt für alle Zeiten: Zorn und Verachtung für jene, die so tun, als hätten sie die Menschlichkeit für sich gepachtet, sie aber in Wirklichkeit mit Füßen treten.

Die Einsamkeit, die unmenschliche Behandlung, die ewige Kälte zwangen mich, ständig darüber nachzudenken, ob ich der Partei noch einmal folgen konnte, die mich zu einem so unwürdigen Leben verurteilt hatte. Bis ich darauf Antworten fand, war ein langer Streit mit mir selbst auszutragen. Ich begann, Gott und die Welt zu verfluchen. Nie zuvor war ich so verbittert wie in dieser elenden Zelle, in der ich täglich vierundzwanzig Stunden über meine Vergangenheit und Zukunft nachdenken mußte. Ich wollte und konnte nicht begreifen, warum sie mich so behandelten. Ich hätte es auch dann nicht begriffen, wenn ich schuldig gewesen wäre. Tausend Fragen drängten sich auf. Das ganze Gebäude meiner so festgefügten Gedankenwelt brach zusammen. Ich stand vor einem wüsten Trümmerhaufen. Wie nach einem verlorenen Krieg. Aufgeben oder neu beginnen. Das war die Frage. Und sie blieb es bis zum letzten Tag.

Um neu zu beginnen, muß man das Alte überwinden. Was nicht von selbst stürzt, muß abgetragen werden. Aber mit dem Abtragen ist es ja nicht getan. Man muß auch wissen, worin das Neue besteht, wie es zu machen ist. Heute glaube ich, daß dieses Nachdenken um das Was und Wie mir die Kraft gab, diese Jahre durchzustehen. Was mein Selbstbewußtsein betrifft, sogar gefestigt daraus hervorgegangen zu sein. Wäre es anders gewesen, hätte ich fortgehen müssen, als sich die Gefängnistore wieder öffneten. So wie es viele taten, die Ähnliches oder Schlimmeres erlebten.

Der arge Weg
der Erkenntnis

«Noch heftiger als mit den alten Dogmen, die ich so lange
geglaubt und mit Eifer vertreten hatte, stritt ich mit den
Gespenstern, die wie vernunftlose Wesen in den Ecken der
Zelle hockten und zischelnd meine Gedanken verfolgten. Ich
sah die bärtige Fratze von Ulbricht, das kalte Lächeln von
Matern, hörte das Keifen von Melsheimer, wich vor dem
Zupacken von Mielke zurück, der immer wieder an meiner
vermufften Gefängniskluft zerrte. Bis ich selbst aggressiv
wurde, wütend Mielkes Faust packte und drohend sagte: ‹Laß
meinen Rock los, sonst schlag ich dir die Zähne ein. Du hast
nicht nur mich verleumdet, sondern zahllose Opfer auf
deinem Konto. Aber vergiß nicht: Es wird eine Zeit kommen,
die dich wie einen geschlagenen Hund auf den Misthaufen der
Geschichte wirft.›»

Blick zurück

Als ich mich wegen der Kälte beklagte, war mir nicht bewußt, daß ich mir zusätzliche Nachteile einhandelte. Ich glaubte, es sei recht und billig, auf ein bißchen Wärme zu bestehen. Nach der zweiten Beschwerde wurde mir aber klar, daß dem nicht so war. Der Anstaltsleiter kam wieder in die Zelle. Nachdem er sich überzeugt hatte, daß es wirklich kalt war, putzte er mich wie den letzten Dreck herunter: «Was fällt Ihnen ein, schon wieder Beschwerde zu führen. Sie befinden sich nicht in einem Sanatorium. Haben Sie gedacht, daß man den Arsch beim Nichtstun aufwärmen kann? Gewöhnen Sie sich solche Gelüste ab, sonst machen Sie noch andere Erfahrungen.»

Ich sollte sie machen, die anderen Erfahrungen. Das zeitweise pro Woche erhaltene Buch wurde mir nun auch wieder entzogen. Die Frage, warum ich keine Bücher mehr erhalte, blieb ohne Antwort. Indirekt ließ mich der Anstaltsleiter wissen, was Anfragen bewirken können. Die auf meine Kosten gelieferte Zeitung wurde ebenfalls entzogen. Und so blieb ich ohne jeden Lesestoff. Ohne Beschäftigung. Sieben Monate lang.

Durch Zufall entdeckte ich, daß man mit Kernseife auf den fast schwarz gestrichenen Ölwänden malen und schreiben konnte. Wie an einer Wandtafel. Und da ich die Seifenmalerei mit dem Taschentuch wieder abwaschen konnte, ohne Spuren an den Wänden zu hinterlassen, machte ich mich an die Arbeit. Nur durfte ich mich dabei nicht erwischen lassen.

Die Wandteile links und rechts von der Tür waren von den Posten durch den Spion nicht einzusehen. Also begann ich da mit meinen Versuchen. Anfangs mit Mathematik. Das war eine hervorragende Beschäftigung, um der endlosen Langeweile zu begegnen. Verschüttete Kenntnisse frischten sich mühsam wieder auf. Und bald löste ich Aufgaben mit ein, zwei oder drei Unbekannten. Dann zog ich tagelang Wurzeln aus mehrstelligen Zahlen. Natürlich dauerte das, bis ich die Formeln wieder beherrschte. Als mir auch das zum Überdruß wurde, begeisterte ich mich an topographischen Aufzeichnungen. Schon während des Krieges in Spanien hatte mir das Spaß gemacht. Wenn es Zeit und Umstände erlaubten, war ich mit meinen Offizieren in regelrechte Wettbewerbe getreten. Später übte ich mich wieder in der Schießlehre. In Spanien hatte ich sie mit Leichtigkeit erlernt. Aus dem Gedächtnis heraus rekonstruierte ich ganze Frontabschnitte bei Saragossa, am Ebro und anderswo. Erregend waren Erkenntnisse über richtige und falsche Entscheidungen, über Einsätze, die zu Erfolgen oder Niederlagen geführt und oft sinnlose Verluste verursacht hatten. Das Nachdenken über diese Zeit legte Fehler frei, die auch ich gemacht hatte.

Wenn Kontrollen bevorstanden, löschte ich die Aufzeichnungen. Und so blieben meine Spielereien an der Wand den Wachen lange Zeit verborgen. Aber alles geht eben einmal zu Ende. Eines Tages wurde ich doch beobachtet. Der Direktor sah selbst durch den Spion. Geräuschvoll riß er die Tür auf. Eine Weile betrachtete er die Zahlen und Zeichnungen, und dann brach sein Zorn los: «Was bedeuten diese Schmiereien? Wie kommen Sie dazu, die Wände zu bemalen?»

«Herr Oberleutnant, das kann ich Ihnen nicht erklären. Sie sehen ja, es handelt sich um Topographie und mathematische Lösungen. Es lohnt nicht, darüber zu reden. Und das hier», dabei zeigte ich auf eine Skizze der Ebrofront, «verstehen Sie sowieso nicht. Also lassen Sie mich das abwischen. Damit ist die Sache vergessen.»

Der Oberleutnant begann wieder, mich übel herunterzuputzen. Sein Ausbruch endete mit dem Entzug der Seife. Und Arrest würde ich bekommen, bei Wasser und Brot, falls ich solche Schmierereien wiederhole. Eine Stunde später ließ er die Zelle gründlich durchsuchen. Mit dem Gesicht zur Wand mußte ich indessen auf dem Flur stehen. Die Wandmalerei war damit für alle Zeiten zu Ende. Und so mußte ich mir etwas Neues einfallen lassen.

Ich fing an, Dialoge mit Rede und Gegenrede zu entwerfen. Um die

Argumente zu ordnen, wechselte ich dabei den Standort. Je nachdem, ob Rede oder Gegenrede zu halten war. So begann die Auseinandersetzung mit mir selbst, mit meiner Vergangenheit, meinen Leistungen, meinen Schwächen, mit dem, was ich gut oder falsch gemacht, kritisch oder kritiklos hingenommen hatte und nun einer neuen Wertung unterzog.

Mehr als mir lieb war ging mir wieder das Verfahren gegen Paul Merker durch den Kopf. Die inzwischen selbst gemachten Erfahrungen brachten mir die Bedeutung seines Falles erst richtig ins Bewußtsein. Ich kam zu dem Schluß, daß es ein Fehler gewesen war, die Hintergründe nicht in meinem eigenen Prozeß öffentlich aufgedeckt zu haben. Denn alles, was meine Haltung beeinflußte und schließlich zur Verhaftung führte, hatte da seinen wirklichen Ursprung. Darum wäre es richtig gewesen, das Merker gegebene Versprechen, nichts über seine Gespräche mit mir auszusagen, zu brechen. Wahrscheinlich wäre dann der alte, demoralisierte und ängstliche Merker in neue Schwierigkeiten gekommen. Und ich wäre nicht zu fünf, sondern zu zehn Jahren Zuchthaus verurteilt worden. Beides hatte ich vermeiden wollen. Aber damit war die Chance verspielt, die Behauptung, es habe in der DDR unter Ulbricht niemals Prozesse nach stalinschem Vorbild gegeben, Lügen zu strafen.

Wenn ich meine Gedanken rekonstruiere, mit den Erkenntnissen der späteren Jahre vervollständige, muß ich zugeben, daß mir das Mühen um ein neues Selbstverständnis nicht leichtgefallen ist. Der durch und durch verlogene Prozeß, die Haftbedingungen waren dabei von sekundärer Bedeutung. Größer waren die Schwierigkeiten, die mir die alten Dogmen bereiteten, die ich so lange geglaubt und mit Eifer vertreten hatte.

In schwachen Stunden beschimpfte ich mich selbst. Empfand Scham, weil ich über Jahrzehnte den falschen Auslegungen von Theorie und Praxis gefolgt war, mich nicht ins Privatleben zurückgezogen hatte, als das noch möglich war. Es hatte solche Gelegenheiten gegeben. In meiner Zelle erinnerte ich mich daran. Zeitweise trauerte ich den ungenutzten Gelegenheiten nach.

In Mexiko, als ich den Verlag «El Libro Libre» aufbaute – ohne Gehalt, nur für eine davon unabhängige bescheidene Unterstützung durch das Dr. Barsky-Komitee in New York –, entdeckte mich ein deutscher Wirtschaftsemigrant, der es wieder zu Kapital und Einfluß gebracht hatte. Er bot mir die Leitung einer Mangangrube im mexikanischen Kalifornien an. Mit hohem Gehalt, Haus und Auto. Da ich seinen Vorschlag überhaupt nicht ernst nahm, sagte ich: «Ihre Späße sind nicht gut, Herr Stavenhagen. Ich lasse mich nicht auf den Arm nehmen.»

«Ich spaße nicht. Mein Angebot ist ernst gemeint.»

«Wieso? Ich habe keine Ahnung von Mangangruben. Sie müssen sich dafür einen Fachmann suchen.»

«Männer mit Fachkenntnissen gibt es da schon. Was ich brauche, ist ein ehrlicher Mann mit organisatorischem Talent. Und genau das haben Sie.»

«Damit mögen Sie recht haben.» Ohne weitere Überlegung fügte ich hinzu: «Kommt nicht in Frage. Ich will zurück nach Deutschland. Bis es soweit ist, werde ich Bücher herausgeben, die dazu beitragen, daß es eine Rückkehr gibt.» Als mich der wohlmeinende Emigrant aufmerksam machte, daß ich durch Annahme seines Angebotes meine materiellen Probleme mit einem Schlag lösen könnte, zumal es doch ungewiß sei, ob Hitler besiegt werde, erwiderte ich: «Hitler wird besiegt. Und was meine materiellen Probleme angeht, will ich sie nicht dadurch lösen, daß ich noch selbst zum Kapitalisten werde.»

1945, als ich mit meiner Frau die Rückreise vorbereitete, waren es Mexikaner, die uns abrieten, nach Deutschland zu gehen. Sie konnten nicht begreifen, warum wir ihr schönes Land verlassen wollten. Nach fünfjährigem Aufenthalt in Mexiko könnten wir doch die Staatsbürgerschaft annehmen, in den Genuß aller Rechte kommen. Mit unseren Fähigkeiten sei es leicht, eine gesicherte Existenz aufzubauen. Wir gaben ihnen recht und sagten: «Euch und eurer Regierung werden wir immer dankbar bleiben. Ihr habt uns Zuflucht gewährt, als wir in unserem Land verfolgt wurden. Wahr ist auch, daß euer Land eines der schönsten der Welt ist. Mexiko wieder zu verlassen, fällt uns schwer. Trotzdem. Wir müssen zurück. Es ist unsere Aufgabe, in Deutschland zu arbeiten. Für ein besseres Deutschland, in dem es sich ohne Furcht leben läßt.»

Und in Deutschland? Auch da dauerte es nicht lange, bis Angebote gemacht wurden. Zuerst war es ein westdeutscher Geschäftsmann, der über viel Geld verfügte. Neben seinen schon gewinnbringenden Geschäften wollte er etwas für die Literatur tun. Wiederholt kam er in den Verlag, um Lizenzen für die Bundesrepublik zu kaufen. Als eine Verständigung ausgehandelt war, rückte der gute Mann mit der Wahrheit heraus. Sie bestand darin, daß er mich gleich mitkaufen wollte. Ich sollte einen Verlag aufbauen und über alle Freiheiten verfügen. Scherzhaft erwiderte ich: «Herr Hay, ich stehe nicht zum Verkauf. Ich leite den angesehensten Verlag der Nachkriegszeit. Wie können Sie nur annehmen, daß ich diese Position aufgebe?»

«Hier sind Sie nur Angestellter. Morgen schon kann man Sie hinaussetzen, wenn es Ihrer Partei...»

«Damit mögen Sie recht haben. Aber wie ist das mit Ihnen? Können Sie mich nicht auch hinauswerfen, wenn es Ihnen nicht mehr gefällt, was ich mache?»

«Nein! Ich mache Sie zum Mitinhaber, weil ich Vertrauen zu Ihnen habe. Sie werden ein Haus mit allem Komfort haben. Und vieles mehr, was Sie hier niemals erwerben können.»

«Herr Hay, beenden wir das Gespräch. Mit mir ist das nicht zu machen. Vergessen Sie Ihr Angebot.» Um meinen Worten Nachdruck zu verleihen, erhob ich mich. Der Finanzmann blieb sitzen. Mit enttäuschter Miene sah er mich lange an. Dabei mag er gedacht haben: Diesem Mann ist nicht zu helfen, wie kann er nur mein Angebot ausschlagen. Dann zog er ein Päckchen aus seiner kostbaren Aktentasche und legte es auf den Schreibtisch. Als er gehen wollte, das Päckchen aber liegenließ, sagte ich: «Sie haben etwas vergessen. Nehmen Sie das mit.» Erschrocken antwortete er: «Das ist nur eine kleine Aufmerksamkeit. Nehmen Sie wenigstens das Geschenk an.»

«Geschenke, Herr Hay, kann ich in solchem Zusammenhang nicht annehmen. Sie müssen das wieder mitnehmen.» Er sah ein, daß ich nicht nachgeben würde. Mit dem Päckchen in der Hand verabschiedete er sich. Zehn Minuten später trat der Pförtner ins Zimmer und brachte das Päckchen zurück. Er sagte: «Der Herr, der eben bei Ihnen war, bat mich, es Ihnen persönlich zu geben.» Was nun? Ich öffnete das Päckchen und fand eine Armbanduhr. Seit diesem Tag liegt sie bei mir zu Hause. Ich habe sie nie getragen. Und es wird auch nicht dazu kommen.

Ein Jahr später begegneten wir uns in Hamburg. Zufällig, wie ich glaubte. Vielleicht war es auch kein Zufall. Der kapitalkräftige Mann lud mich sofort zum Essen ein. Auf einem Schiff an der Alster. Man würde da gut und ungestört essen. Meine Frau, die mich begleitete, müsse natürlich mitkommen. Bei diesem Essen, das ich mir von meinen Spesen niemals hätte leisten können, wiederholte er sein Angebot. Er bekam abermals eine Absage. Der gute Wein, die hervorragenden Speisen, das verlockende Zureden änderten nichts an meiner Haltung.

Aus Hamburg kam später noch ein anderes Angebot. Der mir immer freundlich gesonnene Ernst Rowohlt wollte mich für seinen Verlag gewinnen. Der alte Herr, schon sehr krank, war in Sorge um die Zukunft des Verlages. Die Methode, mich zu gewinnen, war anständiger als die des Herrn Hay. Er versprach weder eine Villa noch ein Leben im Wohlstand. Aber er wußte mich bei meinen Ambitionen zu packen. Er brachte Argumente ins Gespräch, die kulturpolitisch von großem Weitblick waren. Was die Tradition seines Verlages betraf, durchaus verständlich. Sie nötigten mir hohen Respekt für den legendären Verleger ab. Bei einem späteren Besuch in seiner Wohnung, als ich ihm eine in Jena gefertigte Spezialbrille brachte, lehnte ich alle Vorschläge zum Überwechseln abermals ab. Er war mir deshalb nicht böse. Er sagte sogar: «Ich verstehe dich recht gut, alter Junge. Der Aufbau-Verlag ist eine große Sache. Und was der Sozialismus sein kann, weißt du vielleicht besser als ich.» Etwa zwei Jahre später starb Ernst Rowohlt. An seiner Beerdigung hätte ich gern teilgenommen. Leider blieb mir das versagt. Ich befand mich im Zuchthaus Bautzen.

Es gab noch andere Versuche, mich für die Bundesrepublik zu gewinnen. Ich wies alle Angebote zurück. Auch jene, die mir nach der Haftentlassung gemacht wurden.

In meiner Zelle begann ich zu zweifeln, ob diese Absagen nicht die dümmsten Fehler meines Lebens gewesen waren. Dabei ging es mir wie vielen Häftlingen, die nur noch in ihren Erinnerungen leben. Dingen nachtrauern, von denen sie sich im nachhinein das große Glück versprachen, wenn sie die Chance genutzt hätten, die das Leben tatsächlich, oder nur in der Einbildung, geboten hat.

Ich wurde mit solchen Anwandlungen fertig. Mit Illusionen konnte ich nicht leben. Auch im Gefängnis nicht. Um davon loszukommen, begann ich, über die Zukunft nachzudenken. Das nahm mich lange Zeit ganz in Anspruch. Aber auch die erträumte Zukunft brach bald wieder zusammen. Wie ein auf Sand gebautes Haus. Die Widersprüche waren zu groß. Altes Denken, das noch tief verwurzelt war, mußte erst wie Unkraut ausgemerzt werden. Dabei versuchte ich immer wieder, mein sozialistisches Gedankengut nicht aufzugeben. Und aus Furcht vor dieser Gefahr schob ich die Auseinandersetzung mit mir und meiner Partei immer wieder hinaus.

Um aber der Geistlosigkeit und Kälte entgegenzuwirken, trainierte ich meinen Kopf. Tagelang sagte ich Gedichte auf, die ich als Kind hatte lernen müssen. Dann versuchte ich mich in Gedichten, die ich mir irgendwann angelesen hatte. Auch das gab ich wieder auf. Mein Gedächtnis war zu lückenhaft. Schließlich machte ich selbst Verse. Das ging noch schneller zu Ende. Die Verse waren miserabel. Und es gab schließlich schon genug schlechte Gedichte. Deshalb begann ich, mir Geschichten aus meiner Vergangenheit zu erzählen: über den Krieg, die Emigration, meine Kindheit. Auch erlebte oder erdachte Liebesgeschichten. Vielleicht waren das die besten Wachträume in diesen Jahren. So merkwürdig das anmuten mag, sie festigten mein Selbstvertrauen. Mehr als alles andere, was ich in Gedanken rekonstruieren oder mit Phantasie ausdenken konnte.

Das Leben hatte mich immer mit Frauen zusammengeführt, die mir schicksalhaft verbunden waren. Wenn ich das rückblickend selbst beurteilen darf, meine ich, daß sie mein Leben reicher und dramatischer gemacht hatten. Ich hatte schöne und große Begegnungen erlebt. Und es hatte auch bittere Erfahrungen gegeben. Licht und Schatten, Frohsinn und Tränen hatten einander abgelöst.

Else war achtzehn Jahre, als ich sie kennenlernte. Ihre Kindheit war nicht besser verlaufen als die meine. Ihr Lebensgefühl war voller Hoffnung gewesen, ähnlich dem meinen. Dann fiel sie 1934 der Gestapo in die Hände, die sie schwer mißhandelte. «Volksrichter» verurteilten sie wegen Widerstandes gegen den Hitlerfaschismus zu sechs Jahren Zuchthaus. Wie mag sie diese Jahre durchgestanden haben?

Slava hatte ich in Prag kennengelernt. Sie sprach kein Wort Deutsch. Ich kein Wort Tschechisch. Aber in wenigen Monaten lernten wir die Sprache des anderen. Als ich 1936 nach Spanien ging, mußten wir Abschied nehmen. Im Widerstand gegen die deutschen Invasoren verlor sich ihre Spur.

Und wie mag Nena den Einmarsch der Legionäre in Barcelona überstanden haben?

Nach der Flucht aus dem französischen Internierungslager Les Milles trat Irene Wosikowski in mein Leben. Wie ich war sie seit 1933 auf der Flucht. Politisch noch leidenschaftlicher als ich. Sie übertraf meinen Fanatismus. Kein Wunder, sie hatte die Lenin-Schule in Moskau absolviert. In Marseille, wo ich sie kennenlernte, war sie schon eine erfahrene Frau. Als hätte sie geahnt, daß ihre Zeit bemessen war, nutzte sie das Leben. Bevor das Jahr zu Ende ging, reiste ich nach Marokko, um in Casablanca das Schiff nach Mexiko zu nehmen. Sie blieb zurück. Mit Tränen in den Augen winkte sie, bis sich das Schiff im Dunst des Mittelmeeres verlor. 1943 wurde sie in Hamburg zum Tode verurteilt und im Oktober 1944 in Plötzensee hingerichtet. Vor der Hinrichtung holte die Gestapo ihre Mutter aus dem Konzentrationslager. Sie sollte ihre Tochter überreden, die Genossen zu verraten, mit denen sie in Marseille den Widerstand gegen die deutschen Okkupanten organisiert hatte. Die Mutter fragte ihre Tochter, ob sie ihre Genossen verraten würde, wenn man ihr verspräche, sie nicht hinzurichten. Irene umarmte die Mutter und sagte: «Nein. Um keinen Preis.» Als ich in Mexiko von ihrem Schicksal erfuhr, machte ich mir Vorwürfe. Vielleicht wäre alles anders gekommen, wenn ich in Marseille geblieben wäre.

Weihnachten 1941. Nach fünf Wochen Seereise ging ich mit Charlotte in Vera Cruz an Land. Vielleicht verdanken wir die Dauerhaftigkeit unserer Liebe der wunderbaren Zeit in Mexiko. Fünf Jahre später kehrten wir nach Deutschland zurück, einen neuen Anfang zu machen.

Einen Anfang der Hoffnung. Um nie mehr die Schicksale von Else, Slava, Nena oder Irene erleben zu müssen. Die Jahre in Mexiko und in Deutschland, die guten und die bösen, gingen dahin. Wir hatten Kinder, die das Leben noch sinnvoller machten. Und selbst die Jahre, die wir dann doch wieder getrennt verbringen mußten, trugen dazu bei, die in Vera Cruz eingegangene Bindung noch fester zu machen.

Die Moral der Gefangenen, schuldig oder nicht, kriminell oder politisch, wird von vielen Dingen bestimmt. Auch von dem Wissen um ihre Frauen, den Angehörigen und Freunden. Ehen und Freundschaften gehen oft in die Brüche. Bitter, sehr bitter sind solche Trennungen.

Strafhaft hat immer schwerwiegende Folgen. Der Verurteilte verliert sofort alle Rechte. Anträge auf Scheidung von Häftlingen werden ohne Umstände bestätigt. Im Regelfall galten solche Anträge, wenn sie sich gegen politische Gefangene richteten, als Beweis guten staatsbürgerlichen Verhaltens. Selbst dann, wenn das staatsbürgerliche Verhalten bei den Antragstellern überhaupt keine Rolle spielte. Ist solchen Antragstellern überhaupt bewußt, daß sie ihre Männer oder Frauen verraten? Wahrscheinlich nicht. Sonst würden sie die Leiden in der Gefangenschaft nicht durch Preisgabe ihrer Partner noch verschlimmern. Für mich war es von größter Bedeutung, daß meine Frau und meine wirklichen Freunde fest blieben.

Mein Befinden machte das Leben immer unerträglicher. Wieder verlor ich das Gehör, konnte kaum noch sprechen. Ohren- und Halsschmerzen wechselten mit Zahnschmerzen. Galle und Leber, die schon üblen Ärger bereitet hatten, verursachten neue Beschwerden. Dennoch glaubte ich damit fertig zu werden. Mir war einfach zuwider, um Hilfe zu bitten. Dann aber kam der Tag, an dem ich nachgeben mußte.

Die Begegnung mit dem Arzt verlief anders als erwartet. Ich war sicher, daß meine Klagen mit ein paar Tabletten abgetan werden würden. Ob der Arzt überhaupt zuhörte, konnte ich nicht ausmachen. Er blätterte nur in einer Akte. Die Brust ließ er nicht freimachen, um Lunge und Herz abzuhören, vielleicht die Leber abzutasten. Nachdem er lange genug geblättert hatte, sagte er: «Sie erhalten Liegeerlaubnis.

Legen Sie sich hin, wenn Sie sich nicht wohl fühlen. Ab morgen bekommen Sie Weißbrot. Das Weitere wird sich finden.»

Eine Woche später wurde ich wieder geholt. Diesmal nicht ins Sprechzimmer des Arztes. Auf dem Hof stand ein Wagen bereit, der mich ins «Gelbe Elend» brachte. Zwei Wachtmeister begleiteten mich durch das große Haftkrankenhaus. Kein Häftling war zu sehen. Kein Kalfaktor. Absolute Stille. Irgendwo öffnete sich eine Tür, und dann stand ich in einem Raum mit Röntgenapparaten. Alles war peinlichst sauber. Wie überall roch es nach Bohnerwachs. Hinter einem Röntgenschirm saß der mir schon bekannte Arzt. «Wie geht es?» fragte er. Ziemlich freundlich sogar.

«Es geht, Herr Doktor. Das Weißbrot und das Liegen tun mir wohl.»

«Na, dann ziehen Sie sich mal aus. Treten Sie hinter den Bildschirm.»

Nach wenigen Sekunden drehte er mich nach links und nach rechts. Lunge und Herz betrachtend. Wie die Ärzte bei früheren Durchleuchtungen fragte er: «Was haben Sie denn in der Lunge? Geschosse?»

«Ja, Geschosse.»

«An welchen Fronten wurden Sie verwundet?»

«Bei Madrid, am Ebro, bei Saragossa.»

«Ach so», erwiderte er nachdenklich. «In Spanien.»

«Ja, in Spanien.»

«Kondor-Legion?»

«Nein! Thälmann-Bataillon.»

Danach fragte er nichts mehr. Er schien betroffen.

Nachdem er auch die Leber betrachtet hatte, schaltete er die Apparatur aus. Durch eine Tür kam ein Häftling. Er führte mich wortlos zu einem anderen Gerät. Der Arzt ging in den Nebenraum. Von dort gab er Weisung für mehrere Aufnahmen, die vom Häftling-Assistenten gemacht wurden. Brustaufnahmen, Leberaufnahmen im Stehen und im Liegen. Als die Prozedur beendet war, brachten mich die vor der Tür wartenden Wachtmeister in die Mättigstraße zurück.

Es vergingen ein paar Tage. Dann wurde ich abermals ins «Gelbe

Elend» gebracht. In ein geräumiges Sprechzimmer, in dem vier Ärzte versammelt waren. Darunter der mir bekannte Arzt. Gegen die Gewohnheit wiesen sie mich an, auf dem freien Stuhl mitten im Raum Platz zu nehmen. Dann sagte der Arzt: «Ich muß Sie dem Chefchirurgen vorstellen. Er wird Ihnen erklären, was mit Ihrer Leber ist. Und was man tun kann.»

Soviel Interesse machte mich auf Schlimmes gefaßt. Sofort war ich mißtrauisch. Kein Wunder. Woher sollte Vertrauen kommen? Die Ärzte kannte ich nicht. Die drei, die ich zum erstenmal sah, waren jünger als ich. Und hier konnte ich weder den Arzt wählen noch Forderungen stellen.

Der Chefchirurg, vielleicht vierzig Jahre alt, körperlich einem Schwergewichtsmeister ähnlich, sagte: «Die Aufnahmen zeigen zwei Zysten in der Leber. Sie lassen darauf schließen, daß es sich um Echinokokkus-Blasen handelt. Solche Blasen sind gefährlich. Sie vermehren sich schnell und können zum Tode führen, wenn sie nicht entfernt werden. Von der Leber dringen sie in die Lunge. Dann ins Gehirn. Wenn man es soweit kommen läßt, gibt es keine Rettung. Darum müssen wir Ihnen die operative Entfernung vorschlagen. Zumindest müssen wir die Leber freilegen, um endgültig festzustellen, worauf die Zysten zurückzuführen sind. Dazu möchten wir Ihre Zustimmung. Sie sollten die Zustimmung geben. Wenn Sie sich nicht gleich entscheiden, dann überlegen Sie sich das. Nur müssen Sie wissen, langes Zögern kann Sie in eine ausweglose Situation bringen.»

«Ich werde über Ihren Vorschlag nachdenken. Außerdem muß ich mit meiner Frau sprechen.»

Der Chirurg beendete das Gespräch mit der Ermahnung: «Entscheiden Sie sich rasch. In acht Tagen erwarte ich Ihre Antwort.»

Obwohl ich mich gelassen gab, gelang es mir nicht, die innere Erregung zu unterdrücken. Ich wurde regelrecht ängstlich. In den vier Wänden meiner Zelle bohrten die Gedanken wie gefräßige Würmer. Draußen hätte ich sofort einen Spezialisten aufgesucht. Aber hier?

Was sollte nur werden, wenn sie recht haben? Von diesen Ärzten würde ich mich nicht operieren lassen. Ich mußte an Professor Gorbandt denken, der von Professor Unverricht zu Rate gezogen wurde, als ich 1949 zum erstenmal ins Krankenhaus ging. Die Leber war damals stark angeschwollen. Gorbandt lehnte eine Operation rundweg ab: In der Leber könne man nur erfolglos herumschneiden.

Ich bat die Anstaltsleitung um Erlaubnis, meiner Frau schreiben zu dürfen. Sie sollte sich von Fachärzten beraten lassen. Diese Erlaubnis wurde verweigert. «Schriftlich dürfen keine Mitteilungen über den Gesundheitszustand gegeben werden.» Und Beratungen außerhalb der Haftanstalt seien überflüssig. Die Ärzte hier seien kompetent genug. Nur an sie hätte ich mich zu halten. Nach dieser Weigerung bat ich, mich mit meiner Frau besprechen zu dürfen. Auch diese Bitte wurde abgewiesen. Für Besuche außerhalb des Vierteljahresturnus bestünde keine Notwendigkeit. «Ihre Frau kann Ihnen sowieso nicht helfen. Halten Sie sich an uns.» So die Antwort des Direktors.

Als die acht Tage verstrichen waren, kam der Arzt in die Zelle. «Haben Sie sich entschieden?» war seine Frage. Ich antwortete: «Einer Operation werde ich nicht zustimmen. Sollte der Eingriff nötig sein, möchte ich Haftaussetzung beantragen, um Arzt und Krankenhaus selbst zu wählen.»

Der Arzt machte keinen Versuch, mich zu überreden. Die Weigerung schien ihn auch nicht zu überraschen. Vielleicht zweifelte er selbst an der Diagnose. Er sagte nur: «Damit übernehmen Sie die Verantwortung für eventuelle Folgen. Ob Sie mit Haftaussetzung rechnen können, weiß ich nicht.»

«Was heißt Haftaussetzung», mischte sich der Anstaltsleiter ein. «Kommt überhaupt nicht in Betracht.» Böse insistierte er: «Haben Sie kein Vertrauen zu uns? Glauben Sie denn, daß wir einer Haftaussetzung zustimmen?»

«Herr Direktor, zu Ihnen habe ich kein Vertrauen.»

«Schweigen Sie», unterbrach er mich. «Frechheiten höre ich mir nicht an. Sie werden schon sehen, wie weit Sie damit kommen.»

Der Arzt entfernte sich. Mit der Hand machte er eine Bewegung, die ich als Bestätigung für meine Entscheidung auslegen konnte. Sein Blick schien wie eine Zustimmung. Er wollte wohl erkennen lassen, daß er die Dinge anders sah als der rabiate Direktor.

Nach diesem Gespräch vergingen lange Wochen. Schlimme Gedanken und Schmerzen in der Leber plagten mich immer mehr. Doch dann kam der Tag, an dem ich wieder einmal geholt wurde. In einer anderen Zelle mußte ich mich umkleiden. Die geflickten Sachen, die schon üblen Geruch verbreiteten, mußte ich ablegen. Der Wachtmeister forderte mich auf, eine von den bereitliegenden gebügelten Hosen und eine passende Jacke anzuziehen. Auch die schmierigen Schnürschuhe mußte ich wechseln. Vor der Zelle wartete ein Kalfaktor, um mir die Bartstoppeln abzunehmen. Und da ahnte ich, wozu das alles nötig war.

Im Erdgeschoß empfing mich der Anstaltsleiter. Vor einer Besucherzelle sagte er: «Sie werden jetzt mit Ihrer Frau sprechen. Begrüßung erfolgt durch Handschlag. Küssen oder Umarmen ist verboten. Über politische Themen und Angelegenheiten der Anstalt darf nicht gesprochen werden. Bei Zuwiderhandlung wird der Besuch abgebrochen.»

Als ich meiner Frau die Hand gab, war mir elend zumute. Aber sie strahlte mich mit großer Herzlichkeit an. Von meinem miserablen Aussehen schien sie keine Notiz zu nehmen.

Sie sah mich nur lange an, bis sie endlich etwas sagte. Um mir zu helfen, sprach sie von den Kindern und verbliebenen Freunden. Hilfsbereite Freundschaft würde sie besonders von Katia und Erika Mann erfahren. Sie ließen alle grüßen. Von sich selbst sagte sie: «Mir geht es gut. Mach dir um mich keine Sorgen. Ich habe Arbeit und verdiene genug, um die Kinder durchzubringen. Auch das Haus wird erhalten. Du sollst alles so vorfinden, wie du es verlassen hast.»

Ich nahm mich zusammen, um nicht in Tränen auszubrechen. Ich sah sie noch immer an. Ihre Kleidung war so geschmackvoll. Ein modernes Kostüm. Die Frisur ohne Tadel. Die Hände gepflegt. Etwas Blässe in ihrem schönen Gesicht. Und das Parfum...

Die Besucherzelle, in der nur ein einfacher Tisch stand und drei Stühle, bekam durch meine Frau eine betörende Atmosphäre. An der Wand hing ein verblaßter Druck. Ein Blumengebinde. Im Gegensatz zu meiner Zelle war sie weiß getüncht.

Bevor meine Frau am Tisch Platz nahm, machte sie keinen Versuch, mich zu umarmen. Mit einem Seitenblick auf den Direktor sagte sie:

«Sei nicht traurig, die Vorschriften verbieten es, dich zu umarmen. Aber ich verspreche dir, alles, was wir jetzt versäumen, wird nachgeholt.» Dann sagte sie: «Du siehst blaß aus. Ich mache mir Sorgen.»

Um sie nicht zu erschrecken, informierte ich meine Frau über das Gespräch mit den Ärzten. Schließlich bat ich sie, Professor Brugsch um Rat zu bitten. Gegebenenfalls beim Generalstaatsanwalt Haftaussetzung zu beantragen. Und ich sagte auch: «Im Zuchthaus lasse ich mich nicht operieren.»

«Warum hast du mir nicht gleich geschrieben? Ich hätte doch sofort alles in Gang gebracht.»

«Strafgefangene dürfen in Briefen nichts über ihren Gesundheitszustand berichten. Außerdem ist die Anstaltsleitung der Meinung, daß es Haftaussetzung nicht gibt. Auch Haftunfähigkeit kennt man nicht mehr. So jedenfalls wird der Strafvollzug bei uns gehandhabt.»

Der zuhörende Direktor unterbrach das Gespräch: «Äußerungen über den Vollzug sind nicht erlaubt.» Dabei stand er auf und erklärte: «Die Besuchszeit ist zu Ende.» Zu meiner Frau gewandt: «Verabschieden Sie sich. Was die ärztliche Betreuung betrifft, überlassen Sie das nur uns.»

«Ich werde tun, was ich für nötig halte», erwiderte meine Frau. «Verlaß dich auf mich, mein über alles Geliebter.» Wieder nur mit einem Händedruck trennten wir uns. Dabei sagte sie noch: «Wegen der Kinder mach dir keine Sorgen. Es geht ihnen gut.»

Daß Sohn André seit Monaten in einem miserablen Heim für Kinder aus milieugeschädigten Verhältnissen war, die sechsjährige Tochter von Freunden aufgenommen worden war und meine Frau schwerkrank bei Dr. Camrath in Mahlow gelegen hatte, erfuhr ich erst, als ich wieder nach Hause kam. Das relative Gutgehen konnte sich also nur auf Tochter Yvonne beziehen, die von der Anwaltsfamilie Gentz aufgenommen worden war. Dem Jungen ist es übel ergangen. Die Heimleitung war schlecht und die Mißstände groß. Und das alles, weil sich meine Frau seit Monaten im Krankenhaus befand.

Als meine Frau drei Monate später turnusgemäß wieder zu Besuch kam, hatte sie in Berlin und Leipzig mehrere Fachärzte konsultiert. Brugsch gab eine zweifelhafte Erklärung ab und schloß den operativen

Eingriff nicht aus. Sogar im Zuchthaus. Die Ärzte würden sich nicht grundlos dazu entschließen.

Anders reagierten die Spezialisten in Leipzig. Sie waren bereit, die Behandlung sofort zu übernehmen. Aber nur unter der Voraussetzung, daß ich in ihre Klinik übergeführt werde. Und eine solche Überführung wurde von ihnen für selbstverständlich gehalten. Daß man Haftaussetzung verweigern könne, war für sie unvorstellbar.

Aber der Generalstaatsanwalt erklärte: Haftaussetzung gebe es nicht. Die Strafvollzugsanstalten der DDR verfügten über alle Einrichtungen für jedwede Behandlung. Außerdem habe man inzwischen festgestellt, daß eine sofortige Operation nicht unbedingt nötig sei. Man könne warten, bis die Haftzeit beendet sei.

Die Ablehnung der Operation sollte für mich noch üble Folgen haben. Das Weißbrot ließ der Direktor sofort entziehen. Auch die Liegeerlaubnis. Und bis die Strafhaft zu Ende ging, sah ich keinen Arzt mehr. Ich bekam nicht einmal Tabletten gegen Zahnschmerzen. Wenn ich mich zum Arzt meldete, nahmen die Schließer keine Notiz davon. Alles nur deshalb, weil ich dem Direktor auf seine Frage nach dem Vertrauen mit einem entschiedenen Nein geantwortet hatte.

Die Abrechnung

Um meinen Depressionen entgegenzuwirken, nahm ich wieder den Dialog mit mir auf. Heftig ging ich mit mir selbst ins Gericht. Zur Hauptfrage wurde, wie es mit uns weitergehen solle. Was nach den gemachten Erfahrungen noch unter Sozialismus zu verstehen sei.

«Vor hundertfünfzig Jahren sprach Marx von der Diktatur des Proletariats, um die Diktatur der kapitalistischen Ausbeutung zu brechen. Er verstand sie als Übergangslösung, weil die besitzende Klasse die ökonomische Macht nicht freiwillig abtritt. Sobald aber ihre Vorherrschaft gebrochen sei, müßten neue Machtstrukturen entwickelt werden. Demokratische, sozialistische, langfristig kommunistische, oder was darunter zu verstehen ist. Und was haben wir aus dieser Theorie gemacht?» Nach einer Pause: «Eine Diktatur gegen uns selbst, gegen die Arbeiter. Kapitalisten gibt es doch in der DDR nicht mehr.»

Ich wechselte den Standort und trat unter das Fenster. Nachdenklich, ins Leere sprechend:

«Ob der Begriff ‹Diktatur des Proletariats› glücklich gewählt war, ist heute umstritten. Seit Marx haben sich die gesellschaftlichen Verhältnisse gründlich verändert. Die Arbeiterklasse ist nicht mehr das, was sie war. Vor allem ist sie nicht mehr in der Minderheit, wie zu Marx' Zeiten. Mithin ist die Forderung nach Diktatur der Arbeiter, wenn sie die Macht übernehmen, überflüssig geworden. Sie steht der Entwicklung neuer und demokratischer Strukturen nur noch im Wege.» Ein paarmal die fünf Schritte auf und ab gehend, entfuhr mir:

«Was Marx nicht analysieren und voraussehen konnte, waren Veränderungen, wie wir sie nach dem Zweiten Weltkrieg erleben mußten. Die alten Staats- und Herrschaftsformen wurden nicht durch revolutionäre Erhebungen zerschlagen, sondern durch ausländische und militärische Gewalt. Ideologien, nationale Unabhängigkeit spielten dabei keine Rolle oder nur eine sekundäre. Wenn aber doch, und das nur begrenzt, wie beispielsweise in Jugoslawien, fanden sie weder das Wohlwollen der Westmächte noch das von Stalin.»

Mit dem Rücken zur Tür stehend, wieder zum Fenster sprechend: «Noch widerspruchsvoller war die Entwicklung in Polen. Durch den Pakt von 1939 als Staat liquidiert, mußten die Arbeiter und das ganze Volk alle Leiden durchmachen, die Krieg und nationale Unterdrückkung zur Folge haben. Erst nach der Zerschlagung Deutschlands durfte sich das polnische Volk wieder als Staat konstituieren. Aber auch dann nur unter den von den Siegermächten diktierten Bedingungen.

Und was unser Volk nach Kriegsende erlebte, übertraf alles, was europäische Geschichte – wenn wir von Hitler absehen – hervorgebracht hat. Die Gebiete östlich der Oder und Neiße wurden an Polen und an die Sowjetunion abgetreten. Den Rest des Deutschen Reiches teilten sich die Besatzungsmächte in vier Zonen auf. Berlin zerfiel in vier Sektoren. Ein Friedensvertrag wurde nicht abgeschlossen. Und ob es je dazu kommen wird, bleibt dahingestellt. Die Nachkriegsinteressen der Sieger sind zu groß, um eine Verständigung über Deutschland möglich zu machen.

Über die Wiedervereinigung wurde bis in die fünfziger Jahre viel gesprochen. Nur Konkretes dafür wurde nicht getan. Um so rabiater aber waren die Maßnahmen der Besatzungsmächte in ihren Zonen.

Nach der sogenannten und bald wieder vergessenen Entnazifizierung begünstigten die Westmächte die Wiederherstellung der alten ökonomischen Verhältnisse. Ohne Hitler, aber mit den alten Herren über Macht und Besitz. Mit riesigen Anleihen verhalfen besonders die USA den angeschlagenen deutschen Kapitalisten wieder auf die Beine. Dabei brachten die Geldgeber ihre Schäfchen gleich mit ins trockene. Bald waren sie nicht nur Kreditgeber, sondern Gewinn abschöpfende Teilhaber.

Anders liegen die Dinge bei uns. Die Sowjetunion konnte keine Wirtschaftshilfe gewähren. Die erlittenen Kriegsschäden waren zu groß, um beim Wiederaufbau anderen helfen zu können. Und sie mußte auf Reparationen bestehen, was verständlich war. Nicht verständlich waren Maßnahmen, die allen Theorien der kommunistischen Weltbewegung widersprachen», rief ich verärgert zum Fenster.

«Um den Ersten Weltkrieg zu beenden, propagierte die Sowjetregierung am 26. Oktober 1917 das von Lenin ausgearbeitete ‹Dekret über den Frieden›. Darin heißt es doch:

‹Ein gerechter oder demokratischer Friede, den die überwältigende Mehrheit der durch Krieg erschöpften, gepeinigten und gemarterten Klassen der Arbeiter und der Werktätigen aller kriegführenden Länder ersehnt und den die russischen Arbeiter und Bauern nach dem Sturz der Zarenmonarchie auf das entschiedenste und beharrlichste fordern, ein solcher Friede ist nach Auffassung der Regierung ein sofortiger Friede ohne Annexionen (d. h. ohne Aneignung fremder Territorien, ohne gewaltsame Angliederung fremder Völkerschaften) und ohne Kontributionen... Wenn irgendeine Nation mit Gewalt in den Grenzen eines gegebenen Staates festgehalten wird, wenn dieser Nation entgegen ihrem zum Ausdruck gebrachten Wunsch das Recht vorenthalten wird, über die Formen ihrer staatlichen Existenz ohne den mindesten Zwang selbst zu entscheiden, so ist eine solche Angliederung eine Annexion, d. h. eine Eroberung und Vergewaltigung...›

Haben die Kommunisten das alles vergessen?

Die Nazi-Ideologen vermochten mit Demagogie die Gehirne der Kleinbürger und Arbeiter zu vernebeln. Aber sie vermochten nicht, das Erinnerungsvermögen zu verschütten. Alle, ob Kommunisten, Sozialdemokraten, Intellektuelle oder liberale Bürger, die den Faschismus bekämpft und überlebt haben, erinnern uns doch an die Grundsätze sozialistischer Friedenspolitik.

Auch den Russen kann nicht entgangen sein, daß die deutschen Arbeiter den Krieg nicht zu verantworten hatten. Auch die Menschen, die in Polen oder der Tschechoslowakei von Haus und Hof vertrieben wurden, waren nicht die Schuldigen. Deshalb darf es nicht verwundern, wenn sie kein Verständnis für Annexion, Austreibung und endlose Reparationen zeigen. Lenin hatte es als Kontributionen bezeichnet. Selbst die dogmatischsten Kommunisten mußten doch ahnen, daß mit solchen Maßnahmen die Menschen niemals zu Freunden der Sowjetunion und des Sozialismus gemacht werden können. Zumal es nicht bei Annexion und Vertreibung blieb. Das Zurückhalten der Kriegsgefangenen verbitterte alle Frauen und Kinder, die ungeduldig auf die Heimkehr ihrer Söhne, Väter und Männer warteten.» Nach längerem Nachdenken wieder mit dem Rücken zum Fenster:

«Nicht weniger schädlich war die übereilte Vereinigung der großen Arbeiterparteien, die zur Liquidierung der sozialdemokratischen Partei führte. Wer sich 1946 nicht in die SED überführen ließ, konnte nur noch zwischen Flucht in die Bundesrepublik oder politischer Diskriminierung wählen. Und nach Gründung der SED wurde die SPD in der sowjetischen Zone einfach aufgelöst.

Daß die Siegermächte als Wohltäter nach Deutschland kommen würden, hat niemand erwartet. Alle wußten, daß die Nachkriegszeit Opfer abverlangen wird. Wenigstens einen Teil der Schäden, die der Hitlerkrieg anderen Völkern zufügte, mußte wiedergutgemacht werden. Und alle Not, die der verlorene Krieg unvermeidbar machte, wäre erträglicher gewesen, wenn wenigstens den arbeitenden Menschen das Recht auf Selbstbestimmung als Alternative zur faschistischen Tyrannei gewährt worden wäre. Daß die Kapitalisten entmachtet, die Nazis aus ihren Ämtern verjagt wurden, damit war die Mehrheit des Volkes in Ost und West einverstanden. Und daß man die Kriegs- und Naziverbrecher zur Rechenschaft zog, war selbstverständlich.

Nicht so selbstverständlich waren Maßnahmen in der sowjetischen Besatzungszone. Wer sie nicht hinnehmen wollte, gar gegen die Demontage der verbliebenen Fabriken auftrat, gegen die überstürzte Vereinigung der Arbeiterparteien sprach, später, als die ersten Wahlen ausgeschrieben wurden, gegen die Einheitslisten agitierte und freie Wahlen forderte, innerhalb oder außerhalb der Partei den Meinungsstreit über die Formen der sozialistischen Neugestaltung führen wollte, wurde kriminalisiert. Und wenn das nicht beendet wird, richten wir die DDR selbst zugrunde», schrie ich verzweifelt den imaginären Hörern in meiner düsteren Zelle zu.

Nach einer längeren Pause, in der ich mich wieder beruhigt hatte, fuhr ich fort:

«Alle Erfahrung besagte doch, daß jede Gesellschaft nur soviel wert ist wie ihre Rechtsprechung. Auch die Sklavenhalter und Feudalherren sprachen Recht. So wie sie es verstanden haben. Alles Recht diente ihren Privilegien, ihren Machtgelüsten. Ihre Paläste und Burgen waren immer mit Hungertürmen, Folterkellern und weithin sichtbaren Hinrichtungsstätten ausgestattet. Für die ‹edlen› Herren waren Gerichtstage Festtage. Nur Raub- und Kriegszüge befriedigten sie vielleicht mehr als grausame Urteilsvollstreckungen.» Auf und ab gehend, memorierte ich weiter:

«Nicht anders war das mit der Inquisition. Hexen und Ketzer mußten auf die Scheiterhaufen, um die Macht des Klerus zu mehren. Mit Recht und Gesetz hatte dieser barbarische Brauch soviel zu tun wie die Volksgerichtsurteile der Hitlerzeit.

Und die bürgerliche Rechtsprechung? Auch sie dient natürlich der herrschenden Klasse. Bleibt nur die Frage, wem dient das sozialistische Recht und Gesetz? Hört ihr mir überhaupt zu?» fragte ich verzweifelt.

«Eine Analyse der Justiz in den sozialistischen Ländern zwingt zum Vergleich mit der Rechtsprechung in bürgerlichen Staaten. Dort sind die Richter von den machtausübenden Institutionen mehr oder weniger unabhängig. Zumindest formal. Aber schon das ist ein Fortschritt. Hinzu kommt, daß die öffentliche Kritik darauf Einfluß nehmen kann. Journalisten können ihre Meinung kundtun, ohne sofort straffällig zu werden. In den sozialistischen Ländern war oder ist das nicht erlaubt. Wer gegen Urteile der Gerichte auftritt, macht sich selbst schuldig.»

Ich will den Zellen-Monolog nicht fortsetzen. Aber auch noch Jahre später hätte er so lauten können. Den beschämendsten Beweis dafür lieferte ein Brief von DDR-Schriftstellern, in dem sie darum baten, die gegen Wolf Biermann 1976 ausgesprochene Entbürgerung und Ausweisung zu überdenken. Das genügte der Partei- und Staatsführung, um eine Kampagne gegen die Unterzeichner des Briefes einzuleiten. Und soweit die Unterzeichner Mitglieder der Partei oder des Schriftstellerverbandes waren, wurden sie ausgeschlossen oder mit Partei- und Verbandsstrafen belegt. Daß man sie nicht alle in Haft nahm, wie in den fünfziger Jahren, war nur auf die weltweite Protest-kampagne zurückzuführen, die Biermanns Ausweisung ausgelöst hatte. Sogar die kommunistischen Parteien in Frankreich, Italien und Spanien erhoben Protest. Und viele Intellektuelle, die diesen Brief nicht unterschrieben hatten, mußten sich von den Unterzeichnern distanzieren. Ganze Seiten füllte das «Neue Deutschland», das Fernsehen ganze Sendungen, mit Erklärungen «staatstreuer» Schriftsteller und Künstler gegen Christa Wolf, Stefan Heym, Günter Kunert und die anderen.

Als ich in Bautzen hin und wieder eine Zeitung bekam, las ich, daß ein neues Strafgesetz in Arbeit sei. Das alte Gesetzbuch sollte durch ein sozialistisches abgelöst werden. Anfang der siebziger Jahre verabschiedete dann die Volkskammer das neue Gesetzbuch. Hatte sich dadurch etwas geändert? Wurde das Strafmaß der neuen Zeit angepaßt? Wer das erwartet hatte, wurde enttäuscht. Nur kriminelle Verbrechen erfuhren mildere Behandlung. Und Homosexualität stand nicht mehr unter Strafe. Aber für politische Vergehen oder Verbrechen wurden die Strafen sogar noch verschärft. Und die einschlägigen Paragraphen enthielten noch immer die Todesstrafe. Erst später, als unter Honecker Staatsbesuche im westlichen Ausland stattfanden, wurde sie abgeschafft.

Dann gab es neue Paragraphen, mit denen beinahe jeder Bürger im Bedarfsfall zur Strecke gebracht werden konnte. Zumindest wurden die Menschen so eingeschüchtert, daß sie es kaum noch wagten, Kritik an den Praktiken der Partei- und Staatsfunktionäre zu üben. Im Paragraphen 220 hieß es unter der Überschrift «Öffentliche Herabwürdigung»: «Wer in der Öffentlichkeit die staatliche Ordnung oder staatliche Organe, Einrichtungen oder gesellschaftliche Organisationen oder deren Tätigkeit oder Maßnahmen herabwürdigt, wird mit Freiheitsstrafe bis zu zwei Jahren oder mit Verurteilung auf Bewährung, Haftstrafe, Geldstrafe oder mit öffentlichem Tadel bestraft.» Ebenso dehnbar waren Paragraphen, die auf Bürger Anwendung fanden, wenn sie die DDR verlassen wollten. Und an der Berliner Mauer, an der Grenze zur Bundesrepublik, durfte auf Flüchtlinge noch immer geschossen werden. Überlebten die Flüchtlinge Fluchtversuche, wurden sie mit langjährigen Haftstrafen belegt. Auch Mitwisser eines Fluchtversuchs hatten mit Strafen zu rechnen. Eltern und Geschwister waren nicht ausgenommen. Nach dem Strafgesetz waren sie verpflichtet, Fluchtvorbereitungen ihrer Angehörigen den Staatsorganen zu melden.

Und auch nach dem neuen Strafgesetz wurden politische Häftlinge wie kriminelle Verbrecher behandelt. Sie trugen die gleiche Gefängniskleidung, bekamen die gleiche Nahrung, mußten aus den gleichen Blechschüsseln die Suppe löffeln und die Zellen mit Kriminellen teilen. Ob sie arbeiten durften, lag im Ermessen der Anstaltsleitung.

In den zurückliegenden Jahren hatte sich – trotz der neuen Gesetzbücher – noch eine neue und doch sehr alte Praxis wieder durchgesetzt. Mit Recht, Gesetz, Moral, politischer Vernunft hatte sie soviel zu tun wie die Piratenstreiche im Altertum oder Mittelalter. Menschenräuber waren von Fall zu Fall bereit, ihre in Hinterhalte gelockten oder in Kriegszügen geraubten Opfer wieder freizulassen, wenn ein lohnendes Geschäft mit ihnen zu machen war. Gegen einen Batzen Gold ließen sie mit sich reden. Raub-«Ritter» hatten den Handel mit Menschen regelrecht zu ihrem Beruf gemacht. Wenn sie nicht Städte und Dörfer plünderten, lauerten sie einfach Handelsleuten auf. Nach gehöriger Mißhandlung wurden sie wieder freigelassen, wenn ein saftiges Lösegeld gezahlt wurde. Andernfalls erlitten sie den Tod. Und es zahlte natürlich, wer dazu in der Lage war.

Und wie ist das Geschäft mit Menschen in unserer Zeit? Gibt es da überhaupt Unterschiede? Gewiß. Der Handel mit Menschen wurde zu einer geheimen Staatssache. In aller Stille handelten die «Vertreter» beider Staaten über den Aufkauf. Und je höher die Zuchthausstrafen, um so höher die Preise. Offiziellen Verlautbarungen zufolge wurden allein in zehn Jahren an die fünfzehntausend Häftlinge in die Bundesrepublik abgeschoben. Die Lösegelder beliefen sich auf eine Milliarde Valutamark. Und dieser Handel wollte kein Ende nehmen.

In Bonn offen, in der «Hauptstadt der DDR» klammheimlich wurde das als gute Sache gepriesen. Die einen meinten, der Westen müsse zahlen, wenn er Gesetzesbrecher in Schutz nähme. Ohnehin würde dadurch nur ein Teil der Schuld wiedergutgemacht. Öffentlich wurde über solche Geschäfte keine Rechenschaft abgelegt. Auch die Presse durfte nichts verlauten lassen. Selbst dann nicht, wenn Radio und Fernsehen der Bundesrepublik Meldungen darüber brachten, die jeder DDR-Bürger hören oder sehen konnte.

Die Sprecher der Bundesrepublik argumentierten mit Humanität, wenn Häftlinge aus der DDR freigekauft wurden. Das hörte sich natürlich gut an. Wer konnte schon dagegen sein, wenn politischen Häftlingen zur Freiheit verholfen wurde. Hörte man aber genauer hin, zeigte sich, daß auch diese Rechtfertigung immer politischen Interessen diente. Gewollt oder ungewollt verbarg sich unter dem Deckmantel der Humanität der Anreiz zum Widerstand oder zum Verlassen der DDR. Laßt euch nur einsperren. Früher oder später kaufen wir euch frei. Je mehr, um so besser. Was eine solche Maxime mit Menschlichkeit zu tun hat, vermag ich nicht zu erkennen.

Wie immer man den Handel mit Häftlingen betrachten mochte, für mich blieb er ein miserables Geschäft. Der westliche Teilhaber interessierte mich dabei überhaupt nicht. Und was die abgeschobenen Häftlinge betraf, meinte ich: Wohl dem, der die Freiheit erlangt. Was mich aber zutiefst beleidigte, war die Verhaltensweise meiner ehemaligen Genossen, die aus der Rechtsprechung ein schamloses Geschäft mit Menschen machten.

Noch emotionaler als mit den Theorien stritt ich mit den Gespenstern, die wie vernunftlose Wesen in den Ecken der Zelle hockten. Zischelnd meine Gedanken verfolgten. Und ich sah die bärtige Fratze von Ulbricht, das kalte Lächeln von Matern, hörte das Keifen von Melsheimer, wich vor dem Zupacken von Mielke zurück, der immer wieder an meiner vermufften Gefängniskluft zerrte. Bis ich selbst aggressiv wurde, wütend den Speichel aus meinem Gesicht wischte, Mielkes Faust packte und drohend sagte: «Laß meinen Rock los, sonst schlag ich dir die Zähne ein. Du hast nicht nur mich verleumdet, sondern zahllose Opfer auf deinem Konto. Aber vergiß nicht: Es wird eine Zeit kommen, die dich wie einen geschlagenen Hund auf den Misthaufen der Geschichte wirft...»

Wenn ich mich nach solchen Wach- oder Alpträumen beruhigte und die Gespenster mit einer Handbewegung fortgescheucht hatte, begann ich nüchtern zu fragen, was wir denn eigentlich verbrochen haben? Was ungesetzlich, verräterisch, zum Schaden der Arbeiter-und-Bauern-Macht war? Mit welcher Rechtfertigung wir zu Opfern der Ungesetzlichkeiten gemacht wurden?

Vielleicht waren diese Monologe trotz aller Zweifel und Unsicherheit das Beste, was ich in dieser verlorenen Zeit für mich einbringen konnte, was mein Selbstgefühl stärkte, meinen Trotz standhafter machte.

Daß wir im Aufbau-Verlag, so wie an den Universitäten und in allen Kulturorganisationen, gegen den Personenkult sprachen, Korrekturen der Rechtspraxis einforderten, den Machtmißbrauch verurteilten, haben wir vor Gericht nicht bestritten. Und wir bekannten uns – wie schon zuvor in aller Öffentlichkeit – zu unseren Ansichten. Niemals haben wir illegal etwas getan. Keiner dachte daran, dem Kapitalismus in der DDR eine Chance zu geben.

Mit Nachdruck setzten wir uns für die Wiedervereinigung der beiden deutschen Staaten ein. Das war sogar der wichtigste Hintergrund unserer Streitgespräche. Laut dachten wir darüber nach, wie und wo wir Verbündete in diesem Kampf gewinnen können. Dabei standen die Sozialdemokraten und Gewerkschafter in der Bundesrepublik an erster Stelle. Wer denn sonst?

Daß Harich im Auftrage seiner «Dienststellen» geheime Verhandlungen mit der SPD in Westberlin führte, über die er laufend Erich Wendt und Paul Wandel berichtete, wußten wir nicht. Diese illegalen Kontakte hatten auf unsere Bemühungen und Diskussionen überhaupt keinen Einfluß. Wären sie uns bekanntgeworden, hätten wir sie zurückgewiesen. Jeder wußte doch, wie gefährlich solche Verhandlungen waren.

Wir beschränkten uns auch nicht auf abstrakte Reden. Konkret artikulierten wir Vorstellungen, wie wir uns in Ost und West konsensfähig machen können. Breiten Raum nahmen unsere kritischen Vorschläge zu wirtschaftlichen Reformen ein. Wen die ökonomische Entwicklung in der DDR nicht gleichgültig ließ, der mußte den Niedergang in allen Branchen erkennen. Ob in der Landwirtschaft oder dem sogenannten

Mittelstand. Die Zerschlagung der Gewerbetreibenden ließ uns nicht gleichgültig. Auch die überstürzte Zwangskollektivierung führte zu nicht wiedergutzumachenden Katastrophen in der Versorgung. Die verlorengegangenen Dienstleistungen konnten zunächst durch nichts ersetzt werden. Zumal damit die Kriminalisierung aller einherging, die nicht bereit waren, ihre Selbständigkeit aufzugeben.

An die Abschaffung oder Mißachtung der einigermaßen funktionierenden sozialistischen oder staatlichen Wirtschaftsstrukturen dachte dabei niemand. Nur die unrentablen Betriebe und Genossenschaften, die ohne Subventionen überhaupt nicht lebensfähig waren, sollten entweder an produktiv arbeitende Unternehmen angeschlossen oder gegebenenfalls an die Bauern und Handwerker zurückgegeben werden. Auch um die Abwanderung wertvoller Arbeitskräfte aufzuhalten.

Soweit es die Landwirtschaft betraf, richtete sich die Kritik u. a. gegen die sogenannten «MTS» (Maschinen-Traktoren-Stationen), die unsere Bauern und Genossenschaften in völlige Abhängigkeit brachten, den technischen Aufwand verbürokratisierten und immer kostenaufwendiger machten. Nach unserer Meinung sollte die Technik unmittelbar den Produzenten überlassen werden. Egal ob sie genossenschaftlich oder noch privat arbeiteten.

Ein anderes Kapitel war das Verhältnis zur Kirche. Obwohl keiner von uns religiös gebunden war, forderten wir, das Trennende zurückzustellen und die freie Religionsausübung zu gewährleisten. Schluß zu machen mit der Kriminalisierung kirchlicher Institutionen.

Auch das Bildungswesen und die parteipolitische Behinderung der kulturellen Entwicklung im allgemeinen wurde unter Kritik gestellt. Hoch- und Fachschulen sollten von jeder Bevormundung befreit werden. Der Zwang zum Russischunterricht sollte durch Freiwilligkeit abgelöst werden. Und natürlich waren wir gegen die überflüssig und schädlich gewordene Kunst- und Literaturzensur.

Bleibt noch zu erwähnen, daß unser Denken und Handeln notwendigerweise mit der Abschaffung, oder wenigstens Reduzierung, der Staatssicherheit verbunden war. Zum Schutze unserer Gesellschaft hätte eine volksverbundene politische Abteilung im Innenministerium völlig ausgereicht.

Wir forderten Journalismus, nicht Schönfärberei und Jasagertum.

Wir schlugen die Wahl von Betriebsräten vor, die als Partner zu den Betriebsleitern ihr Mitbestimmungsrecht einfordern sollten.

Zu unseren Vorstellungen in den fünfziger Jahren wird man heute sagen: Das waren alles selbstverständliche Dinge. Jetzt nach der friedlichen Revolution von 1989, also über dreißig Jahre danach, sind sie in Erfüllung gegangen. Gewaltlos und ohne Blutvergießen. Das ist richtig. Nur sollte niemand vergessen, daß zuvor Tausende mit Zuchthaus dafür einstehen mußten, bis sich das Volk im Zusammenwirken mit den Intellektuellen zur Durchsetzung so selbstverständlicher Dinge aufraffte.

Was wir damals wollten und erhofften, war allerdings nicht die radikale Verdammung sozialistischer Strukturen. So, wie das jetzt vielen leicht von der Zunge geht. Bleibt man bei der Wahrheit, dann haben gerade jene, die jetzt von freier Wirtschaft, Markt- und Sozialunion sprechen und wohlgefällig neue Ministerposten besetzen, in der Vergangenheit nichts für den Wandel getan, als es noch lebensgefährlich war, für grundlegende Veränderungen einzustehen.

Im nachhinein läßt sich leicht sagen: «Was die Intellektuellen der fünfziger Jahre gewollt haben, war eben zu theoretisch oder zuwenig, um von den Volksmassen aufgegriffen zu werden.» Das mag richtig sein. Und doch war es offenbar schon viel zuviel und eilte der Entwicklung in unserem Lande voraus. Andernfalls wäre es nicht möglich gewesen, die von Ulbricht abermals erzwungene Friedhofsruhe auf lange Jahre festzuschreiben. Bis sich neue Kritiker artikulierten, vergingen tatsächlich viele Jahre.

Und dazu bedurfte es wieder der Anstöße durch Ereignisse in anderen Ländern. Was der Fall Merker und der XX. Parteitag für mich waren, wurde für Havemann und Biermann die Neuorientierung der italienischen Kommunisten. 1968, als der Prager Frühling die Welt erregte, folgte Bahro mit seiner «Alternative». Auf die Meinungsbildung in der DDR blieben aber auch ihre Ideen ohne Einfluß.

Havemanns Vorträge an der Humboldt-Universität, mehr noch die im Westen erschienenen Bücher und Interviews beinhalteten, soweit sie über die Kritik der Zustände in der Partei hinausgingen, was im

Oktober 1989 von den Volksmassen auf den Straßen von Leipzig und Berlin erzwungen wurde und zum totalen Zusammenbruch der DDR führen sollte. Wären seine Ideen damals zur Diskussion gestellt worden, hätten sie vielleicht einen Beitrag zur Wende geben können. So aber blieben sie nur ein Ohrenschmaus für die Studenten. Und für den Sänger Biermann Anlaß zu Liedertexten und Melodien, die zu seiner Entbürgerung und Ausweisung führten.

Alle Philosophie zeugt davon, daß Macht nicht bedeutet, recht zu haben. Selbst dann, wenn die Führung mit scheinbar rechtmäßigem Anspruch übernommen wird, kann sich – durch welche Umstände immer – Recht in Unrecht verkehren. Der Hitlerismus für die bürgerliche Gesellschaft und der Stalinismus in vermeintlich sozialistischen Ländern zeugen davon.

Auf die Behauptung antimarxistischer Wortführer, in den «sozialistischen» Ländern sei überhaupt kein Ansatz zum Sozialismus praktiziert worden, will ich nicht antworten. Nur Unwissende können behaupten, daß Vergesellschaftung der Produktionsmittel nichts mit Sozialismus zu tun habe. Falsch ist nur die Erwartung, daß mit der Beseitigung kapitalistischer Produktionsverhältnisse schon die sozialistische Gesellschaft funktionieren muß. Richtig ist, daß damit der erste Schritt getan wird, um Voraussetzungen für den Aufbau einer neuen Gesellschaft zu schaffen.

Die alten selbstzufriedenen Genossen, die mich als Verräter beschimpften, werden mich als Revisionisten abtun. Mir macht das nichts aus; denn ich verstehe mich ja selbst als Reformer oder als Revisionisten, der mit seiner Vergangenheit gebrochen hat. Wissend, daß ich keine fertigen Rezepte anbieten kann, die geradewegs aus der Sackgasse herausführen. Nur soviel maße ich mir an: Ich begann vor vierzig Jahren, mich vom stalinistischen Denken zu entfernen, nach Lösungen zu suchen, die das, was wir als sozialistisch verstanden, von diktatorischer Unterdrückung befreiten. Und mir war schon sehr früh bewußt geworden, daß wir unsere Zukunft aufs Spiel setzen, wenn es nicht gelingt, einen Wandel zu ermöglichen.

Hätte mich in den fünfziger Jahren jemand befragt, was in den sozialistischen Ländern noch als revolutionär zu verstehen ist, würde ich bedenkenlos geantwortet haben: Abschaffung aller diktatorischen Machtstrukturen, Durchsetzung eines sozialistischen Pluralismus, um in freier Wahl die arbeitenden Menschen entscheiden zu lassen, welcher Partei und welchen Personen sie ihre Stimme geben.

Offene und freie Wahlen bringen selbstverständlich unbequeme Personen ins Parlament. Und das kann nur gut sein, damit die parlamentarische Windstille ein Ende findet. Noch etwas: Die Auswahl der Kandidaten muß von unten nach oben erfolgen. In den Betrieben, Verwaltungen, Genossenschaften, Gewerkschaften, Kommunen und natürlich in den Parteien. Je differenzierter sie sich profilieren, um so glaubwürdiger werden sie. Opportunisten und Karrieristen haben dann kaum noch eine Chance.

Ein Tabu hat uns besonders geschadet: das Nachdenken über die Notwendigkeit einer Opposition. Opposition wurde immer mit Konterrevolution gleichgesetzt. Diese sträfliche Vereinfachung hat der marxistischen Bewegung den schwersten Schaden zugefügt und alternatives Denken abgetötet. Wenn wir also der sozialistischen Demokratie zu neuem Leben verhelfen wollen, muß eine organisierte Opposition zum legalen Bestand innerhalb und außerhalb der Parteien werden. Sonst können überholte Dogmen nicht überwunden werden.

Die Abrechnung mit den Verhältnissen in unserem Lande hat das Zuchthaus nicht leichter gemacht. Oft fragte ich mich, ob denn eine Gefängniszelle der Ort ist, wo sich Kritik mit konstruktivem Denken in Übereinstimmung bringen läßt. Manches Mal glaubte ich, von Vorurteilen zu sehr belastet zu sein. Dann schlug das wieder in Radikalismus um. Aber wie dem auch war: Sinnvoll ist es gewesen, die grauen Zellen zu strapazieren. Sonst hätte ich nur in Stumpfsinn dahinvegetieren können. Etwas mehr Klarheit im eigenen Kopf hat das Selbstbefragen jedenfalls bewirkt. Und ohne Bautzen wäre der «arge Weg der Erkenntnis» länger gewesen. Denn auch ich hatte lange geschwiegen und zuviel verdrängt. Wie eben andere, die das materiell Erreichte nicht wieder verlieren wollten.

Heimkehr

Von der Amnestie zum zehnten Jahrestag der Gründung der DDR blieb ich als einziger ausgeschlossen. Ich nahm es gelassen hin. Ich war sowieso sicher, nicht berücksichtigt zu werden, obwohl ich formal alle Amnestiebedingungen erfüllt hätte. Aber eben nur formal. Reue hatte ich nicht gezeigt. Schuldbekenntnisse auch nicht. Deshalb lautete die Antwort des Obersten Gerichtes der DDR vom 19. August 1960 auf die Rückfrage meiner Frau kurz und bündig: «Nach Überprüfung Ihrer Eingabe wird mitgeteilt, daß in der Strafsache gegen Ihren Mann einer Strafaussetzung nicht zugestimmt werden kann. Ihr Gesuch wird vom Senat abgelehnt.» (Unterschrift unleserlich)

Indirekt aber hatte die «Eingabe», die ohne mein Wissen erfolgte, doch etwas bewirkt. Ich wurde in eine Zelle des Haupttraktes verlegt. Und endlich bekam ich Arbeit, miserable Arbeit. Trotzdem. Ich machte sie spielend. Die Zeit verging schneller. Da der Verdienst im Ermessen des Anstaltsleiters lag, bekam ich für den ersten Monat – bei hundertdreißigprozentiger Normerfüllung – eine Gutschrift von zwei Mark und neunzig Pfennigen. Für den zweiten Monat – mit hundertfünfzig Prozent – bekam ich nichts. Warum? Ich erfuhr es nicht. Für den dritten Monat – hundertsechzig Prozent – ohne sonderliche Anstrengung – eine Mark und fünfundneunzig Pfennig. Das war der Lohn für drei Monate Arbeit. Kaufen konnte ich mir dafür ein halbes Pfund Margarine und zweihundert Gramm Mettwurst. Das war wirklich wenig. Aber ein paar Tage konnte die Kost aufgebessert werden.

Eines Tages trat der diensthabende Wachtmeister, der wegen seiner Freundlichkeit beinahe sympathisch war, in die Zelle und fragte: «Wie machen Sie das eigentlich, die Norm so hoch zu erfüllen? Die meisten bleiben unter hundert Prozent.» Als ich aufstehen wollte, um zu antworten, sagte er: «Bleiben Sie sitzen, und arbeiten Sie weiter.»

Ich antwortete: «Wissen Sie, Herr Hauptwachtmeister, ich habe als junger Mann Schriftsetzer gelernt. Die dabei angenommenen Fertigkeiten kommen mir jetzt zustatten. Außerdem werfe ich die Montageteile nicht auf einen Haufen. Ich lege sie so zurecht, wie ich sie greifen kann. Deshalb geht es schneller.»

«Interessant. Ich werde veranlassen, daß die anderen auch so arbeiten.» Bevor er ging, fragte er noch: «Was haben Sie denn für eine Zange; die Griffe sind ja auf die Hälfte gekürzt.»

«Ja», erwiderte ich. «Eine andere Zange bekomme ich nicht.»

Mit der Bemerkung «Das wird geändert» verließ er die Zelle. Eine halbe Stunde später kam er wieder und legte eine ungekürzte Zange, mit der es sich besser arbeiten ließ, auf den Tisch. Ich war erfreut. Meine Sympathie für den freundlichen Mann nahm zu. Aber schon am nächsten Morgen lag wieder die gekürzte Zange im Montagekasten. Auf die Frage, warum ich mit dieser Mißgeburt von Zange arbeiten muß, antwortete der Kalfaktor: «Anweisung vom Anstaltsleiter.» Den sympathischen Wachtmeister bekam ich von nun an nicht mehr zu sehen. Wegen der Zange? Oder weil es bald zu einer neuen Überraschung kam?

Zwei Tage vor Weihnachten, 1960, wurde nach der Mittagspause die Tür aufgerissen. Der am meisten verhaßte Wachtmeister, der seinem Schnurrbart nach einem preußischen Feldwebel alle Ehre gemacht hätte, wenn er nicht sächsisch geblafft hätte, befahl: «Raus!» Vor der Zellentür: «Mitkommen!»

Zu meiner Verwunderung führte er mich auf den Hof. Ein Transportwagen stand bereit. Mit dem Wort «Rein!» übergab er mich dem Fahrkommando.

Nach einer halben Stunde holten sie mich im «Gelben Elend» aus dem Wagen. Dann ging es ins Lazarett, wo ich dem mir bekannten, aber lange nicht mehr gesehenen Arzt zugeführt wurde.

Freundlich lächelnd, fast wohlwollend, empfing er mich: «Nehmen Sie Platz.» Eine Akte aufschlagend, fragte er: «Wie geht es?»

Ich war sprachlos. Einen Augenblick glaubte ich, nicht richtig gehört zu haben. Was sollte das Getue? Außerdem hatte ich nicht um einen Arzt gebeten. Dann fiel mir ein, daß ich antworten mußte. «Es geht, Herr Doktor. Ich habe keine Wünsche.»

Der Arzt, noch immer gutgelaunt, erwiderte: «Um so besser. Trotzdem müssen Sie sich jetzt ausziehen. Ich werde Sie untersuchen.» Und so geschah es. Eine ganze Stunde, oder länger, horchte und drückte er an mir herum. Machte Eintragungen in seitenlange Formulare. Auch vor den Röntgenschirm, auf die Waage, unter die Meßlatte mußte ich treten. Alles ohne Kommando. Einige Male sogar mit «Bitte». Kein Arzt hätte korrekter vorgehen können. Als er mich entließ, wünschte er mir alles Gute. Und das verwirrte mich gänzlich. Auf der Rückfahrt dachte ich darüber nach, was das bedeuten mochte.

In der Mättigstraße wurde ich sogleich in das Büro des Anstaltsleiters geführt. Nicht wie üblich, mit Klopfen, die Tür nach Aufforderung einen Spalt öffnen, dann Meldung machen und um Eintritt bitten. All das fiel weg. Der Wachtmeister selbst öffnete die Tür.

Daran gewöhnt, strammzustehen, mich mit «Strafgefangener 3/58» zu melden, unterbrach mich der stehende Oberleutnant. Sonst empfing er die Häftlinge an seinem Schreibtisch sitzend. Ohne aufzublicken. Und man hatte zu warten, bis er geruhte, seine Stimme vernehmen zu lassen. Diesmal fehlte nur noch, daß er mir die Hand entgegengestreckt hätte. Doch dazu kam es gottlob nicht. Aber freundlich, wie zuvor der Arzt, sagte er: «Setzen Sie sich.» Die Situation überhaupt nicht begreifend, sah ich mich nach dem Holzschemel in der Ecke um. Doch da war kein Schemel. Also blieb ich verlegen stehen. Sofort kam mir der Oberleutnant entgegen und sagte, mit der Hand auf einen Sessel weisend: «Hierher. Kommen Sie an den Tisch.»

«Habe ich richtig verstanden?» fragte ich ziemlich blöd. «An Ihren Tisch, Herr Oberleutnant?»

«Ja, bitte.»

Ich nahm in einem der Sessel an der äußersten Ecke des Tisches Platz. Meine Verwirrung steigerte sich noch mehr, als mich ein hochdekorierter Offizier ansprach und Auskunft über mein Befinden erbat.

Nachdem ich den tadellos uniformierten Mann eine Weile betrachtet hatte, antwortete ich: «Herr General, es ging mir schon besser. Aber was bezweckt Ihre Frage? Der Herr Oberleutnant ist hinreichend über meinen Zustand informiert.»

Mit einem Blick auf den Oberleutnant, dann wieder an mich gerichtet, antwortete der Offizier: «Ich bin kein General. Aber lassen wir den Rang beiseite. Natürlich ist der Genosse Anstaltsleiter unterrichtet. Aber ich würde es gern von Ihnen selbst erfahren.»

Was sollte ich antworten? Schließlich sagte ich: «Sie erwarten doch nicht, daß ich etwas Erfreuliches sagen kann? Wenn ich bei der Wahrheit bleiben soll, müßte ich mich verdammt unfreundlich ausdrücken. Und das will ich nicht. Zumal ich mich mit den Dingen abgefunden habe. Außerdem lege ich keinen Wert auf derartige Gespräche. Sie führen zu nichts.»

Der Oberleutnant sah mich gespannt an. Noch gestern wäre er mir in die Parade gefahren. Jetzt schwieg er. Überließ die Gesprächsführung dem ranghöheren Offizier, der sich trotz meiner Antwort verständnisvoll zeigte. Er fuhr fort: «Ich verstehe Ihre Verbitterung. Aber nachdem Jahre vergangen sind, haben Sie doch sicher über die Umstände nachgedacht, die Sie in diese Situation gebracht haben. Deshalb wüßte ich gern, ob Sie inzwischen Ihre Schuld einsehen, die Maßnahmen der Sicherheitsorgane verstehen. Die Haft war doch auch in Ihrem Interesse. Wir wollten Schlimmeres verhüten. Übrigens sind wir alte Bekannte. Wir kennen uns aus früheren Zeiten. Kommen aus der gleichen Stadt, dem gleichen Jugendverband, haben das gleiche Alter. Erkennen Sie mich nicht? Ich möchte Ihnen gern behilflich sein.»

Ich sah ihn genauer an und sagte: «Nein, ich erkenne Sie nicht. Tut auch nichts zur Sache. Was Ihre Fragen betrifft, müssen Sie zur Kenntnis nehmen, daß ich darauf schon wiederholt geantwortet habe. Ich kann und will kein Verständnis aufbringen. Je mehr ich nachdenke, um so fester wird meine Haltung. Und jetzt bitte ich, mich in meine Zelle zu entlassen.»

Trotz der entstandenen Spannung ging der Dialog noch lange weiter. Zu meinem Erstaunen verloren die Offiziere die Ruhe nicht. Auch ich blieb bemüht, die Grenzen nicht zu überschreiten. Als es schon spät geworden war, bat ich abermals um Beendigung.

Dann nach langem Schweigen brach der Oberleutnant die Ruhe. Er stand auf, nahm ein Papier in die Hand, bat den Offizier und mich, uns zu erheben, und sagte: «Ich habe einen Beschluß zu verlesen, der durch Sonderkurier überbracht wurde. Der Text lautet: Berlin, 21. Dezember 1960. Auf Beschluß des Staatsrates wird der Strafgefangene Walter Janka aus der Haft entlassen. Die Durchführung dieses Beschlusses erfolgt sofort. Gezeichnet: Walter Ulbricht, Vorsitzender des Staatsrates der DDR.»

Mit den Worten «Sie dürfen sich wieder setzen» ging der offizielle, fast feierliche Akt zu Ende. Nur gehen ließen sie mich noch immer nicht. Wieder eine Pause des Schweigens. Dann fragte der hochdekorierte Offizier: «Was sagen Sie nun?»

«Ich sage danke für die Benachrichtigung.» Dann blickte ich wieder auf die Tischplatte. Ziemlich benommen. Irgendwie brauchte ich Zeit, mich zu fassen. Das Gespräch vorher war schon aufregend genug gewesen. Diese Mitteilung noch mehr. Das Herz schlug heftig. Was da verkündet wurde, bedeutete, daß ich zu meiner Familie zurückkehren konnte.

Dann fragte der Offizier: «Sonst haben Sie nichts zu sagen?»

«Nein. Nichts. Eine Frage hätte ich aber: Wann kann ich die Haftanstalt verlassen?»

Der Oberleutnant griff die Frage auf und erwiderte enttäuscht, weil ich nicht in Jubel ausgebrochen war: «Sofort, wenn Sie darauf bestehen. Nur müssen Sie bedenken, daß es für die Abreise zu spät ist. Ein Hotelzimmer werden Sie in Bautzen nicht bekommen. Wir schlagen daher vor, noch eine Nacht zu bleiben. Morgen früh können Sie dann den ersten Zug nach Dresden nehmen.» Er sagte das alles in einem Ton, der mir völlig fremd geworden war.

Ich stand auf und antwortete: «Nach über eintausendfünfhundert Nächten macht mir eine Nacht mehr nichts aus.» Fügte dann hinzu: «Weiß meine Frau, daß ich entlassen werde?»

«Nein. Dazu blieb keine Zeit. Außerdem pflegen wir nicht Entlassungen vorher bekanntzugeben. Wenn Sie Ihre Frau benachrichtigen wollen, können Sie morgen früh telegrafieren. Aber setzen Sie sich noch einmal. Es bleiben Formalitäten, die wir besprechen müssen.

Sie erhalten einen Freifahrtschein bis Berlin. Ihr Zug geht sechs Uhr zehn ab Hauptbahnhof Bautzen. In Dresden müssen Sie umsteigen. Anschluß bekommen Sie zehn Uhr fünfundvierzig. Berlin-Oberschönweide erreichen Sie gegen dreizehn Uhr. Und jetzt wüßten wir gern, wie Sie von Oberschönweide nach Kleinmachnow kommen.»

«Mit der S-Bahn, Herr Oberleutnant.»

«Eben das möchten wir Ihnen nicht empfehlen. Sie müßten da durch Westberlin fahren. Und gerade das sollten Sie vermeiden. Wir fänden es besser, wenn Sie über Schönefeld fahren und den Bus nach Potsdam nehmen.»

«Ich werde Ihren Rat bedenken, Herr Oberleutnant. Im übrigen sollten Sie sich wegen Westberlin keine Sorgen machen. Es liegt nicht in meiner Absicht, die DDR zu verlassen. Falls Sie das gemeint haben.»

Der andere Offizier mischte sich zufrieden ein und sagte fast väterlich: «Wir möchten Ihnen noch etwas empfehlen. Das Zentralkomitee ist über Ihre Rückkehr informiert. Deshalb sollten Sie sich alsbald mit den Genossen unserer Partei besprechen. Damit Ihre fernere Tätigkeit geklärt wird. Die Partei wird Ihnen helfen, sich wieder zurechtzufinden.»

Dieser Rat war wieder das beste Reizmittel, um mich zu einem neuen Ausbruch zu verleiten. Ich beherrschte mich und dachte: Es hat keinen Sinn, mit diesen Leuten zu streiten. Und so schwieg ich einfach.

Um mich doch zu einer Reaktion zu bewegen, fuhr der Offizier fort: «Jetzt ist doch alles vorbei. Sie werden Gelegenheit finden, sich wieder zu bewähren. Alles gutzumachen. Es wird nur von Ihrem Willen abhängen.»

Das war nun doch zuviel. Ohne äußere Erregung erwiderte ich: »Über meine Zukunft werde ich allein entscheiden. So war das in der Vergangenheit, und so wird es in Zukunft sein. Als nicht ganz Unerfahrener weiß ich ziemlich genau, was nach diesen Jahren zu erwarten ist. Vielleicht sind sie nicht ganz so übel wie die vergangenen. Ob sie aber leichter werden, bleibt abzuwarten. Aber ich werde damit fertig werden. Und mit Bestimmtheit sage ich Ihnen, daß ich Gespräche mit dem Zentralkomitee nicht wünsche. Ich will Ruhe, sonst nichts. Und wäre ich des Streitens nicht müde, würde ich Ihnen meine Meinung über Wiedergutmachung, Bewährung und guten Willen darlegen.

Aber dazu fehlt mir jede Lust. Lassen Sie es jetzt gut sein. Es ist alles gesagt. Wir würden uns nur wiederholen.» Und damit kam endlich das stundenlange Gerede zum Abschluß.

Die Erwartung, in die gewohnte Zelle zurückgeführt zu werden, erfüllte sich nicht. Vor der Tür warteten zwei Wachtmeister. Sie führten mich in die Kleiderkammer, um die Gefängniskluft gegen meine Zivilkleider einzutauschen. Die alte Zelle bekam ich nicht mehr zu sehen. Sie brachten mich sofort in die Abgangszelle.

Vor der geöffneten Tür wartete ein Kalfaktor. Da ich das bereitgehaltene «Abendbrot» zurückwies, bemühte sich der ältere Wachtmeister, mir gut zuzureden: «Sie müssen doch Hunger haben. Wenigstens den warmen Tee sollten Sie trinken.»

«Danke, Herr Wachtmeister. Ich möchte nichts mehr.»

Der Alte schüttelte den Kopf und ging, ohne die Zelle abzuschließen. Ein anderer trat ein und gab dem noch immer wartenden Kalfaktor Anweisung, mir die Haare zu schneiden. Nach dem Haarschnitt wurde die Tür dann doch geschlossen.

Sehr früh rüttelte mich der Wachtmeister, der mich zum Essen überreden wollte, aus dem Schlaf. Wieder brachte ein Kalfaktor das «Frühstück». Diesmal Brot mit Margarine und Marmelade bestrichen. Dazu heißen Gerstenkaffee. Ich wies beides zurück. Selbst wenn sie mir Schinkenbrote gebracht hätten, würde ich nichts mehr angerührt haben. Zumal ich überhaupt keinen Appetit oder Hunger verspürte.

Die letzte Überraschung bereitete noch einmal der Oberleutnant. Er ließ es sich nicht nehmen, mich persönlich zu verabschieden. In seinem Büro übergab er mir die Entlassungsbescheinigung, Armbanduhr, Freifahrtschein, Brieftasche, die seinerzeit abgenommenen Schlüssel. Dann begleitete er mich bis vor das Gefängnis. Die Türen schloß er selbst auf und zu.

Als wäre zwischen uns nie ein böses Wort gefallen, erklärte er mir den Weg zum Bahnhof. Wünschte gute Heimreise, und zum Schluß sagte er etwas, was ich erst später einordnen konnte: «Sie sind doch ein alter Genosse. Gehen Sie nicht den Weg, den Herr Zöger gegangen ist.» Dabei hob er die Hand, als wollte er sie mir zum Abschied reichen. Es kam aber nicht dazu. Ich ging einfach davon. Immer der Straße nach, die zum Bahnhof führt. Es war noch finstere Nacht. In den Fenstern brannten hier und dort Lichter. Menschen waren noch nicht unterwegs. Nur mein Schatten begleitete mich durch den niedergehenden Regen. Und dann hörte ich fünf Glockenschläge vom Turm der Maria-Marten-Kirche, die jetzt einen anderen Klang hatten. Nicht mehr so traurig, wie sie für mich in meiner Zelle geklungen hatten.

Auf dem Weg zum Bahnhof dachte ich über die vergangenen Jahre nach. Sie waren für meine Kinder und meine Frau ein großer Verlust. Auch für mich selbst. Und doch waren sie auch Gewinn. Was da schwerer wog, vermochte ich nicht zu entscheiden. Keine Waage und keine Bilanz kann das aufrechnen. Nur soviel war mir bewußt: Zum hundertsten Mal. Ich habe mich nicht kaputtmachen lassen. Meinen Charakter haben sie nicht brechen können. Das mag wenig sein. Und selbst wenn es nicht mehr gewesen sein sollte, das erzwungene Nachdenken hat mich davor bewahrt, mein Selbstvertrauen zu verlieren. Was wiegt dagegen die Zerstörung meiner beruflichen Karriere? Wahrscheinlich wäre sie ohnehin vor die Hunde gegangen, wenn ich nicht mehr bereit gewesen wäre zu tun, was die Partei verlangte.

Meine Heimkehr hatte sich schnell herumgesprochen. Schon am nächsten Tag – Heiligabend – standen zwei Beauftragte des Kulturministeriums vor unserer Tür. Sie waren gekommen, um über meine weitere Tätigkeit zu sprechen. Wie sie sagten, wollten sie behilflich sein, Arbeit zu finden. Ganz bestimmt sollten sie auch feststellen, ob ich mit dem Gedanken spielte, die DDR zu verlassen. Da es noch keine Mauer gab, wäre das möglich gewesen. Viele rechneten damit.

Ich beruhigte sie: «Um Arbeit zu finden, benötige ich keine Hilfe. Jetzt möchte ich nur in Ruhe gelassen werden. Und wenn ihr mir einen Gefallen tun wollt, dann macht die Tür von draußen zu.»

Nach den Feiertagen, die ich mit meiner Frau und unseren Kindern verbrachte, empfing ich viele Briefe. Katia und Erika Mann beglückwünschten mich zur Heimkehr. Schickten wie in den zurückliegenden Jahren Päckchen mit Schokolade und anderen guten Dingen für die Kinder. Bis ins hohe Alter von Katia Mann und zum frühen Tod von Erika bezeugten sie wahrhafte Freundschaft.

Leonhard Frank versprach einen baldigen Besuch, wenn es seine Gesundheit zulasse, die Reise von München nach Berlin anzutreten. Es kam nicht mehr dazu, weil er bald verstarb.

Von Halldór Laxness empfing ich eine Einladung nach Hamburg. Ich konnte ihr nicht folgen, weil ich keine Reisepapiere bekam. Meinen Paß hatten sie eingezogen. Der zuständige Hauptmann in Potsdam erklärte: «Sie brauchen keinen Paß mehr.» – «Warum nicht?» – «Weil Sie nicht mehr reisen dürfen.»

Hanns Eisler lud uns zu einem Essen in sein Haus ein. Auch Günther Weisenborn und seine Frau waren zugegen. Sie bekundeten dem Verleger und Freund noch mehr Sympathie, als das schon früher der Fall gewesen war.

Marta Feuchtwanger schrieb aus Kalifornien. Bestätigte, daß sich Lion Feuchtwanger bis zu seinem Tode für meine Befreiung eingesetzt habe. Sie selbst hatte auf das Beileidstelegramm von Ulbricht geantwortet: «Lions letzter Wunsch war, daß Sie Walter Janka endlich freilassen.»

Der alte Baron Johannes von Guenther, der beinahe alle russischen Klassiker übersetzt hatte, meldete seinen Besuch in Berlin an. Und es kam zu einem rührenden Wiedersehen. Als gläubiger Katholik hatten er und seine Frau während der Haftjahre Messen für mich in der berühmten Wallfahrtskirche Wies lesen lassen. Bis zu seinem Tode blieben wir in einem engen freundschaftlichen Briefkontakt.

Und wie war das mit den Autoren in der DDR? Becher lebte nicht mehr. Ich hätte ihn sonst gefragt, warum er sich auf der Kulturkonferenz der SED am 23. Oktober 1957 so schamlos verhalten hatte. Ob es nur Angst war, den Ministerposten zu verlieren? Oder Opportunismus, der schon in der Vergangenheit zum Verrat an Freunden und Mitarbeitern geführt hatte?

Anna Seghers trafen wir ohne unser Zutun in der Wohnung von Jeanne und Kurt Stern, wo wir nach Weihnachten eingeladen waren. Das von Jeanne zubereitete Mahl war vorzüglich. So vorzüglich, wie Franzosen das eben verstehen. Die Gespräche bis spät in die Nacht drehten sich um alle möglichen Dinge. Nur nicht darum, wie es mir in all den Jahren ergangen war. Anna Seghers, die sich ausschwieg, mit keiner Silbe auf den Prozeß zu sprechen kam, konnte ihn aber mit Bestimmtheit nicht vergessen haben. Vor allem, was der Generalstaatsanwalt gegen ihren ehemaligen Förderer Georg Lukács und ihren Verleger Janka in den Gerichtssaal geschrien hatte. Kurz vor ihrer Verabschiedung bereitete sie mir eine völlig unverständliche Überraschung. Ohne Zusammenhang sagte sie plötzlich: «Ich bin der Meinung, daß du jetzt einen Lehrgang auf der Parteihochschule absolvieren solltest.» Eine Begründung zu diesem seltsamen Vorschlag gab sie nicht.

Ich erwiderte: «Du scheinst nicht zur Kenntnis nehmen zu wollen, daß mich die Partei auf die schändlichste Weise ausgestoßen und wie einen Verbrecher behandelt hat. Ich könnte mir jetzt alles vorstellen, nur eines nicht! Jetzt oder wann immer eine Parteischule ertragen zu können. Selbst dann nicht, wenn sie mir angetragen würde.»

Anna Seghers reichte allen die Hand. Ohne Antwort verließ sie die kleine Gesellschaft.

Anders war die Begegnung mit Willi Bredel. Von ihm kam zwischen Weihnachten und Neujahr der erste Anruf. Gleich mit der Bitte, zu einem Essen in sein Haus zu kommen. Nach kurzer Rücksprache mit mir nahm meine Frau die Einladung an. Seine schwedische Frau hatte den Tisch überreichlich und geschmackvoll, wie für einen Staatsempfang, gedeckt. Und die Gespräche bis in den frühen Morgen berührten Themen, die zu dieser Zeit in aller Munde waren. Nur die eine Frage kam nicht: «Wie ist es dir in der elenden Zeit ergangen?» Bredel und seine Frau taten einfach so, als wäre nichts gewesen, was die alte Freundschaft getrübt haben konnte. Zum Abschluß machten sie uns ein Geschenk. Es bestand aus zwei Langspielplatten mit Lesungen von Thomas Mann. Zu Hause entdeckten wir noch tausend Mark, die zwischen die Platten gelegt worden waren.

Heli Weigel meldete sich etwas später. Auch sie tat so, als sei nichts gewesen. An das Gespräch nach der Verhaftung von Harich schien sie sich nicht mehr zu erinnern. Sie ging sofort zur Tagesordnung über. Sprach von Sorgen, die ihr das Theater bereitete. Mit Begeisterung erwähnte sie, daß Brecht nach seinem Tode endlich zu Weltruhm gekommen sei. Von New York bis Bonn würden seine Werke in großen Auflagen gedruckt. Sogar die Theater in der Sowjetunion würden Aufführungen vorbereiten. Zum Abschied schenkte sie uns die vom Suhr-kamp Verlag herausgebrachte Gesamtausgabe. Daß sie inzwischen die Weltrechte an Brechts Werken – entgegen der Absprache, die ich noch mit Brecht getroffen hatte – an den Suhrkamp Verlag übertragen hatte, so daß alle sozialistischen Verlage Lizenzen erwerben müssen, erwähnte sie nicht. Ungefähr ein Jahr danach bot sie mir, weil ich noch immer ohne Arbeit war, nur halblegal und freischaffend Kurzfilme für spanisch- und französischsprechende Länder sychronisierte, die Leitung der Werbeabteilung im «Berliner Ensemble» an. Wie sie sagte, mit Genehmigung des ZK der SED. Als Monatsgehalt könne sie sechshundert Mark zahlen.

Ich brach in Gelächter aus und antwortete: «Für sechshundert Mark arbeitet nicht einmal ein Anstreicher oder Dachdecker. Nein. Such dir einen anderen, der sich so billig macht.» Sie bedauerte die Ablehnung und erklärte: «Ich würde gern mehr zahlen, aber ich darf nicht. Ich weiß doch, was du kannst.» Zu ihrem Trost antwortete ich: «Es ist nicht nur das lächerliche Gehalt, Heli. Auch wenn du viel mehr bieten könntest, würde ich nicht am Theater arbeiten. Für mich ist das einfach zuviel Theater.» Nach dieser Begegnung sahen wir uns nur noch einmal. Unsere Interessen gingen zu weit auseinander.

Ludwig Renn, der sich gerade in seinem neuen Haus in Kaulsdorf eingerichtet hatte, lud die ganze Familie zum Kaffee ein. Glücklich über sein geräumiges Haus, erzählte er von seinen Erfolgen als Kinderbuchautor. Geldsorgen hätte er nicht mehr. Und was hier nicht zu haben sei, besorgten die Sekretäre auf der anderen Seite. Daß der Geldumtausch verboten war, darum scherten sich die Sekretäre nicht. Obwohl der sächsische Adelssproß noch lange Jahre in Zufriedenheit lebte, sahen wir uns nicht mehr.

Abusch, inzwischen stellvertretender Ministerpräsident und Verfasser der «Kulturreden» von Ulbricht, Uhse, derzeit Chefredakteur von «Sinn und Form», Paul Merker, Vorsitzender der Deutsch-Sowjetischen Freundschaftsgesellschaft in einem Vorort von Berlin, wichen jeder Begegnung aus. Merker wegen seiner falschen Aussagen vor Gericht, die anderen wegen ihrer Artikel, die sie gegen ihren ehemaligen Verleger veröffentlicht hatten. Ob Abusch deshalb am schlechten Gewissen litt, ist nicht anzunehmen. Uhse ließ bei einem fünf Jahre späteren Zusammentreffen erkennen, daß er sich für sein Verhalten entschuldigen wollte. Er bat sogar darum, ausführlich mit mir über alles zu sprechen. Es kam nicht mehr dazu, weil er plötzlich, noch nicht sechzigjährig, verstarb.

Es soll nicht leichtfertig qualifiziert werden, was Geschichtsaufarbeitung noch klären und ordnen muß. Nur das kann ich vorwegnehmen: Meine vorzeitige Entlassung aus dem Zuchthaus Bautzen war nicht der solidarischen Haltung von DDR-Schriftstellern zu danken, denen ich ehedem so verbunden war. Die wirkliche Hilfe, aus welchen Gründen immer, kam von Literaten aus der Bundesrepublik, die sich temperamentvoll für meine Befreiung einsetzten. Marcel Reich-Ranicki, Robert Neumann, Gerd Bucerius, Günther Weisenborn, Martin Walser, Siegfried Lenz und andere stellten im Dezember 1960 die aus der DDR nach Hamburg gekommenen Mitglieder des «Deutschen PEN-Zentrums Ost und West», Heinz Kamnitzer, Wieland Herzfelde, Arnold Zweig, Stephan Hermlin, Willi Bredel, Hans Mayer, vor die Alternative, entweder gemeinsam mit ihnen für die Befreiung des Verlegers Walter Janka und anderer Kulturschaffender einzutreten oder jede Diskussion über eine denkbare Zusammenarbeit abzubrechen. Diese entschlossene Haltung der PEN-Vertreter des Westens veranlaßte die heimgekehrten PEN-Vertreter des Ostens, bei Ulbricht vorzusprechen und, zwecks Erleichterung ihrer politischen Ost-West-Aktivitäten, um Jankas Freilassung zu bitten.

Noch einen Mann muß ich erwähnen. Ihn hatte die Kulturabteilung im ZK der SED nach Potsdam abkommandiert, um mir mitzuteilen, daß ich nicht mehr in leitenden Funktionen oder Aufgaben tätig sein dürfe. Um mir aber einen Broterwerb zu ermöglichen, könne ich als Buchhändler oder Kinoleiter in der Provinz tätig sein. Er bekam eine Abfuhr für das beleidigende Angebot. Nicht weil ich den Beruf eines Buchhändlers mißachtete, sondern deshalb, weil das ZK zu diesem unerbetenen Gespräch den ehemaligen SA-Mann Siegfried Wagner schickte, der seit 1945 eine erstaunliche Karriere in der SED machte und zu dieser Zeit unter Kurella, Hager und Abusch für «Ideologie» zuständig war.

Dreißig Jahre nach meiner Rückkehr aus Bautzen, als das Buch «Schwierigkeiten mit der Wahrheit» im Rowohlt Verlag erschienen war, Zeitungen und Rundfunksendungen über mein Schicksal berichtet hatten, empfing ich tausend Briefe, die ich leider nur zum Teil beantworten konnte. Unter den zumeist erschütternden Zuschriften befindet sich ein Brief, aus dem ich zum Abschluß dieser Erinnerungen zitieren muß. Er legt Zeugnis ab, wie unmenschlich das Bewußtsein und Selbstgefühl eines aufrechten Arbeiters, in diesem Fall meines Vaters, zerstört wurde. Immer wunderte ich mich, wenn wir meine Eltern wieder in Chemnitz besuchten, warum mein Vater nur still zuhörte, niemals nach meinen Erlebnissen in der Haft fragte. Auch der Rest der Familie nicht. Ich nahm an, daß alte Wunden nicht wieder aufgerissen werden sollten. Wie sehr ich mich irrte, belegt der am 8. November 1989 an mich geschriebene Brief:

«... Ich, Horst Helbig, wohne in Karl-Marx-Stadt, Ernst-Thälmann-Str. 42. Im Nebenhaus wohnten Ihre Eltern. Mit Ihrem Vater sprach ich über manches, und da er wußte, daß ich mit vielem im Walter-Ulbricht-Staat nicht einverstanden war, erzählte er mir viel über seinen Kampf in der Nazizeit. Damals habe ich zwar zugehört, aber mich bedrückte unsere Zukunft und nicht der Kampf Ihres Vaters. Aber an einem Tag wurde mir durch Ihren Vater bewußt, daß wir alle nach der Unfreiheit eine neue Unfreiheit eingetauscht hatten...

Ich saß an einem Tag in den fünfziger Jahren – das genaue Datum weiß ich nicht mehr – auf einer Bank vor dem Haus. Da kam Ihr Vater. Er war plötzlich ein anderer Mann. Er saß lange neben mir und brachte kein Wort über seine Lippen. Nicht einmal ‹Guten Tag›. Nach längerer Zeit des Schweigens fing er zu weinen an, und nach einer Pause sprudelte es aus ihm heraus...

An diesem Tag war Ihr Vater zu einer staatlichen Stelle bestellt worden, und da wurde ihm eröffnet: Er solle sich von seinem Sohn Walter lossagen. Das Argument, sein Sohn wäre ein aufrichtiger Kommunist und Spanienkämpfer, zählte nicht mehr...

Ihr Vater hat sich geweigert, aber dann haben sie ihm gedroht, ob er eigentlich eine Neubauwohnung verdient hätte. Auch die zusätzliche Rente könnte man überprüfen, denn die stünde keinem zu, der zu einem solchen Verbrecher steht... Aus Rücksicht auf Ihre Mutter, die in der Vergangenheit kein rosiges Leben hatte, hat Ihr Vater dann unter Druck das Papier unterschrieben.

Mich hat er dann später noch gebeten, meiner Frau nichts davon zu sagen, damit es Ihre Mutter nicht erfährt. Er sagte noch, mein Sohn wird mir bestimmt verzeihen, wenn er erfährt, was ich durchgemacht und über mich ergehen lassen mußte. Den Verlust an Geld und vielleicht auch den angedrohten Auszug aus der Wohnung hätte Ihr Vater auf sich genommen, wenn er allein wäre. Aber mit Rücksicht auf Ihre Mutter, die das in dem hohen Alter kaum verkraften könnte, gab er nach...

Nach Jahren, Ihre Eltern waren schon gestorben, habe ich es einem guten Freund, der Ihren Vater auch kannte, erzählt, da ich die Geschichte und das Schicksal seit Jahren mit mir herumtrug und damit nicht fertig wurde... Jetzt bin ich froh, daß es aus mir heraus ist. Vielleicht können Sie Ihrem Vater verzeihen, wenn Sie es nicht schon getan haben...»

Bleibt noch anzumerken, daß ich am Verlust, Abschreiben alter Freunde – und trotz fortwirkender Diskriminierung als Staats- und Parteifeind – nicht zugrunde gegangen bin. Ich gewann neue Freunde. Unproduktiv blieb ich auch nicht. So wenig wie in meinem ganzen Leben zuvor.

Nachbemerkung zur Taschenbuchausgabe

Ein Jahr nach Erscheinen dieses Buches, 1991, fand ich Gelegenheit, einen Teil der Akten einzusehen, die von der Staatssicherheit angefertigt und nach der Wende 1990 von der Gauck-Behörde unter Kontrolle genommen wurden. Sie beschränken sich auf die Vorgänge rund um den Schauprozeß, der 1956–57 von Ulbricht gegen Mitarbeiter im Aufbau-Verlag veranlaßt wurde. In den vor mehr als fünfzehn Jahren geschriebenen Erinnerungen habe ich aus dem Gedächtnis darüber berichtet.

Jetzt, nach Einsicht in die prozeßbezogenen Akten, die mir vor der Wende trotz wiederholter Anträge verweigert wurden, frage ich mich, ob es sinnvoll wäre, meine Erinnerungen «Spuren eines Lebens» mit Originaldokumenten über den Prozeßablauf, der Vor- und Nachgeschichte zu ergänzen und Dialogpassagen durch nachprüfbare Zitate aus den Protokollen über Aussagen der Angeklagten und Zeugen, auch Denunzianten, abzulösen. Was wäre die Folge?

1. Eine für den Leser unzumutbare Erweiterung des 2. Teiles meiner Erinnerungen.

2. Ehemalige Mitarbeiter, die als Opfer oder Täter, oder beides, verstanden werden müssen, würden Klage vor Gericht führen, weil ich gegen die Gesetze zum Datenschutz verstoßen müßte. Andernfalls aber läßt sich die bislang verschwiegene bzw. falsch dargestellte Vergangenheit des einen oder anderen bis in die Zeit vor und nach 1945 nicht aufhellen. Schon gar nicht die beflissene Bereitschaft, den Vernehmern der Staatssicherheit bei der «Aufdeckung begangener Verbrechen» behilflich zu sein. In einigen Fällen auch alte IM-Tätigkeit offenzulegen.

3. Mehr als das berührt mich, daß ich meine Haltung gegenüber ehedem respektierten Mitarbeitern korrigieren müßte. Damals wollte ich sie nicht belasten, und ich habe mich streng daran gehalten. Zumeist geschah dies zu meinem Nachteil. Wofür ich schon während des Prozesses, noch mehr danach, als Partei- und Sowjetfeind, als Lügner, der die «verbrecherischen Spuren» verwischen will, üble Beschimpfungen hinnehmen mußte. Was nicht nur auf die bewußten Verleumdungen durch den Generalstaatsanwalt Melsheimer zurückzuführen war. Er und Ulbricht konnten sich dabei auf die willigen oder erpreßten Aussagen von Zeugen und Angeklagten stützen. Für mich zählen diese Erkenntnisse zu den traurigsten Erfahrungen, die ich mit Mitarbeitern und Freunden in der Nachkriegszeit machen mußte.

4. Peinlicher noch werden die Dinge, wenn ich aus den jetzt zugänglich gewordenen Reden, Erklärungen, Behauptungen und Berichten von namhaften Personen zitiere, die wesentlich zu meiner Verurteilung und dem späteren Berufsverbot beigetragen haben. Nach dem Prozeß im Jahre 1957 wurden die beflissenen Polit- und Kulturfunktionäre alle mit hohen Ämtern belohnt. Und bis zum Untergang der DDR bzw. ihrem Ableben durften sie alle Privilegien in Anspruch nehmen, die im real existierenden Sozialismus denkbar waren.

Noch ist es zu früh, um den Stab über Verantwortliche zu brechen, die durch ihr politisches und intellektuelles Tun zum Untergang der DDR beigetragen haben. Dennoch darf nicht mit falscher oder sentimentaler Nachsicht über Ereignisse hinweggegangen werden, die vielen Menschen persönliches Leid – der Gesellschaft insgesamt schwerste Folgen – zugefügt haben. Die DDR-Geschichte muß wahrheitsgemäß und ehrlich aufgearbeitet werden. Für ein Taschenbuch allerdings wäre es eine Überforderung, wollte es dieser Aufgabe gerecht werden. Außerdem will ich noch weitere Akten einsehen und später mit etwas mehr Abstand über meine Erkenntnisse berichten.

Kleinmachnow, im Februar 1992

Register

Peter–Jürgen Boock
Schwarzes Loch im Hochsicher-heitstrakt
(aktuell 12505)
«Mein Bericht über die Hochsicherheitshaft ist parteiisch und soll es auch sein. Hochsicherheitshaft zerstört Menschen, ihre Psyche wie ihre Physis, dazu kann es keine "neutrale" Position geben.
Jürgen–Peter Boock

István Eörsi
Erinnerung an die schönen alten Zeiten
(aktuell 12990)
1956, nach dem ungarischen Volksaufstand, wurde István Eörsi, Anhänger von Imre Nagy und Schüler des später verfolgten Georg Lukács, verhaftet. Dreißig Jahre danach erinnert er sich ...

Alain Finkielkraut
Die Niederlage des Denkens
(aktuell 12413)

Václav Havel
Briefe an Olga *Betrachtungen aus dem Gefängnis*
(aktuell 12732)
Versuch, in der Wahrheit zu leben
(aktuell 12622)
Am Anfang war das Wort
(aktuell 12838)
Die Angst vor der Freiheit *Reden des Staatspräsidenten*
(akutell 13018)
«Ist nicht das Gefühl der Lebensleere und des Verlustes des Lebenssinns nur der Aufruf, nach einem neuen Inhalt und Sinn der eigenen Existenz zu suchen? Sind es nicht gerade die Augenblicke der tiefsten Zweifel, in denen neue Gewißheiten geboren werden?»
Václav Havel

Václav Havel

Essay

Angst vor der Freiheit

Reden des Staatspräsidenten

rororo

Robert Havemann
Die Stimme des Gewissens *Texte eines deutschen Antistalinisten*
(aktuell 12813)
Vom Volksgerichtshof unter Freisler zum Tode verurteilt, als Leiter des Kaiser-Wilhelm-Instituts in Berlin-Dahlem fristlos entlassen, in der DDR seiner Ämter enthoben und aus der Partei ausgeschlossen - Robert Havemann war ein unbequemer Zeitgenosse für das SED-Regime.

Gunter Hofmann
Willy Brandt – *Porträt eines Aufklärers aus Deutschland*
(aktuell 12503)
«Willy Brandt war kein Held. Und er ließ das erkennen. Er war sich seiner selbst nicht ganz sicher. Politiker mit Schwächen kannte man, aber wenige, die sie zeigten. Er habe gelernt, "an die Vielfalt und an den Zweifel zu glauben", gestand er, als ihm der Friedensnobelpreis verliehen wurde.»

Wolfgang Huber
Protestantismus und Protest
Zum Verhältnis von Ethik und Politik
(aktuell 12136)
«Der christliche Glaube ist so politisch, wie er persönlich ist. Er betrifft die äußeren Lebensverhältnisse, wie er das Innere der Menschen verwandelt. Er hat es mit dem Frieden der Staaten ebenso zu tun wie mit dem Frieden der Herzen. Denn er betrifft den ganzen Menschen. Wer ihn zu einem abgesonderten Lebensbezirk macht, verurteilt ihn zur Bedeutungslosigkeit.»
Wolfgang Huber

Ivan Illich
H_2O und die Wasser des Vergessens
(aktuell 12131)

Walter Janka
Schwierigkeiten mit der Wahrheit
(aktuell 12731)
«Zu allen Zeiten hat es Schriftsteller gegeben, die gegen staatliches Unrecht aufgetreten sind. Was sie größer machte. Um so mehr, wenn sie dafür Opfer bringen mußten.»
Walter Janka

Rudolf zur Lippe
Freiheit die wir meinen
(aktuell 12900)
«Der gescheiterte Sozialismus hinterläßt uns ein erschreckendes Erbe. Die westliche Freiheit muß ganz neu ihren Aufgaben gerecht werden. Wie können wir ihre Werkzeuge tauglich machen, um den Erwartungen zu entsprechen und nicht länger Natur und Geschichte zu zerstören?»
Rudolf zur Lippe

Thomas Meyer
Fundamentalismus Aufstand gegen die Moderne
(aktuell 12414)
Was bleibt vom Sozialismus?
(aktuell 12898)
«Das Ende des Kommunismus kann keinen Sozialismus, der sich ernst nimmt, unberührt lassen. Was ansteht, ist eine neue Kritik des Sozialismus. Sozialismus, der mehr sein möchte als ein hartnäckiges Wort für eine alte Hoffnung, die sich verflüchtigt hat, müßte sich neu beweisen.»
Thomas Meyer

Bahman Nirumand
Leben mit den Deutschen *Briefe an Leila*
(aktuell 12404)

Richard von Weizsäcker
Die politische Kraft der Kultur
(aktuell 12249)
«Kultur ist das eigentliche Leben. Kultur ist kein Vorbehaltsgut für Eingeweihte, sie ist vielmehr unser aller Lebensweise. Sie ist folglich auch die Substanz, um die es in der Politik geht.»
Richard von Weizsäcker

«Es ist eine Illusion zu glauben, das Problem der Stasi-Akten ließe sich dadurch erledigen, daß man einen riesigen Betondeckel über sie legt, so daß niemand mehr herankommt.»
Joachim Gauck

Joachim Gauck
Die Stasi-Akten *Das unheimliche Erbe der DDR*
(13016)

Robert Havemann
Die Stimme des Gewissens
Herausgegeben von
Rüdiger Rosenthal
Texte eines deutschen Antistalinisten
(aktuell essay 12813)

Rudolf Herrnstadt
Das Herrnstadt–Dokument *Das Politbüro der SED und die Geschichte des 17. Juni 1953*
Herausgegeben von
Nadja Stulz-Herrnstadt
(aktuell 12837)
Das Herrnstadt–Dokument enthüllt, wie tiefgehend die Krise der DDR–Führungsspitze vor, während und nach dem Aufstand vom 17. Juni 1953 war.

Walter Janka
Schwierigkeiten mit der Wahrheit
(aktuell essay 12731)

Helga Königsdorf
Adieu DDR *Protokolle eines Abschieds*
(aktuell 12991)
In den letzten Wochen der real existierenden DDR hat die Autorin Menschen über ihr vergange... ...eben, ihre gegenwärtigen Gefühle und ihre Erwartungen an die Zukunft befragt.

Horst Wiener
Die Gewalt der frühen Jahre oder
Wie ich Stalins Lager überlebte
Anklage: Werwolf

J. Maron / R. Schedlinski
Innenansichten DDR *Letzte Bilder. Großformat*
(sachbuch 8553)

Günter Schabowsi
Das Politbüro *Ende eines Mythos. Eine Befragung*
Herausgegeben von Frank Sieren und Ludwig Koehne
(aktuell 12888)
«Am meisten bedrückt mich, daß ich ein verantwortlicher Vertreter eines Systems war, unter dem Menschen gelitten haben.»
Günter Schabowski

Joachim Walther / Wolf Biermann / Günter de Bruyn u.a. (Hg.)
Protokoll eines Tribunals *Die Ausschlüsse aus dem DDR–Schriftstellerverband 1979*
(aktuell 12992)

Horst Wiener
Anklage: Werwolf *Die Gewalt der frühen Jahre oder Wie ich Stalins Lager überlebte*
(aktuell 12928)